Le Régionalisme institutionnel en Europe

Logiques Juridiques

Collection dirigée par Gérard Marcou

Le droit n'est pas seulement un savoir, il est d'abord un ensemble de rapports et pratiques que l'on rencontre dans presque toutes les formes de sociétés. C'est pourquoi il a toujours donné lieu à la fois à une littérature de juristes professionnels, produisant le savoir juridique, et à une littérature sur le droit, produite par des philosophes, des sociologues ou des économistes notamment.

Parce que le domaine du droit s'étend sans cesse et rend de plus en plus souvent nécessaire le recours au savoir juridique spécialisé, même dans des matières où il n'avait jadis qu'une importance secondaire, les ouvrages juridiques à caractère professionnel ou pédagogique dominent l'édition, et ils tendent à réduire la recherche en droit à sa seule dimension positive. A l'inverse de cette tendance, la collection *Logiques juridiques* des Éditions L'Harmattan est ouverte à toutes les approches du droit. Tout en publiant aussi des ouvrages à vocation professionnelle ou pédagogique, elle se fixe avant tout pour but de contribuer à la publication et à la diffusion des recherches en droit, ainsi qu'au dialogue scientifique sur le droit. Comme son nom l'indique, elle se veut plurielle.

Dernières parutions

Maristela RODRIGUES ROGET, *Le système interaméricain et les principes démocratiques : l'évolution de son engagement*, 2009.

Marie-Louise PELLETIER, *L'Entreprise publique de service public. Déclin et mutation*, 2009.

Vincent de BRIANT, *L'action commune en droit des collectivités territoriales. Contribution à l'étude des compétences exercées en commun par l'Etat et les collectivités territoriales*, 2009.

Khalid ZAHER, *Conflit de civilisations et droit international privé*, 2009.

Georges LABRECQUE, *Les différends territoriaux en Europe*, 2009.

Anne SUY, *La théorie des biens publics mondiaux, Une solution à la crise*, 2009.

Philippe KARPE, *Le droit des collectivités autochtones*, 2008.

Nélia CARDOSO-ROULOT, *Les obligations essentielles en droit privé des contrats*, 2008.

Claire Barthélémy

Le Régionalisme institutionnel en Europe

Droit comparé

en Belgique, Espagne, Italie, Royaume-Uni, France

L'Harmattan

5-7, rue de l'École-Polytechnique ; 75005 Paris

http://www.librairieharmattan.com
diffusion.harmattan@wanadoo.fr
harmattan1@wanadoo.fr

ISBN : 978-2-296-09116-0
EAN : 9782296091160

Cet ouvrage est issu d'une thèse soutenue en mai 2006 à l'Université Paris 1 Panthéon-Sorbonne. Je tiens à remercier M. le Professeur Gérard Marcou qui a accepté de diriger cette thèse et m'a aidée et éclairée de ses conseils.

Merci à MM. les Professeurs J. Tornos Mas et L. Vandelli, qui m'ont accueillie lors de séjours de recherche, respectivement au Consell Consultiu de la Generalitat de Catalunya et à la Scuola di Specializzazione in Studi sull'Amministrazione Pubblica (SPISA), et m'ont permis d'accéder à de nombreuses informations et aux débats actuels en Espagne et en Italie, et plus largement en Europe. Je souhaite remercier aussi le personnel des deux bibliothèques, qui m'a assistée dans mes recherches, ainsi que le Ministère des Affaires Etrangères français, qui a soutenu le séjour à Bologne.

Merci au Centre Marc Bloch de Berlin et à l'Office franco-allemand pour la Jeunesse, qui m'ont permis de faire un séjour de recherches à Berlin fructueux sur la théorie de l'Etat et le fédéralisme.

Je souhaite enfin remercier tout particulièrement mes parents et mes amis qui m'ont soutenue tout au long de ces années de travail.

PRÉFACE

L'incertitude de la notion de région, notamment dans le champ du droit, ne l'a pas empêchée de conquérir une immense popularité et de se refléter dans de nombreuses réformes politiques, constitutionnelles et administratives dans la plupart des pays d'Europe. La notion a d'abord été une réponse à des problèmes spécifiques rencontrés par l'évolution politique de certains États : reconstruction d'un régime démocratique en Italie en 1947, reconnaissance de régions périphériques qui avaient été niées par le régime franquiste, tentatives de surmonter la division née en Belgique de la querelle linguistique et des mutations économiques, réponse institutionnelle à la reconnaissance ancienne des quatre « nations » du Royaume-Uni. Par la suite la politique régionale de la Communauté européenne et la valeur croissante des territoires comme cadre de soutien au développement économique, alors que l'ouverture des économies et la politique de la concurrence privaient les États de leurs moyens traditionnels d'intervention ont popularisé la régionalisation comme une politique appropriée. La Commission européenne a particulièrement soutenu cette orientation à la fin des années 1980, en engageant la réalisation du grand marché intérieur. La popularité momentanée du thème de l'« Europe des régions » a synthétisé ce mouvement, qui s'est aussi traduit, si l'on ose dire, par la tendance à désormais remplacer partout, dans les traductions en anglais, le mot « *county* » par le mot « *région* » chaque fois qu'il s'agissait de désigner le niveau intermédiaire de l'organisation territoriale, alors même qu'aucune réforme ne le justifiait !

La région, le régionalisme, la régionalisation ont donné lieu à une littérature immense, notamment dans les pays les plus concernés, et dans tous les domaines : science politique, géographie, économie régionale et économie publique, sociologie, droit public, etc. Curieusement, alors que l'impact institutionnel et politique de la promotion de la région n'échappait à personne, très peu d'auteurs l'on étudiée sous l'angle de la théorie de l'État – à l'exception des théoriciens du fédéralisme militant. Ce silence est d'autant plus surprenant que les théories classiques issues du 19e siècle ont du mal à intégrer ce phénomène institutionnel nouveau et diversifié.

C'est dire l'ambition de Claire Barthélémy, qui tente, dans cette thèse, d'analyser une partie du phénomène régional dans le cadre de la théorie de l'État, et de contribuer ainsi sur ce point au renouvellement de la théorie. La tâche était d'autant plus difficile que les régionalismes sont bien différents les uns des autres. Claire Barthélémy a raison d'en voir une manifestation dans l'évolution institutionnelle de la Belgique, bien que sa Constitution la qualifie d'État fédéral, car la dynamique centrifuge toujours à l'œuvre est bien celle du régionalisme. Elle retient aussi le cas de la France comme contre-exemple, le cadre fermement maintenu de l'État unitaire ayant empêché la régionalisation d'évoluer vers l'autonomie régionale, même dans le cas de la Corse ou des régions d'outre-mer. Pour analyser ces réalités différentes, Claire Barthélémy propose à la théorie de l'État une notion nouvelle, le régionalisme institutionnel, qui les distingue nettement des modes d'organisation des États fédéraux et des différentes formes de décentralisation territoriale connues des États unitaires (ou à l'intérieur des entités fédérées d'ailleurs). Elle donne de cette notion la définition suivante : « l'introduction des régions dans l'exercice de la souveraineté nationale par le biais d'un droit collectif ayant une base institutionnelle et territoriale. Ce concept affecte la notion juridique d'État comme institution et ordre juridique ». Elle ajoute que le régionalisme institutionnel se caractérise par son asymétrie dans l'organisation de l'État, qu'il peut concerner des États qui s'affirment unitaires comme des États fédéraux. L'étude se concentre sur cinq pays : la Belgique, l'Espagne, l'Italie, le Royaume-Uni et la France. Mais le lecteur s'apercevra que les connaissances de l'auteur vont bien au-delà de ces cinq pays, notamment par ses nombreuses références à la littérature de langue allemande.

Mais Claire Barthélémy ne fait pas seulement œuvre de théorie ; elle nous éclaire aussi sur la portée pratique de l'autonomie régionale en analysant de manière détaillée un certain nombre d'exemples. Elle met en lumière le fait que l'autonomie suppose l'affaiblissement du principe d'égalité devant la loi et d'accepter que l'État se vide de sa substance, et elle en montre aussi les implications possibles sur la gouvernance européenne. Cet apport à la connaissance empirique de la réalité du régionalisme institutionnel n'est pas le moindre mérite de la thèse.

En résumé, voilà un ouvrage novateur dont l'intérêt va bien au-delà des cercles de spécialistes de la théorie de l'État et concerne tous ceux qui veulent comprendre les enjeux d'un débat politique et institutionnel récurrent en France. À ceux qui veulent aller plus loin, la riche documentation sur laquelle repose la thèse permettra d'ouvrir des voies nouvelles.

Gérard Marcou

Professeur à l'université Paris 1 Panthéon-Sorbonne

SOMMAIRE

ABRÉVIATIONS

ASTRID : Associazione per gli Studi e le ricerche sulla Riforma delle Istituzioni Democratiche e sull'innovazione nelle amministrazioni pubbliche. L'association a édité de nombreux documents disponibles sur son site Internet.

BOE: Bulletin officiel de l'Etat (Espagne)

BVerfGE : Bundesverfassungsgerichtsentscheidung, Décision de la Cour Constitutionnelle allemande

CGCT : Code général des collectivités territoriales (France)

Dlgs : Décret législatif italien

DOGC : Journal officiel de la Généralité de Catalogne

DPEF : Document de programmation économique et financière (Italie)

DPR : Décret du Président de la République italienne

FJ : Fundamento jurídico, point de droit dans une décision du Tribunal Constitutionnel espagnol (exemple : FJ3)

GG : Grundgesetz, Loi fondamentale allemande

GWA : Government of Wales Act (Loi de dévolution pour le Pays de Galles)

LO : Loi organique

SPISA : Scuola di Specializzazione in Studi sull'Amministrazione Pubblica (Ecole de Spécialisation en Etudes sur l'Administration Publique)

STC : Sentence du Tribunal Constitutionnel espagnol (au pluriel, SSTC), présentée avec le numéro et l'année

INTRODUCTION

« La nouveauté qui ressort du changement de cadre constitutionnel est essentiellement la reconnaissance d'un « pouvoir extérieur » des Régions, c'est-à-dire le pouvoir, dans le cadre de leurs compétences propres, d'émettre, en plus d'accords avec leurs homologues étrangers, de véritables accords avec des Etats, et ce dans les cas et les formes déterminées par la loi étatique (art. 117, alinéa 9 de la Constitution). Un tel pouvoir extérieur doit en outre être coordonné avec la compétence étatique exclusive en matière de politique extérieure, d'où l'attribution à l'Etat de la détermination des cas et de la réglementation des formes de cette activité régionale, afin de sauvegarder les intérêts unitaires qui trouvent une expression dans la politique extérieure nationale. Les Régions, dans l'exercice du pouvoir qui leur est reconnu, n'agissent donc pas comme « déléguées » de l'Etat, mais comme sujets autonomes qui traitent directement avec les Etats extérieurs, mais toujours dans le cadre de garantie et de coordination issu des pouvoirs de l'Etat »

Sentence 387/2005 de la Cour Constitutionnelle italienne.

Cet extrait d'une décision de la Cour Constitutionnelle italienne est représentatif du phénomène actuel qui touche différents pays européens de conciliation entre unité de l'Etat et diversité régionale. Comment organiser juridiquement la variété régionale au sein de l'institution étatique ? C'est à cette question que nous tenterons de répondre en développant le concept de régionalisme institutionnel qui, en Italie, en Espagne et en Belgique transforme le système constitutionnel et l'Etat.

Dans divers pays d'Europe, il existe des régimes d'autonomie régionale, ainsi que de nombreuses revendications politiques en ce sens[1].

Ainsi en Belgique les Flamands et les Wallons ont revendiqué, les premiers un pouvoir quant à la défense de leur identité, les seconds un pouvoir économique[2]. En Espagne, les Basques, les Catalans, dans une moindre mesure les Galiciens et

---

[1] *Nationalismes régionaux en Europe*, Hérodote, n°95, 4ème trimestre 1999, 163 p. ; P. Cabanel, *La question nationale au XIXe siècle*, Repères, La Découverte, 1997, 121 p. ; G.Hermet, *Histoire des Nations et du nationalisme en Europe*, Points, Inédit Histoire, 1996, 309 p. ; G. Héraud, *L'Europe des ethnies*, Bruylant LGDJ, collection Axes Savoir, Bruxelles, 1993, 209 p. ; *Encyclopédie politique de la France et du monde, Le monde et les problèmes internationaux*, tome 4, Edition de l'Union Française, 1951, 400 p.

[2] Voir par exemple *Belgique, La force de la désunion*, sous la direction d'A. Dieckhoff, collection du Centre d'études et de recherches internationales de la Fondation nationale des sciences politiques, Editions Complexe, 1996, 160 p. (fournit notamment une bibliographie en français, anglais et néerlandais) ; A.Leton, A.Miroir, *Les conflits communautaires en Belgique*, PUF, Perspectives internationales, 1999, 366 p. ; P.Tourret, *Wallonie-Romandie, Analyse géopolitique comparée, Questions nationales et affirmations régionales des francophones de Belgique et de Suisse*, Thèse de doctorat en géographie, Paris VIII, 1999.

les Andalous revendiquent une autonomie plus approfondie par rapport aux autres Communautés Autonomes, voire un statut de libre association pour le Pays Basque (plan Ibarretxe)[3]. En France, les nationalistes de Corse revendiquent une autonomie plus importante, de plus la réforme constitutionnelle de la décentralisation en 2003 augmente l'autonomie des régions[4]. Au Royaume-Uni, l'Ecosse et le Pays de Galles ont obtenu les lois de dévolution[5], cependant des revendications existent encore au Pays de Galles pour un pouvoir législatif[6]. Enfin en Italie, certaines ré-

---

[3] Voir J.P. Fusi, *Espagne, Nations, nationalités et nationalismes des Rois Catholiques à la Monarchie Constitutionnelle*, Presses Universitaires de Rennes, 2002, 221 p. ; D.G.Lavroff, *Le régime politique en Espagne*, PUF, coll. Que sais-je ?, 1995, 127 p. ; E. Aja, *El Estado Autonómico, Federación y hechos diferenciales*, 2e édition, Alianza ensayo, Madrid, 2003, 357 p. ; J. Bayo Delgado, X. Muñoz Puiggròs, *La catalanisación de la Justicia*, in : Informe Pi i Sunyer sobre la Justicia a Catalunya, Fundaciò Carles Pi i Sunyer d'Estudis Autonomics i Locals, Barcelone, 1998, 666 p., p. 483-493. ; S. Larrazábal Basáñez, *Contribución a una Teoría de los Derechos Históricos Vascos*, Instituto Vasco de Administración Pública, Bilbao, 1997, 608 p. ; J.Ferreras, *La civilisation espagnole, aujourd'hui*, Nathan Université, coll. 128, 1997, 128 p. ; sur le plan Ibarretxe, voir le site Internet qui lui est consacré par le gouvernement basque : *Propuesta del gobierno vasco para la convivencia en Euskadi*, www.nuevoestatutodeeuskadi.net/ ; J-D Chaussier, *Quel territoire pour le Pays Basque ? Les cartes de l'identité*, L'Harmattan, Logiques Politiques, 1996, 295 p. ; X.Itcaina, *Catholicisme et identités basques en France et en Espagne, La construction religieuse de la référence et de la compétence identitaires*, Thèse de science politique, Université Montesquieu, Bordeaux IV, dir. J.Palard, novembre 2000, 661 p. ; R. Pasquier *La capacité politique des régions. Une comparaison France-Espagne*, thèse, Centre de recherches administratives et politiques de la Faculté de Droit et de Science politique de l'Université de Rennes I, 25 octobre 2000, 428 p. ; nouveau statut de la Catalogne, loi organique n°6/2006 du 19 juillet, de réforme du Statut d'autonomie de Catalogne.

[4] R.Debbasch, *Le principe révolutionnaire d'unité et d'indivisibilité de la République, Essai d'histoire politique*, Thèse, Aix-Marseille 3, 1987 ; J.Y.Faberon, *Nouvelle Calédonie et Constitution : La révision constitutionnelle du 20 juillet 1998*, Revue du Droit Public, n°1, 1999, p. 113-130 ; N.Rouland, *La tradition juridique française et la diversité culturelle*, Droit et Société, n°27, 1994, p. 381-419. ; *Dossier : Corse, une région autonome dans la République*, Pouvoirs locaux, Les cahiers de la décentralisation, n°47, décembre 2000, 136 p. ; *Dossier : organisation décentralisée de la République*, AJDA, n° 11, 2003.

[5] C.Civardi, *L'Ecosse depuis 1528*, Ophrys, 1998, 235 p. ; J.Leruez, *L'Ecosse, Vieille Nation, Jeune Etat*, Editions Armeline, 2000, 344 p. ; P.Lurbe, *Le Royaume-Uni aujourd'hui*, Hachette Supérieur, Les Fondamentaux, 2000, 157 p. ; A. J. Crozier, *Federalism and Anti-Federalism in the United Kingdom*, SEZFF, tome I, p. 160-172. ; K. Morgan, *The English Question, Regional Perspectives on a Fractured Nation*, Regional Studies, n°7, octobre 2002, 37 p. ; G.Prudhomme, *La renaissance du nationalisme écossais au XXe siècle : 1849-1928*, Thèse, Université Paris 3, 1991. ; A.Thiec, *La question constitutionnelle et l'identité nationale en Ecosse de 1979 à 1997*, Thèse, Université Paris 3, 1999. ; J. Tomaney, P. Hetherington, *The English Regions*, Quarterly Report, February 2004, Nations and Regions: the Dynamics of Devolution, Quarterly Monitoring Program, The Constitution Unit, 2004, 34 p. ; *Wales*, Quarterly Report, February 2004, Nations and Regions: the Dynamics of Devolution, Quarterly Monitoring Program, The Constitution Unit, 2004, 52 p. ; *Scotland*, Quarterly Report, February 2004, Nations and Regions: the Dynamics of Devolution, Quarterly Monitoring Program, The Constitution Unit, 2004, 47 p.

[6] Une nouvelle loi de dévolution a été adoptée en 2006 pour le Pays de Galles, prévoyant, à terme, un éventuel pouvoir législatif primaire de l'assemblée galloise, si la population en décide ainsi d'ici à

gions, particulièrement les régions riches, revendiquent une autonomie plus poussée, que nous trouvons notamment dans la réforme constitutionnelle du titre V de la partie II de la Constitution, parfois sous couvert de la défense de l'identité comme c'est le cas des revendications politiques de la Ligue du Nord[7].

Ces revendications politiques sont exprimées par les organes des institutions régionales, ainsi que par des partis politiques, dans différentes mesures (recherche d'une autonomie plus approfondie, de certaines compétences économiques ou liées à l'identité, volonté de séparation de l'Etat, etc.), et parfois par la violence. Le droit constitutionnel est très lié au politique ; il règle l'exercice des pouvoirs publics et ce sont les acteurs politiques qui l'appliquent, l'exécutent. Le nombre et le niveau des acteurs politiques se multiplient avec la régionalisation généralisée en Europe[8]. A côté des pouvoirs nationaux et locaux, une nouvelle dimension apparaît, sur des territoires assez étendus, présentant plus ou moins de cohérence, un poids économique plus ou moins grand, et entretenant des relations transfrontalières (de nature économique, culturelle, concernant les infrastructures, etc.) leur ouvrant des perspectives d'action intéressantes. Quelle est la réponse du droit aux revendications d'autonomie, de reconnaissance d'une identité différenciée au niveau régional? Le droit constitue un cadre juridique pour l'action politique régionale. Celle-ci comporte des enjeux importants, notamment en matière d'égalité entre les droits des

---

2011 par référendum. Sur les évolutions en cours au Pays de Galles. Voir le White Paper (2005) *Better Governance For Wales*, (London: HMSO), Cm 6582 ; *Cymru Yfory (Tomorrow's Wales)*, Implementation of the Government of Wales Act 2006, Memorandum Submitted to the Welsh Affairs Select Committee, 2006, disponible sur la page Internet des publications du Parlement britannique : www.publications.parliament.uk/pa/cm200607/cmselect/cmwelaf/ucorders/ucmemo.htm; Labour Party and Plaid Cymru, *One Wales: A progressive agenda for the government of Wales*, 2007, http://new.wales.gov.uk/about/strategy/one_wales/?lang=en ; Welsh Affairs Committee (2007a) *Legislative Competence Orders in Council: Second Report of Session 2006-07*, London: The Stationary Office ; Welsh Affairs Committee (2007b) *Legislative Competence Orders in Council: Government's Response to the Committee's Second Report of Session 2006-07*, London: The Stationary Office ; R.Wyn Jones, R. Scully, *Devolution monitoring Report, Wales*, The Constitution Unit, septembre 2007, 70 p.

[7] P.Cabanel, *Nation, nationalités et nationalismes en Europe, 1850-1920*, Ophrys, Documents et Histoire, 1996, 262 p. ; I.Diamanti, A.Dieckhoff, M.Lazar, D.Musiedlak, *L'Italie, une nation en suspens*, Editions Complexe, 1995, 159 p. ; *Costruiamo insieme le nostre Regioni in* Una proposta federalista per l'Italia, Regione e Governo Locale, 1995, n°4, p. 579-589 ; C. Calvieri, *Stato regionale in trasformazione : il modello autonomistico italiano*, G. Giappichelli Editore, Torino, 2002, 243 p. ; A. D'Atena, *L'Italia verso il « federalismo »*, Milano, Dott. A. Giuffrè Ed., 2001, 457 p. ; E.Weibel, *La création des régions autonomes à statut spécial en Italie*, Libairie Droz, Genève, n° 87, 1971, 467 p.; Proposition de loi constitutionnelle d'initiative populaire – référendum constituant pour l'institution du Parlement de la Padanie, présentée à la Chambre des Députés le 8 mars 2000.

[8] A preuve, la multiplication des partis régionaux, ou de sections régionales puissantes des partis politiques nationaux. Nous renvoyons à l'ensemble des ouvrages cités plus haut pays par pays pour l'analyse du développement de la vie politique régionale en Europe. Ajoutons que le mode de scrutin peut aussi influencer celui-ci, comme par exemple en Italie où les présidents de région sont désormais élus au suffrage universel direct par l'électorat régional.

citoyens et d'application des politiques nationales et européennes. C'est pourquoi il convient de déterminer les aspects juridiques du régionalisme au niveau européen et les conséquences qu'il implique pour les disciplines du droit et pour l'Etat.

Dans différents Etats, l'autonomie régionale se développe, particulièrement par l'émergence d'un pouvoir législatif régional. Ce qui est déterminant dans les évolutions institutionnelles et juridiques en cours, c'est leur caractère asymétrique. Cette asymétrie est due notamment à des revendications ou des volontés politiques plus fortes que d'autres. Cela remet davantage en cause certains principes sur lesquels repose l'Etat, son unité politique, en particulier concernant le principe d'égalité entre les citoyens. Non seulement les centres d'émission des normes qui touchent le citoyen se multiplient, mais, en plus, cela se produit de façon hétérogène sur le territoire. La Catalogne ou le Pays-Basque ont par exemple plus de compétences que la plupart des régions espagnoles. Le système belge met en place une asymétrie plus complexe. L'Italie connaît aussi la différenciation, de diverses manières. L'Ecosse et le Pays de Galles existent en tant que régions dotées d'un certain nombre de pouvoirs, pas l'Angleterre.

A l'étude des divers modèles nationaux, nous avons rencontré la nécessité de l'introduction d'une notion juridique nouvelle, le régionalisme institutionnel, que nous nous proposons de construire au fil de ce travail. Ce concept de droit constitutionnel concerne l'Espagne, l'Italie et la Belgique, où le régionalisme institutionnel est une décision politique fondamentale du souverain, et dans une moindre mesure le Royaume-Uni, où il est limité par le principe de la souveraineté du Parlement britannique. La France nous servira de contre-exemple. La confrontation des diverses dispositions juridiques et institutionnelles des cinq Etats objets de notre étude nous permet de rendre compte des points communs et différences et de la nécessité de l'introduction de ce nouveau concept de droit constitutionnel pour traduire les évolutions de l'ordre juridique étatique.

La souveraineté devient institutionnelle et territoriale dans son exercice. Le concept de régionalisme institutionnel rend compte des évolutions de la notion de souveraineté et d'Etat et du fonctionnement d'un ordre juridique complexe et plural qui obéit à la hiérarchie des normes tout en développant un rapport paritaire des ordres juridiques national et régionaux. C'est le point de conciliation entre l'unité politique de l'Etat et la diversité régionale. Toutes les normes édictées sur le territoire national trouvent leur validité dans une norme supérieure, la Constitution étant en haut de la hiérarchie des normes, mais les normes régionales, particulièrement législatives, ne trouvent pas obligatoirement, comme en France, leur validité dans les normes nationales, mais aussi directement dans la Constitution. Le concept constitutionnel de régionalisme institutionnel rend alors compte de la tendance de l'institution étatique et des institutions régionales à devoir agir en fonction de la notion de but. Cela se traduit par l'existence de compétences transversales au profit de l'Etat, particulièrement en ce qui concerne le maintien de l'égalité entre les citoyens, par la distinction de différents niveaux d'intérêt dans l'Etat, l'intérêt général, l'intérêt national et le concept d'affaires régionales, enfin par la limite territoriale à l'action des régions.

Nous allons dans cette introduction justifier le choix du sujet et établir quelques définitions importantes à sa délimitation. Nous exposerons ensuite la problématique du sujet puis les méthodes et les sources utilisées ainsi que l'argumentaire développé pour le traiter, avant d'annoncer les deux parties par lesquelles nous souhaitons présenter ce travail.

Délimitation du sujet : choix et définitions

Nous présenterons ici la démarche ayant conduit à choisir les cinq Etats suivants : la Belgique, la France, l'Italie, l'Espagne et le Royaume-Uni. Puis nous exposerons pourquoi nous avons décidé d'inclure cette étude dans le cadre de l'Union européenne, et enfin pourquoi avoir adopté le terme de régionalisme institutionnel pour notre analyse.

Pourquoi avoir choisi ces cinq Etats?

Nous avons fait l'observation d'un phénomène juridique au sein de l'Union européenne qui concerne des Etats différant juridiquement par leur forme (unitaire ou fédérale, régionale) et par leur Constitution (Constitution souple pour le Royaume-Uni, rigide pour les autres). En effet diverses réformes ont eu lieu ou se préparent dans ces Etats, réformes de décentralisation, de dévolution, de fédéralisation[9]. Il y a une diversité des modèles mais un schéma constitutionnel qui se rapproche pour certains de ces Etats. Ce phénomène a conduit différents auteurs à procéder à une remise en question des dénominations actuelles désignant les Etats, en proposant de nouvelles classifications de ceux-ci[10] ou en envisageant de requalifier leur forme[11]. De nombreux travaux sont en cours sur la forme de l'Etat, notamment sur

---

[9] Pour les plus récentes, voir l'adoption du nouveau statut de la Catalogne en 2006 (loi organique n°6/2006 du 19 juillet, de réforme du Statut d'autonomie de Catalogne) et la loi de dévolution pour le Pays de Galles de 2006.

[10] M. Mercier, *Pour une République territoriale, l'unité dans la diversité*, Sénat français, Rapport d'information 447 tome 1, 1999-2000, Mission commune d'information chargée de dresser le bilan de la décentralisation, Annexe au procès verbal de la séance du 28 juin 2000, 411 p. L'auteur distingue les Etats unitaires, les Etats unitaires décentralisés où le droit des collectivités locales est en grande partie garanti par la Constitution, les Etats régionalisés, qui sont décentralisés jusqu'à l'autonomie législative, et les Etats fédéraux.

[11] Par exemple W. Boucsein, *Spanischer Regionalismus und der katalanische Nationalismus*, Jahrbuch des Öffentlichen Rechts, tome 27, J.C.B. Mohr, Tübingen, 1978, p. 41-73. Il envisage de considérer l'Espagne comme un Etat fédéral.

l'autonomie régionale, sous diverses approches[12]. Il existe des difficultés à appréhender l'organisation de l'ordre juridique étatique; l'Etat est un ordre juridique ou une institution juridique[13] caractérisée par l'unité, or dans les Etats présentés ici les régions prennent une place importante, notamment au niveau normatif. Il faut donc s'interroger sur les réponses des différents droits nationaux à ces changements institutionnels et juridiques, et évaluer l'influence des différents droits constitutionnels, des différentes traditions juridiques sur ce phénomène constaté dans des Etats très divers. L'intérêt de choisir l'Italie et l'Espagne pour cette étude réside dans le fait que des réformes importantes y sont faites ces dernières années, consacrant l'importance des régions, de façon plus clairement asymétrique en Espagne qu'en Italie[14]. La Belgique est un Etat fédéral assez spécial, qui a de plus une forte tendance à la bipolarisation entre Wallonie et Flandres. Le Royaume-Uni est le seul Etat à Constitution souple, avec un Parlement national souverain. Enfin la France est un Etat unitaire, qui, s'il a mis en œuvre une certaine décentralisation, n'offre pas les mêmes pouvoirs aux régions ou à certaines régions qui le composent. Partout, on retrouve ce phénomène d'asymétrie mise en place ou revendiquée. Quelles sont les possibilités offertes à ces Etats de prendre en compte cette évolution régionaliste et quelles sont les solutions adoptées par eux ? C'est de leurs différences que l'on peut à la fois comprendre la complexité du phénomène sur le plan juridique et discerner des tendances communes.

---

[12] Ces travaux sont notamment conduits dans des instituts de recherche, par exemple l'Institut für Föderalismusforschung de Vienne, l'Europäisches Zentrum für Föderalismus-Forschung allemand, l'Institut d'Estudis autonòmics et la Fundació Carles Pi i Sunyer d'Estudis autonòmics i locals de Barcelone, l'Economic and Social Research Council britannique dans le cadre de son programme Devolution and Constitutional Change Research Program. Nous trouvons aussi des sites Internet avec de la doctrine: www.pisunyer.org/ (Fundació Carles Pi i Sunyer d'Estudis autonòmics i locals), http://grale.univ-paris1.fr/index.htm (Groupement de Recherche sur l'Administration Locale en Europe), www.carrefourlocal.org/index.html (Sénat français), www.emmecidue.net/devolutionclub/ (sur la dévolution), www.devolution.ac.uk/Research_Projects2.htm (Economic and Social Research Council), enfin en Italie www.astrid-online.it/ (Associazione per gli Studi e le ricerche sulla Riforma delle Istituzioni Democratiche e sull'innovazione nelle amministrazioni pubbliche), www.associazionedeicostituzionalisti.it/, www.costituzionalismo.it/, www.forumcostituzionale.it/, www.federalismi.it/federalismi/, www.regione.emilia-romagna.it/affari_ist/federalismo/.

[13] Voir les théories que nous développerons plus loin de H. Kelsen et S. Romano.

[14] En Espagne, les "nationalités historiques", et plus particulièrement la Catalogne et le Pays-Basque, bénéficient d'un statut nettement différencié par rapport aux autres Communautés Autonomes. En Italie, l'asymétrie est moins spectaculaire, par contre les régions ont de forts pouvoirs, particulièrement vis-à-vis des collectivités locales. Voir l'actuel projet de « code des autonomies locales » (projet de loi présenté au Sénat en avril 2007), qui prévoit de nombreuses interventions de la loi régionale en la matière (pour régler l'exercice des fonctions des collectivités locales, leur conférer les fonctions qui ne requièrent pas un exercice unitaire à un niveau régional, pour rationnaliser et simplifier les niveaux administratifs locaux, et enfin régler les formes et modalités d'association des collectivités locales), *DPEF de la Région Emilie-Romagne pour 2008-2010*, Bolzano, décembre 2007, p. 31.

Nous avons décidé de placer cette étude sur le régionalisme institutionnel dans le cadre de l'Union européenne car l'ensemble des cinq Etats sélectionnés se voit soumis parallèlement au mouvement d'extension communautaire et de territorialisation. De plus le droit et les politiques communautaires concernent directement (notamment pour l'application du droit communautaire ou l'affectation des fonds européens) et indirectement (pour la répartition des compétences) les régions étudiées, ce qui conduit à la revendication et la mise en place d'une participation de celles-ci à l'Union européenne mais aussi à des problèmes quant à l'application du droit communautaire : responsabilité de l'Etat pour l'application de celui-ci, coordination de tous les pouvoirs publics agissant sur le territoire de l'Etat, manquement éventuel des autorités chargées de l'application du droit communautaire, information des régions, superposition des compétences sont autant de domaines touchés par cette problématique.

Nous allons maintenant aborder la question de savoir pourquoi avoir choisi le terme de régionalisme institutionnel et notamment pourquoi le préférer à celui d'autonomie régionale.

Le terme de régionalisme nous semble plus large que celui d'autonomie régionale, qui renvoie aux théories de l'organisation territoriale du pouvoir, quand le régionalisme concerne tous les éléments de l'Etat et a, pour nous, une place déterminée à prendre au sein de la théorie de l'Etat, de la théorie constitutionnelle et du droit comparé.

Cette place est celle d'une notion juridique permettant de rendre compte des évolutions de la théorie constitutionnelle et de l'Etat, de concilier un système de normes basé sur l'autonomie des régions et l'unité politique de l'Etat avec une théorie cohérente de l'Etat et de la Constitution.

Le droit comparé est pour cela un outil ; il fournit à la fois un cadre à l'analyse, qui se situe entre différentes traditions juridiques, notamment de droit écrit et non écrit, mais aussi de centralisation ou non, d'Etat fédéral ou unitaire, et un but à celle-ci, définir le concept de régionalisme institutionnel.

Nous avons rencontré au cours de ce travail un obstacle tenant aux termes utilisés dans les analyses théoriques ou pratiques liées à notre sujet. Divers termes sont employés, pas toujours définis, ou pas toujours définis juridiquement ; il règne une certaine confusion dans ce domaine, où revient régulièrement le terme d'autonomie, employé en de multiples sens : autonomie politique, autonomie administrative, Etat autonomique, autonomie par rapport à fédéralisme, ou par rapport à décentralisation, autonomie organisative, financière, etc. Le mot d'autonomie, faculté de se doter de ses propres règles, se définit par rapport à un centre d'autorité ou de pouvoir ; or ce que nous recherchons dans cette étude c'est aussi de s'éloigner de cette idée qui nous semble trop liée à l'analyse de la répartition du pouvoir au sein de l'Etat, afin d'étendre l'analyse à la population, au territoire, mais aussi plus largement à l'unité politique de l'Etat et à l'ordre juridique. Le mot régionalisme, utilisé dans un sens juridique, doit permettre l'étude de mécanismes et principes d'organisation des trois éléments de l'Etat, unité politique, et doit s'insérer dans la théorie de l'ordre juridique.

Le régionalisme institutionnel n'est pas une forme d'Etat, nous le trouvons dans l'Etat unitaire et fédéral. Celui-ci ne va pas contenir forcément de « région ». Si nous utilisons le terme de régionalisme c'est parce que nous partons d'un Etat, unité politique, vers des unités le composant, les régions. La région se trouve comprise dans l'Etat.

Le régionalisme institutionnel concerne l'organisation plurale de l'ordre juridique unitaire. La forme de l'Etat concerne l'origine de sa constitution et l'éventualité du statut des membres, dans le cas d'une fédération, qui en découle. Il faut faire une distinction entre régionalisme institutionnel et régionalisation : la régionalisation représente un mouvement de création, de mise en place des régions, comme la fédéralisation d'un Etat représente la mise en place d'un système fédéral. Ainsi la régionalisation n'est pas indifférente à notre étude du régionalisme, mais elle n'en est pas l'objet direct.

Nous avons choisi le terme de régionalisme institutionnel afin de le distinguer du régionalisme politique et de rendre compte du rapport entre le régionalisme et les institutions territoriales. La théorie institutionnelle fait un rapport entre institution et ordre juridique. Nous nous baserons sur la théorie institutionnelle de S. Romano[15] pour arriver à une présentation cohérente de l'ordre juridique étatique tel que modifié par le phénomène du régionalisme institutionnel.

Nous devons à présent définir le sens du mot « région » que nous allons utiliser.

Il convient de distinguer pour ce travail les régions des collectivités locales. Nous appellerons ici région le niveau inférieur à l'Etat, c'est-à-dire les Communautés et les Régions en Belgique, les Communautés Autonomes en Espagne, les Régions et la Collectivité Territoriale de Corse en France, l'Ecosse et le Pays de Galles au Royaume-Uni, les Régions ordinaires et à statut spécial en Italie. Une nuance est à apporter pour l'étude du cas italien : la région à statut spécial du Trentin-Haut Adige/Südtirol se divise en deux provinces, Trente et Bolzano, auxquelles le statut de la région a attribué la plupart des pouvoirs, en faisant des régions de fait. Elles disposent notamment du pouvoir législatif, dans les matières attribuées normalement aux régions. Nous nous attacherons particulièrement à la province de Bolzano

---

[15] S. Romano, *L'ordre juridique*, Bibliothèque Dalloz, 2002 (1918), 174 p. S. Romano, *Diritto costituzionale*, Milano, A. Giuffrè ed., 1950, 405 p.; S. Romano, *Il diritto pubblico italiano*, Milano, Giuffrè, 1988, 447 p.

où se trouve une minorité allemande, ce qui a donné lieu à des accords internationaux qui intéressent notre sujet.

Ce que nous appellerons ici les collectivités locales sont celles qui se trouvent au niveau en dessous du niveau régional, les provinces, les départements, les communes. C'est l'usage courant qui est fait de ce terme, notamment dans l'expression autonomie locale[16]. Cette distinction entre régions et collectivités locales nous permet de simplifier dans ce travail de droit comparé les terminologies, en ne tenant pas compte des termes nationaux. Mais cette distinction n'est pas indifférente, au-delà d'une facilité de langage, elle représente la séparation en trois niveaux, Etat, régions et collectivités locales, la différence entre les deux derniers, qui se situent sur le territoire de l'Etat, appelant une justification. Ce sera aussi en partie l'objet de notre travail que de démontrer une différence de nature entre les régions et les collectivités locales lorsque le régionalisme institutionnel existe dans le droit d'un Etat. Nous pouvons d'ores et déjà dire que cette différence n'existe pas en France.

Un autre élément est important pour délimiter le sujet que nous avons choisi : la place des notions de Constitution, d'Etat et de souveraineté. En effet c'est dans ce cadre juridique que se développe le régionalisme institutionnel, et c'est ce cadre qui est pour partie remis en cause par les dispositions juridiques accompagnant l'émergence du régionalisme institutionnel européen. Les questions du polycentrisme normatif, notamment législatif, de l'étendue de l'autonomie régionale, de la différenciation, sont liées aux théories constitutionnelles et de l'Etat. Nous anticipons sur nos développements ultérieurs en présentant la théorie de L. Le Fur[17].

Selon L. Le Fur les restrictions pouvant être apportées à la souveraineté viennent du droit international ou du droit interne, ce qu'il appelle alors les droits garantis. Il explique que ceux-ci, qui concernent par exemple les membres d'une fédération, sont fondés sur la Constitution fédérale et donc la volonté de l'Etat fédéral, même s'il peut exister un fondement historique à ces droits garantis. En effet, lors de la création de l'Etat fédéral, il se peut que les Etats signent des traités, par lesquels ils se réservent des droits ; cependant L. Le Fur considère ceux-ci comme une base historique, la base juridique, une fois l'Etat fédéral créé, étant la Constitution fédérale.

---

[16] Voir au niveau européen la charte de l'autonomie locale du Conseil de l'Europe, qui a par ailleurs élaboré une charte de l'autonomie régionale, encore à l'état de projet.

[17] L. Le Fur, *Etat fédéral et confédération d'Etats*, Thèse pour le doctorat, 5 juin 1896, Paris, Imprimerie et librairie générale de jurisprudence Marchal et Billard, 1896, 839 p., notamment p. 445 et s. Voir aussi nos développements plus bas sur la souveraineté.

Cette explication se comprend mieux quand on l'insère dans la théorie constitutionnelle de L. Le Fur, qu'il expose tout au long de sa thèse sur l'Etat fédéral et la confédération d'Etat, théorie qui s'intéresse avant tout à la souveraineté. L'Etat est le seul souverain dans la limite de son territoire, il est le seul à pouvoir apporter des restrictions à sa souveraineté, sous la forme ici des droits garantis. Les membres de la fédération, s'ils ont pu être avant des Etats souverains et notamment signer un traité en vue de la création d'une fédération, perdent dans celle-ci leur souveraineté (et, d'après lui, leur qualité d'Etat par conséquent).

Les droits qui leur sont éventuellement garantis le sont sur la base de la Constitution fédérale et non de ces traités, même si ceux-ci en sont historiquement la base. Cette analyse peut être rapprochée de celle de la Cour Constitutionnelle Fédérale Allemande selon laquelle, une fois créée la fédération, les membres (les *Länder*) ne sont plus souverains, la souveraineté résidant dans la fédération (cependant la Cour Constitutionnelle reconnaît la qualité d'Etats de *Länder*) [18]. Cela rappelle aussi l'interprétation par le Tribunal constitutionnel espagnol de la disposition constitutionnelle reconnaissant les droits historiques de certains territoires, notamment les droits foraux, selon laquelle ceux-ci trouvent désormais leur fondement dans la Constitution, œuvre du souverain, et non en dehors de celle-ci dans des textes devenus historiques[19].

Si nous exposons ici déjà quelques détails de ces théories, c'est pour souligner l'importance de la Constitution pour notre sujet. Ainsi, le rapport entre l'Etat, la souveraineté et la Constitution justifie que nous nous intéressions à celle-ci pour étudier le régionalisme institutionnel.

En effet les régions étudiées, nous le verrons, ont une existence et un régime constitutionnels[20]. De ce fait, on pourrait envisager que ces institutions territoriales disposent dans certains cas de ce que L. Le Fur appelle des droits garantis, dans la Constitution, ce qui amène à s'interroger, à partir des textes constitutionnels, sur le rapport à l'Etat et à la souveraineté du régionalisme institutionnel.

Nous pourrons alors démontrer que la théorie de L. Le Fur, notamment en ce qui concerne les droits garantis, trouve des applications concernant le régionalisme institutionnel.

---

[18] BVerfGE 1, 14.

[19] STC 76/1988 du 26/4, FJ 3.

[20] En Espagne, Italie et Belgique. Le Royaume-Uni n'offre pas les mêmes garanties constitutionnelles aux institutions dévolues du fait de la souveraineté du Parlement de Westminster.

Par extension, la théorie précitée de L. Le Fur doit nous amener à réfléchir à la possible utilisation de la théorie de la structure en trois éléments de l'Etat allemand, la *Dreigliederungslehre*[21], pour l'analyse du régionalisme institutionnel.

Soulignons par ailleurs l'importance dans le fédéralisme et le régionalisme de l'idée de participation. Elle est pour L. Le Fur un moyen de résoudre la question de la souveraineté dans ces Etats dits composés : celle-ci appartenant à l'Etat central, les membres y participent en qualité d'organes de celui-ci, de pouvoirs constitués.

Nous verrons au cours de notre étude que la question de la participation des régions à la formation de la volonté de l'Etat est centrale[22]. Elle est actuellement embryonnaire. Cette participation peut se développer sur le plan interne, au cours de la procédure d'adoption de la loi, par le biais d'une seconde chambre territoriale notamment[23], ou encore pour l'élaboration et l'application de la loi, par la consultation ou la négociation au sein de conférences, d'organes mixtes, enfin sur le plan externe par la participation à l'élaboration des positions pour les négociations du conseil européen, la participation à celui-ci ainsi que l'information sur le droit communautaire, et la possibilité d'une action internationale dans certaines limites.

La question se pose, si nous utilisons la théorie de L. Le Fur et que nous l'appliquons au régionalisme institutionnel, de la distinction entre régionalisme et fédéralisme. Nous pouvons dès à présent distinguer le fédéralisme de l'Etat fédéral. Nous étudions ici cinq Etats dont un seul est considéré comme un Etat fédéral, la Belgique. Le fédéralisme est une notion plus vaste qui dépasse l'analyse de la forme de l'Etat pour toucher à son organisation et ses bases philosophiques. Fédéralisme et régionalisme présentent de nombreux points communs qui seront évoqués tout au long de notre démonstration. Ce qui les distingue c'est d'abord la question de la participation aux instances nationales, plus développée dans la théorie du fédéralisme puisque les Etats membres obtiennent en échange de la création de l'Etat fédéral une représentation dans le Parlement national par le biais d'une seconde chambre. De plus, le fédéralisme se base sur l'égalité des membres, alors que le régionalisme instaure une différenciation entre les régions (de statut ou de compétences). Un Etat fédéral peut être le cadre de développement du fédéralisme aussi bien que du régionalisme, comme c'est le cas en Belgique. Un Etat unitaire peut éventuellement faire place au régionalisme en adaptant, nous le verrons, ses structures et ses principes.

---

[21] Il s'agit de présenter l'Etat fédéral comme un Etat global, comprenant d'une part l'Etat central et de l'autre les Etats membres.

[22] Cela se fait par des mécanismes d'intégration et d'articulation des niveaux de décision politique et des centres d'émission normative.

[23] Il y a d'ailleurs des débats dans ces Etats pour la création d'une chambre représentant véritablement les régions en tant que telles, et non basée sur des circonscriptions électorales locales.

Ainsi l'Etat, la Constitution et la souveraineté sont au cœur de notre étude. Ils constituent la base de notre raisonnement, nos instruments d'analyse mais aussi l'objet de notre analyse.

Enfin nous donnerons ici la définition du régionalisme institutionnel qui accompagnera notre démonstration. Le régionalisme est étudié par la théorie allemande, notamment en sociologie, et par les théories espagnole et italienne. On ne trouve que peu d'auteurs s'y intéressant au niveau juridique en France et au Royaume-Uni. En Allemagne, le régionalisme est souvent envisagé conjointement au fédéralisme, quand il est plutôt une solution alternative au choix entre Etat fédéral et Etat unitaire pour les italiens et espagnols. Nous pouvons ajouter d'ailleurs que la doctrine allemande considère le régionalisme de façon large, alors que les auteurs espagnols et italiens s'intéressent essentiellement à la forme de l'Etat, et plus particulièrement à leurs modèles nationaux. C'est pourquoi l'étude juridique du régionalisme trouve difficilement ses frontières. Il faut garder à l'esprit que le régionalisme institutionnel se développe pour rendre compte de l'existence d'Etats composés, asymétriques, se caractérisant par de possibles évolutions fortes en fonction des volontés politiques nationales et régionales.

Nous définirons ici un concept constitutionnel de régionalisme institutionnel. Il concerne l'introduction des régions dans l'exercice de la souveraineté nationale par le biais d'un droit collectif ayant une base institutionnelle et territoriale. Ce concept affecte la notion juridique d'Etat comme institution et ordre juridique. Le régionalisme institutionnel, qui a pour conséquence le polycentrisme normatif, c'est-à-dire la multiplication des centres d'émission des normes sur le territoire de l'Etat, remet en cause l'interprétation de l'unité politique de l'Etat à l'intérieur (principe d'égalité, droits de l'homme) et à l'extérieur (rapport à l'Union européenne notamment). Il conviendra donc de redéfinir la notion juridique d'Etat et de trouver la place que celui-ci occupe entre les différents intérêts se superposant sur son territoire. Le régionalisme institutionnel connaît diverses modalités d'application. Il se développe dans des Etats à structure souple et ouverte, notamment dans leur forme, régionale ou fédérale. C'est un phénomène juridique qui se transforme en concept de droit constitutionnel lorsqu'il appartient aux décisions politiques fondamentales de l'Etat, c'est-à-dire lorsque le système constitutionnel adapte la structure de l'Etat à ce phénomène. C'est le cas en Espagne, en Italie et en Belgique, avec aussi des limites et parfois des incohérences dans les textes constitutionnels. Cela n'est pas le cas au Royaume-Uni, du fait du principe de la souveraineté du Parlement. Cela n'est pas non plus le cas en France du fait de la portée du principe de l'unité politique de l'Etat et des dispositions sur l'organisation de l'Etat.

Nous insisterons tout au long de notre travail sur les mécanismes et principes qui tendent à assurer un équilibre entre unité et diversité au sein de l'Etat. Il nous semble en effet que c'est le but principal du régionalisme institutionnel, donner la possibilité aux régions de gérer leurs propres affaires et d'adopter des politiques alternatives, dans les limites des grandes politiques de l'Etat. Il faut souligner ici, car nous y reviendrons peu par la suite, que le régionalisme institutionnel se conforme aux standards de la démocratie ; ainsi les institutions territoriales régionales que nous avons choisi d'étudier sont-elles toutes composées d'organes de délibération de type assemblée, élus au suffrage universel direct, et de conseils exécutifs, élus par eux ou au suffrage universel direct (présidents des régions italiennes) et plus ou moins responsables devant eux, selon des mécanismes inspirés du régime parlementaire. Ainsi les régions auraient-elles une légitimité démocratique à régler les affaires de leur ressort.

L'idée de démocratie locale va aussi de pair avec le principe de subsidiarité, qui a fait son apparition dans le droit communautaire et dans les droits nationaux concernant la répartition des tâches entre le niveau étatique et les niveaux régional et local. Nous verrons qu'il existe à côté du principe de subsidiarité d'autres principes allant dans le même sens, comme les notions d'affaires régionales, d'intérêt général, national et régional. Tous ces mécanismes visent le même but : permettre au niveau local de régler ses propres affaires, tout en assurant une cohérence, d'abord régionale, puis nationale, c'est-à-dire concilier la diversité des solutions politiques (soutenue par une légitimité démocratique) et l'unité politique de l'Etat, à l'intérieur (liberté d'aller et venir, égalité, solidarité) et à l'extérieur (politique internationale, responsabilité de l'application des engagements internationaux). L'appréciation et l'application de ces principes restent cependant essentiellement dans les mains des autorités nationales.

Problématique

Le régionalisme institutionnel est un concept de droit constitutionnel que nous proposons pour répondre aux nécessités d'organisation d'Etat composés, caractérisés par leur asymétrie régionale, au sein desquels l'action des pouvoirs publics se coordonne entre différents niveaux d'intérêts dans un équilibre constant entre unité politique de l'Etat et diversité régionale. Quelle est la place du régionalisme institutionnel dans l'ordre juridique étatique (et européen) et plus largement dans la théorie de l'Etat et la théorie constitutionnelle ? Nous chercherons à présenter les articulations de l'ordre juridique étatique intégré par les régions institutions politiques, examinerons la question de l'exercice régional de la souveraineté, dans la mesure de la possible conciliation de ces éléments avec le droit positif ou par des propositions. Nous devrons pour cela déterminer quelles sont les conditions pour que se développe le régionalisme institutionnel, quelles sont les modalités de ce développement et les influences, les conséquences du régionalisme institutionnel sur la notion juridique d'Etat.

Sources et méthodes utilisées

Nous présenterons tout d'abord les sources utilisées.

En Belgique, il s'agit de la Constitution du 17 février 1994 mais aussi des lois spéciales, adoptées à la majorité de l'article 4 de la Constitution, « une loi adoptée à la majorité des suffrages dans chaque groupe linguistique de chacune des Chambres, à la condition que la majorité des membres de chaque groupe se trouve réunie et pour autant que le total des votes positifs émis dans les deux groupes linguistiques atteigne les deux tiers des suffrages exprimés. », en particulier la loi spéciale de réformes institutionnelles du 8 août 1980 qui procède notamment à la détermination des compétences des Communautés et des Régions[24].

En Espagne, nous utiliserons la Constitution du 27 décembre 1978 ainsi que les statuts des Communautés Autonomes, leur « norme institutionnelle de base »[25] élaborée par elles et adoptée par les *Cortes Generales*[26].

En France, nous utiliserons la Constitution du 4 octobre 1958, modifiée notamment en 2003[27], et diverses lois organiques se rapportant à cette réforme, ainsi que les lois sur la Corse[28] et plus largement le Code Général des Collectivités Territoriales (plus loin CGCT).

Au Royaume-Uni, il n'y a pas de Constitution écrite. La norme fondamentale du système britannique est la souveraineté du Parlement. Nous utiliserons donc cette norme, ainsi que les normes constitutionnelles émises par le Parlement, notamment et surtout les lois de dévolution pour l'Ecosse et le Pays de Galles adoptées en

---

[24] Cette loi a été modifiée plusieurs fois, par la loi du 8 août 1988 ; la loi spéciale du 12 janvier 1989 ; la loi spéciale du 16 janvier 1989 ; la loi spéciale du 5 mai 1993 ; la loi spéciale du 16 juillet 1993 ; la loi spéciale du 28 décembre 1994 ; la loi spéciale du 5 avril 1995 ; la loi spéciale du 25 mars 1996 ; la loi spéciale du 4 décembre 1996 ; la loi spéciale du 8 février 1999 ; la loi spéciale du 19 mars 1999 ; la loi spéciale du 4 mai 1999 ; la loi spéciale du 21 mars 2000 ; la loi spéciale du 13 juillet 2001 (1er texte) ; la loi spéciale du 13 juillet 2001 (2e texte) ; le décret spécial du 14 novembre 2001 ; la loi spéciale du 22 janvier 2002 ; la loi spéciale du 12 août 2003 ; la loi spéciale du 16 mars 2004 ; la loi spéciale du 25 avril 2004 ; le décret spécial du 27 juillet 2004 ; la loi spéciale du 13 septembre 2004. Consolidation officieuse disponible sur le site Internet : www.wallex.wallonie.be.

[25] Article 147 de la Constitution espagnole.

[26] Nous nous référerons essentiellement aux lois organiques suivantes : LO n°4/1979 du 18 décembre, Statut d'autonomie de la Catalogne, LO n°1/1981 du 06 avril, Statut d'autonomie de la Galice, LO n°3/1979, du 18 décembre, Statut d'autonomie du Pays-Basque.

[27] Loi constitutionnelle 2003-276 du 28/03/2003.

[28] Loi n° 82-213 du 2 mars 1982, loi n°428-91 du 13 mai 1991, loi n° 2002-92 du 22 janvier 2002.

1998 et 2006 : *Scotland Act* et *Government of Wales Act* (GWA). Ces lois sont constitutionnelles car elles concernent la matière constitutionnelle[29], et non par la forme de leur adoption, car le Parlement étant souverain, il peut adopter indifféremment des normes législatives ou constitutionnelles.

En Italie, nous utiliserons la Constitution du 27 décembre 1947, révisée par la loi constitutionnelle n°3 du 18 octobre 2001 dans son titre V de la deuxième partie sur les collectivités territoriales. Nous utiliserons de plus les statuts des régions à statut spécial[30] et parfois ceux des régions ordinaires.

Dans tous les Etats nous prêterons de plus attention à la jurisprudence constitutionnelle, venant interpréter et appliquer les principes de droit constitutionnel intéressant particulièrement notre analyse, ainsi que dans tous les Etats exceptée la France, régler les conflits de compétence entre l'Etat et les régions[31].

Nous utiliserons bien sûr tous les textes juridiques utiles à nos développements, lois et règlements, notamment régionaux, mais aussi jurisprudence. Nous nous intéresserons enfin à différentes doctrines, notamment de théorie constitutionnelle et de l'Etat (particulièrement les doctrines allemandes) ainsi que concernant l'analyse pratique des modèles étatiques actuels.

Enfin nous apporterons parfois notre attention aux textes des réformes en cours ou en proposition. En effet les Etats que nous avons soumis à notre étude se trouvent engagés dans des réformes ou confrontés à des revendications de réforme politique concernant la forme de l'Etat et l'exercice territorial du pouvoir. Citons ici déjà le processus de réforme dite fédérale en Italie[32], le plan Ibarretxe pour le Pays

---

[29] Voir par exemple R. David, C. Jauffret-Spinosi, *Les grands systèmes de droit contemporains*, Dalloz, 11ème édition, Paris, 2002, 553 p., p. 243, « La fin du XXe siècle et les réformes constitutionnelles au Royaume-Uni » ; J Bell, *La révolution constitutionnelle au Royaume-Uni*, Revue de droit public, 2000, p. 413-427.

[30] Frioul Vénétie-Julienne, loi constitutionnelle du 31 janvier 1963, n°1, Valle d'Aosta/Vallée d'Aoste, loi constitutionnelle du 26 février 1948, n°4, Trentin-Haut-Adige/Südtirol, loi constitutionnelle du 26 février 1948, n°5, Sardaigne loi constitutionnelle du 26 février 1948 , n°3, et Sicile, Regio Decreto Legislativo du 15 mai 1946, n°455, converti en loi constitutionnelle du 26 février 1948, n°2, tous modifiés par la loi constitutionnelle n°2 du 31 janvier 2001.

[31] Cour Constitutionnelle italienne, Cour d'Arbitrage de Belgique, Tribunal Constitutionnel espagnol, Judicial Committee of the Privy Council au Royaume-Uni, qui ne fonctionne cependant que pour le contrôle des lois écossaises.

[32] Après diverses réformes, la dernière étape en date était le projet de loi constitutionnelle S2544-B de modifications à la partie II de la Constitution approuvé définitivement le 16/11/2005 par la Chambre des représentants et le Sénat. Ce projet devait être adopté par référendum, or celui-ci, organisé les 25 et 26 juin 2006 a eu un résultat défavorable à la réforme (Journal Officiel du 25 juillet 2006).

Basque[33], les nouveaux statuts de la Catalogne, des régions italiennes, et l'extension du processus de dévolution au Pays de Galles[34].

Notre travail concerne donc la théorie de l'Etat, le droit constitutionnel, en particulier la théorie de l'ordre juridique. L'intérêt du sujet est dans la comparaison et l'actualité. Nous devons signaler qu'il est parfois malaisé d'établir cette comparaison entre des droits de traditions différentes mais aussi par l'usage de termes qui trouvent difficilement une traduction en français ou ont une autre signification[35]. La méthode générale de démonstration est celle du droit comparé. A partir des sources utilisées, nous adoptons cet angle d'analyse qui nous permet d'atteindre le but de notre démarche, qui est la présentation de l'ordre juridique de l'Etat et de l'exercice territorial du pouvoir, et de déterminer les systèmes étudiés dans le but de comprendre le phénomène du régionalisme institutionnel à un niveau européen. Pour cela, il convient de trouver les instruments, les outils juridiques d'une comparaison efficace. Le but est de décrire la diversité des modèles européens du régionalisme institutionnel et de trouver une cohérence juridique aux termes et systèmes que nous étudions, ainsi que de mettre en valeur les tendances communes et les différences. Certains thèmes comme la participation ou le principe d'égalité donnent lieu à de nombreuses modifications et études en ce qui concerne le régionalisme institutionnel, qui rejoignent la problématique générale de ces principes[36].

---

[33] Il consistait en une proposition de consultation puis de référendum faite par le président de la Communauté Autonome basque, concernant ce plan de libre association au sein de l'Espagne ou du moins la négociation avec l'Etat espagnol en vue d'une libre détermination du statut, voir le discours devant le Parlement basque, 28/09/2007. Le calendrier prévu était le suivant : négociation avec les autorités espagnoles, une consultation populaire le 25 octobre 2008, un référendum au second semestre 2010. Le Tribunal constitutionnel a mis un terme au projet de consultation populaire, au motif qu'il s'agissait en réalité d'un référendum, et que celui-ci est réservé aux autorités nationales (STC 103/2008 du 11 septembre 2008). Les résultats de l'élection du 1er mars 2009 peuvent compromettre l'avenir de ce plan, selon les alliances qui seront faites pour la désignation du président de la Communauté Autonome. Le parti nationaliste basque (PNV) a en effet seulement 30 sièges sur 75 au Parlement autonomique.

[34] Un référendum doit être organisé d'ici 2011 pour une éventuelle dévolution de pouvoirs législatifs primaires à l'Assemblée galloise, qui n'en dispose pas pour l'instant, ni au titre de la loi de dévolution de 1998, ni de celle de 2006.

[35] Nous avons essayé dans la mesure du possible de traduire les termes rencontrés en français, sauf quand la traduction n'était pas satisfaisante ; nous avons alors donné une définition et utilisé l'expression rencontrée telle quelle, par exemple la *pari-ordinazione* italienne ou la *Dreigliederungslehre* allemande, la *soft law*, etc.

[36] Par exemple pour l'égalité : quelle place pour la diversité ? Pour la participation, comment concilier divers niveaux de gouvernement, notamment celui qui adopte les normes, celui qui les applique et celui qui est responsable de leur application (comme c'est le cas pour le droit communautaire, respectivement l'Union européenne, les régions et l'Etat).

Ainsi donc la théorie du droit, la théorie constitutionnelle et de l'Etat, et le droit comparé servent pour ce travail qui leur est aussi une contribution.

Enfin l'objet de notre étude est aussi de déterminer quels sont les manques, les contradictions dans le droit positif et de faire éventuellement des propositions.

Argumentaire

Dans une première partie nous nous intéressons au cadre juridique qui se présente à notre sujet d'étude. Comme nous avons déjà expliqué que l'Etat constitue ce cadre juridique, cette première partie va nous amener à examiner les éléments de définition de l'Etat tout d'abord, puis l'organisation de celui-ci. Cela nous permettra de distinguer les Etats dont l'ordre juridique met en place le régionalisme institutionnel, l'Espagne, la Belgique et l'Italie, celui où il a une capacité de développement limitée, le Royaume-Uni, et celui ne pouvant accueillir en l'état actuel de son droit de tels mécanismes institutionnels : la France.

Les éléments de définition de l'Etat (titre 1) sont de deux ordres. Tout d'abord nous trouvons les éléments constitutifs de l'Etat qui, selon la théorie des trois éléments, sont le territoire, le peuple et le pouvoir. De nombreuses conséquences peuvent être tirées de la théorie des trois éléments constitutifs de l'Etat pour le régionalisme institutionnel, qui nous permettent déjà de présenter des notions comme l'unité territoriale du droit, la relation entre territoire et compétence, l'exercice territorial du pouvoir, la notion d'institution territoriale, la division verticale du pouvoir, et de préciser la question du traitement des divers peuples présents sur le territoire d'un Etat[37]. Parmi les solutions proposées, nous portons un intérêt particulier au recours à l'organisation territoriale (fédéralisme et attribution asymétrique d'un statut particulier à une partie du territoire) ainsi qu'à des solutions à mi-chemin entre le droit des minorités et l'organisation territoriale, particulièrement la théorie de l'Etat multinational de K. Renner ou la décentralisation et le fédéralisme personnels ou ethniques, ainsi que la notion allemande de *Kulturhoheit*, souveraineté ou compétence culturelle. Concernant le pouvoir, nous étudions le pouvoir constituant (à partir des théories du fédéralisme dont nous cherchons l'application possible au régionalisme), le rapport entre souveraineté, loi, parlement et Etat, intéressant du

---

[37] Les régions que nous avons sélectionnées connaissent des revendications politiques basées sur leur identité, souvent comme peuple. Voir le nouveau statut de la Catalogne de 2006, qui désigne la Catalogne comme une nation, et l'intention des Communautés Autonomes de Valence et d'Andalousie d'obtenir une même disposition dans leurs statuts. Voir S. Manzin, *La Catalogna chiede più soldi (ma non solo), La proposta di modifica dello statuto catalano e la nuova stagione del regionalismo spagnolo*, 06/10/2005, sur le site Internet www.federalismi.it.

fait de l'apparition de législateurs régionaux dans les Etats étudiés, et la territorialisation du pouvoir.

Second élément de définition de l'Etat, l'unité politique constitue l'un de nos développements clés dans cette thèse. Après en avoir examiné la théorie, nous tenterons d'apporter une définition de l'unité politique de l'Etat en fonction de ses trois éléments constitutifs. Puis nous examinerons l'unité politique de l'Etat dans les cinq Etats choisis, particulièrement en France, Italie et Espagne, et pour des points précis particulièrement intéressants, au Royaume-Uni et en Belgique. Nous nous poserons alors la question de l'opposition ou de la conciliation du régionalisme institutionnel et de l'unité politique de l'Etat. Dans ce but nous procédons à une synthèse comparative de l'étude pratique menée précédemment, qui nous permet de poser les termes de cette question qui est l'une de celles qui parcourent cette thèse. Ceux-ci sont la conjonction des trois éléments constitutifs de l'Etat, la diversité régionale et la recherche de l'équilibre entre unité et diversité, ce dernier terme nous permettant d'énumérer les éléments ouverts et les éléments fermés du cadre juridique.

Dans un titre 2, nous abordons la question de la diversité des principes et dispositions juridiques d'organisation des Etats, afin d'affiner le cadre que nous offrent les éléments de définition de l'Etat qui font l'objet du titre 1. Nous verrons dans quelle mesure l'organisation de l'Etat est favorable ou non au développement du régionalisme institutionnel et comment celui-ci se développe dans ce cadre.

Nous nous intéressons tout d'abord dans un chapitre 1 à l'organisation du territoire. Dans les Etats choisis, nous décrivons l'organisation territoriale classique, puis nous rendons compte du fait que les classifications sont remises en question. L'organisation territoriale classique des Etats nous amène à traiter la décentralisation de l'Etat unitaire, avec l'exemple de la France, et un intérêt particulier pour la réforme constitutionnelle de 2003, concernant la répartition des compétences, l'autonomie, le principe de libre administration, en montrant la place particulière de la région au sein de la décentralisation malgré l'affirmation d'un principe d'égalité entre les collectivités territoriales, mais aussi pour la Corse, collectivité territoriale constituée d'une seule unité, que nous considérons de niveau régional, en insistant sur sa spécificité. Nous conclurons à l'impossibilité du développement du régionalisme institutionnel en France actuellement.

Nous nous tournons ensuite vers l'Etat fédéral et le fédéralisme, dont les définitions nous fournissent des outils intéressants d'analyse juridique pour le régionalisme institutionnel, comme la *Dreigliederungslehre*, les théories du fédéralisme politique, le lien avec le principe de subsidiarité. Nous présentons le rapport entre le fédéralisme et les régions puis analysons les caractéristiques de l'Etat fédéral belge, qui se révèle particulièrement intéressant pour nos analyses de droit comparé : présence de deux types d'entités fédérées, ce qui est tout à fait original, organisation asymétrique, que nous trouvons aussi dans les autres Etats étudiés quelle que soit leur forme, importance des groupes linguistiques, une structure fédérale basée sur quatre régions linguistiques, et caractère bipolaire de l'Etat fédéral.

Nous abordons ensuite la question des classifications classiques remises en question, par l'apparition de modèles flous, différenciés, d'Etats composés et asymétriques.

Nous décrivons les modèles d'organisation territoriale à mi-chemin entre l'Etat unitaire et fédéral, que sont l'Etat des autonomies et l'Etat régional. Cela nous conduit à donner une première définition de l'autonomie comme mode d'organisation territoriale, tirée de la doctrine, de la jurisprudence, et des Constitutions italienne et espagnole et que nous décrivons comme un système polycentrique à dominante autonome régionale, fait d'équilibre et de souplesse. Cette forme d'organisation territoriale est particulièrement favorable au développement du régionalisme institutionnel. Nous traitons ensuite de la dévolution au Royaume-Uni, qui est une combinaison du principe fondamental de la souveraineté du Parlement de Westminster et de ce qui a été décrit dans la doctrine comme « le triomphe de la *soft law* »[38]. Nous analysons alors le rapport entre dévolution et autonomie régionale. Nous en conclurons que la dévolution n'offre pas les garanties de l'autonomie régionale pour le développement du régionalisme institutionnel du fait de la prééminence du principe de la souveraineté du Parlement britannique.

Nous avons ensuite été amenée à rendre compte, pour analyser l'apparition des modèles flous et différenciés, des changements qui se produisent dans ces Etats par l'organisation de réformes, notamment constitutionnelles, et la prise d'importance du principe de subsidiarité. Enfin nous avons tenté de donner les prémices d'une définition du régionalisme institutionnel à partir de l'examen de ces modèles en nous basant tout d'abord sur les définitions de différents auteurs puis en résolvant la question du régionalisme face aux modèles divers d'organisation territoriale.

Dans un chapitre 2 nous traitons de l'organisation de la population, selon le principe d'égalité entre les citoyens, reconnu par le droit constitutionnel de tous les Etats. Il constitue un cadre pour le régionalisme institutionnel qui a donné lieu à différentes dispositions constitutionnelles et législatives, ainsi qu'à une jurisprudence et à une doctrine importante. Le principe d'égalité se présente à l'analyse de ces éléments sous deux angles. D'un côté il s'agit d'un principe d'homogénéité minimale qui justifie la compétence de l'Etat central, compétence qui s'exprime selon différentes méthodes, dont nous examinons plus particulièrement celle commune dans une certaine mesure à la France, l'Italie et l'Espagne : la compétence de l'Etat pour fixer des niveaux minimums de droits, qui comporte cependant certaines différences non négligeables quant à la définition des modèles espagnol et italien d'un côté et français de l'autre. Ce principe d'homogénéité minimale sert

[38] I. Ruggiu, *Devolution scozzese Quattro anni dopo: the bones... and the flesh*, Le Regioni, n°5, octobre 2003, p. 737-786, citation p. 756.

aussi à limiter le particularisme ethnique, à assurer ce qui a été décrit comme l' « homogénéité juridique du corps social »[39]. D'un autre côté, le principe d'égalité permet une certaine diversité régionale. Cela pose le problème de la conciliation entre le principe d'égalité et le principe d'autonomie mais aussi du fonctionnement du mécanisme du principe d'égalité qui veut qu'à situation objectivement différente puisse être accordé un traitement différent, qui nous semble se poser de façon plus complexe avec le régionalisme institutionnel. Cela nous amènera à tirer les conclusions sur l'intérêt du principe d'égalité dans l'étude du régionalisme ; il permet de jouer en souplesse entre unité et diversité mais, cédant le pas devant l'organisation territoriale de l'Etat, se trouve d'après nous redéfini comme un principe de répartition des compétences, complexe, et trouvant une perspective dans le principe de solidarité et d'égalité entre les collectivités territoriales. Mais il n'est plus garanti comme principe d'égalité entre les citoyens en cas de développement du régionalisme institutionnel. La conciliation entre les deux passe par la transformation du principe d'égalité.

Enfin dans un chapitre 3 nous étudions l'organisation du pouvoir en trois étapes. Nous examinons tout d'abord ce que nous avons appelé les principes traditionnels d'organisation du pouvoir d'Etat, c'est-à-dire la démocratie, l'Etat de droit et l'égalité entre les collectivités territoriales. Ces trois principes vont permettre une organisation du pouvoir qui comporte une influence certaine sur le régionalisme institutionnel mais se trouvent aussi à leur tour influencés par celui-ci. A cette occasion, nous attirons l'attention sur les rapports entre les régions et les collectivités locales inférieures[40], sur les fondements démocratiques du régionalisme, sur l'asymétrie régionale, et enfin sur la flexibilité ou le flou de nombre de dispositions, notamment constitutionnelles, éléments qui posent un problème de compatibilité avec le principe de l'Etat de droit. Dans un deuxième temps nous traitons d'un principe qui se développe pour l'organisation du pouvoir au sein de l'Etat, le principe de subsidiarité, auquel nous donnons comme point de départ l'autonomie locale. Ce principe reste d'application nationale mais participe à l'idée de couches successives d'intérêts dans un même Etat et au sein de l'Union européenne.

La seconde partie de notre thèse est consacrée à l'enjeu politique que présente notre sujet, et dont nous étudions les aspects juridiques. Il s'agit de présenter la

---

[39] N.Rouland, *La tradition juridique française et la diversité culturelle*, Droit et Société, n°27, 1994, p. 381-419, p. 391.

[40] Les collectivités locales inférieures dans les quatre Etats connaissant le développement du régionalisme institutionnel ne sont pas mises à égalité avec les régions, qui ont souvent des compétences en matière de collectivités territoriales présentes sur leur territoire, contrairement à ce que laisserait par exemple penser le principe de la *pari-ordinazione* (mise sur le même plan de l'ensemble des collectivités territoriales, Etat y-compris) de l'article 114 de la Constitution italienne.

diversité européenne du régionalisme institutionnel ainsi que la possible mise en cause de l'Etat et plus largement les conséquences en matière de théorie de l'Etat et de théorie et droit constitutionnels.

Le premier titre de cette seconde partie est donc consacré à la diversité européenne du régionalisme institutionnel. Nous abordons cette question par l'étude matérielle des régionalismes à partir de rubriques convergentes, puis nous nous intéressons à la détermination du régionalisme européen à partir de la diversité des modèles.

Le premier chapitre nous conduit à constater l'existence de trois rubriques convergentes d'analyse des différents systèmes étatiques et régionaux que nous avons choisis pour notre étude.

La première est l'existence d'une autonomie dans l'ensemble des régions. Nous examinerons tout d'abord l'étendue matérielle de cette autonomie, par une description des déclinaisons de l'autonomie régionale (autonomie financière, administrative, législative, d'organisation, internationale) et de leurs garanties, puis en développant des cas pratiques permettant de déterminer jusqu'où les régions peuvent aller, ce que leur autonomie leur autorise, et ce à la lumière des normes régionales et étatiques et de la jurisprudence, particulièrement constitutionnelle. Ces cas pratiques vont nous permettre de prendre une mesure concrète de l'étendue de cette autonomie régionale dans différents domaines, où celle-ci sera plus ou moins revendiquée et l'action politique plus ou moins complexe : les droits de l'homme constituent l'un de ces cas pratiques, qui rejoint dans une certaine mesure l'étude faite du principe d'égalité comme cadre juridique du régionalisme institutionnel ; l'action économique et sociale est un domaine comportant des enjeux politiques importants ; l'autodétermination permet d'analyser les rapports du régionalisme institutionnel aux théories constitutionnelle et de l'Etat, particulièrement à celle du pouvoir constituant ; ce cas pratique nous permet d'aborder des points d'actualité comme le Plan Ibarretxe pour le Pays-Basque qui propose un statut de libre association de celui-ci avec l'Espagne, au sein de l'Union européenne, mais aussi, bien que nous réfutions l'idée d'une droit à l'autodétermination régionale, d'aborder le contenu de ce que nous appelons l'exercice régional de l'autodétermination, que nous déduisons de la théorie de l'Etat et du droit constitutionnel des Etats étudiés, notamment du principe démocratique et de l'analyse de l'origine de la Constitution ; enfin le dernier cas pratique s'intéresse à ce que nous décrivons comme les mesures de préférence régionale, qui se traduisent par des exigences linguistiques pour l'emploi, etc. et qui doivent se concilier avec les principes d'égalité et de libre circulation, notamment des travailleurs.

Une fois appréciée l'étendue matérielle de l'autonomie régionale, nous nous appliquons à déterminer ce qu'est l'autonomie régionale dans le cadre du régionalisme institutionnel. Cela signifie que nous examinons la substance d'une autonomie politique et ses conséquences, afin d'arriver à une définition de l'autonomie dans le régionalisme institutionnel. La substance d'une autonomie politique nous conduit à traiter la question des affaires régionales, lesquelles sont protégées par différentes formulations constitutionnelles, celle du rapport à l'autonomie locale, enfin celle des garanties de l'autonomie politique. Nous présenterons celles-ci sous deux angles : le degré d'ouverture du système en est une première caractéristique, la seconde étant l'autonomie comme concept juridique de droit constitutionnel, ce qui nous amènera à considérer les théories de la garantie institutionnelle ou constitutionnelle, les jurisprudences sur le sens dont ne peut être vidée l'autonomie et la théorique *pari-ordinazione* italienne, qui en montre les limites[41].

La deuxième rubrique convergente que nous avons dégagée de notre étude est la répartition des pouvoirs. Celle-ci a toujours lieu, de diverses façons, entre l'Etat et les régions. Nous présentons tout d'abord les similitudes dans les sources de répartition des compétences, c'est-à-dire la place du droit constitutionnel et l'approche par le haut ou par le bas. Puis nous nous intéressons aux systèmes de répartition des compétences, qui sont d'une grande diversité mais présentent des tendances intéressantes, comme la flexibilité, l'asymétrie, la protection de la sphère régionale des compétences, la division et l'intégration des matières. Enfin nous exposons, notamment à l'aide d'un tableau, les compétences des régions et de l'Etat par matière et nature. Faisant le lien entre ces deux éléments, nous étudions la division des matières par nature de compétence, proposons la hiérarchie des normes comme conciliation du rapport entre nature et matière des compétences, et démontrons que ce rapport entre nature et matière caractérise le régionalisme institutionnel.

La dernière rubrique convergente que nous avons identifiée est la référence à l'identité. Nous constatons la reconnaissance juridique d'identités différenciées au sein de l'Etat, tout d'abord par celle de nations, nationalités, peuples et populations, puis par la référence aux particularismes dans les textes constitutionnels, les statuts ou encore les lois concernant les régions en cause ; cette reconnaissance se trouve aussi dans le domaine des langues et des emblèmes, et enfin concernant le territoire régional. La référence à l'identité passe aussi par l'attribution de compétences contribuant au maintien, au développement et à la promotion de l'identité régionale, c'est-à-dire dans des matières comme la culture, le droit – qui nous amène à faire l'étude des droits civils régionaux notamment – le rapport aux collectivités locales inférieures et la langue, notamment le règlement de son usage dans la fonction publique et son enseignement.

Dans un chapitre 2 nous étudions la question de la détermination du régionalisme institutionnel européen. Pour cela nous décrivons les critères communs du régionalisme à partir des modèles espagnol, italien, belge, et de certaines dispositions des modèles britannique et français, et donnons enfin une définition complète du concept de régionalisme institutionnel.

---

[41] Mise sur le même plan juridique par l'article 114 de la Constitution de l'Etat, des régions, des provinces et des communes, comme éléments constitutifs de la République.

Le régionalisme institutionnel européen concerne l'Espagne, l'Italie, la Belgique, en partie le Royaume-Uni, mais pas la France. Il s'agit d'un modèle de compétences[42], qui doit être inséré dans l'institution ou l'ordre étatique. Cette limite aux compétences régionales est celle du cadre juridique du régionalisme que constitue l'Etat, en particulier l'intérêt général et national et la limite territoriale. Les garanties des compétences régionales se confrontent à la souveraineté de l'Etat. Nous examinerons la garantie constitutionnelle, ce qui nous permettra de présenter et d'utiliser les théories de C. Schmitt et de L. Le Fur, et de développer notamment les aspects procéduraux de cette garantie (suppression des contrôles préventifs de normes régionales, recours au juge constitutionnel). Nous nous intéresserons ensuite à ce que nous appelons la garantie institutionnelle, qui consiste en des institutions de discussion, de négociation, de consultation des régions, de participation à l'élaboration des normes étatiques (une seconde chambre du parlement national essentiellement), par la représentation régionale dans les institutions nationales et européennes. Il convient de noter une tendance à se rabattre sur des garanties procédurales et sur la loyauté ou collaboration loyale[43], lorsque l'Etat exerce des compétences dont l'attribution est controversée, voire appartenant aux régions. Or l'ensemble de ces mécanismes ne fonctionne pas toujours bien, la seconde chambre territoriale est d'ailleurs encore inexistante dans ces Etats.

La définition du régionalisme institutionnel à laquelle nous arrivons compte-tenu de tous ces éléments est délivrée en deux étapes : tout d'abord comment et pourquoi utiliser la notion de régionalisme dans le droit, puis ce que nous entendons à proprement parler par le régionalisme dans la dynamique institutionnelle territoriale européenne. Nous préciserons alors le cadre de la définition, constitué par la perspective institutionnelle et territoriale et par la perspective européenne. Cela nous conduit à adopter deux points de vue qui selon nous proposent un cadre intéressant à la définition du régionalisme institutionnel, qui sont l'application des mécanismes théoriques de la *Dreigliederungslehre* et du thème de la norme fondamentale dans l'analyse de droit comparé du régionalisme dans l'Union européenne. En synthèse nous examinerons la dynamique institutionnelle territoriale européenne. Enfin dans une seconde étape nous arriverons à la définition même à partir du sujet régionalisme et institutions territoriales dans l'Union européenne, celle du régionalisme dans la dynamique institutionnelle territoriale européenne.

Le régionalisme institutionnel est un concept de droit constitutionnel rendant compte d'un ordre juridique complexe et plural comprenant l'institution étatique,

---

[42] Ce modèle est caractérisé par la nature des compétences : l'attribution d'une compétence législative, la question du droit constitutionnel régional, les relations internationales des régions, mais aussi par les matières : celles de l'identité régionale et l'économique et social, ainsi que celles liées au territoire.

[43] La *Bundestreue* allemande.

dont la notion juridique se trouve affectée, et les régions, institutions territoriales politiques. Le terme de région signifie une sous-partie dans une unité, l'Etat, implique la limite territoriale de l'action de cette collectivité territoriale. Le terme d'institution évoque la personnalité juridique de la collectivité territoriale, le polycentrisme normatif, l'ordre juridique régional (et donc le pluralisme des ordres juridiques, leur articulation et intégration). Enfin le terme de politique renvoie à la différenciation, à la capacité d'action politique par l'autonomie, à l'identité régionale, au principe de subsidiarité et aux affaires régionales. Ce concept constitutionnel, dans tous ces points, concerne les trois éléments constitutifs de l'Etat et l'unité politique de celui-ci, réorganisée par le régionalisme institutionnel.

Dans un titre 2 nous étudions alors l'avenir de l'Etat face au régionalisme institutionnel, qui en affecte la notion juridique. Cette question est traitée en deux chapitres.

Dans le premier chapitre nous avançons que le régionalisme conduit au renouvellement de l'ordre constitutionnel et ce de quatre façons : l'atténuation de la distinction entre Constitutions rigides et souples ; l'évolution du système des sources vers le polycentrisme, une nouvelle organisation des normes[44] ; l'ébranlement de l'unité d'organisation des trois éléments de l'Etat ; la promotion d'une autonomie intégrée et articulée dans la recherche d'un équilibre entre unité et diversité, dont les conséquences sont l'asymétrie ou différenciation et l'existence de principes et mécanismes d'intégration et d'articulation. L'ensemble des termes utilisés se trouve défini et ce chapitre nous permet une analyse de droit comparé tirant véritablement les conséquences de la définition que celui-ci nous a permis d'établir.

Enfin le chapitre 2 pose la question des influences sur la théorie et le droit constitutionnels du régionalisme institutionnel. Nous verrons tout d'abord si et dans quelle mesure nous sortons de la discipline juridique et mettrons à cette occasion en avant le rapport entre droit et politique dans l'analyse du régionalisme institutionnel comme notion de droit constitutionnel, puis examinerons les conclusions à tirer pour le droit de notre travail. Celles-ci intéressent la théorie de l'Etat, pour ce qui est de la souveraineté, de l'ordre juridique et de la loi, ainsi que la Constitution. Enfin en matière de droit comparé, nous remarquerons l'inspiration mutuelle des systèmes mais aussi leur rapprochement : rapprochement des systèmes de *common law* et de droit écrit, question et problème de la cohérence des textes constitutionnels dans leur ensemble, enfin constat d'un mouvement net de constitutionnalisation du régionalisme. Nous terminerons cette analyse sur les conséquences en droit comparé et ce travail par des propositions, visant à améliorer le fonctionnement du régionalisme institutionnel et à lui donner une cohérence et une application réussie

---

[44] Nous appliquons la théorie institutionnelle de S. Romano au régionalisme institutionnel et dégageons un exercice régional de la souveraineté comme conséquence du régionalisme institutionnel sur l'organisation de l'ordre juridique étatique.

dans différents systèmes juridiques nationaux, mais aussi à améliorer la définition du régionalisme par la présentation de pistes de recherche qui nous semblent prometteuses et que nous n'avons pu mener au cours de ce travail.

La première partie de ce travail, le cadre juridique, constitue plutôt la présentation des différents systèmes étatiques, l'approche de droit comparé étant beaucoup plus nette dans la seconde partie. Cela est dû au fait que nous voulions présenter clairement certains éléments et la capacité de ces divers systèmes nationaux à développer ou non le régionalisme institutionnel et à quel prix, car nous sommes en présence de cultures juridiques différentes. Il nous a semblé que prendre la mesure de ces différences devait nous aider à constituer une approche de droit comparé qui passe par des outils juridiques regroupant et distinguant les modèles de ces Etats, outils que nous fournit l'étude approfondie de l'ensemble des systèmes et celle de la théorie constitutionnelle et de la théorie de l'Etat.

Afin de déterminer les conditions, les modalités et les conséquences du développement du régionalisme institutionnel, nous allons présenter ce travail en deux parties : le cadre juridique du régionalisme institutionnel dans l'Etat (première partie) ; les enjeux politiques et institutionnels du régionalisme dans l'Union européenne (deuxième partie).

PREMIERE PARTIE

LE CADRE JURIDIQUE DU REGIONALISME INSTITUTIONNEL DANS L'ETAT

Nous étudions dans une première partie le cadre donné au régionalisme institutionnel.

Ce cadre juridique est constitué par l'Etat. En effet nous mettons en rapport le régionalisme avec les institutions territoriales[45]. Les institutions territoriales sont créées par le droit public de l'Etat. Il devient donc sujet de cette étude, et doit être analysé dans la perspective du sujet « régionalisme et institutions territoriales dans l'Union européenne » dont il est le cadre juridique à établir.

Il convient donc de déterminer, décrire ce cadre juridique du régionalisme afin de définir celui-ci, et répondre à la question de savoir jusqu'où le régionalisme institutionnel peut se développer, sachant que les évolutions constitutionnelles et législatives en la matière, ainsi que les débats politiques et juridiques, sont nombreux et actuels.

Les normes concernant le régionalisme institutionnel sont de droit public interne et quelquefois européen ou international. Elles sont soumises à un cadre juridique constitué d'un ensemble de normes de droit public concernant l'Etat. Ces normes sont théoriques mais aussi des normes d'organisation. L'Etat constitue le cadre juridique du régionalisme institutionnel, c'est-à-dire que celui-ci doit respecter et bénéficier de ce cadre. L'Etat constitue la limite du régionalisme institutionnel au sens négatif de ce que les normes ne peuvent faire et au sens positif de comment le régionalisme peut s'appliquer ou s'étendre.

Le régionalisme institutionnel touche à la théorie même de l'Etat car il concerne la population (la question des nationalités ou identités régionales comme concept juridique), le territoire (le territoire régional juridiquement pertinent) et le pouvoir (une autonomie politique revendiquée de façon plus ou moins large[46]), qui sont les trois éléments constitutifs de l'Etat, et ainsi plus largement l'unité politique de l'Etat.

De plus l'Etat est organisé au niveau constitutionnel, administratif, international et européen, notamment pour l'exercice territorial du pouvoir ou encore l'égalité entre les citoyens. Ce cadre juridique va être plus ou moins favorable au régionalisme institutionnel et plus ou moins affecté par celui-ci selon les Etats.

---

[45] Cela permet de repousser dans une certaine mesure l'approche par l'angle de la démocratie, car on considérera, dans les Etats étudiés, que celle-ci n'est pas directement et exclusivement à l'origine des institutions territoriales. L'approche reste à étudier car elle peut être intéressante pour notre propos.

[46] Voir par exemple le cas du Plan Ibarretxe pour le Pays Basque, qui sera analysé plus loin.

Tous ces éléments doivent permettre de déterminer précisément le cadre juridique que constitue l'Etat pour le régionalisme institutionnel, ce qui contribuera à la définition du régionalisme comme concept juridique.

Ainsi le régionalisme appliqué dans les institutions territoriales doit être confronté aux éléments de définition de l'Etat, car il touche la théorie même de l'Etat (titre 1). Il touche aussi au mode d'organisation juridique de l'Etat (titre 2).

TITRE 1

LE REGIONALISME INSTITUTIONNEL CONFRONTE AUX ELEMENTS DE DEFINITION DE L'ETAT

Le régionalisme institutionnel touche aux bases même de l'Etat qui en est le cadre juridique. C'est pourquoi il convient de s'intéresser aux éléments de définition de l'Etat qui sont liés au sujet. Dans ce but une réflexion doit être engagée sur les éléments constitutifs de l'Etat, constituant un cadre strict à l'étude en question et permettant un travail précis sur les cinq Etats retenus (chapitre 1), ainsi que sur le caractère politiquement unitaire de celui-ci, qui présente un intérêt particulier pour notre recherche, puisque le régionalisme institutionnel accentue la diversité régionale (chapitre 2).

CHAPITRE 1

LES ELEMENTS CONSTITUTIFS DE L'ETAT

L'Etat est constitué de trois éléments. Il convient d'examiner tour à tour chacun d'eux (I, le territoire, II, le peuple, III, le pouvoir) afin de les confronter au régionalisme institutionnel, et de déterminer ainsi son cadre juridique.

La théorie des trois éléments constitutifs de l'Etat s'est développée avec l'histoire de la naissance de l'Etat. Ainsi T. Fleiner-Gerster[47] distingue-t-il la féodalité qui au Moyen-Age consistait en des liens de pouvoir personnels, une « relation de dépendance privée », et l'Etat qui est la conséquence d'une centralisation et politisation du pouvoir. « Un rapport d'assujettissement fondé sur le droit public s'est progressivement développé entre le roi et son peuple ».

J.P.Brancourt[48] examine l'évolution de l'utilisation du terme d'Etat dans l'analyse politique. Dans l'Europe du 14ème siècle, le mot « Etat » désigne un groupe social. A la fin du 15e siècle en Italie Machiavel l'utilise à propos des organes exerçant le pouvoir sur un peuple déterminé dans un territoire donné. Au début du 16e siècle il s'agit encore d'une notion imprécise, on utilise plutôt le terme de République, et c'est au début du 17e siècle que l'utilisation du mot Etat devient nette. Donc à partir de Machiavel, l'Etat commence à être défini par les éléments du pouvoir, du territoire et de la population. « L'Etat s'affirme [au cours du 17ème siècle] par concentration des pouvoirs et lisibilité de son appareil, et par élimination progressive, et

---

47 T. Fleiner-Gerster, *Théorie générale de l'Etat*, Presses Universitaires de France, 1986, 515 p., p. 149-150.

48 J.P.Brancourt, *Des « estats » à l'Etat : évolution d'un mot* in : *Genèse et déclin de l'Etat*, Archives de la philosophie du droit, Sirey, 1976 tome 21, p. 39-54.

parfois brutale, des contre-pouvoirs tels Parlements, états provinciaux, autorités seigneuriales, Eglises minoritaires, protestantisme et jansénisme... Bien des conflits de cette époque apparaissent, aujourd'hui, comme autant d'affirmations volontaires de l'Etat monarchique qui se veut seul pouvoir et pouvoir sans partage »[49].

T. Fleiner-Gerster souligne le fait que l'élément territorial dans la définition de l'Etat constitue une évolution historique du pouvoir qui s'exerçait tout d'abord uniquement sur des personnes puis sur des personnes sur un territoire déterminé, « évolution progressive vers l'Etat territorial » qu'il situe au Moyen-Age[50]. K. Stern parle aussi d'Etat territorial[51], par opposition au *Personalverbandsstaat* du Moyen-Age ; la définition de l'Etat territorial se fait pour lui par l'introduction dans la théorie de l'Etat de cette notion de *Gebietshoheit* (qu'il distingue de la *territoriale Souveränität* qui concerne le droit international et qui apparaît plus tôt). La notion de *Gebietshoheit* recouvre le pouvoir étatique dans sa dimension territoriale. Cela a pour conséquence l'organisation de l'Etat non plus selon le principe de personnalité (*Personalkörperschaft*) mais de territorialité (*Gebietskörperschaft*).

Nous verrons plus loin que le régionalisme institutionnel se caractérise dans des cas isolés par un retour aux *Personalkörperschaften*[52].

Le développement de la théorie des trois éléments de l'Etat, dont nous venons de présenter un bref historique, doit nous permettre de poser la problématique du cadre juridique du régionalisme.

G. Jellinek est à l'origine de la théorie des trois éléments constitutifs de l'Etat : *Staatsvolk, Staatsgebiet, Staatsgewalt / Hoheitsgewalt*[53]. La Cour Constitutionnelle fédérale allemande utilise cette référence pour considérer que la République Fédérale Allemande est bien un Etat[54] et développe de plus l'idée que l'Etat exerce un pouvoir sur les personnes (*Leute*) et sur le sol (*Land*), ainsi donc une « souveraineté personnelle » (*Personalhoheit*) et une « souveraineté territoriale » (*Gebietsho-*

---

[49] P. Ory (dir.), *Nouvelle histoire des idées politiques*, Hachette, 1987, 832 p., p. 31

[50] T. Fleiner-Gerster, *Théorie générale de l'Etat*, Presses Universitaires de France, 1986, 515 p., citation p. 167.

[51] K. Stern, *Das Staatsrecht der Bundesrepublik Deutschland, Band I, Grundbegriffe und Grundlagen des Staatsrechts, Strukturprinzipien der Verfassung*, 2. Auflage, C.H. Beck'sche Verlagsbuchhandlung, München, 1984, 1110 p., p. 234-236.

[52] Voir notre analyse sur l'Etat multinational de K. Renner et les entités fédérées belges que sont les Communautés.

[53] Un peuple étatique, un territoire étatique et un pouvoir étatique. G. Jellinek, *Allgemeine Staatslehre*, 3ème édition, Wissenschaftliche Buchgesellschaft Darmstadt, 1960, 837 p. ; notamment p. 266-283, 323-331, 394-434.

[54] BVerfGE 77, 137 (150) ; 36, 1 (16).

heit)[55]. La même définition lui servira à rejeter la qualité d'Etat de la Communauté européenne (BVerfGE 75, 223 (242)) et à reconnaître celle des *Länder* allemands[56].

Dans le même sens, selon R. Carré de Malberg : « L'Etat est une formation résultant de ce que, au sein d'un groupe national fixé sur un territoire déterminé, il existe une puissance supérieure exercée par certains personnages ou assemblées sur tous les individus qui se trouvent dans les limites de ce territoire »[57] .

Ainsi l'Etat est-il la forme moderne du pouvoir politique. Il convient de déterminer les conséquences de l'existence de ces trois éléments constitutifs de l'Etat pour le régionalisme institutionnel. Ces conséquences peuvent être des limites à l'étendue du régionalisme ou toucher à la nature même de celui-ci. Cette étude peut, en aidant à une délimitation nette du cadre juridique du régionalisme, fournir des solutions à la conciliation de celui-ci avec l'Etat. Nous poserons aussi cette question dans l'autre sens : le régionalisme institutionnel a-t-il des conséquences sur la théorie des trois éléments constitutifs de l'Etat ? La confrontation du régionalisme institutionnel à la théorie de l'Etat favorise l'affinement de la définition de ses éléments constitutifs. L'examen auquel nous allons procéder devrait permettre d'évaluer cette influence réelle et de répondre, dans la dernière partie de cette étude que, comme nous l'avons déjà dit, le régionalisme institutionnel est un concept qui concerne et affecte les trois éléments de l'Etat.

I. UN TERRITOIRE

Divers éléments démontrent l'intérêt d'une analyse du territoire étatique en rapport avec le régionalisme institutionnel. Ainsi l'étude du territoire comme élément constitutif de l'Etat nous conduit à nous interroger sur la nature juridique des territoires étatique et régional (A) puis à présenter la place éventuelle des régions dans l'exercice de la souveraineté de l'Etat sur le territoire (B).

---

55 BVerfGE 68, 1 (90) ; 72, 330 (392) ; 75, 223 (242), dans les années quatre-vingt. Voir aussi J. Alshut, *Der Staat in der Rechtssprechung des Bundesverfassungsgerichts*, Schriften zum Öffentlichen Recht, Volume 798, Berlin, 1999, 162 p.

56 Dans une de ses premières décisions, la Cour Constitutionnelle fédérale allemande reconnaît effectivement la qualité d'Etat des *Länder*, avec un pouvoir souverain reconnu par la Fédération. Il s'agit d'une décision concernant le *Land* de Baden : « Das Land Baden ist (...) ein Staat, zu dem notwendigerweise ein Staatsvolk gehört », « Le *Land* de Baden est (...) un Etat, auquel appartient nécessairement un peuple étatique », BVerfGE 1, 14 (50), cité par J. Alshut, *Der Staat in der Rechtssprechung des Bundesverfassungsgerichts*, Schriften zum Öffentlichen Recht, Volume 798, Berlin, 1999, 162 p., p. 22.

57 R. Carré de Malberg, *Contribution à la théorie générale de l'Etat*, Sirey, 1920-22, rééd. CNRS 1962, 2 tomes, tome 1, p. 67.

A. Nature juridique des territoires étatique et régional

Selon G. Burdeau[58] , la synthèse d'un sol et d'une idée est l'essence même de la nation, facteur d'unité du groupe, lui permettant de prendre conscience de soi par différence avec les groupes voisins.

La détermination du territoire par les traités internationaux, bilatéraux ou autres, les traités de paix notamment, a pu conduire dans certains cas à la formation de minorités installées sur une partie du territoire, comme par exemple c'est le cas pour le Tyrol du sud en Italie.

Les régions ne sont pas, contrairement à l'Etat, des sujets de droit international. Elles ne peuvent donc pas conclure avec d'autres régions ou Etats des traités délimitant leur territoire. Ainsi une région qui revendiquerait son indépendance, et notamment en étendant son territoire à une partie de celui d'un autre Etat (exemple du Pays Basque espagnol et français), reste soumise aux règles étatiques, à la souveraineté de l'Etat sur son territoire. Il convient donc de mesurer la marge de manœuvre régionale en matière de détermination de son propre territoire[59].

Les régions françaises, les entités fédérées belges et les régions italiennes sont créées à l'initiative de l'Etat[60].

En Espagne, par contre, la formation des Communautés Autonomes, si elle est prévue par la Constitution et peut être suppléée par les *Cortes Generales*[61], est à l'initiative des provinces et communes[62].

---

[58] G. Burdeau, *Droit constitutionnel et Institutions politiques*, Paris, 1957, p. 15.

[59] Nous renvoyons aussi à nos développements sur l'autodétermination régionale, sur la limite territoriale de l'action régionale et sur la cohésion du territoire régional, dans la seconde partie de cette thèse.

[60] En France, le décret du 30 juin 1955 crée vingt et une régions économiques de programme et celui du 7 janvier 1959 les transforme en circonscriptions d'action régionale. La loi du 5 juillet 1972 érige la région en établissement public à vocation spécialisée. Le découpage territorial n'est pas modifié. Avec la loi du 2 mars 1982 la région devient une collectivité territoriale. En Belgique les articles 3 à 5 de la Constitution fixent les territoires des régions et prévoient pour les régions linguistiques une loi à la majorité de l'article 4 pour les modifications du territoire. L'article 2 de la loi spéciale du 8 août 1980 avait aussi fixé le territoire des régions sur la base de celui des provinces et arrondissements « tel qu'il existait au 1er octobre 1979 ». En Italie, la Constitution énumère les régions créées (article 131 : Piemonte ; Valle d'Aosta ; Lombardia ; Trentino-Alto Adige ; Veneto ; Friuli-Venezia Giulia ; Liguria ; Emilia-Romagna ; Toscana ; Umbria ; Marche ; Lazio ; Abruzzi ; Molise ; Campania ; Puglia ; Basilicata ; Calabria ; Sicilia ; Sardegna) mais prévoit aussi la création de nouvelles régions ou la fusion de régions existantes à la demande des conseils municipaux et après référendum local et avis des conseils régionaux, ainsi que la possibilité de détacher d'une région des provinces ou communes en faisant la demande pour les intégrer à une autre région. Ces changements éventuels doivent cependant être adoptés par une loi étatique, constitutionnelle (article 132 de la Constitution).

[61] Article 144 de la Constitution espagnole.

[62] Article 143 de la Constitution espagnole : « 1. Dans l'exercice du droit à l'autonomie reconnu à l'article 2 de la Constitution, les provinces limitrophes présentant des caractéristiques historiques,

Enfin les territoires de l'Ecosse et du Pays de Galles s'intégrèrent au Royaume-Uni par les traités d'Union[63].

Il existe différentes théories sur la nature juridique du territoire : élément constitutif de l'Etat selon Hauriou ou Carré de Malberg, objet d'un droit de propriété de l'Etat, limite matérielle de l'Etat pour Duguit. Nous pouvons affirmer que le territoire est la sphère de compétence spatiale de l'Etat, c'est-à-dire la surface à laquelle le système juridique de l'Etat s'applique. Cette compétence territoriale est caractérisée par son exclusivité, sa plénitude et son opposabilité. La Cour Permanente d'Arbitrage dans l'affaire Ile de Palmas en 1928[64] reconnaît le droit exclusif de l'exercice de l'activité étatique.

Y a-t-il une relation exclusive entre le territoire régional et certaines compétences ? Nous étudierons cette question dans la seconde partie de cette thèse lorsque nous nous intéresserons aux notions d'intérêt général, national et régional ainsi qu'à la limite territoriale des compétences régionales. Nous remarquerons que le régionalisme institutionnel organise l'ordre juridique étatique en fonction d'un principe de compétence qui se définit territorialement, la notion d'intérêt régional agissant comme garantie de la sphère régionale des compétences. Cette question nous amène au dernier développement de cette analyse du territoire, l'exercice de la souveraineté de l'Etat sur le territoire, afin de déterminer la place qu'y occupent les régions.

B. L'exercice de la souveraineté de l'Etat sur le territoire : présentation du rapport entre institution territoriale et souveraineté

L'exercice de la souveraineté de l'Etat sur le territoire est le fait de l'Etat mais se trouve aussi territorialisé. Nous allons en présenter les différentes conséquences.

---

culturelles et économiques communes, les territoires insulaires et les provinces constituant une entité régionale historique pourront accéder à l'auto-gouvernement et se constituer en communautés autonomes conformément aux dispositions du présent titre et de leurs statuts respectifs. 2. L'initiative du processus d'autonomie incombe à tous les conseils de province intéressés ou à l'organe interinsulaire correspondant et aux deux tiers des communes dont la population représente au moins la majorité du corps électoral de chaque province ou île. Ces conditions doivent être accomplies dans un délai de six mois après le premier accord adopté à ce propos par l'une des collectivités locales intéressées. 3. L'initiative, en cas d'échec, ne pourra être reprise qu'après un délai de cinq ans. »

[63] Traités d'Union de 1536-1543 avec le Pays de Galles et 1707 avec l'Ecosse.

[64] Sentence arbitrale de M. Huber, Affaire Ile de Palmas (Pays-Bas/Etats-Unis), 4 avril 1928, R.S.A., volume II, p. 834.

1. L'exercice étatique de la souveraineté de l'Etat sur le territoire

En quoi l'exercice de la souveraineté de l'Etat sur le territoire limite-t-il l'établissement et le développement du régionalisme institutionnel ?

Tout d'abord se pose la question de la modification du territoire qui a été déterminé, délimité comme le territoire étatique : que ce soit une adjonction, une cession ou un échange de territoire, dans les Etats étudiés, des dispositions constitutionnelles prévoient que les traités qui les décident soient ratifiés par une loi du Parlement national[65]. C'est donc l'Etat qui exerce le pouvoir sur ce point. Il n'y a pas de droit d'autodétermination régionale dans ce cadre. L'Etat exerce le pouvoir, la souveraineté, sur son territoire, de façon exclusive.

Diverses expressions expriment l'idée d'unité territoriale du droit : « l'application uniforme du droit interne », « le droit n'était plus lié à la personne mais au territoire »[66]. L'exercice de la souveraineté de l'Etat sur le territoire suppose cette unité.

Or certaines formes de régionalisme institutionnel se basent sur le lien personnel, comme pour les Communautés en Belgique. De plus la question sera par la suite posée de la conciliation entre le polycentrisme normatif en faveur des régions et le principe d'égalité des citoyens sur l'ensemble du territoire.

2. La territorialisation de l'Etat : exercice régional possible de la souveraineté

Exercice territorial du pouvoir

K. Stern comme nous l'avons vu plus haut[67] estime que l'Etat moderne exerce son pouvoir territorialement, le territoire devient une dimension des compétences de l'Etat, sa limite spatiale de validité, où il exerce sa souveraineté. L'Etat s'organise en collectivités territoriales et non plus personnelles pour l'exercice de son pouvoir.

La notion d'institution territoriale

L'institution territoriale est une personne morale de droit public qui se définit territorialement, et participe à l'exercice du pouvoir étatique.

---

[65] Article 53 dernier alinéa de la Constitution française, articles 7 et 167 de la Constitution belge, article 94 c de la Constitution espagnole, article 80 de la Constitution italienne.

[66] T. Fleiner-Gerster, *Théorie générale de l'Etat*, Presses Universitaires de France, 1986, 515 p., citations p. 168-169.

[67] K. Stern, *Das Staatsrecht der Bundesrepublik Deutschland, Band I, Grundbegriffe und Grundlagen des Staatsrechts, Strukturprinzipien der Verfassung*, 2. Auflage, C.H. Beck'sche Verlagsbuchhandlung, München, 1984, 1110 p., p. 234-236.

Pour S. Bacoyannis[68], la collectivité territoriale est au départ un ensemble formé de tous les groupes humains définis par leur attachement à un certain territoire.

Il existe deux théories anciennes[69] concernant la collectivité territoriale : celle du territoire, élément constitutif d'une collectivité territoriale, défendue par H. Preuss notamment, dans son ouvrage *Gemeinde, Staat, Reich, als Gebietskörperschaften* (1889), ou par G. Jellinek dans son *Allgemeine Staatslehre*, et celle du territoire objet d'un droit dont la collectivité territoriale serait titulaire, thèse défendue par S. Romano notamment. Nous avons quelques définitions de la collectivité territoriale dans le droit positif espagnol et italien. En Espagne, la décision du Tribunal Constitutionnel 25/81 du 14 juillet 1981 énonce que les Communautés Autonomes sont des « corporations publiques de base territoriale et de nature politique » [70]. En Italie, nous trouvons des éléments de définition dans la jurisprudence de la Cour Constitutionnelle italienne, sentence 478/2002 : le législateur étatique, régional ou provincial doit déterminer les formes de la participation des communes au processus d'élaboration des plans paysagers régionaux mais ne peut exclure ou substantiellement écarter les communes des décisions concernant leur territoire. Dans ces deux jurisprudences, espagnole et italienne, nous pouvons constater que le territoire est un élément important de la définition des entités territoriales ou institutions territoriales. Ce territoire en constitue la base pour la jurisprudence espagnole ; il est évoqué par sa garantie dans la jurisprudence italienne, protégé.

Division verticale du pouvoir

La notion de division verticale du pouvoir est utilisée par différents auteurs[71] dans le but de décrire l'exercice territorial du pouvoir qui s'appuie sur des entités territoriales. Cette notion permet de présenter l'ordre juridique étatique lorsque nous constatons la présence d'un régionalisme institutionnel ; il existe alors un exercice régional de la souveraineté qui se traduit notamment par des pouvoirs législatifs régionaux, comme c'est le cas dans les Etats fédéraux.

---

[68] S. Bacoyannis, *Le principe constitutionnel de libre administration des collectivités territoriales*, Thèse, Université d'Aix-Marseille, 1993, 377 p. Publiée par les Presses Universitaires d'Aix-Marseille, collection Economica, 1993, 330 p.

[69] R. Alessi, *Intorno alla nozione di ente territoriale*, Rivista Trimestriale di Diritto Pubblico, 1960, p. 290-316.

[70] Cité dans E. Alberti, E. Aja, T. Font, X. Padrós, J. Tornos, *Manual de dret públic de Catalunya*, 3e édition, Generalitat de Catalunya, Institut d'Estudis Autonòmics, Marcial Pons, Barcelone, 2002, 508 p.

[71] Voir par exemple B. Mathieu, M. Verpeaux, *Droit constitutionnel*, Presses Universitaires de France, 2004, 874 p., faisant référence p. 641 au manuel de *Droit constitutionnel* de L. Favoreu sur ce thème.

Nous venons d'étudier un premier élément constitutif de l'Etat pour déterminer le cadre juridique du régionalisme institutionnel, il convient maintenant d'aborder un deuxième élément, le peuple.

II. UN PEUPLE

Le peuple élément constitutif de l'Etat, constitue un cadre juridique dans lequel le régionalisme s'inscrit, se développe, donc il convient de le décrire, notamment les différents termes qui font du « peuple » un élément constitutif de l'Etat (A), afin d'en tirer les conséquences (B).

A. Peuple, nation, nationalité, citoyenneté : des concepts nécessaires à la description du peuple comme élément constitutif de l'Etat

Nous chercherons tout d'abord à présenter une définition du peuple en tant que tel, à laquelle, constatant l'insuffisance de ce terme pour la constitution d'un cadre d'analyse du régionalisme institutionnel (1), nous joindrons l'étude des notions de nation, nationalité et citoyenneté pour une complète description du peuple élément constitutif de l'Etat (2).

1. L'insuffisance du terme de peuple pour la constitution d'un cadre d'analyse du régionalisme institutionnel

La question se pose dans divers Etats de la reconnaissance juridique de « peuples régionaux », souvent à l'origine de revendications d'un statut particulier[72] (Catalogne et Pays-Basque pour les plus marquants en Espagne, wallons, flamands en Belgique, le nord de l'Italie, la Corse en France, l'Ecosse et le Pays de Galles au Royaume-Uni). En définissant le peuple, élément constitutif de l'Etat, nous pourrons déterminer quelle place accorder juridiquement à ces populations.

Il existe deux théories divergentes sur la notion de peuple, élément constitutif de l'Etat. L'une associe le peuple à l'Etat, il s'agit du peuple étatique (C. Schmitt[73]), l'autre dissocie le peuple du peuple étatique, pouvant imaginer la coexistence et la

---

[72] Le Consell Consultiu de la Généralité de Catalogne a par exemple rendu un *dictamen* sur le projet de loi organique de statut de la Catalogne (n°269) qui faisait référence dans son titre préliminaire à la Catalogne comme nation, l'autonomie de la Généralité étant fondée sur les droits historiques du peuple catalan. Voir le fondement 2, points 1, 2 et 3 du *dictamen* n°269. Le projet a été finalement adopté en 2006.

[73] C. Schmitt donne différentes définitions du peuple pour la théorie constitutionnelle moderne, parmi lesquelles le peuple comme force constitutionnellement formée et organisée. Le peuple est un élément qui constitue l'Etat, il exerce le pouvoir constituant, adopte la Constitution et exerce la souveraineté. C. Schmitt, *Verfassungslehre*, Duncker und Humboldt, Berlin, 1954 (1928), 404 p., p. 238.

reconnaissance juridique de divers peuples au sein du peuple étatique (S. Pierré-Caps[74]). Ces analyses divergent et le terme de peuple ne semble pas suffire à présenter une interprétation claire de cette notion comme élément constitutif de l'Etat. Les notions de nation, nationalité et citoyenneté permettent de rendre compte de ces tentatives de préciser le lien peuple / Etat.

2. Les notions de nation, nationalité et citoyenneté complètent l'analyse du peuple comme élément constitutif de l'Etat encadrant le développement du régionalisme institutionnel

La notion de nation permet de rajouter un élément politique au terme de peuple afin de définir le peuple étatique. Il existe cependant deux versants à la notion de nation : sa définition politique, qui fait référence à la citoyenneté et à la *Staatsangehörigkeit* allemande, et sa définition romantique, qui fait référence à l'ethnie, mais aussi à la nationalité et à la *Staatsbürgerschaft* allemande. Divers auteurs font référence à ces deux facettes, ces deux idées de la nation. « Alors qu'au XVIIIème siècle, la nation est perçue comme une construction politique volontaire, prenant forme à travers l'adoption d'une Constitution, elle est considérée davantage à partir du XIXème siècle comme l'expression d'une réalité sociologique ; à la base de la nation, il y a une population concrète, un 'peuple', dont les membres sont unis par des liens d'interdépendance, par une solidarité objective. Ainsi le *demos* des citoyens tend-il à s'enraciner dans *l'ethnos* des compatriotes : la nation en tant que communauté politique prend appui sur une identité collective préexistante, qu'elle contribue à cristalliser, en la retranscrivant en capacité d'action politique » [75]. L'auteur, J. Chevallier, se réfère notamment à l'article 3 de la Constitution française, « la souveraineté nationale appartient au peuple ».

Pour E.Renan[76], la nation est un principe spirituel venant de l'histoire. Le consentement à la vie commune constitue le lien entre la nation et une province. La nation est pour lui « un plébiscite de tous les jours ».

---

[74] S.Pierré-Caps, *Nations et peuples dans les Constitutions modernes*, Presses Universitaires de Nancy, 2 tomes, 948 p., définition p. 544-545 : « une communauté ethnique (...) intégrée dans un Etat et, comme telle, appelée à participer à la construction de la nation juridique, mais dont la spécificité issue de la conscience d'elle-même appelle la constitution d'un statut de reconnaissance juridique au sein même de l'Etat-nation. Ce statut se trouve toutefois circonscrit par l'exclusion du droit du peuple à disposer de lui-même. Ainsi se trouve attestée la divergence avec l'approche internationaliste du peuple encore que, répétons-le, celle-ci ne soit pas au demeurant insurmontable, si l'on considère que le droit des peuples à disposer d'eux-mêmes n'est pas une norme de droit international et qu'à tout moment le peuple peut se qualifier lui-même en revendiquant sa propre liberté ».

[75] J. Chevallier, *L'Etat*, Dalloz, Connaissance du droit, 1999, 125 p., citation p. 22.

[76] E.Renan, *Qu'est-ce qu'une Nation ?*, et autres essais politiques, Presses Pocket, Agora, Les Classiques, 1992, 316 p.p. 53-55.

A.Renaut[77] distingue aussi les deux idées de la nation : celle des Lumières et du discours révolutionnaire, notamment de Sieyès, pour qui la nation est « un corps d'associés vivant sous une loi commune et représentés par la même législature » (Tiers-état) ; l'auteur souligne le caractère constructiviste et volontaire qui est attaché à la nation dans cette définition, avec pour conséquence une différence politique entre nations (il existe différents régimes). Cette conception de la nation correspond à l'idée de citoyenneté, une « adhésion rationnelle à des principes » et non une « nationalité naturelle » selon l'auteur. Pour X. Itcaina, « la nation se distingue de l'ethnie dans ce rapport actif à l'Etat : elle devient ainsi génératrice d'action politique organisée »[78]. L'autre idée de la nation est celle des romantiques (*Volksgeist*)[79]. Pour J de Maistre la nation est une âme collective englobant la tradition, la langue, la race. Cette conception tend au nationalisme et à l'hétérogénéité des nations.

Les termes de nationalité et citoyenneté sont parfois utilisés dans ces deux sens de la nation et viennent préciser ce terme ; ainsi la nationalité représente l'appartenance à une nation au sens romantique, à un peuple ayant certaines caractéristiques (langue, religion, ...), alors que la citoyenneté représente l'appartenance à une nation au sens politique. Une même personne pourrait être d'une nationalité différente de sa citoyenneté, qui est celle de son Etat[80].

Nous pouvons tirer deux conséquences de ces définitions. La première est la possible reconnaissance de nationalités (au sens romantique ou ethnique) au sein de la nation, le peuple étatique (ici au sens politique) ; c'est le cas concrètement de la Constitution espagnole qui reconnaît les nationalités qui « composent » la nation espagnole[81]. La seconde conséquence est que seule la nation au sens politique exerce la souveraineté de l'Etat.

Une fois établie une définition du peuple comme élément constitutif de l'Etat, le cadre juridique que celui-ci constitue pour le régionalisme mérite d'être étudié dans ses conséquences.

---

[77] A. Renaut, *Les deux logiques de l'idée de nation* in : *Etat et Nation*, Cahiers de philosophie politique et juridique, Centre de publication de l'Université de Caen, n° 14, 1988, p. 9-21.

[78] X.Itcaina, *Catholicisme et identités basques en France et en Espagne. La construction religieuse de la référence et de la compétence identitaires*, Thèse de science politique, Université Montesquieu, Bordeaux IV, dir. J.Palard, novembre 2000, 661 p.

[79] Voir notamment J.G. Fichte, *Reden an die deutsche Nation*, 1807/1808.

[80] Sur l'émergence du concept de nationalité au 19ème siècle, voir J. Chevallier, *L'Etat*, Dalloz, Connaissance du droit, 1999, 125 p., notamment p. 20 à 30.

[81] Article 2 de la Constitution espagnole : « La Constitution a pour fondement l'unité indissoluble de la nation espagnole, patrie commune et indivisible de tous les Espagnols. Elle reconnaît et garantit le droit à l'autonomie des nationalités et de régions qui la composent et la solidarité entre elles ».

B. Les conséquences du rapport entre peuple et Etat

Selon R. Carré de Malberg « Il y a identité entre la nation et l'Etat, en ce sens que celui-ci ne peut être que la personnification de celle-là »[82].

Nous avons distingué le peuple et la nation, notion politique ; ainsi un peuple constitue un Etat et devient par là même une nation. Qu'advient-il des autres peuples qui se trouvent sur le territoire de l'Etat s'il y en a, ou encore des différents peuples constituant le peuple étatique qui par son autodétermination constitue un Etat ? Différentes solutions sont proposées : celles concernant le droit des minorités ; celles s'intéressant à l'organisation territoriale de l'Etat ; enfin des solutions existent à mi-chemin entre les deux précédentes.

Le droit des minorités

Les membres d'une minorité nationale peuvent obtenir selon le droit international notamment européen et le droit constitutionnel des droits qui vont concerner essentiellement la culture et la langue. Ainsi l'Italie a-t-elle signé différents traités bilatéraux dans le but d'accorder une protection aux minorités présentes sur son territoire[83] (que la Constitution désigne comme des minorités linguistiques). Concernant la minorité allemande, présente au Tyrol du Sud, a été signé l'accord De Gasperi-Gruber, le 5 septembre 1946, à Paris entre le gouvernement italien et le gouvernement autrichien. La minorité slovène a fait elle aussi l'objet d'une protection internationale suite à la seconde guerre mondiale avec le Mémorandum d'entente sur le territoire libre de Trieste signé à Londres le 5 octobre 1954. Celui-ci sera ensuite abandonné et remplacé par des législations nationales ou des accords bilatéraux[84]. Dans ce cadre, la Croatie, l'Italie et la Slovénie ont signé à Rome, le 15 janvier 1992, un Mémorandum d'Entente pour la protection de la minorité italienne. L'Italie et la Croatie ont signé un traité sur le droit des minorités, qui concerne notamment la minorité de langue croate dans la région du Molise[85].

---

[82] Carré de Malberg, *Contribution à la théorie générale de l'Etat*, Paris, Sirey, tome 2, 1920, p. 13.

[83] Voir le *Rapport soumis par l'Italie conformément à l'article 25, paragraphe 1 de la Convention-cadre pour la protection des minorités nationales*, Document Conseil de l'Europe, 03 mai 1999.

[84] C'est le traité d'Osimo, signé le 10 novembre 1975 par l'Italie et la République Socialiste Fédérale de Yougoslavie et ratifié par la loi italienne n°73 du 14 mars 1977, qui prévoit une protection des minorités slovènes des provinces de Trieste, Gorizia et Udine et le passage à une protection par les lois nationales des minorités. Ainsi selon l'article 8 du traité « Chaque Partie déclare que lorsque cessera d'avoir effet le Statut spécial annexé au Mémorandum d'Entente de Londres du 5.10.54, elle maintiendra en vigueur les mesures nationales déjà adoptées sur la base dudit Mémorandum et qu'elle assurera, dans le cadre de son droit national, le maintien du niveau de protection des membres des deux groupes ethniques tel que prévu par les dispositions du Statut spécial supprimé ».

[85] Traité signé à Zagabria le 5 novembre 1996, ratifié en Italie par la loi n°129 du 23 avril 1998, concernant essentiellement la minorité de langue italienne en Croatie.

L'ensemble de ces normes concerne l'usage de la langue et la conservation et le développement de la culture.

Concernant la participation politique des minorités reconnues sur son territoire, l'Italie prévoit des dispositions nationales[86] et régionales, dans le Statut du Trentin Haut-Adige/Südtirol[87]. Une déclaration d'appartenance au groupe linguistique doit être faite au cours du recensement officiel de la population (article 89 du Statut).

Le recours à l'organisation territoriale

Le fédéralisme est un moyen de former un Etat qui repose sur divers Etats et donc peuples étatiques qui constitueront le peuple fédéral. J. C. Dumoncel présente le fédéralisme comme l'un des principes libéraux permettant de régler le problème des nationalités[88]. Il permet de concilier l'existence de divers peuples, qui exercent certains pouvoirs dans le cadre des Etats membres de la fédération, avec celle d'un peuple étatique, fédéral, qui détient la souveraineté. R. Herzog[89] décrit ainsi le lien entre le fédéralisme et les différents peuples d'Allemagne : « dans l'Etat fédéral sont établies dans un acte juridique de l'ensemble du peuple la limitation des pouvoirs des Etats membres et l'érection du pouvoir de l'Etat central ; par ce moyen chaque citoyen participe en qualité à la fois de membre du peuple du Land, qui limite son pouvoir d'Etat membre, et comme membre du peuple fédéral, qui érige le pouvoir de l'Etat central ».

---

[86] Article 7 de la loi n° 277 du 4.août 1993: "Nouvelles mesures pour l'élection des députés" ; article 7 de la loi n°276 du 4.août 1993: "Mesures pour l'élection des sénateurs" ; article 12 de la loi n°18 du 24.janvier 1979: "Election des représentants de l'Italie auprès du Parlement européen" ; article 9, paragraphe 3, de la loi n°515 du 10 décembre 1993: "Réglementation des campagnes électorales pour l'élection des députés et des sénateurs".

[87] Différents articles prévoient la représentation des trois groupes linguistiques italien, allemand et ladin au sein des institutions régionales et de la province de Bolzano, des organes des collectivités locales (articles 30, 49, 50, 61, 62 du Statut), la possibilité de demander le vote par groupe linguistique d'une loi régionale ou provinciale qui est supposée léser l'égalité des droits des membres d'une minorité linguistique avec comme garantie du respect de cette disposition la possibilité de recours à la Cour Constitutionnelle (article 56 du Statut) et enfin la répartition entre les trois groupes linguistiques des fonctionnaires de l'Etat dans la province de Bolzano (article 89 du Statut et D.P.R. 31.7.78 n. 571: « Mesures d'application du Statut spécial de la région du Trentin Haut-Adige en matière de répartition équitable dans les services extérieurs de l'Administration situés dans la province de Bolzano et de bilinguisme dans la fonction publique »).

[88] J.C. Dumoncel, *La doctrine libérale de l'Etat face au problème des nationalités* in : *Etat et Nation*, Cahiers de philosophie politique et juridique, Centre de publication de l'Université de Caen, n° 14, 1988, p. 229-240. L'auteur analyse la pensée de B.Constant sur le fédéralisme, solution libérale du problème des nationalités car il fait de la nation une cité intermédiaire entre des cités plus petites et des cités plus grandes.

[89] R. Herzog, *Bundes- und Landesstaatsgewalt im demokratischen Bundesstaat*, Die Öffentliche Verwaltung, Heft 3, février 1962, p. 81-87, citation p. 86.

Une partie du territoire, où va se trouver un peuple déterminé et autre que le peuple étatique, même si ses membres sont membres du peuple étatique, peut par ailleurs se voir attribuer un statut lui conférant une certaine autonomie par rapport à l'Etat, qui va se traduire par des institutions et des compétences spécifiques. Ainsi la Province de Bolzano[90], où se trouve la minorité de langue allemande, est dotée d'un statut qui la rapproche beaucoup d'une région italienne, car elle possède un pouvoir législatif et la plupart des compétences attribuées au départ à la région Trentin-Haut-Adige/Südtirol.

Les solutions à mi-chemin entre droit des minorités et organisation territoriale

L'Etat multinational de Karl Renner imaginé pour l'Autriche-Hongrie est une alternative par rapport au modèle de l'Etat-Nation. L'Etat multinational n'est pas un Etat fédéral au sens de l'organisation territoriale du pouvoir mais repose sur l'autonomie personnelle. Selon S. Pierré-Caps[91], il s'agit de « dissociation entre le territoire et son administration en donnant à l'autonomie un fondement individuel, en tout état de cause indépendant du lieu de résidence » (p. 426).

Cette autonomie personnelle suppose selon l'auteur un droit individuel à l'autodétermination nationale, que K .Renner considère « un simple moyen de saisir juridiquement la nation » (in : *Das Selbstbestimmungsrecht der Nationen*, cité par S. Pierré-Caps, p. 427). La théorie de K. Renner a pour but l'autonomie des nationalités en Hongrie, contrairement à un des auteurs à l'origine de cette idée, J. Eötvös (*Die Nationalitätenfrage*, 1865), dont le but est de préserver l'unité nationale. Selon Pierré-Caps, la théorie de J. Eötvös « participe d'une conception extensive de la laïcité de l'Etat, où celui-ci ne connaît également que les citoyens désincarnés, tout en respectant la libre expression de leur identité nationale ou religieuse » (p. 426). Le choix individuel que propose K. Renner est lui la base de l'institutionnalisation de la nation et c'est un droit individuel constitutionnel et non international comme le droit à l'autodétermination.

Le second volet de cette théorie est donc l'institution juridique de la nation, la communauté nationale étant une personne morale ou une unité corporative de droit public[92]. S.Pierré-Caps utilise aussi le terme d'institution corporative, se référant à R. Chapus : « un groupe humain particulier, sans caractère territorial déterminé »

---

[90] Loi constitutionnelle du 10 novembre 1971, n°1.

[91] S. Pierré-Caps, *K. Renner et l'Etat multinational. Contribution juridique à la solution d'imbroglios politiques contemporains*, Droit et société, n°27, 1994, p. 421-441. Voir notamment la bibliographie de K. Renner.

[92] « *Geschlossene Körperschaft öffentlichen Rechts* », K. Renner, *Das Selbstestimmung der Nationen*, 1918, p. 118, cité par S. Pierré-Caps p. 430.

dont « la raison d'être est de représenter, défendre et gérer les intérêts propres à ce groupe »[93].

K. Renner dans *Staat und Nation* (Vienne, 1899) développe le contenu du droit individuel à l'autodétermination : droit de participer à la vie culturelle nationale ainsi que devoir de participer aux charges financières qui en découlent ; droit d'agir en justice contre un individu membre d'une autre communauté nationale ou contre une autre communauté nationale ; droit de la communauté nationale de défendre son domaine de compétence par rapport aux autres communautés nationales et à l'Etat.

L'Etat multinational repose sur le principe de personnalité, qui permet de déterminer et donner une existence juridique aux nations, mais aussi sur le principe territorial, la nation juridique ou communauté nationale se soumettant à la souveraineté territoriale de l'Etat. Ainsi le droit individuel à l'autodétermination a deux volets : une auto-administration interne et la codétermination dans les affaires étatiques ; cela constitue pour K. Renner l'autonomie nationale et l'on peut constater sa proximité avec les théories fédéralistes. Pour S. Pierré-Caps il s'agit d'un « fédéralisme d'un type nouveau, qui s'exprime à la base en ce qu'il fait coexister le principe territorial, qui exprime l'intérêt étatique général, et le principe personnel, qui exprime les intérêts communautaires et culturels nationaux. » (p. 435). Il souligne (p. 439) l'importance du principe de subsidiarité « principe d'un équilibre institutionnel fondé sur la complémentarité entre les affaires culturelles, remises aux corporations nationales auto-administrées et les affaires communes, remises à l'Etat fédéral multinational souverain ».

Autre solution, la décentralisation et le fédéralisme personnels ou ethniques, thèse défendue par G. Héraud. Il fait une distinction entre décentralisation et fédéralisme territoriaux et décentralisation et fédéralisme personnels ou ethniques. Les premiers concernent ce que nous trouvons au Tyrol du sud par exemple ; ils traitent de l'organisation territoriale. Ce que G. Héraud appelle la décentralisation personnelle ethnique et le fédéralisme ethnique[94] concerne une autonomie culturelle. Cette théorie s'applique à l'instauration des Communautés en Belgique, qui sont à présent des entités fédérées de l'Etat belge ; en effet, il existe trois Communautés en

---

[93] R. Chapus, *Droit administratif général*, tome 1, 4ème édition, Paris, Montchrestien, 1988, cité par S. Pierré-Caps, p. 412.

[94] G. Héraud, *L'Europe des ethnies*, Bruylant LGDJ, collection Axes Savoir, Paris, 1993, 209 p.

G.Héraud, *Un anti-étatisme : le fédéralisme intégral* in : *Genèse et déclin de l'Etat*, Archives de la philosophie du droit, Sirey, Paris, 1976 tome 21, p. 167-180.G. Héraud, *Ethnischer Föderalismus – zur Vermeidung ethnischer Konflikte*, in : F. Esterbauer, G. Héraud, P.Pernthaler (Hrsg.), *Föderalismus als Mittel permanenter Konfliktregelung*, Schriftenreihe des Institutes für Föderalismus-Forschung, Volume 6, 1977, 285 p., p. 73-86.

Belgique, germanophone, flamande et française (article 2 de la Constitution), qui sont définies, nous le verrons par la suite, sur une base linguistique (les régions linguistiques), et dont les attributions concernent les matières culturelles, l'enseignement, les matières personnalisables, et dans une certaine mesure l'emploi des langues (articles 127 à 130 de la Constitution).

La notion de *Kulturhoheit* (souveraineté culturelle) quant à elle, rejoint différentes théories que nous avons exposées. Comme nous venons de le voir, G. Héraud base sa thèse sur l'attribution d'une autonomie culturelle aux entités décentralisées ou fédérées. K. Renner utilise indifféremment les termes d'autonomie nationale, d'affaires nationales ou d'autonomie culturelle concernant les pouvoirs de l'institution corporative nationale sur laquelle il base son Etat multinational.

Un article de P. Häberle explique bien la notion de *Kulturhoheit* ainsi que celles de *Kulturstaat* (Etat culturel), *Kulturverfassungsrecht* (droit constitutionnel culturel) et *kulturverfassungsrechtliche Staatstheorie* (théorie de l'Etat de droit constitutionnel culturel)[95]. La notion de *Kulturhoheit* a été développée dans la théorie de l'Etat en Allemagne comme un élément du fédéralisme, lié étroitement à sa définition ; il s'agit non seulement de considérer que les *Länder* allemands ont une compétence en matière culturelle, mais encore que celle-ci trouve sa base dans la théorie du fédéralisme, où les *Länder* cèdent leur souveraineté au profit de la fédération mais restent des Etats du fait de cette compétence en matière culturelle qui leur permet de défendre leur identité.

La Cour Constitutionnelle fédérale utilise la pluralité culturelle (BVerfGE 36, 321 (331)) comme base au fédéralisme allemand[96]. Ainsi pour la Cour il existe un noyau de tâches propres, constitué par cette souveraineté ou compétence culturelle, qui ne peut être retiré aux *Länder* sous peine de nier leur qualité d'Etat[97].

Nous pensons qu'il peut être intéressant d'utiliser cette notion, qui ne se rattache pas particulièrement à une forme d'Etat, même si elle est issue de l'analyse du fédéralisme allemand, pour notre étude du régionalisme. Ainsi nous appliquerons dans la deuxième partie de cette thèse ce concept de *Kulturhoheit* au régionalisme institutionnel. Nous l'utiliserons pour décrire l'attribution d'une compétence cultu-

---

[95] P. Häberle, *Kulturverfassungsrecht im Bundesstaat*, Schriftenreihe des Instituts für Föderalismusforschung, tome 16, Wilhelm Braumüller, Wien, 1980, 84 p., notamment la note 118.

[96] Voir W. Hertel, *Kulturföderalismus in Deutschland : Verfassungsfolklore oder Verfassungsrecht ?*, Jahrbuch des Föderalismus, Europäisches Zentrum für Föderalismus-Förschung, Tübingen, Nomos Verlagsgesellschaft, Baden-Baden, 2001, p. 154-167.

[97] BVerfGE 6, 309 (346 s.) « (...) la construction fédérale de la République fédérale, dans laquelle la *Kulturhoheit*, et tout particulièrement la compétence dans le domaine scolaire, est le noyau de l'autonomie des Länder. »

relle à un groupe déterminé ou non territorialement, et entretenant un lien étroit avec le principe de pluralisme qui en est la base. Cela correspond aux théories ouvertes de l'Etat, qui concilient unité et diversité dans l'Etat.

Il nous reste un dernier élément à étudier pour déterminer le cadre juridique formé pour le régionalisme par les éléments constitutifs de l'Etat, après le territoire et le peuple, il s'agit du pouvoir.

III. UN POUVOIR

Selon H. Kelsen la souveraineté présuppose la validité d'un ordre de contrainte non dérivable d'une plus haute norme[98].

Le pouvoir comme élément constitutif de l'Etat, dans une perspective intéressant notre sujet, nous avons décidé de l'aborder sous l'angle de la souveraineté : nous justifierons ce choix dans un premier temps.

Lorsqu'on aborde la question du troisième élément de l'Etat, un pouvoir exercé sur la population et le territoire, on constate que de nombreux termes sont utilisés par les auteurs. M. Hauriou s'intéresse aux droits régaliens, L. Duguit parle de puissance institutionnelle, J. Bodin de souveraineté, les auteurs allemands et R. Carré de Malberg de puissance publique ou étatique (*Staatsgewalt*), G. Jellinek de compétence de la compétence, E.W. Böckenförde de pouvoir constituant. Nous allons suivre la démarche d'O.Beaud qui démontre l'impossibilité de distinguer la souveraineté de la puissance étatique[99]. O. Beaud se livre à une critique de la distinction entre souveraineté et puissance étatique : il affirme tout d'abord qu'il n'y a pas de contenu à cette distinction, les deux définitions utilisées impliquant une suprématie, puis démontre l'identité de la puissance étatique et de la souveraineté.

Ce troisième élément constitutif de l'Etat, le pouvoir, est la souveraineté développée dans la doctrine de J. Bodin (*Les six livres de la République*) et justifie la construction et la définition de l'Etat moderne. L. Le Fur[100] considère que la souveraineté est « le critérium unique de la notion d'Etat » (p. 353). Il cite une phrase de G. Jellinek : « Toute souveraineté est souveraineté étatique »[101]. La démonstration de

---

[98] H. Kelsen, *Der soziologische und der juristische Staatsbegriff. Kritische Untersuchung des Verhältnisses von Staat und Recht*, Scienta Verlag Aalen, 1981 (Tübingen 1928), 253 p., citation p. 84.

[99] O. Beaud, *La souveraineté dans la "Contribution générale à la théorie de l'Etat" de Carré de Malberg*, RDP 1994, p. 1251-1301.

[100] L. Le Fur, *Etat fédéral et confédération d'Etats*, Thèse pour le doctorat, 5 juin 1896, Paris, Imprimerie et librairie générale de jurisprudence Marchal et Billard, 1896, 839 p., chapitre I du titre premier, *L'Etat et la souveraineté*, p. 354-494.

[101] « Alle Souveränität ist Staatssouveränität », citation p. 396.

L. Le Fur vient renforcer celle d'O. Beaud dans la mesure où il appuie lui aussi sur le fait qu'on ne peut distinguer entre Etat souverain et Etat non souverain, la souveraineté constituant la caractéristique de l'Etat, et ce en partant d'une critique des théories cherchant à justifier la qualité d'Etat des membres d'une fédération, et à concilier celle-ci avec l'idée de la souveraineté de l'Etat par le mécanisme d'une répartition de la puissance (étatique) qui selon les auteurs prendra différentes directions (souveraineté exclusive de l'Etat fédéral ou des membres, puissance étatique au profit des membres, but universel ou national de l'Etat,...). Dans les définitions données par les auteurs classiques apparaît un élément commun : le caractère suprême de ce pouvoir, qui permet de déterminer son étendue et de l'imposer à la population sur le territoire de l'Etat. C'est le cas chez J. Bodin[102], chez G. Jellinek[103], chez L. Duguit[104], chez M. Hauriou[105]. L'Etat est souverain à la fois sur le plan interne, où, lorsqu'il y a séparation des pouvoirs comme c'est le cas dans les démocraties modernes, chaque pouvoir représente également l'Etat souverain, et sur le plan externe ; dans les deux cas il détient à la fois la plénitude et l'exclusivité de ce pouvoir.

Les conséquences à tirer pour le régionalisme institutionnel du cadre juridique constitué par la souveraineté, sont de trois ordres : elles concernent le pouvoir constituant (A), le rapport souveraineté, loi, Parlement, Etat (B), et la territorialisation du pouvoir (C).

---

[102] J. Bodin, dans *Les six livres de la République*, Livre I, chapitre XI, écrit à propos des caractéristiques de la souveraineté : « la première et la plus essentielle est de donner des lois à tous en général et à chacun en particulier, et cela sans le consentement de plus grand, ni de pareil, ni de moindre que soi ». La souveraineté est pour lui le pouvoir suprême.

[103] G. Jellinek, *Allgemeine Staatslehre*, 3ème édition, Wissenschaftliche Buchgesellschaft Darmstadt, 1960, 837 p. : « Souveränität ist die Fähigkeit ausschließlicher rechtlicher Selbstbestimmung », « La souveraineté est la capacité d'autodétermination légale exclusive ».

[104] Duguit, *Traité de droit constitutionnel*, tome 1, *La règle de droit – Le problème de l'Etat*, Boccard, Paris, 1923, §50, p. 543 : « Il y a un pouvoir, un droit, le pouvoir, le droit de donner des ordres inconditionnés, le pouvoir qu'on a défini le pouvoir d'une volonté de ne se déterminer jamais que par elle-même ; le pouvoir d'une volonté de fixer elle-même le domaine de son action. »

[105] M. Hauriou, *Précis de droit constitutionnel*, 2ème édition, Sirey, 1929, p. 116 : « C'est ainsi que le roi de France a repris progressivement sur les barons féodaux, sous le nom de droits régaliens, le droit d'ordonnance, le droit de justice, le droit de guerre et de légation, le droit de battre monnaie » ; « La souveraineté est proprement la maîtrise de soi ou la possession de soi. On l'entend ordinairement en un sens négatif par où elle signifie que l'Etat souverain n'a point de maître au-dessus de lui (si ce n'est Dieu seul) ; mais on doit l'entendre dans un sens positif qui est plus profond, à savoir que dans l'Etat, à raison de la structure de son pouvoir, il se produit un phénomène de possession de son pouvoir, il y a un pouvoir qui en possède un autre ; c'est la souveraineté qui possède le pouvoir de gouvernement et qui, en le possédant, le contrôle » (M. Hauriou, *Précis de droit constitutionnel*, Sirey, 1923, 741 p., p. 159).

A. Souveraineté et pouvoir constituant

Pour déterminer le rapport des régions au pouvoir constituant, il faut traiter deux questions : celle de la souveraineté et de la réforme de l'ordre constitutionnel (qui sera seulement abordée ici, 1) et celle des droits garantis, théorie de L. Le Fur (2). Ces deux questions concernent au départ l'Etat fédéral, et peuvent nous inspirer des réflexions pour l'étude du régionalisme institutionnel.

1. Souveraineté et réforme de l'ordre constitutionnel

Dans la fédération, la souveraineté appartient à l'Etat fédéral. La réforme éventuelle de l'ordre constitutionnel se présente sous deux angles, celui de la révision constitutionnelle (pouvoir constituant dit dérivé) et celui de l'autodétermination d'une partie. Ces deux questions nous permettent d'aborder la présentation de l'ordre juridique qui nous semble inspirer le régionalisme institutionnel.

Le rapport entre pouvoir constituant et souveraineté dans la fédération pose la question de la possible autodétermination régionale, c'est-à-dire celle des Etats membres. La Cour Constitutionnelle fédérale allemande rejette l'existence d'un tel droit qui disparaît avec l'adoption de la Constitution de la fédération. Nous analyserons de plus la position de la Cour Suprême du Canada concluant à une obligation de négociation au niveau fédéral en cas de volonté claire de séparation exprimée par la population du Québec. Cette question sera examinée dans la deuxième partie de la thèse concernant l'autodétermination[106]. Nous réfuterons l'existence d'un droit à l'autodétermination régionale mais dégagerons un exercice régional de l'autodétermination ou de la souveraineté.

En ce qui concerne la révision de la Constitution, les Constitutions des Etats fédéraux prévoient une participation des membres à celle-ci[107]. L'intervention de la seconde chambre du Parlement national lors de la révision de la Constitution se retrouve dans les Etats étudiés, ce qui revient à s'interroger sur le caractère de représentation territoriale de ces chambres ; il est cependant moindre ou inexistant[108].

---

[106] Titre 1, chapitre 1, I, A, 2 : Jusqu'où les régions peuvent-elle aller ? Cas pratiques.

[107] En Allemagne, l'article 79 de la Loi fondamentale prévoit l'adoption d'une loi approuvée par les deux tiers de membres du *Bundestag* et les deux tiers des voix du *Bundesrat* qui est l'organe de participation des *Länder* à la fédération et est composé de membres des gouvernements des *Länder* (articles 50 et 51 de la Constitution).

[108] En Belgique, Etat fédéral, cette participation est moins directe qu'en Allemagne car, si l'article 77 de la Constitution prévoit que la Chambre des représentants et le Sénat sont sur un pied d'égalité pour une révision de la Constitution, seulement une partie des membres du Sénat sont désignés directement par les institutions territoriales régionales (ici les Communautés), les autres étant élus sur la base des collèges électoraux néerlandais, français et allemand ainsi que par les sénateurs eux-mêmes (article 67 de la Constitution). En Espagne aussi, une partie seule des sénateurs est désignée par les Communautés Autonomes (article 69-5 de la Constitution), le reste sur la base de circonscriptions électorales

De ces deux points, autodétermination et révision constitutionnelle dans l'Etat fédéral, nous tirons des enseignements pour notre analyse du pouvoir comme cadre juridique au régionalisme institutionnel.

L'analyse du pouvoir d'Etat ou souveraineté que nous pouvons faire dans les Etats fédéraux présente un ordonnancement de l'ordre juridique dont les mécanismes intéressent l'étude du régionalisme institutionnel[109].

La souveraineté appartient à la fédération et plus aux Etats qui deviennent les membres de celle-ci, mais qui gardent une place particulière dans le rapport à la souveraineté et au pouvoir constituant, en participant au pouvoir constituant dérivé et à l'exercice de la souveraineté ou autodétermination interne[110].

Le régionalisme institutionnel suppose aussi une place pour les collectivités territoriales régionales vis à vis de la souveraineté étatique. Nous présenterons dans la seconde partie de cette thèse les détails de cette théorie. Il nous semble que fédéralisme et régionalisme institutionnel ont en commun une présentation de la souveraineté étatique qui comprend des collectivités territoriales de niveau directement inférieur.

Cette similitude ne concerne pas seulement la réforme de l'ordre constitutionnel, mais aussi la place des régions comme organes du pouvoir fédéral pour la formation de la volonté de l'Etat, théorie de L. Le Fur que nous allons à présent développer.

---

provinciales. En Italie le projet de révision constitutionnelle rejeté par référendum des 25 et 26 juin 2006 prévoyait la mise en place d'un sénat fédéral. Cependant sa représentativité territoriale n'était pas assurée dans la mesure où les sénateurs auraient été élus au scrutin proportionnel sans aucun lien avec les régions comme institutions territoriales. De plus la Chambre des Députés aurait gardé un rôle déterminant pour l'approbation des lois de compétence exclusive de l'Etat, notamment la détermination des niveaux essentiels des prestations en matière de droits civils et sociaux qui permet à l'Etat d'intervenir de façon transversale dans l'ensemble des matières même de compétence régionale. Voir dans ce sens L. Vandelli, *Osservazioni su Schema di ddl cost. Su Senato federale, composizione della Corte costituzionale, forma di governo*, 08/09/2003.

[109] Rappelons que nous ne considérons pas le régionalisme institutionnel comme une forme d'Etat, et que nous incluons par exemple dans notre recherche la Belgique, qui est un Etat fédéral, les quatre autres Etats étant des Etats unitaires.

[110] Voir le paragraphe suivant sur la théorie de L. Le Fur, pour qui les membres d'une fédération sont des pouvoirs constitués de celle-ci.

2. Application au régionalisme institutionnel de la théorie de L. Le Fur sur les droits garantis

L. Le Fur[111] considère que des restrictions peuvent être apportées à la souveraineté, soit par les traités internationaux, soit par ce qu'il appelle les droits garantis par le droit public interne, venant d'un contrat entre l'Etat et les collectivités non souveraines qui le composent. Il faut alors recourir à nouveau au contrat pour supprimer les restrictions consenties, sauf pour un motif d'intérêt général.

Ces droits garantis, dans la fédération, qui est l'objet de l'étude de L. Le Fur, sont fondés sur la Constitution de l'Etat, c'est-à-dire sur la volonté de l'Etat fédéral. Les membres de la fédération vont agir en qualité d'organes du pouvoir fédéral pour la formation de la volonté de l'Etat. Pour L. Le Fur, il ne s'agit pas là réellement d'une restriction de la souveraineté mais de restrictions à la volonté des organes de l'Etat (p. 459). Ainsi, si la souveraineté permet à l'Etat de déterminer ses propres compétences, il peut les soumettre à des restrictions volontaires, les droits garantis aux membres de la fédération, ces restrictions gardant un caractère transitoire.

Nous pouvons imaginer un schéma similaire pour le régionalisme institutionnel : la souveraineté n'est pas divisée, mais elle est exercée aussi par les institutions territoriales comme composantes du pouvoir d'Etat. Nous développerons cette théorie dans la seconde partie de la thèse.

B. Le rapport souveraineté, loi, Parlement, Etat à l'épreuve du régionalisme institutionnel : loi régionale et souveraineté institutionnelle territoriale

La question est ici de savoir si la loi est exclusivement issue du Parlement et si le Parlement est exclusivement étatique. Peut-il exister un pouvoir législatif régional et un Parlement régional ?

Différentes solutions apparaissent.

La plus claire est apparemment la doctrine de la souveraineté du Parlement britannique, sur laquelle nous donnerons plus loin davantage d'éléments, qui réserve la souveraineté au Parlement, lui permettant d'agir dans tous les cas. Ainsi, même si une loi a dévolu un pouvoir législatif au Parlement écossais, le Parlement britannique est toujours susceptible de légiférer dans les matières dévolues. C'est aussi ce qu'exprime T. Fleiner-Gerster[112] lorsqu'il dit que « la souveraineté [est] centralisée par le Parlement ». Analysant les conséquences de ce pouvoir, S. Goyard-

[111] L. Le Fur, *Etat fédéral et confédération d'Etats*, Thèse pour le doctorat, 5 juin 1896, Paris, Imprimerie et librairie générale de jurisprudence Marchal et Billard, 1896, 839 p., p. 445-494.

[112] T. Fleiner-Gerster, *Théorie générale de l'Etat*, Presses Universitaires de France, 1986, 515 p., p. 256.

Fabre[113] cite G. Jellinek « La forme de la loi est exclusivement réservée à l'Etat » et Carré de Malberg « La loi est le fait étatique positif ».

Nous avons déjà présenté la théorie de L. Le Fur et le schéma de l'intégration que nous développerons dans la seconde partie de cette thèse. Ce schéma permet de considérer que si la souveraineté appartient exclusivement à l'Etat, son exercice peut intégrer les institutions territoriales.

Le fait que le Parlement soit exclusivement étatique n'empêche ainsi pas une intégration des régions comme pouvoirs constitués, et ce de deux façons : la représentation au sein du Parlement national, notamment par le biais d'une seconde chambre, mais aussi par la présence de groupes et de quotas de vote ; l'exercice d'un pouvoir législatif régional, les « lois régionales » qui en résultent ne pouvant être, si l'on suppose que la loi émane du Parlement national seul, que soumises aux lois nationales. Or, nous le verrons, cela n'est pas toujours le cas, les Constitutions mettant souvent en place une division par compétence et non seulement hiérarchique entre la loi nationale et la loi régionale.

C'est donc là, dans le rapport entre souveraineté, loi, Parlement et Etat que le régionalisme institutionnel affecte la notion juridique de l'Etat. Nous sommes face à un nouveau type de souveraineté, « institutionnelle territoriale ». C'est une nouvelle analyse de la souveraineté, et du lien entre son titulaire et son exercice, que suppose le régionalisme institutionnel.

C. La territorialisation du pouvoir

La division verticale du pouvoir se concrétise par la territorialisation de l'Etat. Nous allons recourir pour l'analyser dans la perspective de notre sujet à la théorie de la compétence de la compétence.

G. Jellinek définit la souveraineté comme la compétence de la compétence[114], ce qui signifie la détermination de ses propres compétences, leur possible extension à l'infini. Les collectivités territoriales possèdent certaines compétences mais pas ce pouvoir.

La notion de territorialisation du pouvoir serait le moyen de concilier la souveraineté de l'Etat avec le régionalisme institutionnel sans passer par la notion de compétence.

On considère le pouvoir comme réparti territorialement et on ne pose pas ainsi la question de la compétence de la compétence dans le rapport entre Etat et région. La

---

[113] S. Goyard-Fabre, *L'Etat*, Cursus, A.Colin, 1999, 181 p.

[114] G. Jellinek, *Allgemeine Staatslehre*, 3ème édition, Wissenschaftliche Buchgesellschaft Darmstadt, 1960, 837 p.

souveraineté, compétence de la compétence, appartient de façon indivisible à l'Etat, mais son exercice est divisible.

Cela se rapproche du raisonnement tenu par les partisans de la *Dreigliederungslehre* en Allemagne. Le recours à la *Dreigliederungslehre*, qui est une théorie développée pour expliquer le fédéralisme, doit être fait avec précaution pour expliquer le régionalisme institutionnel. L'idée serait d'établir une fiction d'Etat global[115], qui serait la compétence de la compétence, l'ordre normatif, qui engloberait l'Etat, constitué par ses trois éléments, et les régions. Le problème serait de concilier le fait que le pouvoir soit un élément constitutif de l'Etat, tel que nous l'avons décrit précédemment, notamment détenteur de la compétence de la compétence, que nous venons de placer auprès de cet « Etat » global. C'est pourquoi il nous semble que le terme d'Etat global n'est pas juste ici, et qu'il serait plus juste de recourir à des notions de procédure et de reconnaître cette globalité comme un ensemble de règles de l'ordre juridique[116].

La nature des pouvoirs des collectivités territoriales, pouvoirs attribués, distingue ces dernières d'un Etat.

Conclusion du chapitre 1

Nous venons de présenter la théorie des éléments constitutifs de l'Etat, le territoire, le peuple et le pouvoir, et de les décrire dans une perspective intéressant notre sujet, tirant des conséquences du cadre juridique formé par l'Etat pour le régionalisme institutionnel.

Ainsi nous avons pu étudier les solutions s'offrant aux divers peuples présents dans l'Etat, conséquence du rapport entre peuple et Etat, concrétisé par l'autodétermination du premier en un Etat-nation.

La notion d'institution territoriale est quant à elle très importante pour présenter le schéma de l'ordre juridique que nous retiendrons pour le régionalisme.

Enfin l'étude la souveraineté nous a permis de nous pencher sur la territorialisation du pouvoir, de faire une première comparaison avec les théories du fédéralisme et de déterminer le rapport avec la loi et le Parlement, analyse importante pour notre travail puisque le régionalisme institutionnel suppose un pouvoir législatif régional.

La théorie des trois éléments constitutifs de l'Etat pose des limites et offre des possibilités juridiques au régionalisme, mais se trouve aussi mise en cause par celui-ci.

---

[115] Mais nous devrons chercher un autre terme que celui d'Etat, cet élément de la *Dreigliederungslehre* nous paraissant non justifié dans le cas présent.

[116] La Constitution.

C'est pourquoi il nous a paru utile d'en faire une description détaillée, mise en rapport avec notre sujet.

Les trois éléments de l'Etat sont liés (territorialisation du pouvoir, peuple et organisation territoriale, ...) car ils constituent une unité. Nous avons répondu à la question doit-il et y a-t-il un territoire, un peuple, un pouvoir étatiques, de façon affirmative, il convient à présent de répondre à la question doit-il, n'y a-t-il qu'un territoire, qu'un peuple, qu'un pouvoir étatiques?

L'Etat est une unité politique, constituée d'un peuple, d'un territoire et d'un pouvoir. L'unité de l'Etat et les conséquences qui s'y rapportent vont aussi jouer un grand rôle dans l'appréciation du régionalisme institutionnel. Le régionalisme institutionnel permet le développement de la diversité politique, qui se traduit par une asymétrie de droit et de fait entre les régions, ce qui est aussi appelé la différenciation. Celle-ci semble entrer en opposition avec l'unité politique de l'Etat, or ce n'est pas forcément le cas. C'est ce qu'il convient de déterminer à présent.

CHAPITRE 2

L'UNITE POLITIQUE DE L'ETAT, QUELLE DIVERSITE REGIONALE POSSIBLE ?

Il convient tout d'abord de déterminer quelle est la théorie de l'unité politique de l'Etat (I), puis ce que l'on entend exactement par ce terme (II). Suivra une étude en droit positif de l'unité politique de l'Etat en Belgique, Espagne, France, Royaume-Uni, Italie (III). La confrontation de ces différents éléments permettra de s'interroger sur l'opposition ou la conciliation entre le régionalisme appliqué dans les institutions territoriales et l'unité politique de l'Etat (IV).

I. RECONNAISSANCE DOCTRINALE GENERALISEE DE L'UNITE POLITIQUE DE L'ETAT

L'histoire de la construction de l'Etat et les théories qui en sont issues permettent d'expliquer la notion d'unité politique de l'Etat.

Or les théories basées sur la démocratie, le pluralisme et la dignité humaine reconnaissent aussi à l'Etat ce caractère d'unité politique malgré une première impression qui pourrait être contraire.

On partira pour cette étude de la théorie constitutionnelle de Carl Schmitt[117]. Il considère la Constitution au sens absolu comme l'Etat lui-même, l'unité politique d'un peuple[118].

J. Isensee[119] rejoint C. Schmitt dans la mesure où pour lui la Constitution est au service de l'unité étatique mais l'Etat existe avant la Constitution[120]. Dans le même sens, R. Carré de Malberg estime que l'Etat est lié à l'apparition d'un ordre juridique mis en place par la Constitution[121], et repose sur l'union de tous les membres, ou, pour M. Hauriou, sur un principe d'unité[122]. Nous voyons donc qu'il existe pour ces auteurs un lien exclusif entre l'Etat et la Constitution ainsi qu'entre la Constitution ou l'Etat et l'idée d'unité politique.

C. Schmitt décrit par ailleurs la notion positive de la Constitution, qui est pour lui une décision d'ensemble sur le genre et la forme de l'unité politique venant d'un acte du pouvoir constituant, donnée pour une unité politique concrète (en quoi il ne s'agit pas de la notion absolue de Constitution)[123]. Pour l'existence d'un pouvoir constituant il faut un peuple ayant une unité politique, sujet de ce pouvoir : les théories telles que le contrat social doivent pour C. Schmitt fonder cette unité politique du peuple[124].

---

[117] C. Schmitt, *Verfassungslehre*, Duncker & Humboldt, Berlin 1954 (1928), 404 p.

[118] Ibid., p. 4 à 10. C. Schmitt se réfère dans ce paragraphe aux philosophes grecs Aristote, pour qui l'Etat est un ordre de la vie en commun des hommes d'une ville ou d'un territoire, liant l'existence de l'Etat et de la Constitution, ou Isocrate, pour qui la Constitution est l'âme de la Cité.

[119] J. Isensee, *Staat und Verfassung* in : J. Isensee, P. Kirchhof (Hrsg.), *Handbuch des Staatsrechts der Bundesrepublik Deutschland, tome II Demokratische Willensbildung – Die Staatsorgane des Bundes*, C.F. Müller Juristischer Verlag, Heidelberg, 1998, 2ème édition, 902 p., p. 591 à 661.

[120] "Nur ein staatlich geeintes Volk, ein Staatsvolk, ist handlungsfähig und damit fähig, sich eine Verfassung zu geben.", ibid., p. 594. « Seul un peuple étatiquement unifié, un peuple étatique, a la capacité d'agir et est ainsi capable de se donner une Constitution. »

[121] R. Carré de Malberg, *Contribution à la théorie générale de l'Etat*, Sirey, 1920-22, rééd. CNRS 1962, 2 tomes.

[122] M. Hauriou, *Précis de droit constitutionnel*, Sirey, 1923, 741 p.

[123] Carl Schmitt est l'un des premiers auteurs allemands à s'inspirer de la doctrine française, et notamment de Sieyès, du pouvoir constituant (quelques auteurs comme E. Zweig ou R. Redslob s'intéressèrent à cette doctrine avant 1914) ; voir C. Klein, *La découverte de la doctrine française du pouvoir constituant en Allemagne: de l'Empire à la République Fédérale*, in : *La science juridique française et la science juridique allemande de 1870 à 1918*, O. Beaud, P. Wachsmann (dir.), Annales de la Faculté de droit de Strasbourg, n° 1, 1997, p. 135-150.

[124] Voir aussi l'analyse de P. Ory dans sa *Nouvelle Histoire des Idées Politiques* (dir.), Hachette, Pluriel, 1997, 832 p., pour qui le lien entre Etat, territoire et population est le contrat d'un corps politique homogène ; il fait ainsi allusion à Rousseau et sa théorie du contrat social.

E.W. Böckenförde[125] s'intéresse aussi au pouvoir constituant. Pour lui il s'agit d'une notion démocratique et révolutionnaire. Le peuple[126] seul peut être sujet du pouvoir constituant, qui est originaire et indivisible. Nous voyons ici que ces deux auteurs, en ce qui concerne le droit positif, lient la Constitution, par le biais du pouvoir constituant, détenu par le peuple, à l'idée de l'unité politique.

H. Kelsen[127] prend pour base un ordre unitaire pour expliquer l'unité du peuple et du territoire de l'Etat : « Et comme l'unité du territoire étatique, absolument pas unitaire, s'il est considéré sous l'angle naturel et géographique, l'unité du peuple étatique, du point de vue psychologique, ethnique, religieux, commercial tout aussi peu unitaire, s'explique seulement par l'unité d'un ordre nécessaire présupposé comme valable.»[128]. Il y a donc pour lui nécessité de l'unité dans la théorie de l'Etat.

Les théories basées sur la démocratie, le pluralisme et la dignité humaine reconnaissent elles aussi l'unité politique comme caractère de l'Etat.

Il existe en effet des théories divergeant sur certains points avec celle que nous venons d'étudier, qui par le biais de la théorie de la Constitution se centre sur l'unité politique pour définir l'Etat. Ces autres théories abordent la question par le biais non directement de l'Etat, mais de la démocratie. A ce niveau-là certains auteurs semblent contester le principe de l'unité politique dans l'Etat.

Il s'agit d'auteurs se plaçant dans le cadre de la théorie dite de démocratie ouverte, pluraliste, liant celle-ci à la dignité humaine, l'autodétermination et le principe d'égalité, niant ce qui serait une notion prépositive d'un peuple étatique et commandant le respect du principe de subsidiarité. Ces théories ne sont pas centrées sur un peuple étatique comme unité politique mais sur un peuple, communauté de citoyens, d'individus appelés à l'autodétermination.

En Allemagne, B.O. Bryde est défenseur de cette théorie, opposé à C. Schmitt et E.W. Böckenförde ; il part du principe démocratique dans le cadre du droit positif de la Loi Fondamentale allemande : « La phrase selon laquelle le pouvoir d'Etat vient du peuple n'est pas une règle pure mais une profession de foi pour le principe démocratique à l'aide d'une formule traditionnelle. C'est seulement ainsi qu'il

---

[125] Voir E. W. Böckenförde, *Die Verfassunggebende Gewalt des Volkes. Ein Grenzbegriff des Verfassungsrechts, Würzburger Vorträge zur Rechtsphilosophie, Rechtstheorie und Rechtssoziologie*, Alfred Metzner Verlag, Cahier n°4, 1986, 32 p.

[126] Le mot peuple est ici pris au "sens politique" d'après Böckenförde, c'est-à-dire la nation, ibid., p. 13.

[127] H. Kelsen, *Der soziologische und der juristische Staatsbegriff. Kritische Untersuchung des Verhältnisses von Staat und Recht*, Scienta Verlag Aalen, 1981 (Tübingen 1928), 253 p.

[128] Ibid., p. 86.

se concilie avec un ordre constitutionnel qui ne connaît pas de monisme de légitimation mais est au contraire ouvert pour un pouvoir d'Etat non allemand, qui laisse le pouvoir d'Etat, dans la fédération, venir de différents "peuples" et qui ne place pas la nation mais la dignité des individus à la tête de son ordre de valeurs. »[129].

B.O. Bryde se pose la question de la définition d'un peuple ; il s'agit pour lui de l'autodétermination d'égaux par une décision collective démocratique et à la majorité, mais la question de la constitution du groupe dans lequel a lieu la décision à la majorité n'est pas résolue ; elle ne peut pour lui l'être par l'utilisation d'une notion prépositive de peuple allemand mais plutôt par la notion de *Betroffenheit* (fait d'être concerné, touché), en corrélation avec le droit à l'autodétermination. Il faut pour lui que tous ceux qui sont touchés par une décision puissent y participer.

Cependant ces théories ne contestent pas l'unité dans l'Etat puisqu'elles reconnaissent finalement, dans la Constitution, la construction politique de l'unité, résultat d'un processus constitutionnel ouvert[130] ; la divergence avec les théories de C. Schmitt ou E.W. Böckenförde est simplement de centrer l'analyse sur la démocratie comme forme constitutionnelle se basant sur des individus appelés à l'autodétermination.

Cette théorie va se révéler intéressante pour notre sujet. En effet, pluralisme, dignité humaine et démocratie sont l'une des bases théoriques du fédéralisme, et le lien entre celui-ci et le libéralisme. Or cette théorie peut inspirer le régionalisme et permettre de le concilier avec les éléments de la théorie de l'Etat et de la théorie constitutionnelle qu'il semble violer. En effet, elle justifie le recours au principe de subsidiarité qui, nous le verrons, se retrouve dans le régionalisme institutionnel, et elle offre la solution de l'autodétermination individuelle, que nous retrouvons chez K. Renner, comme base à l'organisation de l'Etat.

L'unité politique est donc une notion nécessaire à la théorie de l'Etat. La construction historique qu'a été l'Etat a obligé les juristes à constater ce caractère. Il convient de définir à présent cette notion et d'en dégager les conséquences juridiques.

---

[129] B.-O. Bryde, *Das Demokratieprinzip des Grundgesetzes als Optimierungsaufgabe*, in : *Demokratie und Grundgesetz, Eine Auseinandersetzung mit der Verfassungsrechtlichen Rechtsprechung*, Nomos Verlagsgesellschaft, Baden-Baden, 2000, 203 p., p. 59-70 (p. 61).

[130] Voir A. Rinken, *Demokratie und Hierarchie. Zum Demokratieverständnis des Zweiten Senats des Bundesverfassungsgerichts*, in : *Demokratie und Grundgesetz, Eine Auseinandersetzung mit der Verfassungsrechtlichen Rechtsprechung*, Nomos Verlagsgesellschaft, Baden-Baden, 2000, 203 p., p. 125-148.

II. DEFINITION DE L'UNITE POLITIQUE DE L'ETAT EN RELATION AVEC SES TROIS ELEMENTS CONSTITUTIFS ET CONSEQUENCES POUR LE REGIONALISME INSTITUTIONNEL

Afin de définir l'unité politique de l'Etat il convient tout d'abord de préciser qu'on n'entend pas par là Etat unitaire. L'idée de l'unité politique de l'Etat s'applique à celui-ci, quelle que soit sa forme, son organisation territoriale. Ainsi les auteurs précédemment cités se sont-ils appliqués à démontrer que l'unité politique est aussi un caractère de l'Etat fédéral. C. Schmitt décrit – dans le respect de sa théorie constitutionnelle – la Constitution d'un Etat fédéral comme un contrat constitutionnel fédéral, le *Bundesvertrag,* deux sujets détenteurs du pouvoir constituant en étant les parties. Le nouveau statut d'ensemble constitue l'unité politique de la fédération[131]. « Car l'Etat est l'unité politique d'un peuple, et dans un Etat dont le genre et la forme de l'existence politique repose sur la volonté constituante de l'ensemble du peuple, il ne peut y avoir plus d'une unité politique.»[132]. Pour C. Schmitt il y a association libre des membres, qui appartiennent ensuite à un système politique général, une unité politique commune. « Il ne peut y avoir deux unités, car l'essence de l'unité c'est d'être une »[133]. Cette question a suscité un débat doctrinal qui a été tenu sur le plan de la souveraineté. Certains auteurs, notamment Gerber et l'Ecole de l'*Isolierung* au 19e siècle[134] établirent une distinction entre l'Etat souverain (la Fédération) et l'Etat détenteur de la puissance étatique (les Etats fédérés), faisant de la puissance étatique ou puissance publique (*Staatsgewalt*) la marque de l'Etat ; ces théories avaient pour but de conserver la qualité d'Etat aux fédérés et de réserver la souveraineté, indivisible, à l'Etat représentant l'unité politique, c'est-à-dire la Fédération.

L'unité politique de l'Etat va avoir des conséquences sur le sujet ici étudié car elle constitue un cadre jugé parfois contradictoire avec le régionalisme qui conduit à des régimes institutionnels diversifiés dans un même Etat. Il convient donc d'examiner la traduction et les conséquences du caractère politiquement unitaire de

---

131 C. Schmitt développe ici l'histoire de l'Etat allemand, C. Schmitt, *Verfassungslehre*, Duncker & Humboldt, Berlin 1954 (1928), 404 p., p. 61.

132 « Denn Staat ist die politische Einheit eines Volkes, und in einem Staat, dessen Art und Form der politischen Existenz auf den verfassunggebende Willen des ganzen Volkes beruht, kann nicht mehr als eine politische Einheit bestehen. », C. Schmitt, *Verfassungslehre*, Duncker & Humboldt, Berlin 1954 (1928), 404 p., p. 388.

133 C. Schmitt, *Verfassungslehre*, Duncker & Humboldt, Berlin 1954 (1928), 404 p., p. 373. Voir aussi O. Beaud, *Fédéralisme et fédération en France. Histoire d'un concept impossible?*, Annales de la Faculté de droit de Strasbourg, n° 3, 1999, p. 7 à 82: « celui-ci [le fédéralisme] peut aussi être conçu comme un moyen d'union, c'est-à-dire décrivant un processus de production d'une unité politique à partir d'éléments divers, et non plus comme facteur de désunion », p. 56.

134 Voir O. Beaud, *La souveraineté dans la "Contribution générale à la théorie de l'Etat" de Carré de Malberg*, RDP 1994, p. 1251-1301, notamment p. 1254-1255.

l'Etat dans ses éléments constitutifs afin de confronter le cadre juridique ainsi obtenu au régionalisme institutionnel.

Ainsi nous verrons dans l'ordre l'unité politique de l'Etat et le peuple étatique (A), l'unité politique de l'Etat et le territoire étatique (B), l'unité politique de l'Etat et le pouvoir étatique ou la souveraineté de l'Etat (C).

A. L'unité politique de l'Etat et le peuple étatique

Le principe d'unité de l'Etat se traduit en ce qui concerne le peuple par la notion de peuple étatique (*Staatsvolk*) ou de nation[135]. Il y aurait donc un seul peuple, qui comme peuple étatique constitue un élément de l'Etat comme unité politique.

Cependant dans certaines Constitutions sont reconnus différents peuples ou nationalités[136]. Il conviendra d'examiner s'il y a contradiction avec l'idée de peuple étatique unique ou une conciliation telle que la décrit K. Stern[137], un peuple étatique pouvant selon lui être composé de *Volksteile, Volksgruppen, Volksstämme*, c'est-à-dire de parties, groupes ethniques, tribus. Par contre, pour C. Schmitt, le principe de nationalité (un peuple, une nation, un Etat) empêche que les minorités ne soient protégées comme nations[138] . Or ce principe a dominé la construction de l'Etat à partir du 19e siècle. Il faudra apprécier pour chaque Etat au regard de son droit constitutionnel ce qu'unité du peuple étatique signifie.

B. L'unité politique de l'Etat et le territoire étatique

L'unité de l'Etat suppose qu'il soit composé d'un seul territoire, le territoire étatique. L'unicité du territoire peut être une limite à l'autonomie dont bénéficient les collectivités territoriales locales en vertu du droit constitutionnel de certains Etats étudiés.

Le fait que le territoire soit considéré comme un a des conséquences normatives. L'Etat central bénéficie ainsi de compétences en matière de droits et libertés individuels pour assurer l'égalité de traitement et l'uniformité du droit, ou encore garantir la liberté d'aller et venir sur l'ensemble du territoire. Il intervient de plus lorsqu'il est nécessaire de prendre en considération l'ensemble du territoire, no-

---

[135] Voir plus haut les développements concernant le peuple et la nation. Voir aussi P. Pactet, *Institutions politiques, Droit constitutionnel*, Masson, Armand Colin, 14e édition, 1995, 572 p., p. 44: " Il faut ensuite une population habitant ce territoire et unie de telle manière qu'elle forme une nation".

[136] Voir plus bas l'étude pratique des droits constitutionnels des Etats.

[137] K. Stern, *Das Staatsrecht der Bundesrepublik Deutschland, Band I, Grundbegriffe und Grundlagen des Staatsrechts, Strukturprinzipien der Verfassung*, 2. Auflage, C.H. Beck'sche Verlagsbuchhandlung, München, 1984, 1110 p., et Band II, 1980, 1544 p.

[138] C. Schmitt, *Verfassungslehre*, Duncker & Humboldt, Berlin 1954 (1928), 404 p., p 231-232.

tamment dans l'interprétation du principe de subsidiarité et dans les mesures de contrainte vis-à-vis des collectivités inférieures. Le principe de subsidiarité suppose en effet que l'échelon supérieur n'intervient que lorsque le niveau le plus proche des citoyens n'est pas en mesure de le faire – ce qui peut contenir l'impossibilité de garantir certaines conditions égales sur l'ensemble du territoire. Enfin le pouvoir de contrainte permet aussi à l'Etat central de contrôler dans une certaine mesure les interventions des autorités publiques sur l'ensemble du territoire.

C. L'unité politique de l'Etat et le pouvoir étatique ou la souveraineté de l'Etat

1. A titre introductif : pouvoir étatique et souveraineté

L'étude qui sera menée ici sur l'unité du pouvoir est en fait celle de la souveraineté de l'Etat, comme nous l'avons expliqué précédemment. Il s'agit donc de démontrer l'unité nécessaire de la souveraineté dans l'Etat. Cela peut être fait par le biais de l'étude du pouvoir constituant, expression suprême de la souveraineté, à l'origine de tous les pouvoirs dans l'Etat, un et indivisible par exemple pour C. Schmitt[139]. Pour J. Bodin, la souveraineté est la marque essentielle du pouvoir d'Etat[140], elle est absolue par rapport au pouvoir interne et externe. Il s'agit pour P. Pactet[141] d'« un pouvoir de droit (...), initial (...), inconditionné (...) et suprême (...). ». « L'Etat détermine lui-même ses propres compétences et ses règles fondamentales, normalement inscrites dans la Constitution, lesquelles conditionnent toutes les autres règles applicables sur son territoire, sans exception. » Il ne peut y avoir qu'une autorité absolue sur un même territoire par définition dans le domaine du droit, de normes assorties d'un pouvoir de contrainte légitime ou de sanction.

Ainsi l'unité du pouvoir d'Etat ou la souveraineté signifie que tout pouvoir public procède de l'Etat[142] ; l'ordre juridique et l'ordre des compétences sont homogènes. Cela ne signifie pas le centralisme[143], mais la coordination fonctionnelle et normative : l'unité des compétences et l'unité de l'ordre juridique qui en découlent se

---

[139] C. Schmitt, *Verfassungslehre*, Duncker & Humboldt, Berlin 1954 (1928), 404 p., p. 87 à 90.

[140] J. Bodin, *Les six livres de la République*, 1576.

[141] P. Pactet, *Institutions politiques, Droit constitutionnel*, Masson, Armand Colin, 14e édition, 1995, 572 p., p. 46.

[142] Voir R. Zippelius, *Allgemeine Staatslehre*, Politikwissenschaft, 12. Auflage, Verlag C. H. Beck, München, 1994, p. 57 à 69.

[143] Pour R. Zippelius cette unité du pouvoir d'Etat est, comme il a été dit précédemment, tout à fait compatible avec la forme fédérale de l'Etat, ibid., p. 67.

traduisent par l'unité normative et la hiérarchie des normes. Ces deux points vont ici être développés.

2. Les conséquences de l'unité du pouvoir d'Etat

L'unité du pouvoir d'Etat comme unité fonctionnelle peut être traduite par l'expression de G. Jellinek et des positivistes allemands de compétence de la compétence, c'est-à-dire la compétence de l'Etat de fixer ses propres compétences, de façon exclusive et illimitée. R. Carré de Malberg parle de « faculté d'étendre indéfiniment ses compétences »[144].

Pour G. Jellinek la *Kompetenz-Kompetenz* est « la capacité exclusive (...) de déterminer l'étendue de son propre ordre juridique »[145]. Cela implique l'unité de l'ordre juridique, c'est-à-dire l'unité du pouvoir normatif, puisque seul le détenteur de la compétence de la compétence peut déterminer son ordre juridique ; mais aussi la hiérarchie des normes, condition de la préservation de l'unité de l'ordre juridique.

L'unité du pouvoir normatif signifie que les normes émises dans l'Etat ont une origine unique ; il n'y a pas de pouvoir normatif en dehors de l'Etat qui soit valable dans l'ordre juridique étatique, c'est-à-dire s'il n'est pas prévu par l'Etat. La Constitution doit donc être la source de tout pouvoir normatif dans l'Etat car la Constitution est soit l'Etat, soit sa norme d'expression suprême[146]. S'il y a un seul pouvoir étatique, il est à la source de tout pouvoir normatif[147].

L'unité du pouvoir d'Etat pourrait être mise en cause par les pouvoirs (notamment législatifs) et compétences des collectivités territoriales inférieures à l'Etat[148]. Pour

---

[144] Carré de Malberg, *Contribution à la théorie générale de l'Etat*, Sirey, 1920-22, rééd. CNRS 1962, 2 tomes, tome 1, p. 80.

[145] G. Jellinek, *Allgemeine Staatslehre*, 3. Auflage, 1960, Wissenschaftliche Buchgesellschaft Darmstadt, 837 p., p. 482, trad. O. Beaud.

[146] Voir plus haut les développements sur les rapports entre Constitution et Etat, notamment C. Schmitt et les notions absolue et relative de Constitution.

[147] Voir Jean Bodin, *Les six livres de la République*, op. cit., Liv. I, Chap XI, sur la souveraineté: « La première et la plus essentielle est de donner des lois à tous en général et à chacun en particulier, et cela sans le consentement de plus grand, ni de pareil, ni de moindre que soi ».

[148] Concernant la France, G. Marcou a écrit que « L'unité du pouvoir législatif ne saurait donc être remise en cause sans porter atteinte au principe d'indivisibilité de la République, et l'exercice de la libre administration par les collectivités territoriales est subordonné à la loi. Le transfert du pouvoir de faire des lois, ou ce qui revient en fait au même, d'écarter certaines dispositions législatives au profit de dispositions d'application locale, ne peut s'analyser autrement que comme une concession de souveraineté, la souveraineté nationale cessant de s'exercer dans la mesure de cette concession. », G. Marcou, *Le principe d'indivisibilité de la République*, Pouvoirs, n°100, La République, janvier 2002.

éviter cela, il est possible de recourir à la théorie de L. Le Fur sur la compétence de la compétence. Le droit de déterminer librement sa compétence est selon lui le critère de la souveraineté (qui elle désigne l'Etat)[149]. Or il reconnaît que ce droit de déterminer sa propre compétence peut être limité par des restrictions volontaires, parmi lesquelles ce qu'il appelle les droits garantis, notamment ceux qui le sont à des collectivités non souveraines qui le composent, en l'occurrence les membres d'une fédération, mais qui pourraient être les régions que nous étudions ici. Ces droits garantis ne remettent pas en cause ainsi, dans cette théorie, le droit de l'Etat de déterminer sa propre compétence, ou ce que Jellinek appelle la compétence de la compétence, car ils sont fondés sur la volonté de l'Etat et celui-ci peut rompre le contrat qui est à leur origine. L. Le Fur développe de plus l'idée que la souveraineté a un caractère indivisible, conséquence du fait qu'il s'agisse du critérium de l'Etat (p. 488). Dans l'Etat fédéral, la souveraineté appartient donc bien uniquement à l'Etat fédéral, mais les membres y participent en qualité d'organes de celui-ci.

L'unité du pouvoir d'Etat, par le biais de l'unité de l'ordre juridique, commande aussi un ordonnancement des normes. La hiérarchie des normes concerne un système juridique où les normes inférieures trouvent leur validité dans les normes supérieures.

C. Schmitt[150] part de la notion absolue de Constitution comme norme des normes et estime qu'elle suppose que l'Etat soit une unité de normes de droit, la Constitution étant « souveraine », valable car adoptée par le pouvoir constituant, l'unité de l'ordre venant donc de l'existence politique de l'Etat, de l'unité du peuple. Pour H.Kelsen aussi[151] la Constitution est l'ensemble des normes supérieures de l'Etat.

Ainsi dans l'Etat tel qu'il est considéré depuis le début de cette étude, il y a une hiérarchie des normes, la Constitution étant la norme suprême. Il existe de plus des mécanismes de protection de la hiérarchie des normes par des contrôles administratifs ou juridictionnels sur les normes des collectivités territoriales. La question des pouvoirs législatifs régionaux est à étudier sous cet angle – au critère hiérarchique d'ordonnancement des normes s'ajoute aussi le critère des compétences. Y a-t-il plusieurs ordres juridiques chapeautés par la Constitution ? Cela respecterait l'unité politique de l'Etat par l'unité de son ordre juridique, notamment car les critères d'ordonnancement sont dans la Constitution et que celle-ci s'impose à tous les pouvoirs publics. Il conviendra donc d'étudier dans les Etats le système de répartition des compétences pour en vérifier l'unité.

---

[149] L. Le Fur, *Etat fédéral et confédération d'Etats*, Thèse pour le doctorat, 5 juin 1896, Paris, Imprimerie et librairie générale de jurisprudence Marchal et Billard, 1896, 839 p., *Le droit de l'Etat de déterminer sa propre compétence*, p. 465-484.

[150] *Verfassungslehre*, op. cit.

[151] H. Kelsen, *Reine Rechtslehre*, 1934.

Une fois étudiée la théorie et la définition par rapport aux trois éléments constitutifs de l'Etat de l'unité politique de celui-ci, nous allons à présent procéder à l'examen pratique des droits des cinq Etats objets de notre étude.

III. LA PORTEE DIFFERENTE DU PRINCIPE D'UNITE POLITIQUE DE L'ETAT SELON LES DISPOSITIONS JURIDIQUES ET INSTITUTIONNELLES NATIONALES

Nous avons décidé de traiter les Etats les uns après les autres afin de dresser des portraits étatiques clairs qui seront utiles à la suite de notre travail ; nous tenterons de ne pas perdre la perspective comparatiste ce faisant. Pour chaque Etat nous nous poserons trois questions : un seul territoire étatique ?, un seul peuple étatique?, un seul pouvoir étatique ?

A. La France et l'interprétation stricte du principe d'unité politique de l'Etat : incompatibilité avec le régionalisme institutionnel

On examinera successivement les trois éléments, confrontés à l'unité de l'Etat, par l'étude de la Constitution française et du bloc de constitutionnalité, de la loi, et de la jurisprudence, notamment du Conseil Constitutionnel sur la décentralisation, la Corse et l'outre- mer.

1. Indivisibilité de la République et unité du territoire étatique

La Constitution de 1958 dans son article 1 dispose que « la France est une République indivisible[152] (...). Son organisation est décentralisée. » L'article 72 traite des collectivités territoriales de la République. L'existence d'un statut législatif de la Corse à partir de 1991 pose la question du statut de son territoire par rapport à la République ; or il s'agit bien d'une collectivité territoriale de la République, créée, comme le prévoit l'article 72 de la Constitution, par la loi, et ce même si elle est seule dans sa catégorie[153] ; la spécificité de son statut et de ses compétences ne remet pas en cause en soi l'indivisibilité de la République[154].

Dans ce même esprit d'unité du territoire français, le Conseil Constitutionnel a précisé dans une décision 84-177 DC du 30 août 1984 qu'une incompatibilité ne

[152] Le décret du 25 septembre 1792 prévoyait déjà l'unité et l'indivisibilité de la République.

[153] Conseil Constitutionnel, décisions 138 DC du 25 février 1982 et 290 DC du 9 mai 1991 sur le statut de la Corse.

[154] Conseil Constitutionnel, décisions 138 DC du 25 février 1982.

peut être prévue entre les fonctions de membre du gouvernement d'un Territoire d'Outre-mer et de parlementaire européen car une telle incompatibilité touchant les citoyens en fonction de leurs attaches avec une partie déterminée du territoire français est contraire à l'indivisibilité de la République.

Il n'y a donc bien pour la Constitution française qu'un seul territoire.

Cela a une conséquence normative quant à un éventuel pouvoir réglementaire ou une éventuelle dérogation, à titre expérimental, à la loi ou au règlement par une collectivité territoriale. Un pouvoir réglementaire avait tout d'abord été prévu par la loi sur la Corse de 2002 et donné lieu à une jurisprudence du Conseil Constitutionnel[155]. Celui-ci rappelle que les articles 34 et 72 de la Constitution « permettent au législateur de confier à une catégorie de collectivité territoriale le soin de définir, dans la limite des compétences qui lui sont dévolues, certaines modalités d'application d'une loi » à l'exception des « conditions essentielles de mise en œuvre des libertés publiques et par suite l'ensemble des garanties que celles-ci comportent » qui doivent être les mêmes sur l'ensemble du territoire et ne peuvent donc dépendre de la décision d'une collectivité territoriale. Cette jurisprudence est ancienne[156] et introduit, pour F. Luchaire, l'unité dans le domaine des libertés[157]. Le nouvel article L 4424-2 issu de la loi sur la Corse ensuite adoptée prévoit en matière de pouvoir réglementaire la possibilité pour l'Assemblée de Corse de demander au législateur de pouvoir fixer les règles liées aux spécificités de l'île, pour mettre en œuvre les compétences dévolues, sauf quand l'exercice d'une liberté individuelle ou d'un droit fondamental est en jeu.

Cette position a aussi été retenue dans la nouvelle rédaction de l'article 72 de la Constitution (concernant la possibilité d'expérimentation) suite à la révision constitutionnelle du 28 mars 2003[158] : « Dans les conditions prévues par la loi organique, et sauf lorsque sont en cause les conditions essentielles d'exercice d'une liberté publique ou d'un droit constitutionnellement garanti, les collectivités territoriales ou leurs groupements peuvent, lorsque, selon le cas, la loi ou le règlement l'a pré-

---

[155] Conseil Constitutionnel, décision 2001-454 DC du 17 janvier 2002 sur le projet de loi sur la Corse.

[156] Voir Conseil Constitutionnel, décisions : 84-185 DC du 18 janvier 1985 ; 93-329 DC du 13 janvier 1994 ; 96-373 DC du 9 avril 1996. Le Conseil d'Etat lui aussi a développé une jurisprudence dans ce sens : lorsque la loi est suffisamment précise, garantissant l'uniformité du droit sur l'ensemble du territoire, les collectivités locales pourraient déterminer les conditions générales de mise en œuvre des compétences attribuées par la loi, Conseil d'Etat Assemblée, 2 décembre 1994, Commune de Cuers et même date, Préfet de la région Nord Pas-de-Calais, préfet du Nord.

[157] F. Luchaire, *La Corse et le Conseil Constitutionnel: à propos de la décision du 17/01/02*, RDP n°3, 2002, p. 885-906.

[158] Révision 2003-276. Une rédaction similaire concerne le pouvoir d'adaptation législative et réglementaire dans l'outre-mer au nouvel article 73 de la Constitution.

vu, déroger, à titre expérimental et pour un objet et une durée limités, aux dispositions législatives ou réglementaires qui régissent l'exercice de leurs compétences. » Nous pouvons remarquer, dans la jurisprudence du Conseil Constitutionnel, la loi sur la Corse et le nouvel article 72 de la Constitution, une divergence de terme ; le Conseil Constitutionnel parle de libertés publiques quand les deux autres textes ajoutent les droits constitutionnellement garantis, ce qui étend le principe d'unité[159].

L'unité du territoire a encore pour conséquence la prévision au niveau financier de mécanismes de péréquation par la réforme constitutionnelle de 2003. L'article 72-2 de la Constitution dispose que « La loi prévoit des dispositifs de péréquation destinés à favoriser l'égalité entre les collectivités territoriales ». Cette péréquation existait déjà et sa proportion augmente d'année en année. Nous pouvons trouver des détails sur ce point dans les rapports de l'Observatoire des finances locales institué par l'article L.1211-4 du Code général des collectivités territoriales au sein du Comité des finances locales.

De plus l'unité du territoire a pour conséquence la reconnaissance de la liberté d'aller et venir, appliquée par le juge constitutionnel[160] et administratif[161].

Enfin l'unité du territoire a pour conséquence l'existence d'un pouvoir de substitution de l'Etat (au travers du préfet) à la collectivité locale défaillante, après mise en demeure et sous le contrôle du juge[162], dans des hypothèses limitées par la loi du 2 mars 1982 relative aux libertés des communes, des départements et des régions.

2. Le peuple français, un et indivisible.

Le Conseil Constitutionnel reconnaît la valeur constitutionnelle du concept juridique de peuple français[163] ; il se base pour cela sur le fait que le peuple français

---

[159] La notion de libertés publiques est ainsi plus restreinte si les textes de loi ajoutent celle de droits constitutionnellement garantis, ce qui suppose qu'ils étendent le domaine dans lequel les collectivités locales ne peuvent agir. Nous pouvons donc supposer que ces textes considèrent les libertés publiques comme les libertés individuelles (liberté d'expression, d'aller et venir, de religion et de croyance, etc.) les droits constitutionnellement garantis comprenant aussi les droits sociaux (droit au travail, à l'éducation) et ceux dits de troisième génération (environnement, biomédecine par exemple).

[160] Conseil Constitutionnel, décision du 12 juillet 1979.

[161] Le Conseil d'Etat en a fait un principe général du droit, arrêt Abisset, 14 février 1958, dont le respect s'impose donc aux actes administratifs (Conseil d'Etat, 8 février 1873, Bugave et Conseil d'Etat Assemblée, 26 octobre 1945, Aramu).

[162] Conseil d'Etat, 7 juin 1902, Commune de Méris-lès-Bains.

[163] Décision du 9 mai 1991 sur le statut de la Corse précitée. Pour F. Luchaire, le Conseil Constitutionnel aurait pu dire que la référence faite dans le projet de loi sur le statut de la Corse au peuple corse était dépourvue d'effet juridique comme il l'avait fait en 1982 et 1985 pour la Nouvelle-

figure depuis deux siècles dans les textes constitutionnels jusqu'à la Constitution de 1958. De plus la combinaison des articles 1 et 3 de la Constitution permet de dire que celle-ci ne reconnaît que le peuple français composé de tous les citoyens sans distinction d'origine, de race ou de religion[164] ; en effet pour le Conseil Constitutionnel le principe d'indivisibilité de la souveraineté a pour corollaire le principe selon lequel le peuple français pris collectivement est souverain. Ainsi le Conseil Constitutionnel affirme-t-il l'unité du peuple français et l'article 1 du projet de loi portant statut de la Corse de 1991, qui disposait que « la République française garantit à la communauté historique et culturelle vivante que constitue le peuple corse, composante du peuple français, les droits à la préservation de son identité culturelle et à la défense de ses intérêts économiques et sociaux spécifiques. Ces droits à l'insularité s'exercent dans le respect de l'unité nationale, dans le cadre de la Constitution, des lois de la République et du présent statut » fut censuré. Ainsi faut-il comprendre, selon l'interprétation actuelle faite par le Conseil Constitutionnel, que le droit constitutionnel français prévoit non seulement l'unité du peuple français, mais aussi son indivisibilité : le peuple français est un, et il ne connaît pas de composantes.

Nous retrouvons la référence à l'unité du peuple français au moment de la signature de la Charte européenne des langues régionales ou minoritaires, interprétée dans une réserve du gouvernement français dans le respect de cette unité[165]. La France n'est par ailleurs pas signataire de la Convention-cadre pour la protection des minorités nationales qui prévoit l'allocation de droits concernant l'expression, la préservation et le développement de l'identité, de la culture et de la langue de la minorité, ainsi que le droit d'association. Enfin la France a émis une réserve écartant l'article 27 du Pacte international relatif aux droits civils et politiques du 16

Calédonie. Voir F. Luchaire, *Le statut de collectivité territoriale de la Corse (Décision du Conseil Constitutionnel du 9 mai 1991)*, RDP, 1991, p. 943-969.

[164] Article 1 de la Constitution: « La France est une République indivisible, laïque, démocratique et sociale. Elle assure l'égalité devant la loi de tous les citoyens sans distinction d'origine, de race ou de religion ». Article 3 de la Constitution: « La souveraineté nationale appartient au peuple qui l'exerce par ses représentants et par la voie du référendum. Aucune section du peuple ni aucun individu ne peut s'en attribuer l'exercice ». Voir notamment L. Favoreu, *La décision "statut de la Corse" du 9 mai 1991*, RFDC, 1991, p. 305-316.

[165] Déclaration consignée dans les pleins pouvoirs remis au Secrétaire Général lors de la signature de l'instrument, le 7 mai 1999 : « 1. Dans la mesure où elle ne vise pas à la reconnaissance et la protection de minorités, mais à promouvoir le patrimoine linguistique européen, et que l'emploi du terme de «groupes» de locuteurs ne confère pas de droits collectifs pour les locuteurs des langues régionales ou minoritaires, le Gouvernement de la République interprète la Charte dans un sens compatible avec le Préambule de la Constitution, qui assure l'égalité de tous les citoyens devant la loi et ne connaît que le peuple français, composé de tous les citoyens sans distinction d'origine, de race ou de religion. »

décembre 1966 concernant les droits reconnus aux personnes appartenant à des minorités, en se basant sur l'article 2 de la Constitution[166].

Cependant à l'article 72-3 de la Constitution nous trouvons la reconnaissance, au sein du peuple français, des populations d'outre-mer. Cet article[167] est postérieur à la jurisprudence du Conseil Constitutionnel précédemment citée sur le peuple corse. La question est de savoir si l'unité du peuple est mise en cause dans la Constitution ou si elle peut être considérée comme toujours de droit positif. Il est bien précisé « au sein du peuple français » ; cet élément ne permet cependant pas de répondre négativement à la question posée car le Conseil Constitutionnel avait censuré une expression approchante, « composante du peuple français ». Ce qui pourrait faire la différence avec la question du peuple corse est justement donc l'utilisation d'un autre mot que celui de peuple, à savoir population. Ce mot est aussi utilisé dans l'article 53 de la Constitution requérant le consentement des populations intéressées pour toute adjonction, cession ou échange de territoire. Ainsi en droit constitutionnel français sont actuellement reconnues l'unité et l'indivisibilité du peuple étatique. Cependant, il n'est pas impossible d'introduire une « composante » directement dans la Constitution, comme le fait le nouvel article 72-3 : « La République reconnaît, au sein du peuple français, les populations d'outre-mer, dans un idéal commun de liberté, d'égalité et de fraternité. », afin de prévenir toute incompatibilité.

L'unité du peuple français a pour conséquence l'impossibilité de reconnaître l'existence d'un autre peuple au sens normatif, même composante du peuple français, dans le respect de la Constitution. Elle a aussi pour conséquence l'indivisibilité du peuple français, dont le Conseil Constitutionnel a fait une application lors de sa décision de 1991 sur le statut de la Corse : les membres du Parlement ont la qualité de représentants du peuple, il n'est alors pas possible que certains parlementaires selon leur circonscription d'origine aient des prérogatives particulières dans le cadre de la procédure d'élaboration de la loi[168].

3. <u>Concentration au sein de l'Etat central du pouvoir normatif</u>

La Constitution dans son article 3 dispose que « La souveraineté nationale appartient au peuple qui l'exerce par ses représentants et par la voie du référendum. Au-

---

[166] Article 27 du Pacte de 1966 : « Dans les Etats où il existe des minorités ethniques, religieuses ou linguistiques, les personnes appartenant à ces minorités ne peuvent être privées du droit d'avoir, en commun avec les autres membres de leur groupe, leur propre vie culturelle, de professer et de pratiquer leur propre religion, ou d'employer leur propre langue ».

[167] Article issu de la révision constitutionnelle 2003-276 du 28 mars 2003.

[168] Conseil Constitutionnel, décision 290 DC du 9 mai 1991 sur le statut de la Corse, §53.

cune section du peuple ni aucun individu ne peut s'en attribuer l'exercice. ». Nous pouvons déduire de cet article que la souveraineté nationale est indivisible et qu'il y a donc bien un seul pouvoir.

Les collectivités territoriales ne sont pas souveraines mais s'administrent librement (article 72 de la Constitution) ; d'ailleurs, toute tutelle d'une collectivité sur une autre est interdite. Ainsi la disposition soumise en 2002 au Conseil Constitutionnel « l'assemblée règle par ses délibérations les affaires de la Corse » ne peut être selon lui interprétée que comme signifiant « les affaires de la collectivité territoriale de Corse », afin de ne pas mettre en cause les compétences et l'existence des autres collectivités territoriales de la Corse[169]. La réforme constitutionnelle de 2003 prévoit que « Les collectivités territoriales ont vocation à prendre les décisions pour l'ensemble des compétences qui peuvent le mieux être mises en œuvre à leur échelon. » Il s'agit cependant d'un mécanisme d'attribution de compétence (la subsidiarité) relevant du pouvoir souverain, de sa compétence de la compétence, et qui n'établit pas la souveraineté des collectivités territoriales. Enfin la réforme prévoit l'établissement du référendum local. Celui-ci reste un acte administratif en droit français, sous le contrôle du juge administratif et n'a pas, comme le référendum national, valeur législative (article 11 de la Constitution) ou constitutionnelle (article 89 de la Constitution) – le référendum national étant le seul par lequel le peuple français exerce sa souveraineté[170].

Les conséquences à tirer de l'unité du pouvoir en France concernent la compétence de la compétence et l'ordre juridique.

En ce qui concerne la première, il a été vu que le système de la subsidiarité dans la répartition des compétences a été établi dans la Constitution après la révision de 2003. De plus l'article 72 de la Constitution reconnaît la libre administration des collectivités territoriales. Enfin une série de lois de décentralisation assurent la répartition matérielle des compétences. Pour O. Gohin[171] la réforme de la Constitution en 2003, si elle attribue un pouvoir réglementaire aux collectivités territoriales pour l'exercice de leurs compétences, ne remet pas en cause le fait que les compétences sont elles attribuées par l'Etat unitaire, les collectivités territoriales restant

[169] Décision 2001-454 DC, considérants 6 et 7.

[170] Voir Conseil d'Etat Assemblée, 30 octobre 1998, Sarran, Levacher et autres : ne sont soumis au Conseil Constitutionnel que les référendums par lesquels le peuple français exerce sa souveraineté, au titre des articles 11 et 89 de la Constitution. Le référendum local est d'ailleurs exclu du contrôle du Conseil Constitutionnel par la nouvelle rédaction de l'article 60 de la Constitution issue de la révision constitutionnelle 2003-276 (article 12-III): « Le Conseil constitutionnel veille à la régularité des opérations de référendum prévues aux articles 11 et 89 et en proclame les résultats ». Voir notamment M. Verpeaux, *Référendum local, consultations locales et Constitution*, in : *Dossier Organisation décentralisée de la République*, AJDA, n° 11, 2003, p. 540-547.

[171] O. Gohin, *La nouvelle décentralisation et la réforme de l'Etat en France*, in: *Dossier Organisation décentralisée de la République*, AJDA, n° 11, 2003, p. 522-528.

des entités administratives encadrées par le droit de l'Etat (Constitution, lois constitutionnelles, lois). En aucun cas une collectivité territoriale n'a la compétence de sa compétence.

Il convient ensuite d'examiner l'unité de l'ordre juridique, c'est-à-dire du pouvoir normatif et de la hiérarchie des normes. L'unité du pouvoir normatif se manifeste dans trois éléments.

Tout d'abord il convient d'étudier le rapport du Parlement à la souveraineté nationale : comme nous l'avons vu plus haut, les membres du Parlement ont la qualité de représentants du peuple, il n'est donc pas possible que les parlementaires élus dans les départements de Corse disposent, comme le projet de loi de 1991 le prévoyait, d'informations particulières[172]. Le Conseil Constitutionnel a de plus été saisi de la question de la dénomination d' « Assemblée de Corse » utilisée à partir de la loi du 2 mars 1982 pour désigner le conseil régional : il s'agit d'une simple concession linguistique, donc dénuée d'effet juridique[173]. L'unité du pouvoir commande donc en droit français l'unité au sein du Parlement, détenteur du pouvoir législatif.

Ainsi vient la question de l'unité du pouvoir législatif. Selon l'article 34 de la Constitution, « le Parlement vote la loi ». La question de l'unité du pouvoir législatif s'est posée tout d'abord avec la loi sur le statut de la Corse de 1991 et le projet de loi sur la Corse en 2002, où il était question d'un pouvoir d'adaptation de la loi par l'Assemblée de Corse par délégation législative. Le Conseil Constitutionnel[174] n'a tout d'abord vu aucun problème dans la disposition prévoyant la possibilité de proposer au législateur l'adaptation d'une loi, ce pouvoir de proposition n'étant en rien un pouvoir législatif.

Cependant était aussi prévue la possibilité pour l'Assemblée de Corse d'adapter des mesures législatives de façon expérimentale sur habilitation du législateur, pour une durée limitée : le Conseil Constitutionnel a estimé que cette mesure était contraire à l'indivisibilité de la souveraineté et à l'unité du pouvoir législatif prévues par la Constitution, qui est donc la seule à pouvoir y faire exception, comme c'est le cas de l'article 38 sur l'habilitation possible donnée par le Parlement au gouvernement à légiférer par ordonnance.

L'unité du pouvoir législatif a-t-elle été mise en cause par la réforme constitutionnelle de 2003 ? En effet une habilitation législative peut désormais permettre aux collectivités territoriales de déroger à titre expérimental pour une durée limitée à la

---

[172] Voir F. Luchaire, *Le statut de collectivité territoriale de la Corse (Décision du Conseil Constitutionnel du 9 mai 1991)*, RDP, 1991, p. 943-969 et décision du Conseil Constitutionnel du 9 mai 1991 sur le statut de la Corse précitée, §53.

[173] Voir la décision du Conseil Constitutionnel du 25 février 1982.

[174] Décision 2001-454 DC du 17 janvier 2002.

loi. En fait ce mécanisme, que l'on peut rapprocher de celui de l'article 38 de la Constitution, conserve le pouvoir législatif au Parlement en premier et dernier ressort, puisque c'est lui qui est maître de l'habilitation et de ses suites. Il n'y a de pouvoir législatif initial au profit d'aucune autre autorité que le Parlement dans les dispositions de la réforme concernant les collectivités territoriales de droit commun. L'unité normative dans le droit positif français comprend donc toujours l'unité législative après la réforme constitutionnelle de 2003.

Mais il existe en outre-mer une spécialité législative, les départements et régions d'outre-mer possédant, sur le même schéma qui régit l'expérimentation à l'article 72, une possibilité d'adaptation des lois et règlements, justifiée par les caractéristiques et contraintes particulières des ces collectivités, et, dans des domaines limitativement énumérés par la Constitution, une possibilité d'adoption de leurs propres règles législatives et réglementaires. S'il y a bien habilitation par le Parlement dans les deux cas, on n'agit plus à titre expérimental et pour une durée limitée, et, surtout, il n'y a pas de contrôle postérieur du Parlement sur les normes ainsi adoptées. Bien que nous ayons écarté l'outre-mer de notre propos principal, il reste que les dispositions le concernant peuvent être intéressantes car elles offrent des solutions constitutionnelles au régionalisme.

Enfin vient la question de l'unité du pouvoir réglementaire qui appartient au Premier Ministre (article 21 de la Constitution), sous réserve de celui du Président de la République (article 13 de la Constitution). La jurisprudence a reconnu que cela n'empêchait pas de reconnaître un certain pouvoir réglementaire local[175] ou pour le Premier Ministre de confier le pouvoir réglementaire à d'autres autorités[176]. Il ne s'agit cependant pas d'un pouvoir réglementaire initial[177], qui, comme celui du Premier Ministre, tire sa validité de la Constitution, mais d'un pouvoir subordonné à la loi. La décision de 2002 du Conseil Constitutionnel sur la Corse reconnaît la constitutionnalité d'un pouvoir réglementaire au bénéfice de l'Assemblée de Corse, l'article 21 de la Constitution, s'il confie le pouvoir réglementaire au Premier Ministre, n'empêchant pas que soit interprété l'article 72 de la Constitution sur la libre administration des collectivités locales dans le cadre de la loi comme permettant

---

[175] Soit car la loi le prévoit, soit selon la jurisprudence s'il n'y a pas de décret d'application national, pour prendre les mesures nécessaires à l'organisation des services publics ; voir Conseil d'Etat, 13 février 1985, Syndicat Communautaire d'aménagement de Cergy-Pontoise ; de plus lorsque la loi est suffisamment précise, garantissant l'uniformité du droit sur l'ensemble du territoire, les collectivités locales pourraient déterminer les conditions générales de mise en œuvre des compétences attribuées par la loi, Conseil d'Etat Assemblée, 2 décembre 1994, Commune de Cuers et même date, Préfet de la région Nord Pas-de-Calais, préfet du Nord.

[176] Conseil Constitutionnel, décision 88-248 DC du 17 janvier 1989 et 93-324 DC du 3 août 1993, concernant les autorités administratives indépendantes.

[177] Voir P.L. Frier, *Le pouvoir réglementaire local, force de frappe ou puissance symbolique?* , in : *Dossier Organisation décentralisée de la République*, AJDA, n° 11, 2003, p. 559-563.

« au législateur de confier à une catégorie de collectivité locale le soin de définir, dans la limite des compétences qui lui sont dévolues, certaines modalités d'application de la loi[178] », sans atteindre au pouvoir du Premier Ministre ni à l'exercice des libertés publiques. En pratique, lorsqu'une loi est votée, soit le législateur prévoit un règlement local d'application, soit il ne dit rien et alors, si le Premier Ministre prend un règlement d'application, il s'impose dans l'étendue de ses mesures aux collectivités territoriales, sinon ou si le règlement n'est que partiel, les collectivités territoriales qui doivent appliquer la loi prennent les règlements nécessaires. La réforme de 2003 attribue un pouvoir réglementaire aux collectivités territoriales pour l'exercice de leurs compétences : pour P.L.Frier[179] cette réforme ne fait que confirmer la jurisprudence mais ne met pas en place un pouvoir réglementaire initial, prenant source dans la Constitution, et exclusif de celui du Premier Ministre, qui serait toujours susceptible d'intervenir, même lorsque la loi confierait son exécution au pouvoir réglementaire local ; il se base pour cela sur le fait que l'article 34 de la Constitution n'a pas été modifié, qui prévoit que la loi détermine les principes fondamentaux de la libre administration des collectivités territoriales, de leurs compétences et de leurs ressources, ce qui y subordonne le pouvoir réglementaire reconnu au nouvel article 72 alinéa 3 ; de plus les dérogations à titre expérimental à la loi ou au règlement sont, nous l'avons vu, soumises à une habilitation respectivement législative ou réglementaire. S'il n'y a pas de pouvoir initial et exclusif dont la source est directement la Constitution, l'unité du pouvoir normatif signifie aussi en droit français l'unité du pouvoir réglementaire, malgré la reconnaissance par la réforme constitutionnelle d'un pouvoir réglementaire local.

L'unité du pouvoir normatif commande que toute habilitation (expérimentation, adaptation) d'une autorité autre que celle qui assure cette unité, le Parlement pour le pouvoir législatif, le Premier Ministre pour le pouvoir réglementaire, soit sous contrôle des autorités centrales, ce qui signifie, comme le prévoient les articles 72 et 73 de la Constitution, qu'une loi ou un règlement doit prévoir toute expérimentation ou adaptation normative[180]. Le pouvoir réglementaire local simple est quant à lui limité aux compétences (déterminées par la loi), et répond donc à un principe de spécialité, il est non initial car dépendant de la loi et non exclusif si le Premier Ministre est toujours susceptible d'agir, ce dont nous pouvons cependant douter.

---

[178] Pour adapter les dispositions réglementaires aux spécificités de l'île.

[179] P.L. Frier, *Le pouvoir réglementaire local, force de frappe ou puissance symbolique?* , in : *Dossier Organisation décentralisée de la République*, AJDA, n° 11, 2003, p. 559-563., p. 560.

[180] Voir J.F. Brisson, *Les nouvelles clefs constitutionnelles de la répartition matérielle des compétences entre l'Etat et les collectivités territoriales*, in : *Dossier Organisation décentralisée de la République*, AJDA, n° 11, 2003, p. 529-539.

En ce qui concerne la hiérarchie des normes: la France met en place un contrôle de constitutionnalité des lois (article 61 de la Constitution) et déclare la supériorité des traités internationaux aux lois (article 55 de la Constitution) ; le pouvoir réglementaire reconnu aux collectivités territoriales va se trouver limité, comme nous l'avons vu, par le pouvoir général du Premier Ministre et doit s'exercer « dans le respect des lois et règlements ». Enfin les actes administratifs des collectivités territoriales sont soumis au contrôle du juge administratif.

B. Italie, Espagne, Belgique: interprétation souple du principe d'unité politique de l'Etat laissant place au régionalisme institutionnel

1. L'Italie

L'Italie a effectué récemment des réformes renforçant la décentralisation de l'Etat, et parfois désignées comme des réformes fédéralistes[181]. La question de la forme de l'Etat sera abordée plus tard. Cependant ces réformes présentent d'ores et déjà un intérêt certain pour la question abordée ici de l'unité au sein de l'Etat, notamment pour la question du pouvoir.

Le territoire de la République et la question de la diversité régionale

La Constitution italienne dispose dans son article 1 que la République est une et indivisible et reconnaît et favorise les autonomies locales. Le nouvel article 114 de la Constitution, issu de la réforme de 2001 dispose que la République est constituée en communes, provinces, villes métropolitaines, régions et Etat. Il est question dans différents articles du « territoire de la République » (article 16 sur la libre circulation des citoyens, article 10 sur le droit d'asile) ou du « territoire national » (article 16 et 120 sur la libre circulation entre les Régions).

Les conséquences de l'unité du territoire de la République sont diverses.

---

[181] Il sera notamment question ici des normes suivantes : loi n°59/1997, lois constitutionnelles n°1 du 22 novembre 1999 sur l'élection au suffrage universel direct des présidents des régions et sur l'autonomie statutaire des régions et n°3 du 18 octobre 2001 sur la réforme du Titre V de la IIe partie de la Constitution sur les collectivités territoriales (qui s'applique aussi, selon son article 10, aux régions à statut spécial pour les dispositions où elle accorde plus d'autonomie que les statuts), et ses lois et décrets d'application, notamment la loi du 5 juin 2003 sur l'adaptation de l'ordre de la République à la loi constitutionnelle n°3 du 18 octobre 2001. La dernière proposition de réforme constitutionnelle, dite fédérale, a été rejetée par référendum des 25 et 26 juin 2006 (Journal Officiel n°171 du 25 juillet 2006).

L'article 16[182] prévoit la libre circulation des citoyens sur l'ensemble de celui-ci. Nous retrouvons cette disposition dans de nombreux Etats. De plus le nouvel article 120 de la Constitution, issu de la réforme du 18 octobre 2001, interdit aux Régions d'instituer des obstacles à la libre circulation des biens, des personnes et des travailleurs[183].

En matière financière, un fonds de péréquation est prévu par l'article 119 de la Constitution, mis en place par la loi. Le but d'une telle mesure est d'assurer une certaine unité de développement sur l'ensemble du territoire étatique, et prend celui-ci comme objet de référence dans l'objectif économique de l'action étatique. Dans la même idée, mais de façon plus large[184], l'article 119 prévoit aussi l'intervention financière possible de l'Etat, notamment pour l'exercice effectif des droits de la personne, ce qui est en effet, on va le voir, une tâche qui revient très précisément à l'Etat dans le cadre de la répartition des compétences, dans un esprit d'unité.

La répartition constitutionnelle des compétences entre l'Etat et les régions s'inspire, lorsque nous l'analysons du point de vue de l'Etat, pour ce qui concerne les compétences exclusivement réservées à celui-ci et les compétences concurrentes, de l'idée d'unité territoriale du droit. En effet, les compétences exclusives relèvent de ce souci : fixation de niveaux minimums et unifiés pour l'ensemble du territoire en matière de droits civils et sociaux afin d'assurer le bien-être social, législation civile et pénale, législation sur les juridictions, fonctions fondamentales des collectivités locales (qui n'appartiennent donc pas à la région), ordre public, sécurité, relations extérieures, monnaie, etc.[185]. Cependant les régions à statut spécial font exception sur certains points (voir plus bas). En ce qui concerne les compétences concurrentes avec les régions, l'Etat fixe les principes fondamentaux afin d'obtenir une certaine uniformité sur l'ensemble du territoire, en matière d'instruction, de protection de la santé, de protection de la sécurité du travail, de

---

[182] « Tout citoyen peut circuler et séjourner librement sur n'importe quelle partie du territoire national, sous réserve des limitations que la loi établit de façon générale pour des motifs de santé ou de sécurité. Aucune restriction ne peut être déterminée par des raisons politiques ».

[183] Article 120 : « La Région ne peut instituer de taxes à l'importation ou à l'exportation ou de transit entre les Régions, ni adopter de mesures qui font obstacle de quelque façon que ce soit à la libre circulation des personnes et des biens entre les Régions ni limiter l'exercice du droit au travail sur quelque partie que ce soit du territoire national.»

[184] « Afin de promouvoir le développement économique, la cohésion et la solidarité sociales, de supprimer les déséquilibres économiques et sociaux, de favoriser l'exercice effectif des droits de la personne, ou afin de pourvoir à des tâches divergeant de l'exercice normal de leurs fonctions, l'Etat attribue des ressources supplémentaires et procède à des interventions spéciales en faveur de Communes, Provinces, Villes Métropolitaines et Régions déterminées ».

[185] Article 117 de la Constitution, comprenant la liste exhaustive des compétences exclusives de l'Etat.

recherche scientifique, d'aménagement du territoire, de communications, de valorisation des biens culturels,... L'article 1-6-b) de la loi du 5 juin 2003 sur l'adaptation de l'ordre de la République à la loi constitutionnelle n°3 du 18 octobre 2001 prévoit que le gouvernement, qui est habilité pour un an à adopter les décrets législatifs établissant ces principes fondamentaux, doit considérer prioritairement « les dispositions étatiques garantissant l'unité juridique et économique, la protection des niveaux essentiels des prestations concernant les droits civils et sociaux, le respect des normes et des traités internationaux et de l'ordre communautaire, la protection de la sécurité et de l'ordre public, ainsi que le respect des principes généraux en matière de procédure administrative et d'actes de concession ou d'autorisation ».

La compétence de l'Etat est aussi reconnue par un autre biais, celui du pouvoir de substitution de l'article 120 alinéa 2 de la Constitution ; celui-ci est prévu dans différents cas, où l'Etat va pouvoir se substituer aux autres collectivités dans l'exercice de leurs compétences ; l'un de ces cas est celui de la protection de l'unité juridique ou économique, notamment de la protection des niveaux essentiels des prestations relatifs aux droits civils et sociaux. Cette disposition est assez imprécise, il y a d'ailleurs pour M.P. Elie[186] un danger de recentralisation par l'utilisation de cette possibilité de substitution.

Enfin la reconnaissance du principe de subsidiarité concernant les fonctions administratives (nouvel article 118 de la Constitution issu de la réforme du 18 octobre 2001) s'inscrit elle aussi dans l'idée de l'unité, le niveau local étant compétent à moins notamment que le caractère unitaire d'une mesure n'exige qu'un niveau plus élevé intervienne[187]. L'article 7-1 de la loi du 5 juin 2003 d'application de la réforme du titre V de la Constitution précise bien que dans le respect du principe de subsidiarité, ne sont attribuées aux Provinces, aux Cités Métropolitaines, aux Régions ou à l'Etat que celles des fonctions administratives pour lesquelles il est nécessaire de garantir une unité d'exercice pour diverses raisons, notamment afin d'assurer l'homogénéité territoriale.

Un seul peuple étatique et des minorités linguistiques

L'article 1 de la Constitution dispose que la souveraineté appartient au peuple. L'article 6 concerne la protection des minorités linguistiques, ainsi que la loi n°482

---

[186] M.P.Elie, *L'Italie, un Etat fédéral? A propos des lois constitutionnelles n°1 du 22/11/99 et n°3 du 18/10/2001*, RFDC, n° 52, octobre-décembre 2002, p. 749-757.

[187] Voir dans ce sens le rapport de l'association ASTRID (Associazione per gli studi e le ricerche sulla Riforma delle istituzioni democratiche e sull'innovazione nelle amministrazioni pubbliche) sur *La réforme du titre V de la Constitution et les problèmes de son application*, in : *Attuazione del Titulo V della Costituzione*, Documentazione, volume 1, publication de la Région d'Emilie-Romagne, Assessorato Innovazione amministrativa e istituzionale, Autonomi locali, juillet 2002, point D.

du 15 décembre 1999 Normes en matière de protection des minorités linguistiques historiques, qui dans son article 2 met en place une protection des langues et cultures albanaise, catalane, germanique, grecque, slovène, croate, française, franco-provençale, frioulane, ladine, occitane et sarde. Il n'est pas fait référence à des minorités nationales[188]. L'article 67, par ailleurs, dispose bien que les membres du Parlement représentent la nation, et l'article 98 que les employés des services publics sont au service de la nation. Il y a donc bien un seul peuple étatique reconnu dans la Constitution italienne, les autres groupes considérés étant des groupes linguistiques.

Unité de la souveraineté et polycentrisme normatif

L'article 1 de la Constitution, nous l'avons vu, attribue la souveraineté au peuple, qui l'exerce dans le cadre de la Constitution.

Les articles 114, 115 et 116 s'intéressent aux collectivités territoriales, qui sont appelées « entités autonomes ». La formule de l'article 114 a changé avec la réforme de 2001 et les collectivités locales ont ainsi été élevées au même rang institutionnel que l'Etat (*pari dignità* ou *pari-ordinazione*)[189]. Si celles-ci bénéficient de statuts, pouvoirs et fonctions propres, et même lorsqu'il s'agit, pour les régions à statut spécial, de formes et conditions particulières d'autonomie, il n'est pas question de souveraineté dans le texte constitutionnel, mais bien toujours d'autonomie, par définition, au sein de l'Etat seul souverain. Il y a bien un renforcement de l'autonomie statutaire des régions par la loi constitutionnelle n°1 du 22 novembre 1999 permettant à la région de définir la forme de son gouvernement et les principes fondamentaux de son organisation et de son fonctionnement (article 123 de la Constitution). L'accord du Parlement et le contrôle du gouvernement sur les statuts sont supprimés, seul est possible un recours devant la Cour Constitutionnelle. Enfin

---

[188] Même si l'Italie est partie à la Convention-cadre pour la protection des minorités nationales du Conseil de l'Europe. En effet l'Italie ne reconnaît que les minorités linguistiques dans sa Constitution, et c'est à ce titre qu'elle applique cette convention. Voir par exemple le *Rapport du 03 mai 1999 soumis au Conseil de l'Europe par l'Italie conformément à l'article 25, paragraphe 1 de la Convention-cadre pour la protection des minorités nationales* : « Dans le système juridique italien la notion de minorité est liée exclusivement à celle de langue ou, mieux, de minorité linguistique, sur la base de l'art. 6 de la Constitution. Tous les autres éléments pouvant caractériser une minorité, tels que l'ethnie, la religion, la race, etc. font l'objet d'autres articles à caractère général de notre Constitution ; ces articles soulignent l'égalité des citoyens devant la loi sans aucune distinction de sexe, race, langue, religion, opinion politique, situation personnelle et sociale, et assurent les libertés personnelles, le droit de réunion, le droit d'association, le droit de professer librement sa religion, tant de façon individuelle que collective, d'en faire la propagande et d'en exercer le culte en forme privée ou publique ».

[189] Ancien article 114 : « La République est répartie en Régions, Provinces et Communes ». Nouvelle rédaction de l'article 114 issue de la loi constitutionnelle n°3 du 18 octobre 2001 : « La République est constituée des Communes, des Provinces, des Villes Métropolitaines, des Régions et de l'Etat ».

les statuts ne sont plus limités par l'harmonie avec les lois de la République mais avec la Constitution seulement (sa lettre et son esprit comme nous le verrons dans la décision 306-2002 de la Cour Constitutionnelle italienne analysée plus bas). Les articles 121 et 122 de la Constitution encadrent d'ailleurs le contenu des statuts concernant les organes des institutions régionales (leur existence et leurs fonctions essentielles)[190]. Mais ce pouvoir statutaire tire sa validité de la Constitution et est soumis à celle-ci : il ne s'agit pas d'un pouvoir constituant. Une réserve peut être émise, mais elle concerne un élément de vocabulaire, les Constitutions (*Costituzione*) des régions à statut spécial[191]. Cependant celles-ci sont toujours soumises à la Constitution italienne et ces régions sont autonomes dans l'unité politique de la République italienne, une et indivisible[192].

Le renversement du critère de répartition des compétences par la loi constitutionnelle de 2001, attribuant désormais aux régions la compétence de droit commun ne remet pas en cause non plus l'unité de la souveraineté dans l'Etat italien puisque la source juridique de la compétence des régions reste la Constitution, celles-ci n'ont pas la compétence de leur compétence.

Il est intéressant d'examiner la jurisprudence de la Cour Constitutionnelle italienne sur deux délibérations des conseils régionaux de Ligurie et des Marches. La première décision[193] concernait une délibération du Conseil régional de Ligurie proposant l'institution d'un Parlement de la Ligurie, dénomination qui serait ajoutée à celle de Conseil régional de la Ligurie, cette dernière étant celle du texte constitutionnel. Pour le Président du Conseil des Ministres, auteur de la saisine, cette dénomination violait la sphère des attributions de l'Etat, le Parlement étant l'organe par lequel le peuple exprime sa propre souveraineté – les organes régionaux étant représentatifs de pouvoir d'autonomie et non de souveraineté. Le président de la Junte quant à lui estimait au contraire que cette dénomination était seulement sym-

---

[190] Article 121 : « Les organes de la Région sont : le Conseil régional, la Junte et son Président. Le Conseil régional exerce les pouvoirs législatifs attribués à la Région et les autres fonctions qui lui sont conférées par la Constitution et les lois. Il peut faire des propositions de loi aux Chambres. La Junte régionale est l'organe exécutif des Régions. Le Président de la Junte représente la Région ; dirige la politique de la Junte et en est responsable ; promulgue les lois et publie les règlements régionaux ; dirige les fonctions administratives déléguées par l'Etat à la Région, en se conformant aux instructions du Gouvernement de la République ». L'article 122 pose certaines règles électorales, notamment d'incompatibilité.

[191] Voir les intitulés des titres 1 des statuts du Val d'Aoste, de la Sardaigne, du Trentin-Haut-Adige et du Frioul Vénétie Julienne, « *Costituzione* ». Il est intéressant de noter que ce terme est traduit dans la version allemande du statut du Trentin-Haut-Adige par celui de « *Errichtung* », ce qui signifie construction, création, fondation, et non par les termes de *Grundgesetz* (loi fondamentale) ou de *Verfassung* (Constitution).

[192] Voir par exemple les articles 1 des statuts de Frioul Vénétie Julienne et Val d'Aoste.

[193] Décision de la Cour Constitutionnelle italienne n°106 des 10-12 avril 2002.

bolique et affirmait de plus que le Parlement n'était pas par essence un organe lié exclusivement à la souveraineté, mais une assemblée représentative de l'expression du pouvoir populaire avec une fonction législative et un contrôle politique sur le gouvernement. La Cour a elle retenu que l'article 55 de la Constitution attribuait aux seules deux chambres le nom de Parlement[194] et que la Constitution définit le Conseil régional à l'article 121 comme titulaire des fonctions législatives régionales ; il n'y a pas de changement avec la réforme du Titre V de la Constitution en 2001, par deux fois le constituant a donc choisi la dénomination de Conseil régional et non de Parlement. De plus, seul le Parlement est le siège de la représentation populaire nationale selon la Cour, qui se base pour cela sur l'article 67 de la Constitution[195]. La combinaison de ces deux éléments permet à la Cour d'affirmer que le nom de Parlement n'a pas seulement une valeur lexicale mais aussi une valeur qualificative connotant avec l'organe la position exclusive qu'il occupe dans l'organisation constitutionnelle ; il n'est pas possible à des espaces territoriaux plus petits d'utiliser cette dénomination qui connote la fonction de représentation nationale.

La seconde décision[196] concerne une délibération législative statutaire qui introduit la dénomination de Parlement des Marches (*Parlamento delle Marche*) – toujours accolée à la dénomination de Conseil régional ; la jurisprudence de la Cour est la même ; la différence est qu'on est ici face à une loi statutaire. Cependant les statuts régionaux selon l'article 123-1 de la Constitution doivent être en harmonie avec celle-ci et donc, pour la Cour, en respecter la lettre et l'esprit. Cette décision traite d'une seconde question, celle de l'utilisation de la dénomination de député pour les membres de ce qui devait être le Parlement des Marches (*Deputata delle Marche*), or pour la Cour il en est de même que pour la question précédente : l'utilisation du nom de député par la Constitution dans ses articles 55, 56, 60, 65, 75-3, 85-2, 86-2, 96 et 126 lui donne un caractère connoté, et a donc valeur qualificative. La Constitution, pour les membres des conseils régionaux, utilise le terme de conseillers (*consigliere*), ainsi que les statuts spéciaux à l'exception de celui de la Sicile qui utilise le terme de député, mais qui, précise la Cour, a été adopté avant la Constitution.

Les conséquences de l'unité du pouvoir d'Etat concernent la compétence de la compétence et la hiérarchie des normes.

---

[194] Article 55 : « Le Parlement est composé de la Chambre des députés et du Sénat de la République ».

[195] « Chaque membre du Parlement représente la Nation et exerce ses fonctions sans mandat impératif ».

[196] Décision de la Cour Constitutionnelle italienne n° 306 des 20 juin – 3 juillet 2002.

En ce qui concerne la compétence de la compétence, c'est bien la Constitution (donc le pouvoir constituant, souverain) qui fixe les règles de répartition entre l'Etat et les entités autonomes. En effet c'est la Constitution qui reconnaît des pouvoirs et fonctions propres aux entités locales (articles 114, 115, 116) et les articles 114 et 115 encadrent ceux-ci par les principes fixés par la Constitution, l'article 116 sur les régions à statuts spéciaux par les statuts adoptés par loi constitutionnelle. La reconnaissance par la réforme constitutionnelle de 2001 du principe de subsidiarité pour les fonctions administratives ne met pas en cause la détention de la compétence de la compétence par l'Etat puisque c'est bien la Constitution de l'Etat qui met en place ce principe, comme principe de répartition des compétences, répartition qui sera effectuée par la loi de l'Etat ou de la région.

L'unité du pouvoir normatif ne comporte pas de conséquences aussi strictes en Italie qu'en France, c'est-à-dire la même concentration du pouvoir normatif par les autorités de l'Etat central, bien qu'il existe certains mécanismes d'unité.

En effet la Constitution reconnaît un pouvoir législatif et réglementaire aux régions ainsi qu'une capacité à conclure des traités. Cette question sera examinée en premier.

L'article 117, dernier alinéa, autorise les régions à conclure des accords avec des Etats (*accordi*) ou d'autres collectivités territoriales d'Etats étrangers (*intese*) dans le domaine de leurs compétences, dans le cadre d'une loi étatique. La loi n°131 du 5 juin 2003[197] applique cet article et pose de nombreuses limites à cette capacité à conclure des accords, protégeant les compétences de l'Etat en matière extérieure. En effet, les limites pour conclure un accord avec une autre collectivité territoriale (article 6-2 de la loi) sont à la fois le domaine dans lequel il peut intervenir (le développement économique, social et culturel), le respect de la politique extérieure de l'Etat et l'impossibilité que découlent de l'accord des obligations notamment financières pour l'Etat ou que celui-ci lèse les intérêts d'une autre collectivité (les accords sont transmis au Ministère des Affaires Etrangères italien) ; en ce qui concerne les accords avec d'autres Etats (article 6-3 de la loi), qui interviennent pour l'application d'accords internationaux, en matière technico-administrative ou de programmation pour le développement économique, social et culturel, ceux-ci ne sont possibles que si, une fois négociés, le ministre des Affaires Etrangères donne les pleins pouvoirs exigés par le droit public international pour les conclure s'il les estime conformes à l'opportunité politique et légitimes. Dans ce dernier cas donc la région n'intervient en fait que comme négociateur avec même parfois des directives de négociation du ministre des Affaires Etrangères. De plus les accords doivent respecter la Constitution, en matière de législation concurrente, les principes fondamentaux fixés par l'Etat, et les lignes et les directives de la politique exté-

[197] Dispositions pour l'adaptation de l'ordre de la République à la Loi constitutionnelle du 18 octobre 2001 n°3, loi publiée à la Gazette Officielle n°132 du 10 juin 2003.

rieure italienne Enfin pour les deux types d'accords l'article 6-5 de la loi prévoit l'intervention toujours possible du ministre des Affaires étrangères, avec en cas de conflit la possibilité de porter la question devant le Conseil des Ministres qui délibère après avoir entendu le Président de la Junte. L'unité normative est donc préservée en matière de capacité à conclure des traités. C'est la Constitution qui reconnaît un certain pouvoir aux régions (qui n'a pas le caractère d'un Etat), très encadré par la loi et soumis à toutes les étapes à l'Etat par le biais du Ministère des Affaires Etrangères, qui soit peut empêcher l'accord avec d'autres collectivités territoriales, soit garde la compétence, pour ce qui est des accords avec les autres Etats, de les conclure (en gardant la maîtrise des pouvoirs).

Pour ce qui est du pouvoir réglementaire, il est clairement séparé (article 117 de la Constitution) entre l'Etat, qui l'exerce dans les domaines de ses compétences législatives exclusives (et peut aussi alors le déléguer aux régions), et les régions, qui exercent le pouvoir réglementaire de droit commun. Les communes, provinces et villes métropolitaines exercent elles aussi un pouvoir réglementaire d'attribution en ce qui concerne l'organisation et le développement de leurs fonctions. De plus les régions, toujours selon l'article 117 de la Constitution, appliquent et exécutent les accords internationaux et les actes communautaires engageant l'Italie ; l'Etat encadre la procédure par une loi et peut seulement se substituer à la région en cas de carence de celle-ci.

Il n'y a donc pas d'unité du pouvoir réglementaire en Italie, mais, tout étant prévu dans la Constitution, il y a bien unité de l'ordre juridique.

Enfin le pouvoir législatif est reconnu par le droit constitutionnel italien (article 117 de la Constitution) au bénéfice de l'Etat et des régions. L'Etat bénéficie seulement, depuis la réforme constitutionnelle de 2001 inversant le mécanisme de distribution de la compétence législative entre l'Etat et les régions, d'une compétence d'attribution, dans une liste de matières exclusives, quand les régions ont la compétence de droit commun. Il existe de plus une liste de matières de compétence concurrente, où l'Etat détermine les principes fondamentaux dans le cadre desquels la région pourra légiférer. Les lois de l'Etat et de la région ne sont pas placées dans un rapport hiérarchique qui permettrait de dire que l'Etat, et donc le Parlement, conserverait en réalité le pouvoir législatif. Ce partage du pouvoir législatif entre le Parlement (article 55 de la Constitution) et les conseils régionaux (article 121 de la Constitution) ne signifie pas que l'unité du pouvoir normatif soit remise en cause, tout pouvoir normatif venant théoriquement de la Constitution. Le pouvoir réglementaire et le pouvoir législatif de l'Etat ou des collectivités territoriales, notamment des Régions, trouvent leur validité dans une norme supérieure, la Constitution, œuvre du pouvoir constituant, le peuple étatique. Seulement en Italie cela ne signifie, comme nous l'avons vu, ni l'unité du pouvoir réglementaire, ni celle du pouvoir législatif.

S'il n'y a pas d'unité du pouvoir législatif, il y a cependant des mécanismes tentant d'assurer une certaine unité, à savoir l'harmonisation des législations et l'unification du droit prévues par les lois d'application de la réforme du titre V, notamment dans la loi La Loggia du 5 juin 2003 précitée qui met en place les accords de la Conférence Etat/Régions (Conférence permanente pour les rapports entre l'Etat, les Régions et les provinces autonomes de Trentin et Bolzano) et ceux de la Conférence unifiée (article 8-6 de la loi), et ce notamment dans le souci d'appliquer le principe constitutionnel (article 120 de la Constitution) de collaboration loyale (*leale collaborazione*) entre les différents niveaux territoriaux. Ces accords peuvent avoir pour but d'harmoniser les législations, d'adopter des positions unitaires et des objectifs communs.

Il convient à présent de présenter les conséquences de l'unité du pouvoir étatique en Italie en ce qui concerne la hiérarchie des normes.

L'Italie est attachée elle aussi à la hiérarchie des normes. L'article 117 de la Constitution dispose que les lois sont soumises à la Constitution, au droit communautaire et aux obligations internationales.

La réforme constitutionnelle de 2001 a supprimé tout contrôle a priori sur les actes administratifs des collectivités territoriales[198] et les lois régionales ne sont plus susceptibles que d'un contrôle par la Cour Constitutionnelle (articles 127 de la Constitution, qui s'applique à toutes les régions à l'exception de la Sicile dont le statut spécial prévoit un contrôle spécifique des lois[199]). Les statuts des régions doivent, selon l'article 123 de la Constitution, être en harmonie avec celle-ci. En matière de législation concurrente, les lois des régions sont encadrées par les principes fondamentaux déterminés dans la législation étatique. Enfin le budget propre des collectivités territoriales doit être en harmonie avec la Constitution et respecter les principes de coordination des finances publiques et du système fiscal. Il existe donc, comme nous pouvons le voir, une certaine subordination de l'ordre juridique régional au droit de l'Etat (Constitution, obligations internationales et lois dans les matières concurrentes), mais il n'y a pas cependant, en dehors des matières de législation concurrente, de hiérarchie entre les lois régionales et les lois nationales, car elles interviennent dans des domaines théoriquement différents. Cela constitue un ordre juridique polycentrique qui doit être concilié, à moins de le mettre à mal, avec le principe d'unité politique de l'Etat concernant le pouvoir.

---

[198] Article 9 de la loi constitutionnelle du 18 octobre 2001 supprimant l'article 125 de la Constitution italienne sur le contrôle des actes administratifs des régions. Un contrôle existe cependant encore pour la gestion et les exigences de coordination générale des finances publiques (articles 117 et 119 de la Constitution).

[199] Voir la confirmation récente de cette exception par la loi n°131 du 5 juin 2003, article 9-1.

2. L'Espagne

Un seul territoire étatique

Il y a bien un seul territoire étatique pour le droit constitutionnel espagnol, qui apparaît sous le terme de territoire de l'Etat (articles 19 et 139 de la Constitution). Le droit constitutionnel espagnol interdit de plus la fédération des Communautés Autonomes (article 145 de la Constitution), et ainsi l'apparition au sein de l'Etat d'un territoire étatique différencié. Les Communautés Autonomes, selon l'article 147§2 b de la Constitution, voient leur territoire délimité dans les statuts d'autonomie : là encore l'unité du territoire étatique ne semble pas touchée par cette disposition constitutionnelle qui se contente de prévoir les limites des Communautés Autonomes, sans remettre en cause l'existence d'un territoire étatique sur lequel l'Etat exerce sa souveraineté.

Les conséquences de l'unité du territoire espagnol sont diverses et proches de celles déjà étudiées pour les autres Etats.

Tout d'abord tous les espagnols jouissent des mêmes droits et obligations sur le territoire de l'Etat (article 139 de la Constitution). De plus, la liberté de circulation des biens et des personnes (articles 139 et 19 de la Constitution) et des marchandises et des services (article 157 de la Constitution) est reconnue.

L'unité du territoire justifie en Espagne aussi certaines compétences de l'Etat. L'article 149 de la Constitution fait la liste des matières où l'Etat jouit d'une compétence exclusive. C'est le cas pour « la réglementation des conditions fondamentales qui garantissent l'égalité de tous les espagnols dans l'exercice de leurs droits et dans l'accomplissement de leurs devoirs constitutionnels » (article 149-1-1° de la Constitution), mais aussi pour toute une série de matières[200]. D'autres compétences sont justifiées par la nécessité d'unité sur le territoire de l'Etat. La Constitution prévoit ainsi la catégorie des bases législatives, que l'Etat détermine, et dont le développement appartient aux Communautés Autonomes[201], la catégorie des lois-cadres de l'article 150-1 de la Constitution qui prévoit la mise en place d'un contrôle sur les normes des Communautés Autonomes par les *Cortes Generales*[202], et

[200] Article 149 de la Constitution espagnole.

[201] Il existe différents termes pour cette catégorie des bases dans la droit constitutionnel espagnol : les bases (d'un régime) dans l'article 149-1-16, 149-1-18 et 149-1-25, la législation de base dans l'article 149-1-17, 149-1-18, 149-1-23 (deux fois), enfin les normes de base à l'article 149-1-30.

[202] Celui-ci prévoit que l'Etat, dans ses compétences exclusives, peut se contenter de prendre une loi-cadre et attribuer à certaines Communautés Autonomes ou à toutes la faculté d'édicter des normes législatives dans le cadre des principes, bases et directives de la loi-cadre.

enfin les lois d'harmonisation de l'article 150-2 de la Constitution[203]. De plus l'Etat garde un contrôle sur les Communautés Autonomes en cas de transfert ou délégation de compétences (article 150-2 de la Constitution).

Parmi les compétences de l'Etat justifiées par l'unité du territoire étatique, nous pouvons aussi discerner le pouvoir de contrainte prévu à l'article 155 de la Constitution pour le respect par une Communauté Autonome de ses obligations constitutionnelles et la protection de l'intérêt général. La procédure prévoit la mise en demeure du Président de la Communauté Autonome puis l'approbation des mesures prises par le gouvernement de l'Etat par la majorité absolue du Sénat.

Une autre conséquence de l'unité de l'Etat en Espagne est la reconnaissance d'un principe de solidarité, dont la base se trouve dans le préambule de la Constitution, qui fait état de la volonté de la nation espagnole de fonder un ordre économique et social juste ; la Constitution dans son article 2 « reconnaît et garantit le droit à l'autonomie des nationalités et des régions qui la composent et la solidarité entre elles ». Ce principe de solidarité trouve une application dans l'article 138 de la Constitution, selon lequel l'Etat doit veiller « à l'établissement d'un équilibre économique approprié et juste entre les différentes parties du territoire espagnol », dans l'article 156, comme cadre de l'autonomie financière des Communautés Autonomes, et dans les articles 157 et 158 qui prévoient la constitution d'un fonds de compensation pour des dépenses d'investissement, réparti par les *Cortes Generales* ; de plus l'article 158 prévoit que l'Etat peut affecter des crédits aux Communautés Autonomes notamment pour des prestations minimales en matière de « services publics fondamentaux sur tout le territoire espagnol ».

Enfin la loyauté « institutionnelle » (inspirée du principe des Etats fédéraux de loyauté fédérale) est, avec la solidarité, une des conséquences de l'unité du territoire en relation avec la forme de l'organisation de l'Etat autonomique. En effet ces deux derniers principes permettent de concilier l'unité du territoire avec la diversité des régimes des Communautés Autonomes, comme nous le verrons plus loin. Les auteurs espagnols déduisent du principe de solidarité un devoir de loyauté, de collaboration entre les pouvoirs publics[204].

---

[203] Article 150-3 de la Constitution espagnole : « L'État peut édicter des lois pour énoncer les principes nécessaires à l'harmonisation des dispositions normatives des Communautés Autonomes, même, quand l'intérêt général l'exige, dans le cas de matières attribuées à la compétence de celles-ci. L'appréciation de cette nécessité incombe aux *Cortes generales*, à la majorité absolue de chaque chambre. »

[204] Voir notamment E. Alberti, E. Aja, T. Font, X. Padrós, J. Tornos, *Manual de dret públic de Catalunya*, 3e édition, Generalitat de Catalunya, Institut d'Estudis Autonòmics, Marcial Pons, Barcelone, 2002, 508 p., p. 67 et s. ; L. María Cazorla Prieto, E. Arnaldo Alcubilla, F. Román García, *Temas de derecho constitucional*, Aranzadi Editorial, 746 p., p. 300 et s. Nous trouvons le principe de la loyauté fédérale dans le droit allemand (*Bundestreue*), consacré par la jurisprudence de la Cour Constitutionnelle fédérale allemande, qui le déduit de l'esprit de la Constitution (décision du 26 mars 1957

Unité de la nation espagnole et reconnaissance de peuples et nationalités : les deux idées de la nation

Le préambule de la Constitution espagnole de 1978 dispose que « la nation espagnole (...) proclame, en faisant usage de sa souveraineté, sa volonté (...). C'est pourquoi, les *Cortes* approuvent et le peuple espagnol ratifie la Constitution suivante : (...) » et l'article 1 de la Constitution que la souveraineté nationale réside dans le peuple espagnol.

Cependant l'article 2 de la Constitution, s'il affirme d'une part l'unité indissoluble de la nation espagnole patrie commune et indivisible de tous les espagnols, d'autre part reconnaît les nationalités historiques, plus exactement le droit à l'autonomie des nationalités et régions qui composent la nation espagnole, qui est transcrit dans l'article 143 sur la constitution des Communautés Autonomes ; de plus le préambule parle des « Espagnols et [des] peuples d'Espagne », dont la nation espagnole souhaite exercer la protection.

Par contre le constituant ne nomme pas de nationalités concrètes. Ce sont les statuts des Communautés Autonomes qui le font. Nous pouvons citer à titre d'exemple le statut de la Catalogne, dans lequel nous trouvons les expressions « le peuple catalan », « la Catalogne comme nationalité » mais aussi la reconnaissance de l'unité de l'Etat ; le statut du Pays basque contient lui aussi l'expression « le peuple basque » ; le statut de la Galice dispose quant à lui « la Galice, nationalité historique ».

Ces nationalités sont titulaires d'un droit à l'autonomie dans le cadre de la Constitution (article 2). Mais le droit à l'autonomie n'est pas un droit à l'autodétermination. Il n'implique pas la reconnaissance de souverainetés passées qui pourraient décider leur éventuelle participation à un ensemble plus large mais une capacité de se doter d'institutions d'autogouvernement selon la formule impérative de la Constitution (articles 2 et 137), dans un premier et unique acte d'exercice de leur droit à l'autonomie par les nationalités et les régions. Le Tribunal Constitutionnel se prononce dans ce sens dans sa décision 4/1981 du 2 février. Il y a donc bien un seul peuple étatique en Espagne.

« Konkordat »). Ce principe comporte une obligation de comportement amical, de loyauté réciproque, un devoir pour la fédération et les *Länder* de prendre en compte et respecter les intérêts et sphères de compétence des autres entités fédérales et de ne pas leur causer de dommage, de définir des règles d'assistance et de coopération. Ce principe peut conduire à limiter l'exercice d'un pouvoir formellement accordé à la fédération ou à un *Land*. Ce principe a connu de nombreuses applications dans la jurisprudence constitutionnelle allemande. Voir par exemple H.A. Schwartz-Liebermann von Wahlendorf, *Une notion capitale en droit constitutionnel allemand : la Bundestreue*, Revue de droit public, 1979, p. 769-792.

La conséquence de l'unité du peuple étatique en Espagne est de prime abord différente de ce qu'on a pu constater pour la France, où il n'est pas possible de reconnaître un peuple corse, composante du peuple français. Ici il y a bien reconnaissance de « peuples » et de « nationalités », qui semblent renvoyer à la notion romantique du peuple, non achevé dans une nation. Dans le droit constitutionnel espagnol la notion espagnole de nationalité est normative, permettant d'accéder à l'autonomie par la constitution d'une Communauté Autonome.

Unité du pouvoir étatique et polycentrisme normatif

Selon l'article 1 de la Constitution, la souveraineté nationale réside dans le peuple espagnol ; tous les pouvoirs de l'Etat émanent de lui.

Deux questions se posent sur l'unité du pouvoir constituant.

La première question concerne les droits foraux reconnus dans la disposition additionnelle première de la Constitution au profit des territoires du Pays-Basque et de Navarre. Selon le Tribunal Constitutionnel il ne s'agit pas d'une souveraineté existant avant l'adoption de la Constitution espagnole : « La Constitution n'est pas le résultat d'un pacte entre les instances territoriales historiques qui conservent des droits antérieurs à la Constitution et supérieurs à celle-ci, mais une norme du pouvoir constituant qui s'impose avec force d'obligation générale dans son domaine, sans que restent exclues des situations 'historiques' antérieures »[205].

La seconde question concerne les statuts des Communautés Autonomes. Il s'agit d'une loi organique, donc nationale, norme institutionnelle de base de la Communauté autonome et partie intégrante de son ordre juridique (article 147-1 de la Constitution), dont le contenu obligatoire figure dans la Constitution (article 147-2). Il n'y a donc pas de pouvoir constituant régional.

Le système de répartition des compétences se trouve dans la Constitution (articles 148 et 149) et les Communautés Autonomes choisissent les compétences qu'elles souhaitent exercer dans la liste fournie par la Constitution. En fait la véritable attribution matérielle des compétences aux Communautés Autonomes se fait dans leurs statuts. Mais ceux-ci sont adoptés par les *Cortes Generales*, même s'il existe une procédure associant les Communautés Autonomes. La répartition des compétences se fait donc par la Constitution et la loi (organique). La Constitution prévoit dans l'article 149-3 ce qui est parfois décrit comme une clause de fermeture du système, à savoir que les matières ne figurant pas dans les statuts sont de la compétence de l'Etat, et que le droit de l'Etat a un caractère supplétif par rapport au droit des Communautés Autonomes.

---

[205] STC 76/88 du 26/04, fondement juridique 3.

Les Communautés autonomes sont titulaires d'un pouvoir législatif pour l'exercice de leurs compétences et selon l'article 143 de la Constitution elles se gouvernent elles-mêmes.

Suivant le raisonnement développé concernant l'Italie, nous pouvons observer qu'en Espagne non plus l'unité du pouvoir normatif ne signifie pas l'unité du pouvoir législatif ni du pouvoir réglementaire.

Pour ce qui est de la hiérarchie des normes, elle est garantie par la Constitution dans son article 9.3. L'ensemble des pouvoirs publics est soumis « à la Constitution et aux autres normes de l'ordre juridique » (article 9.1 de la Constitution). Le contrôle des lois est assuré par le Tribunal constitutionnel (article 161 de la Constitution). De plus le droit de l'Etat est supérieur au droit des Communautés Autonomes sauf dans leurs compétences exclusives (article 149 de la Constitution). Enfin un contrôle de l'activité des organes de la Communauté autonome (article 153 de la Constitution) est fait par le Tribunal Constitutionnel, le gouvernement, les juridictions administratives et la Cour des comptes.

Il existe donc en Espagne comme en Italie un principe hiérarchique et un principe de compétence qui permet la répartition du pouvoir au sein de l'Etat, son unité étant assurée par la Constitution.

3. La Belgique

Un seul territoire étatique

La Belgique est un Etat fédéral, composé de trois régions et trois communautés (articles 1, 2 et 3 de la Constitution) et elle comprend quatre régions linguistiques (article 4 de la Constitution). Il s'agit bien cependant du découpage territorial et non de la reconnaissance d'autres territoires étatiques, comme nous l'avons déjà exposé pour les autres Etats. Ainsi le titre 1 de la Constitution parle bien « De la Belgique fédérale, de ses composantes et de son territoire », reconnaissant comme seul territoire étatique celui de la Belgique.

Les conséquences de l'unité du territoire étatique en Belgique concernent des domaines approchant des autres Etats et que nous avons énumérés dans la définition de l'unité du territoire.

Il existe des dispositions sur la libre circulation notamment dans la jurisprudence constitutionnelle : il n'est pas possible dans l'exercice de leurs compétences que les Régions et Communautés prennent des mesures contre la libre circulation, celles-ci sont sanctionnées par la Cour d'Arbitrage, par exemple des droits de douane intérieurs ou des taxes d'effet équivalent[206], sauf lorsqu'il y a une « exigence impérative d'intérêt général ». La loi spéciale du 8 août 1988, article 6§1, VI, alinéa 3 va dans le même sens : l'exercice des compétences économiques des régions doit se faire « dans le respect des principes de libre circulation des personnes, des biens, des services et des capitaux et de la liberté du commerce et de l'industrie (...) ».

L'unité du territoire peut avoir des conséquences en ce qui concerne l'exercice des compétences des Communautés et des Régions. Nous prendrons l'exemple de la limite de l'autorité législative des décrets des conseils des communautés française et flamande en matière linguistique[207].

La contrainte ou les pouvoirs de substitution de la Fédération ne sont pas évoqués dans la Constitution belge.

Il n'y a pas de dispositions dans la Constitution belge concernant une solidarité financière au sein de la fédération, mais dans la loi de financement des Communautés et des Régions est prévue une éventuelle « intervention de solidarité nationale » pour les Régions[208].

Enfin la loyauté fédérale est prévue à l'article 143§1 de la Constitution belge : « Dans l'exercice de leurs compétences respectives, l'État fédéral, les Communautés, les Régions et la Commission communautaire commune agissent dans le respect de la loyauté fédérale, en vue d'éviter des conflits d'intérêts ».

Le peuple belge, détenteur de la souveraineté dans l'Etat fédéral

Le préambule de la Constitution belge de 1994 comporte l'expression « au nom du peuple belge », l'article 193 de la Constitution évoque « la nation belge », selon l'article 33 tous les pouvoirs émanent de la nation. Le peuple belge est bien le peuple étatique, détenteur de la souveraineté et du pouvoir constituant, à l'origine de l'Etat belge. L'Etat belge est un Etat fédéral, dont l'une des composantes, à côté des Régions, sont les Communautés, française, flamande, germanophone. Ces Communautés, qui ont une base linguistique, constituent des entités fédérées de l'Etat belge, un peu comme c'est le cas des nationalités en Espagne mais par une procédure différente : non seulement les Communautés belges sont identifiées dans

---

206 Arrêt 32/91 du 14 novembre 1991 (voir plus loin les développements sur les compétences économiques des régions).

207 Article 129 de la Constitution belge : « § 1er. Les Conseils de la Communauté française et de la Communauté flamande, (...) règlent par décret [ayant force de loi] [l'usage des langues] excepté en ce qui concerne (...) les services dont l'activité s'étend au-delà de la région linguistique dans laquelle ils sont établis ; les institutions fédérales et internationales désignées par la loi dont l'activité est commune à plus d'une communauté. »

208 Article 48 de la loi spéciale relative au financement des Communautés et des Régions du 16 janvier 1989.

la Constitution, ce qui n'est pas le cas de nationalités espagnoles, mais c'est la Constitution-même qui les institue en entités fédérées, alors qu'en Espagne il s'agit d'une démarche venant des communes, encadrées par la Constitution. De plus et ainsi, en Belgique les Communautés recouvrent la totalité du territoire, ce qui n'est pas le cas des nationalités en Espagne car il y a d'autres voies que celle de la nationalité pour se constituer en Communauté Autonome. A côté des Communautés, qui ont une base linguistique, il y a une reconnaissance importante des groupes linguistiques au sein des institutions nationales. La procédure parlementaire réserve par exemple des majorités spéciales pour l'adoption de certaines lois par groupe linguistique. Par ailleurs, les articles 137, 138 et 139 de la Constitution prévoient un recoupement des institutions entre Régions et Communautés à leur initiative[209], renforçant deux pôles identitaires au sein de l'Etat belge.

Unité du pouvoir étatique et place des groupes linguistiques

L'article 33 de la Constitution dispose que tous les pouvoirs émanent de la nation et sont exercés dans le respect de la Constitution.

L'article 35 de la Constitution belge répartit les compétences entre l'Etat fédéral, pour les matières attribuées par elle, et les Communautés et Régions pour les autres matières, dans les conditions fixées par une loi adoptée à la majorité de l'article 4 dernier alinéa de la Constitution, c'est-à-dire avec une majorité spéciale répartie par groupe linguistique (francophone et néerlandophone). Les Régions et Communautés n'ont donc pas la compétence de la compétence mais considérant, comme nous le démontrerons plus loin, que l'Etat fédéral belge est basé sur des régions linguistiques, et que les lois concernant les modalités et conditions de leurs compétences sont adoptées à une majorité spéciale par groupe linguistique, il existe une participation à la détermination des compétences par ces deux groupes, qui n'a pas été exercée au moment de et par l'acte d'adoption de la Constitution, comme c'est le cas dans un Etat fédéral comme l'Allemagne. Les deux grands groupes linguistiques doivent prendre les décisions importantes. La majorité est celle prévue par l'article 4 de la Constitution : « Les limites des quatre régions linguistiques ne peuvent être changées ou rectifiées que par une loi adoptée à la majorité des suffrages dans chaque groupe linguistique de chacune des Chambres, à la condition que la majorité des membres de chaque groupe se trouve réunie et pour autant que le total

---

[209] Les Conseils et Gouvernements de la Communauté française et la Communauté flamande peuvent exercer les compétences respectivement de la Région wallonne et de la Région flamande (article 137) ; le Conseil et le Gouvernement de la Région wallonne dans la région de langue française et le groupe linguistique français du Conseil de la Région de Bruxelles-Capitale et son Collège dans la région bilingue de Bruxelles-Capitale peuvent exercer des compétences de la Communauté française (article 138) ; le Conseil et le Gouvernement de la Communauté germanophone peuvent exercer, dans la région de langue allemande des compétences de la Région wallonne (article 139).

des votes positifs émis dans les deux groupes linguistiques atteigne les deux tiers des suffrages exprimés. », qui est requise pour les lois prévues dans divers articles de la Constitution[210].

Il est difficile de dire si l'unité du pouvoir normatif signifie l'unité du pouvoir législatif en Belgique. La Constitution le laisserait penser, car seul le Parlement fédéral peut adopter des lois ; cependant les décrets des conseils des Communautés française et flamande ont même rang que les lois (article 127§2 de la Constitution) ainsi que les décrets des Régions si la loi le prévoit, article 134 de la Constitution. Ainsi le droit constitutionnel belge prévoit formellement l'unité du pouvoir législatif, la loi étant un acte du Parlement, mais en réalité les pouvoirs législatif et réglementaire ne sont pas unitaires.

Une réforme des noms des exécutifs des Régions et Communautés a été entreprise avec la naissance de l'Etat fédéral, le mot « gouvernement » étant utilisé à la place de celui d'exécutif[211]. Contrairement à ce que nous avons vu en Italie et conformément à la question posée au Conseil Constitutionnel sur la dénomination « Assemblée de Corse », aucun problème ne surgit à l'attribution de noms évoquant des organes de l'Etat.

C. Le Royaume-Uni entre interprétation stricte et souple du principe d'unité politique de l'Etat

1. Les traités d'Union

Le territoire du Royaume-Uni s'est constitué suite aux traités d'Union de l'Angleterre avec l'Ecosse et le Pays de Galles.

Les conséquences de l'unité du territoire britannique correspondent à celles que nous avons déjà évoquées pour d'autres Etats.

Il existe des compétences étatiques justifiées par l'unité du territoire : la loi de dévolution pour l'Ecosse prévoit des matières réservées au Parlement de Westminster dans sa section 5 (matières constitutionnelles, affaires étrangères, défense,...) ; la loi de dévolution pour le Pays de Galles n'attribue pas de pouvoir législatif à ce dernier, c'est le Parlement de Westminster qui légifère pour le Pays de Galles comme c'était le cas avant la dévolution.

---

[210] Articles 5, 35, 39, 41, 68, 77, 115, 117, 118, 121, 123, 125, 127, 128, 129, 135, 136, 137, 142, 143, 151, 162, 163, 166, 167, 169, 175, 177, 178, disposition transitoire VI §3 de la Constitution.

[211] En application de l'article 127§1 de la loi spéciale du 16 juillet 1993.

Le pouvoir de contrainte est exercé par le *Secretary of State* (ministre) chargé de l'Ecosse, qui peut empêcher dans certains cas qu'une loi écossaise soit soumise à la ratification royale, notamment concernant le respect des obligations internationales ou la sécurité nationale[212].

Enfin en matière de collaboration loyale, il existe des mécanismes de coopération entre les exécutifs britannique et écossais d'une part et gallois d'autre part, contenus dans le *Memorandum of Understanding* et les *Concordats*, mais aussi dans l'établissement de la Convention constitutionnelle prévoyant l'accord préalable du Parlement écossais lorsque le Parlement de Westminster souhaite légiférer dans une matière qui lui est normalement dévolue, la *Sewel Convention*. De plus a été instauré le *Joint Ministerial Committee*, ainsi que des sous-comités de ce dernier, permettant des relations interinstitutionnelles entre les exécutifs. Ces mécanismes permettent selon la doctrine de répondre aux exigences de la bonne gouvernance (*good governance*) qui est un principe du droit britannique[213].

2. La souveraineté du Parlement

En 1536-1543 et 1707 sont signés les traités d'union de l'Angleterre avec le Pays de Galles et l'Ecosse. Le pouvoir étatique devient britannique et est concentré dans le Parlement de Westminster. La théorie de la souveraineté du Parlement est développée au Royaume-Uni et la Constitution n'est pas la *Grundnorm* dans le système britannique, c'est la souveraineté du Parlement[214].

La répartition des compétences entre les institutions britanniques et les institutions dévolues se trouve dans la loi (*Scotland Act* et *Government of Wales Act* de 1998) : l'Ecosse et le Pays de Galles n'ont donc pas la compétence de la compétence.

En ce qui concerne l'unité normative, la *Grundnorm* du système britannique, qui est la souveraineté du Parlement de Westminster, ne s'accorde qu'avec des mécanismes de dévolution, dont nous livrons ici la définition de V. Bogdanor: « le transfert à un organe subordonné élu sur une base géographique de fonctions à présent exercées par le Parlement. Ces fonctions peuvent être soit législatives : le pouvoir de légiférer, soit exécutives : le pouvoir de prendre des décisions à l'intérieur d'un cadre légal prédéterminé (...). La dévolution implique la création d'un organe élu subordonné au Parlement ; elle vise donc à garder intacte la suprématie du Parlement, caractéristique centrale de la Constitution britannique. Il faut donc la distin-

---

[212] *Scotland Act* 1998, article 35.

[213] O. Dawn, *Constitutional Reform in the United Kingdom*, Oxford University Press, New York, 2003, 424 p., p. 13, p. 30 et s. et p. 252 et s.

[214] La souveraineté du Parlement et l'Etat de droit (*rule of law*) sont les deux piliers de la Constitution britannique. Voir A.V. Dicey, *Introduction to the Study of the Law of the Constitution*, London, MacMillan, 1885.

guer du fédéralisme qui entraînerait la division de la souveraineté entre le Parlement et les différents organes provinciaux »[215].

Ainsi s'il existe un Parlement écossais, doté d'un pouvoir législatif, le Parlement britannique a toujours la possibilité de légiférer ; il peut s'engager à ne pas légiférer dans les matières dévolues. Un contrôle des lois écossaises par le *Judicial Committee of the privy Council* est mis en place. Les limites à la compétence législative écossaise, que nous trouvons dans le *Scotland Act* viennent du respect de la hiérarchie des normes et de l'unité de l'Etat. Ainsi l'unité du pouvoir normatif ne signifie pas unité du pouvoir législatif, car, si l'Assemblée galloise n'est dotée que d'un pouvoir réglementaire, le Parlement écossais possède un pouvoir législatif. Cependant comme en droit constitutionnel britannique le Parlement de Westminster, qui est souverain, conserve toujours la possibilité de légiférer, même dans les matières dévolues, une certaine unité du pouvoir législatif est assurée. Ainsi, comme en Italie ou en Espagne, il n'y a pas d'unité du pouvoir législatif mais des mécanismes en vue de la conservation d'une certaine unité du droit, c'est-à-dire de certains pouvoirs aux autorités centrales de l'Etat.

Enfin nous répétons pour la dénomination de « Parlement écossais » ce qui a été dit dans notre développement sur la Belgique, concernant les noms des institutions des entités fédérées : il n'y a pas de problème de compatibilité avec le droit constitutionnel.

A présent que nous avons procédé à cette étude Etat par Etat de l'unité politique, nous pouvons poser la problématique de la conciliation ou de l'opposition que le régionalisme représente dans ce cadre dans des termes précis, utilisant les cinq analyses ici faites dans un travail de droit comparé.

IV. REGIONALISME INSTITUTIONNEL ET UNITE POLITIQUE DE L'ETAT : OPPOSITION, CONCILIATION ?

Pour résoudre la question de l'opposition ou de la conciliation possible du régionalisme dans les institutions territoriales et de l'unité politique de l'Etat, il convient tout d'abord de faire un bilan de l'étude de l'unité politique de l'Etat.– nous attirerons particulièrement l'attention sur la question emblématique de la représentation au sein du Parlement national (A), afin de déterminer les termes de la question de l'opposition ou de la conciliation entre régionalisme et unité politique de l'Etat (B).

---

[215] V. Bogdanor, *Devolution in the United Kingdom*, Oxford University Press, 1999, p. 2. Rappelons en 1972 la suppression du Parlement d'Irlande du Nord par le Parlement britannique.

A. Bilan de l'étude de l'unité politique de l'Etat - la question emblématique de la représentation au sein du Parlement national

Les développements faits ci-dessus appellent diverses réflexions. Nous avons constaté des éléments communs aux différents Etats étudiés, notamment le fait qu'ils répondent à la théorie de l'unité du territoire, du peuple et du pouvoir, mais que cela peut avoir des conséquences différentes.

Dans les conséquences communes de l'unité du territoire nous trouvons la liberté de circulation, l'attribution à l'Etat de certaines compétences, la mise en place d'un contrôle de l'Etat sur les institutions territoriales[216] ; à cela nous pouvons ajouter le principe d'égalité et d'autres éléments qui seront étudiés plus loin concernant le rapport entre unité et diversité au sein de l'Etat comme conséquence du régionalisme.

L'unité du pouvoir étatique peut être interprétée pour laisser la place à un polycentrisme normatif en faveur des régions. C'est un premier élément qui nous permet de distinguer la France des autres modèles étudiés.

Pour ce qui concerne le peuple, nous tenons à mettre l'accent sur un élément intéressant, qui est la représentation spécifique au sein du Parlement national en fonction de l'origine géographique ou plutôt de l'appartenance à une entité territoriale. Si nous avons réservé cette question ici, c'est parce qu'elle met en relief la problématique qui nous occupe, le rapport entre les trois éléments constitutifs de l'Etat (les députés déterminés en fonction de leur appartenance à un « peuple » ou à un territoire, la question de l'unité du pouvoir) devant aider à poser les termes de la question : régionalisme institutionnel et unité politique de l'Etat, opposition ou conciliation ?

Il existe dans certains cas des régimes de différenciation entre les députés au sein du Parlement national (au Royaume-Uni c'est la question de la représentation écossaise au Parlement de Westminster, la *West Lothian Question*, en Belgique les droits de vote selon l'appartenance linguistique, les groupes linguistiques au Tyrol du Sud), dans d'autres ils sont interdits (en France, décision sur la Corse ; en Italie).

La *West Lothian Question* s'applique à la création d'un Parlement écossais ; en effet, les députés écossais au Parlement de Westminster cessent dès lors de voter

[216] Par exemple dans la Constitution française, article 72 dernier alinéa : « Dans les collectivités territoriales de la République, le représentant de l'Etat, représentant de chacun des membres du Gouvernement, a la charge des intérêts nationaux, du contrôle administratif et du respect des lois. »

les lois écossaises à Westminster, puisqu'elles sont adoptées par le Parlement écossais, mais continuent à voter les lois s'appliquant uniquement en Angleterre ou au Pays de Galles, puisque ces deux territoires n'ayant pas fait l'objet d'une dévolution de pouvoir législatif. Cette question a conduit à opérer une distinction entre les députés au sein du Parlement de Westminster et à s'interroger sur une éventuelle différenciation des droits des députés en fonction de leur origine et du sujet traité[217], ce qui entre en contradiction avec l'idée du mandat représentatif, selon laquelle une fois élu, le député est un représentant de l'ensemble de la nation. Cette question n'est donc pas compatible avec l'unité du peuple étatique et la met en cause.

En Belgique il existe une répartition par groupes linguistiques dans les institutions fédérales ; de plus dans certaines matières de compétence de la Fédération, la Constitution prévoit l'adoption d'une loi spéciale à « la majorité des membres de chaque groupe (...) et pour autant que le total des votes positifs émis dans les deux groupes linguistiques atteigne les deux tiers des suffrages exprimés »[218]. Il s'agit donc ici aussi d'une mesure susceptible de remettre en cause l'unité du peuple étatique, en considérant qu'il existe deux communautés (la communauté allemande est exclue de ce calcul) devant se mettre d'accord pour certaines décisions importantes.

En France par contre, l'unité du peuple étatique signifie pour le Conseil Constitutionnel l'indivisibilité du peuple français ; les membres du Parlement ont la qualité de représentants du peuple, il n'est donc pas possible que les parlementaires élus dans les départements de Corse disposent, comme le projet de loi de 1991 le prévoyait, de prérogatives particulières (en l'occurrence d'une information particulière), dans le cadre de la procédure d'élaboration de la loi[219].

En Italie, la question s'est posée par un autre biais, celui du référendum local sur une question d'intérêt national concernant l'ordre constitutionnel : la région de la Vénétie avait organisé un référendum sur un projet de loi constitutionnelle d'adoption d'un statut spécial pour cette région, qui est actuellement à statut ordinaire (les cinq régions à statut spécial italiennes sont désignées dans la Constitution). La Cour Constitutionnelle italienne a décidé que ce référendum était con-

---

[217] *The Scotland Bill : Some constitutional and representational aspects*, Parliament of the UK, House of Commons, Research Paper 98/3, 7 janvier 1998, 55 p.

[218] Article 4 de la Constitution, qui prévoit cette majorité en matière de modification des frontières des régions linguistiques, et qui sert de référence à de nombreux articles de la Constitution prévoyant l'adoption d'une loi à cette majorité concernant certaines dispositions, aux articles 5, 35, 39, 41, 68, 77, 115, 117, 118, 121, 123, 125, 127, 128, 129, 135, 136, 137, 142, 143, 151, 162, 163, 166, 167, 169, 175, 177, 178, disposition transitoire VI §3.

[219] Voir F. Luchaire, *Le statut de collectivité territoriale de la Corse (Décision du Conseil Constitutionnel du 9 mai 1991)*, op. cit., et la décision du Conseil Constitutionnel de 1991 sur le statut de la Corse précitée, §53.

traire à la Constitution[220] dans la mesure où la population de la région de la Vénétie ne pouvait être appelée à se prononcer deux fois dans cette procédure de révision constitutionnelle, une fois dans le cadre de la révision pure et simple, par le biais des représentants du peuple ou par un référendum, comme le prévoit la procédure de révision de la Constitution, et une seconde fois, au titre de cette consultation régionale, alors que cette question de l'attribution d'un statut spécial à une région concerne l'ordre constitutionnel et ne peut donc être traitée que par la procédure de révision de l'article 189 de la Constitution car c'est une décision qui concerne l'ensemble du peuple étatique ; la Cour Constitutionnelle fait ici une interprétation restrictive de la procédure de révision de la Constitution, estimant qu'on ne peut y ajouter, afin de préserver l'unité politique de la nation italienne, qui repose sur un seul peuple dans l'esprit de la Constitution.

Cependant en Italie nous trouvons aussi, à l'échelle provinciale, un régime proche de celui des institutions fédérales belges, et ce dans la province de Bolzano, au Tyrol du Sud : différents articles prévoient la représentation des trois groupes linguistiques italien, allemand et ladin au sein des institutions régionales, provinciales et locales (articles 30, 49, 50, 61, 62 du Statut), la possibilité de demander le vote par groupe linguistique d'une loi régionale ou provinciale qui est supposée léser l'égalité des droits des membres d'une minorité linguistique, avec comme garantie du respect de cette disposition la possibilité de recours à la Cour Constitutionnelle (article 56 du Statut) et enfin la répartition entre les trois groupes linguistiques des fonctionnaires de l'Etat dans la province de Bolzano[221]. Cependant les conséquences de ce régime ne sont pas les mêmes qu'en Belgique puisqu'il ne touche pas à l'unité nationale. Il s'agit d'une mesure de protection des minorités à l'échelle régionale.

En conclusion, nous pouvons dire que le rapport entre peuple, souveraineté et représentation nationale est mis en cause par le régionalisme institutionnel en Belgique et en débat au Royaume-Uni. En France, en Italie et en Espagne, la conception unitaire du peuple étatique reste plus forte.

Il s'agit maintenant de poser la problématique de la conciliation entre unité politique et régionalisme institutionnel.

---

[220] Sentence 496/2000. Voir Giurisprudenza Costituzionale, n°6, novembre-décembre 2000, p. 3798 à 3831 avec des commentaires de F. Cuocolo, S. Bartole, N. Zanon et G. Paganetto.

[221] Article 89 du Statut et D.P.R. 31.7.78 n. 571: « Mesures d'application du Statut spécial de la région du Trentin Haut-Adige en matière de répartition équitable dans les services extérieurs de l'Administration situés dans la province de Bolzano et de bilinguisme dans la fonction publique ».

B. Les termes de la question de l'opposition ou de la conciliation entre régionalisme institutionnel et unité politique de l'Etat

Il nous semble pouvoir retirer du bilan fait ci-dessus trois points d'analyse ou trois termes dans lesquels la problématique peut être posée : elle fait intervenir la conjonction des trois éléments constitutifs de l'Etat (1), puis ce que nous appelons la diversité régionale (2) et enfin ce qui peut être décrit comme la recherche de l'équilibre (3). Nous étudierons ici ces trois points qui nous servent à poser la problématique et par la suite à établir la définition du régionalisme institutionnel.

1. La conjonction des trois éléments constitutifs de l'Etat

Nous pouvons constater déjà que le régionalisme relie les trois éléments de l'Etat. Dans le cas espagnol, une population présente sur une partie du territoire s'autodétermine dans le cadre de l'Etat[222].

Nous avons défini en introduction le régionalisme institutionnel comme une autonomie régionale affectant les trois éléments de l'Etat. Or s'il n'y a qu'un seul territoire, un seul peuple et un seul pouvoir étatiques, il convient de confronter le régionalisme institutionnel et l'unité politique de l'Etat. Les institutions territoriales régionales respectent-elles le schéma constitutionnel actuel dans lequel elles semblent s'inscrire ? Y a-t-il une contradiction au sein du droit constitutionnel et de la théorie de l'Etat entre ce que nous avons dénommé régionalisme institutionnel et unité politique de l'Etat au travers de ses trois éléments ? Le régionalisme institutionnel concerne plus que l'organisation territoriale du pouvoir. Le régionalisme institutionnel, tel que nous l'entendons ici, est un principe organisatif de l'Etat, il s'intègre à la notion juridique d'Etat et intéresse donc ses trois éléments. Il concerne le pouvoir par l'existence d'une autonomie normative au profit des institutions territoriales régionales (jusqu'à poser la question d'un droit constitutionnel régional), et du fait de la répartition des compétences entre l'Etat et les régions, basée sur la subsidiarité, le polycentrisme et l'asymétrie ; il concerne le territoire du fait de la mise en place d'institutions territoriales destinataires d'une répartition du pouvoir au sein de l'Etat et par conséquent par le découpage du territoire national en territoires régionaux dont les limites sont une mesure de l'action de ces institutions ; enfin le régionalisme institutionnel concerne la population car il se base sur une identité régionale qui justifie des compétences et le recours à la négociation des statuts avec les autorités centrales et qui conduit dans une certaine mesure à une reconnaissance juridique d'identités différenciées. Ce dernier point est le plus délicat du travail qui sera fait car il se trouve à la frontière des analyses politiques et sociales du régionalisme, mais il est aussi l'un des points essentiels de la défini-

[222] La reconnaissance des nationalités est normative et permet d'atteindre l'autonomie politique au sein de l'Etat espagnol.

tion juridique du régionalisme institutionnel telle que nous entendons la développer.

2. La diversité régionale

Les éléments de définition et la pratique du régionalisme institutionnel tendent à favoriser la diversité régionale au sein de l'Etat ; en effet il existe au sein d'un même Etat des différences statutaires entre les régions, des différences dans l'étendue des compétences des régions et dans leur exercice, qui conduit à la diversité des solutions juridiques et politiques régionales. Ces éléments ont été décrits par le terme de différenciation ou asymétrie, mélange de dispositions de droit public et de ce qui est appelé en sciences politiques la capacité d'action politique des régions. Cette capacité d'action politique regroupe un faisceau d'éléments tels que les compétences, l'autonomie financière, etc., eux-mêmes répartis en sous-catégories[223]. Pour ce qui est d'une étude juridique, nous aborderons cette question sous l'angle de l'existence au profit des régions étudiées d'une autonomie, dont la substance a été définie par différentes cours constitutionnelles comme permettant l'adoption de solutions juridiques diverses. Elle est ainsi protégée dans une certaine mesure face au principe d'égalité, qui commande une certaine uniformité sur l'ensemble du territoire étatique[224]. Ces jurisprudences mettent bien en avant la

---

[223] Pour une étude de notre sujet sous l'angle de la capacité d'action politique des régions, voir la thèse de R. Pasquier préparée au Centre de recherches administratives et politiques de la Faculté de Droit et de Science politique de l'Université de Rennes I, *La capacité politique des régions. Une comparaison France-Espagne*, 25 octobre 2000, 428 p., prix de thèse sur les collectivités territoriales 2001 du Groupement de Recherches sur l'Administration Locale en Europe (GRALE) et de la Ville d'Orléans. Il utilise comme cadre d'analyse comparatif la capacité politique des régions, p. 26 : « pour nous, une capacité politique est un processus complexe de défense/définition ? d'intérêts, d'organisation et de coordination de l'action collective qui permet à des institutions et à des groupes d'acteurs publics et privés de concevoir et d'appliquer des politiques dans les contextes d'actions fragmentées et fluides que sont les espaces régionaux », p. 29 ; p.30 il souligne que la capacité des institutions régionales ne concerne pas seulement l'exercice de prérogatives légales et se base sur Keating pour citer notamment les ressources économiques, la projection internationale, la construction de coopérations, ... Enfin pour l'auteur la perception d'un nouvel espace en formation se traduit par l'expression d'intérêts et de stratégies d'action des institutions ou des acteurs régionaux ; il étudie le sujet notamment dans son chapitre 4 sous l'angle « coalitions régionales et gouvernance polycentrique ».

[224] En Espagne la sentence 37/1981 du 16 novembre, fondement juridique 2 précise que l'égalité ne peut signifier « une rigoureuse et monolithique uniformité de l'ordre, de laquelle il résulte qu'en égales circonstances, dans n'importe quelle partie du territoire national, il y aurait les mêmes droits et obligations ». En Belgique, les arrêtes 25/91 et 33/91 vont dans le même sens. Voir P. Martens, *Le rôle de la Cour d'Arbitrage dans l'édification du fédéralisme en Belgique*, Revue Belge de Droit Constitutionnel, n°1, 2003, p. 3-12. Selon la Cour Constitutionnelle italienne, dans sa sentence 34/1961, « l'exigence d'adapter les institutions juridiques aux conditions locales est une raison fondamentale de l'autonomie particulière des régions » et, dans sa sentence 64/1965, « l'attribution aux régions à statut spécial d'un pouvoir d'instituer des contributions propres, dans le respect des principe

problématique dont il est question ici. La question se pose donc de la conciliation de la diversité et de l'unité, ou plus précisément de l'existence d'une conception constitutionnelle de l'unité politique de l'Etat qui accepte le régionalisme institutionnel.

Des interventions de l'Etat sont ainsi prévues quand l'unité l'exige : pour l'exercice des libertés, on se trouve dans le cadre de la problématique de la diversité et de l'égalité ; la péréquation est un moyen d'assurer une certaine uniformité des conditions de vie sur le territoire ; le pouvoir de contrainte ou de substitution de l'Etat doit lui permettre de limiter l'autonomie des régions au respect de leurs obligations ; l'Etat conserve des compétences dans les matières lui permettant de décider les grandes orientations politiques et économiques nationales ; etc. Ainsi le régionalisme institutionnel conduit-il à la recherche d'un équilibre entre unité et diversité au sein de l'Etat. Cet élément est une raison de plus de ne pas utiliser le terme d'autonomie régionale pour notre thèse mais bien de régionalisme institutionnel, dont l'autonomie régionale est un élément, qui doit être concilié avec l'unité (autonomie/unité).

La recherche de cet équilibre entre unité et diversité est un élément de la définition du régionalisme institutionnel, nécessaire du fait du cadre constitutionnel dans lequel celui-ci s'inscrit, qui est celui de l'Etat et donc de l'unité politique. La recherche de l'équilibre, qui se traduit par des éléments de flexibilité du droit, est un moyen de s'inscrire dans la théorie de l'unité politique de l'Etat tout en conduisant au renouvellement de l'ordre constitutionnel des Etats étudiés.

3. La recherche de l'équilibre

Dans le but de définir cet élément, nous présenterons une synthèse du cadre juridique constitué par l'unité politique de l'Etat puis les éléments ouverts et fermés de ce cadre juridique.

Synthèse du cadre juridique constitué par l'unité politique de l'Etat

L'unité des trois éléments de l'Etat a en fonction de chacun des Etats étudiés un contenu différent qui constitue une marge plus ou moins large pour le régime juridique du régionalisme.

---

de l'ordre fiscal étatique, implique nécessairement une diversité dans la charge reposant sur les contribuables, diversité qui se vérifie dans tout l'ordre fiscal, par effet des contributions des collectivités locales. Mais une telle diversité n'a pas d'incidence quant au principe d'égalité de traitement des contribuables ».

L'autodétermination du peuple ou, selon les différentes théories de l'unité politique que nous avons exposées, l'autodétermination des individus mène à la construction politique de l'unité que traduit la Constitution de l'Etat. Ainsi l'unité politique de l'Etat suppose-t-elle l'existence d'un peuple étatique ou nation, titulaire de la souveraineté.

Les conséquences de cette reconnaissance peuvent être séparées en deux catégories.

D'un côté, il existe des Etats où le peuple est indivisible, dont l'exemple ici est la France : elle ne reconnaît qu'une communauté politique, ne faisant l'objet d'aucune distinction quelle qu'elle soit.

D'un autre côté, nous trouvons des Etats où le peuple étatique est un mais divisible dans une certaine mesure : les minorités linguistiques en Italie qui se voient reconnaître des droits collectifs notamment au travers de l'organisation territoriale de l'Etat[225] ; les nationalités exerçant un droit à l'autonomie après l'adoption de la Constitution de l'Etat espagnol, sur une base communale ; les Communautés en Belgique, qui se recoupent avec les Régions[226], et sont la base des groupes linguistiques dans les institutions nationales ; les différentes nations au Royaume-Uni. Ces Etats correspondent davantage aux théories basées sur le pluralisme, qui reconnaissent l'unité politique de l'Etat comme le résultat d'un processus constitutionnel ouvert[227]. Cependant, sauf éventuellement au Royaume-Uni, il ne s'agit pas de souverainetés passées d'entités territoriales se regroupant dans une unité politique plus grande. Tous les pouvoirs émanent de la nation dans ces Etats, mais la Constitution reconnaît des composantes, groupements, populations, avec des conséquences normatives[228].

En ce qui concerne le territoire étatique, son unité entraîne des conséquences communes à l'ensemble des Etats : liberté de circulation, mécanismes de solidarité entre les différents territoires, pouvoir de substitution, de contrainte ou contrôle des autorités nationales sur les autorités régionales, collaboration loyale[229], mécanismes

---

[225] Cas de la province de Bolzano déjà exposé.

[226] Les Communautés n'ont pas de base territoriale mais leurs institutions se regroupent avec celles des Régions, qui sont elles aussi des entités fédérées mais sur une base territoriale.

[227] Dans cette théorie l'autodétermination des individus, conduisant à la construction d'une unité politique traduite dans un Etat, doit avoir pour conséquence l'ouverture du système étatique, la garantie constitutionnelle du pluralisme présent au sein de cette unité politique de volontés.

[228] Ces conséquences normatives sont diverses selon qu'il s'agit de minorités, des nationalités espagnoles, ou de groupes linguistiques.

[229] Sauf en France.

de répartition des compétences[230] compétences étatiques justifiées par la nécessité de conserver une homogénéité territoriale notamment pour les libertés.

En ce qui concerne le pouvoir, nous pouvons remarquer que dans tous les Etats étudiés, l'Etat garde la compétence de la compétence, ce qui assure l'unité de l'ordre juridique. Cependant la traduction de l'unité de l'ordre juridique est différente en fonction des Etats.

Nous avons distingué trois groupes d'Etat dans notre présentation.

D'un côté, en France, nous pouvons constater la concentration du pouvoir normatif (législatif et réglementaire) au sein de l'Etat, malgré quelques mécanismes prévoyant l'adaptation ou l'adoption de normes locales.

Au Royaume-Uni, il existe un pouvoir normatif écossais et gallois mais la souveraineté du Parlement britannique rend le pouvoir législatif écossais très fragile. La loi nationale l'emporte toujours sur la loi régionale.

D'autre part, en Italie, Espagne et Belgique, les régions se voient reconnaître un pouvoir législatif et réglementaire[231] qui conduit à un polycentrisme normatif, organisé non seulement en fonction du principe hiérarchique mais aussi du principe de compétence, ce qui a pour conséquence que la loi régionale n'est pas systématiquement soumise à la loi nationale ou ne tire pas sa validité de celle-ci mais directement de la Constitution. Il y a bien une unité du pouvoir normatif cependant car il n'existe pas de pouvoir normatif non prévu par la Constitution et que celui-ci s'organise selon le principe de la hiérarchie des normes, au sommet de laquelle se trouve la Constitution, adoptée par le pouvoir constituant et représentant l'existence politique de l'Etat. Il faut avoir recours, pour concilier unité politique de l'Etat et polycentrisme normatif à la théorie de L. Le Fur sur les droits garantis et à aux notions de division territoriale ou verticale du pouvoir déjà présentées. Cela nous conduira à présenter dans la seconde partie de notre thèse une lecture du régionalisme institutionnel s'inspirant des mécanismes de pensée de la *Dreigliederungslehre* et à une nouvelle présentation de l'ordre juridique étatique tel que modelé par l'émergence de ce régionalisme institutionnel en Europe.

---

230 Notamment la subsidiarité, principe de répartition des compétences qui est actuellement en plein essor.

231 Et parfois, de façon limitée et/ou encadrée, la capacité à conclure des traités.

Exposons ici un schéma correspondant à cette présentation :

Unité politique = Etat = souveraineté = Constitution Compétence de la compétence Attribution de compétences I I aux institutions nationales aux institutions régionales

La nation, souveraine, peut toujours reprendre les compétences et les attribuer différemment, par la révision constitutionnelle ou l'exercice du pouvoir constituant originaire.

Les éléments ouverts et fermés du cadre juridique

Le cadre juridique de l'unité politique de l'Etat est constitué d'éléments souples ou ouverts, qui offrent une marge au régionalisme institutionnel, et d'éléments rigides ou fermés qui ne permettent pas d'adaptation, ce qui nous entraînera à faire le constat de la contradiction entre unité politique de l'Etat et régionalisme institutionnel sur certains points.

- Les éléments souples ou ouverts du cadre juridique

Les conséquences ou interprétations de l'unité normative sont un élément souple du cadre juridique que constitue l'unité politique de l'Etat pour le régionalisme institutionnel. L'unité normative, si elle réserve la compétence de la compétence à l'Etat et suppose que les normes juridiques trouvent leur validité dans une norme supérieure (hiérarchie des normes), permet la coexistence de plusieurs pouvoirs législatifs dans l'Etat, avec des mécanismes de maintien d'une centralisation législative plus ou moins poussée selon les Etats ; c'est ce qui est appelé le polycentrisme législatif, le pouvoir législatif étant distribué en fonction d'un principe de compétence.

Les conséquences attachées à la notion de peuple étatique sont elles aussi un élément souple, l'unité du peuple étatique n'empêchant pas sa division sauf en France où l'indivisibilité du peuple français est constitutionnelle.

- Les éléments rigides ou fermés du cadre juridique

L'unité politique de l'Etat, dont la base est la Constitution et le pouvoir constituant, ou la démocratie, la dignité humaine et le pluralisme (selon la théorie ou le point de vue qu'on adopte), et l'unité nécessaire de ses trois éléments constitutifs, à laquelle il ne peut être porté atteinte sous peine d'inconstitutionnalité dans les cinq Etats étudiés, sont un élément fermé du cadre juridique. Ainsi le rapport entre peuple, souveraineté et représentation nationale apparaît au travers de la question de l'unité au sein du Parlement, mais aussi de la question de l'exercice de la souveraineté[232]. Le régionalisme institutionnel semble affecter ce rapport. Il y a une contradiction entre le régionalisme institutionnel et l'unité politique de l'Etat sur ce point.

Un autre élément fermé du cadre juridique est l'homogénéité territoriale garantie par diverses méthodes, notamment l'intérêt public ou intérêt national[233] ou encore la notion de but présentée par L. Le Fur[234] visant à déterminer les restrictions à la souveraineté de l'Etat, qui exerce un but suprême et universel mais non exclusif et illimité, la souveraineté de l'Etat étant limitée par le principe supérieur du droit[235] ; de plus, lorsqu'il analyse les restrictions volontaires à la souveraineté sur le plan du droit public interne, c'est-à-dire notamment au profit de collectivités non souveraines composant l'Etat, il estime que ces restrictions, qui sont pour ces collectivités des droits garantis, tombent lorsque l'intérêt général l'exige, celui-ci primant

---

[232] Voir par exemple l'article 3 de la Constitution française et l'interprétation des expressions peuple corse et peuple français par le Conseil Constitutionnel, ou encore la décision de la Cour Constitutionnelle italienne concernant la région de la Vénétie.

[233] Il s'agit de divers éléments que nous étudierons plus tard. Donnons ici l'exemple de l'intérêt national en Italie (*interesse nazionale*), théoriquement disparu depuis la réforme constitutionnelle. Son existence est envisagée par certains auteurs, sous la forme des conditions essentielles ou du principe de subsidiarité, mais aussi d'un intérêt sanitaire par exemple qui justifie, en échange d'une certaine coopération, de réduire l'autonomie des régions : la sentence 88/2003 précise de plus que l'Etat peut agir au titre de cette compétence même vis-à-vis d'une région à statut spécial (ici la province de Trente), alors que l'article 10 de la loi constitutionnelle de 2001, qui par ailleurs introduit l'article 117 m) dans la Constitution, dispose que cette loi constitutionnelle ne s'applique aux régions à statut spécial que dans la mesure où elle leur fournit une plus large autonomie, ce qui n'est pas le cas ici où la région était compétente en matière de santé et d'assistance sociale ; la Cour justifie cette restriction à l'autonomie des régions à statut spécial par la présence d'un intérêt (*rilevanza* et non *interesse*) général des intérêts sanitaires et sociaux de la toxicodépendance mais elle serait compensée s'il était prévu de prendre l'avis de la Conférence permanente pour les rapports Etat/régions/provinces autonomes. P. Häberle, *Kulturverfassungsrecht im Bundesstaat*, Schriftenreihe des Instituts für Föderalismusforschung, tome 16, Wilhelm Braumüller, Wien, 1980, 84 p. parle lui de la charge du bien-être général ou de l'Etat social dans la culture.

[234] L. Le Fur, *Etat fédéral et confédération d'Etats*, Thèse pour le doctorat, 5 juin 1896, Paris, Imprimerie et librairie générale de jurisprudence Marchal et Billard, 1896, 839 p., p. 366 et s. Il se réfère aux ouvrages suivants : Brie, *Theorie der Staatenverbindungen*, Rosin, *Souveränität, Staat, Gemeinde, Selbstverwaltung*.

[235] Et par les restrictions volontaires.

sur l'intérêt particulier, le devoir suprême de l'Etat étant sa conservation. Ainsi le régionalisme institutionnel ne peut conduire à une capacité d'action politique totale de la région sur son territoire en raison d'un souci d'homogénéité territoriale de l'Etat. Nous verrons que les Etats utilisent diverses garanties pour cela.

Grâce à ces éléments de définition de la problématique, nous tenterons de résoudre, à l'examen du fonctionnement du régionalisme institutionnel, la question d'une conception constitutionnelle de l'unité politique de l'Etat qui accepte le régionalisme. Nous verrons que celle-ci va s'inspirer notamment de la *Dreigliederungslehre*, des notions d'intérêt public et national, et de la notion de garantie.

Conclusion du chapitre 2

L'étude de l'unité politique de l'Etat nous a permis, à travers le rapport entre Etat et Constitution et l'étude de l'unité des trois éléments constitutifs de l'Etat, de déterminer un autre volet du cadre normatif dans lequel s'inscrit le régionalisme institutionnel.

Nous avons vu que le principe de nationalité laissait une marge d'interprétation pour la reconnaissance d'identités différenciées au sein de l'Etat, nous avons décrit les conséquences normatives de l'unité du territoire et celles de l'unité du pouvoir, notamment de la compétence de la compétence. Les modèles varient selon les Etats, laissant apparaître trois groupes, l'Espagne, l'Italie et la Belgique, où le régionalisme institutionnel va prendre sa pleine mesure, le Royaume-Uni où la souveraineté du Parlement britannique est une limite forte à un modèle écossais à tendance institutionnelle régionaliste, et enfin la France, contre-exemple de notre étude, où le régionalisme institutionnel ne semble pouvoir se concilier avec l'interprétation de l'unité politique de l'Etat.

Nous avons conclu cette étude théorique et pratique (dans les cinq Etats choisis) par les termes dans lesquels doit être posée la question de l'opposition ou de la conciliation entre le régionalisme institutionnel et l'unité politique de l'Etat. Tous ces éléments constituent une base pour la poursuite de notre travail qui doit s'étendre à l'analyse de l'impact du régionalisme sur les trois éléments de l'Etat, à la description de la diversité régionale possible dans ce cadre (identités différenciées, autonomie de nature politique, asymétrie,...) et à la détermination des caractéristiques du régionalisme qui se dégagent de la diversité des modèles, avec la contribution et les évolutions qu'il apporte à la théorie de l'Etat et à la théorie constitutionnelle.

Conclusion du titre 1

Ce premier titre nous a permis d'analyser les éléments de définition de l'Etat comme cadre juridique théorique du régionalisme.

La théorie de l'Etat et la théorie constitutionnelle, dans leurs applications de droit positif en Espagne, Italie, France, Belgique et au Royaume-Uni apportent une limite qualitative au régionalisme institutionnel, c'est-à-dire quant à sa nature. Celle-ci doit être appréciée dans le cadre ou en rapport avec l'ordre juridique étatique.

Cependant ce cadre juridique n'apporte pas de limite définitive au niveau quantitatif, c'est-à-dire quant à l'étendue du régionalisme. Les solutions juridiques peuvent être différentes selon les Etats et il existe une certaine souplesse dans les applications possibles des dispositions théoriques.

Pour compléter le schéma du cadre juridique étatique du régionalisme, il convient de s'intéresser à présent, dans un second titre, aux principes et dispositions juridiques d'organisation des Etats, ce qui nous permettra d'envisager plus finement les limites et possibilités offertes au régionalisme institutionnel selon la diversité des modèles.

TITRE 2

DIVERSITE DES PRINCIPES ET DISPOSITIONS JURIDIQUES D'ORGANISATION DES ETATS

L'ensemble des normes nationales, européennes et internationales applicables sur le territoire d'un Etat donné constitue dans sa diversité le cadre des applications possibles du régionalisme institutionnel.

De plus le régionalisme institutionnel est un modèle déjà existant, l'organisation des Etats en question a donc subi et subit actuellement des changements.

Le cadre offert ainsi par les principes d'organisation des Etats va varier d'un Etat à l'autre. On trouvera aussi des points communs. Selon les Etats, le régionalisme institutionnel va être plus ou moins favorisé, le droit constitutionnel être adapté à son développement. Ainsi nous pourrons déterminer l'accueil possible fait par le droit au phénomène de différenciation politique régionale qui se développe en Europe dans certains pays. Quand pourra-t-on envisager le régionalisme institutionnel pour décrire au niveau juridique ce phénomène ? Quand son introduction sera-t-elle impossible ou limitée?

L'organisation des Etats peut être abordée sous l'angle de chacun de ses éléments constitutifs. Cette division nous permettra de déterminer avec précision les principes et règles d'organisation des Etats dans l'ensemble de sa constitution, qui intéresse, nous l'avons démontré dans notre premier titre, le régionalisme institutionnel.

Ainsi nous nous intéresserons à l'organisation du territoire (chapitre 1), de la population (chapitre 2) et du pouvoir (chapitre 3).

CHAPITRE 1

ORGANISATION TERRITORIALE DE L'ETAT : LE RAPPORT ENTRE FORME D'ETAT ET REGIONALISME INSTITUTIONNEL

L'organisation du territoire étatique, ou encore ce qu'on appelle la forme de l'Etat, se distribue classiquement entre l'Etat unitaire et l'Etat fédéral. Le régionalisme institutionnel va devoir et pouvoir se développer dans ce cadre, qui présente certains points communs et certaines différences que nous allons présenter. Cependant ces classifications classiques sont remises en question dans la doctrine constitutionnelle[236] et la distinction est parfois plus floue entre Etat unitaire et fédéral, particulièrement en Italie, en Espagne et au Royaume-Uni. En étudiant l'ensemble de

[236] Les manuels de droit constitutionnel intègrent à côté de la distinction entre Etat unitaire et Etat fédéral, ou parfois comme sous-catégorie de l'un ou l'autre l'Etat régional par exemple.

ces modèles, nous pourrons dans la suite de notre travail tenter de trouver les points d'analyse communs et les différences de marge de manœuvre pour les applications du régionalisme institutionnel. Nous traiterons donc tout d'abord de l'organisation territoriale classique des Etats – décentralisation de l'Etat unitaire, Etat fédéral (I), puis de la remise en question de ces classifications (II).

I. LES CHANCES DE DEVELOPPEMENT DU REGIONALISME INSTITUTIONNEL DANS LES FORMES CLASSIQUES D'ORGANISATION TERRITORIALE DE L'ETAT

La forme fédérale de l'Etat est une application des principes du fédéralisme, à savoir l'autonomie et l'égalité des membres de la fédération et le principe de participation. Cette forme d'Etat permet le développement du régionalisme institutionnel, comme c'est le cas en Belgique. L'Etat unitaire par contre, tel l'Etat français, s'il s'est décentralisé ces dernières années, propose un cadre juridique trop strict pour le régionalisme institutionnel, qui suppose une forte autonomie régionale, se traduisant notamment par un pouvoir législatif, des mécanismes de participation à la détermination des choix politiques nationaux et une différenciation politique et juridique. L'étude de l'Etat français nous permettra d'exclure le régionalisme institutionnel dans l'Etat unitaire (A), alors qu'il est possible dans l'Etat fédéral, avec une différence essentielle par rapport au fédéralisme : l'asymétrie de principe qu'il suppose (B).

A. Incompatibilité de la décentralisation française avec le régionalisme institutionnel

L'Etat français est un Etat unitaire. Les dispositions juridiques et institutionnelles de son organisation territoriale, la décentralisation, ne laissent pas de place au régionalisme institutionnel (1). Cependant un régime différencié à été instauré pour la collectivité territoriale de Corse, justifié en partie par son insularité et des revendications politiques. Il nous faudra juger s'il s'agit d'une brèche vers l'émergence en France d'un régionalisme institutionnel (2).

1. La forme décentralisée de l'Etat unitaire français ne laisse pas de place au régionalisme institutionnel

Nous nous intéressons ici à la décentralisation territoriale, c'est-à-dire au fait de confier à des collectivités territoriales au sein de l'Etat unitaire des compétences dans le cadre de leur territoire.

La définition même de la décentralisation fait de la France le contre-exemple de notre analyse des Etats à régionalisme institutionnel

L'autonomie politique est la capacité pour une collectivité territoriale de faire ses propres choix politiques, en particulier par le biais d'un pouvoir législatif ; cette autonomie bénéficie de certaines garanties, plus particulièrement financières et juridictionnelles. La libre administration est la capacité de s'administrer librement dans le cadre des lois de l'Etat. La décentralisation française est administrative, les collectivités territoriales ne bénéficient pas d'autonomie politique[237], or nous avons donné comme l'un des critères de la définition du régionalisme institutionnel la capacité d'action politique de l'institution territoriale régionale. Les actions de la collectivité territoriale restent sous le contrôle du juge administratif.

La décentralisation française ne laisse pas de place au régionalisme institutionnel, y-compris après la loi constitutionnelle 276-2003 du 28 mars 2003. Celle-ci introduit dans l'article 1 de la Constitution l'expression suivante concernant la République : « son organisation est décentralisée ».

La région en tant que collectivité territoriale apparaît en 1986 à la suite des premières lois de décentralisation[238]. Elle ne se voit pas reconnaître de place spécifique au sein des collectivités territoriales, qui sont considérées comme égales, à quoi s'ajoute l'interdiction de la tutelle d'une collectivité sur une autre[239]. Cependant la région a une place essentielle dans le cadre du contrat de projets Etat région (CPER).

Pour O. Gohin[240] la France est un Etat unitaire décentralisé politiquement régionalisé à la marge (en Nouvelle-Calédonie et Polynésie française). Il souligne en effet que les régions en France font l'objet d'une décentralisation simplement administrative et que le droit constitutionnel ne leur accorde pas de place particulière, ni en métropole, ni en outre-mer, par exemple le droit d'expérimentation ne leur est pas réservé, le principe de subsidiarité et la notion de collectivité territoriale chef de file ne privilégient pas la région, de plus l'article 72 alinéa 5 de la Constitution prévoit l'interdiction de la tutelle entre les collectivités territoriales.

---

[237] La décentralisation suppose l'attribution aux collectivités locales de moyens matériels, financiers et de personnels pour l'exercice de leurs fonctions. Cependant il s'agit pour les collectivités territoriales de s'administrer et non de se gouverner.

[238] Elle fut, contrairement aux communes et aux départements, cités dans la Constitution, créée par la loi sur la base de l'article 72 de la Constitution.

[239] Article 72 alinéa 5 de la Constitution : « Aucune collectivité territoriale ne peut exercer une tutelle sur une autre. Cependant, lorsque l'exercice d'une compétence nécessite le concours de plusieurs collectivités territoriales, la loi peut autoriser l'une d'entre elles ou un de leurs groupements à organiser les modalités de leur action commune. »

[240] O. Gohin, *La nouvelle décentralisation et la réforme de l'Etat en France* in : *Dossier organisation décentralisée de la République*, AJDA, n° 11, 2003, p. 522-573, p. 522-528, notamment p. 525.

Quelques évolutions en faveur des pouvoirs locaux, insuffisantes pour favoriser une éventuelle évolution vers le régionalisme institutionnel

Certains éléments de la réforme de la décentralisation en France sont favorables aux pouvoirs locaux et offrent des possibilités d'ouverture pour l'action locale. Cependant ces initiatives restent très encadrées par l'Etat et ne changent pas la nature de la décentralisation.

Il s'agit tout d'abord des logiques de répartition des compétences depuis la réforme constitutionnelle de 2003.

Le principe de subsidiarité est une garantie restreinte de la protection des affaires propres aux collectivités territoriales. Il n'est pas énoncé comme tel dans la Constitution, cependant celle-ci dispose dans son article 72 alinéa 2 : « Les collectivités territoriales ont vocation à prendre les décisions pour l'ensemble des compétences qui peuvent le mieux être mises en œuvre à leur échelon. » Cette énonciation concerne pour l'ensemble de la doctrine la reconnaissance du principe de subsidiarité pour la répartition des compétences. Ce principe cependant n'est pas d'application directe, il doit seulement inspirer le législateur lorsqu'il décide le transfert de compétences à une collectivité locale. Pour J. F. Brisson, il s'agit plus d'un objectif que d'une véritable obligation juridique, le contrôle du juge constitutionnel se limitera à l'erreur manifeste d'appréciation[241]. C'est le cas dans la décision n°2005-516 DC du 7 juillet 2005. Dans cette décision, le Conseil Constitutionnel se base sur la généralité des termes de l'article 72 alinéa 2 de la Constitution pour limiter son contrôle à l'erreur manifeste d'appréciation du législateur. En l'occurrence, prenant en compte l'étendue des intérêts, des finalités en jeu pour la définition des zones d'implantation d'éoliennes, il considère qu'il n'y a pas d'erreur manifeste d'appréciation dans le fait de conserver cette tâche à l'Etat (aux préfets de département). La notion d'affaires propres des collectivités territoriales ne bénéficie donc pas, du fait de la généralité de ses termes et du contrôle mis en œuvre, d'une garantie véritable à ce jour.

L'expérimentation normative est aussi introduite dans la Constitution mais reste sous contrôle étatique. Elle est prévue à l'article 72 alinéa 4 de la Constitution, et réglée par la loi organique n° 2003-704 du 1er août 2003 relative à l'expérimentation par les collectivités territoriales. Elle reste toujours soumise au contrôle du

[241] J. F. Brisson, *Les nouvelles clefs constitutionnelles de la répartition matérielle des compétences entre l'Etat et les collectivités locales*, in : *Dossier organisation décentralisée de la République*, AJDA, n° 11, 2003, p. 522-573, p. 529-539 ; il se base pour cette interprétation sur un document de l'Assemblée Nationale, Rapport n°376, p. 81.

législateur concernant l'expérimentation législative et du pouvoir réglementaire sinon.

Le pouvoir réglementaire local est prévu par l'article 72 alinéa 3 « pour l'exercice de leurs compétences » par les collectivités territoriales. Nous renvoyons à ce qui a été écrit plus haut sur l'unité du pouvoir réglementaire.

La désignation d'une collectivité chef de file est tout simplement un mode de coopération entre collectivités territoriales. Cette expression concerne les dispositions prévues à l'article 72 alinéa 5, deuxième phrase, de la Constitution : « lorsque l'exercice d'une compétence nécessite le concours de plusieurs collectivités territoriales, la loi peut autoriser l'une d'entre elles ou un de leurs groupements à organiser les modalités de leur action commune. »

La réforme de 2003 a aussi des influences sur l'autonomie locale en France, qui restent limitées pour une évolution vers le régionalisme institutionnel.

Les éléments introduits par la réforme concernent le référendum local, l'autonomie financière et l'auto-organisation des collectivités locales.

Le référendum local est prévu à l'article 72-1 de la Constitution et encadré par la loi organique n° 2003-705 du 1er août 2003 relative au référendum local. Il est possible sur « les projets de délibération ou d'acte relevant de la compétence d'une collectivité territoriale ». La loi organique, à l'article LO 1112-3 du CGCT, prévoit comme limite à la délibération ou au projet de délibération ou d'acte soumis au référendum local l'exercice des libertés publiques et individuelles, sous le contrôle du Président du tribunal administratif qui peut suspendre l'acte dans les 48 heures. Cette introduction du référendum local est un élément de démocratie locale. Or nous le trouvons en France pour l'ensemble des collectivités territoriales, et pas particulièrement dans la région.

L'autonomie financière est traitée dans de nombreux articles[242]. L'article 72-2 de la Constitution est consacré à cette autonomie financière, ainsi que la loi organique du 29 juillet 2004. L'autonomie financière est un élément important de l'autonomie locale, elle est notamment requise par la Charte du Conseil de l'Europe. Selon R. Hertzog, la réforme constitutionnelle de 2003 introduit la problématique de la conciliation de l'autonomie financière avec le principe d'égalité devant le service

---

[242] Voir par exemple L. Philip, *L'autonomie financière des collectivités territoriales*, Cahiers du Conseil Constitutionnel, n° 12, p. 96-100 ; R. Hertzog, *Le système financier local en France : la décentralisation n'est pas le fédéralisme*, Revue internationale de droit comparé, avril-juin 2002, n°2, p. 613-638 ; R. Hertzog, *L'ambiguë constitutionnalisation des finances locales*, in : *Dossier organisation décentralisée de la République*, AJDA, n° 11, 2003, p. 522-573, p. 548-528 ; A. Barilari, *La question de l'autonomie fiscale*, Revue Française de Finances Publiques, n° 80, décembre 2002, p. 77-83.

public. Cette question de la conciliation du principe d'égalité et de l'autonomie est récurrente dans l'étude conduite ici. L'autonomie financière, comme élément de l'autonomie locale, introduit effectivement la problématique, qui imprègne notre développement sur le régionalisme institutionnel, de l'équilibre entre unité politique de l'Etat (notamment par le biais du principe d'égalité) et autonomie de la région lui permettant d'effectuer certains choix différenciés.

La question de l'auto-organisation des collectivités territoriales a été posée par J. F. Brisson[243] du fait de la possible expérimentation des collectivités territoriales concernant l'exercice de leurs compétences ; il se pose la question de savoir si cela permettrait à des collectivités territoriales de se différencier statutairement des autres (ce qu'il appelle « un pouvoir de différenciation statutaire », p. 536). Il conviendra de déterminer quelle est l'étendue de la capacité de proposition des collectivités territoriales dans ce cadre. L'expérimentation mise en place par la réforme constitutionnelle de 2003 n'est en tous cas pas à l'origine d'une véritable capacité d'auto-organisation des collectivités locales.

Si de nombreux éléments ont renforcé l'autonomie des collectivités territoriales depuis la réforme constitutionnelle de 2003, il s'agit toujours d'une décentralisation administrative placée dans le cadre de la loi. La question du régionalisme institutionnel se pose avec l'apparition de la collectivité territoriale de Corse.

2. La Corse, vers le régionalisme institutionnel ?

La collectivité territoriale de Corse est dotée d'un statut particulier, mais elle reste dans le cadre de la décentralisation. Cependant certaines spécificités pourraient laisser la porte ouverte au régionalisme institutionnel, bien que la tendance actuelle soit le retour au droit commun des collectivités territoriales depuis la réforme constitutionnelle de 2003.

La création d'une nouvelle catégorie de collectivité territoriale avec une seule unité et l'existence d'un statut particulier, encore dans les limites des principes de la décentralisation

La Corse bénéficie d'un statut particulier mais n'appartient pas à la catégorie de l'outre-mer.

[243] J. F. Brisson, *Les nouvelles clefs constitutionnelles de la répartition matérielle des compétences entre l'Etat et les collectivités locales*, in : *Dossier organisation décentralisée de la République*, AJDA, n° 11, 2003, p. 522-573, p. 529-539, essentiellement p. 536.

La création d'une collectivité territoriale dont la seule unité est la Région corse puis la collectivité territoriale de Corse introduit l'asymétrie dans les collectivités territoriales de l'article 72 de la Constitution.

Dans ses décisions sur la Corse, le Conseil Constitutionnel reconnaît la possibilité pour le législateur de créer, sur la base de l'article 72 de la Constitution, une catégorie de collectivité territoriale, même si celle-ci ne contient qu'une unité. Cette jurisprudence est critiquée par certains auteurs[244]. L. Favoreu[245] parle d'abandon de l'exigence d'identité constitutionnelle des collectivités territoriales autres que les TOM et d'acceptation de la diversité territoriale, J.M. Pontier de remise en cause de l'unité catégorielle par la décision du Conseil Constitutionnel du 9 mai 1991. D'après nous l'asymétrie est effectivement introduite dans la définition des collectivités territoriales de l'article 72 de la Constitution en 1982. Ce qui est créé est la région corse. Pourtant, bénéficiant d'un statut particulier par rapport aux autres régions, elle est considérée par le Conseil Constitutionnel comme appartenant à une autre catégorie de collectivité territoriale que le législateur aurait ainsi créée sur la base de l'article 72 de la Constitution ; dans ce sens nous suivons le raisonnement de J.M. Pontier, L. Favoreu et L. Philip. En effet, il s'agit bien d'une région, qui ne respecte pas le principe d'identité institutionnelle (statut particulier) qu'avait posé le Conseil Constitutionnel dans sa jurisprudence[246] ; le Conseil Constitutionnel, au lieu de considérer que le statut particulier de la Corse était d'une spécificité telle qu'il était contraire à ce principe, a préféré considérer qu'était créée une nouvelle catégorie de collectivité territoriale d'une seule unité ; ce raisonnement se tient d'après nous davantage à partir de 1991 où il n'est plus question de la région corse (« loi 82-214 du 2 mars 1982 portant statut particulier de la région de Corse ») mais de la collectivité territoriale de Corse. Ainsi la loi n° 91-428 du 13 mai 1991 portant statut de la collectivité territoriale de Corse dispose dans son article 2 : « La Corse constitue une collectivité territoriale de la République au sens de l'article 72 de la Constitution ». En 1982, le Conseil Constitutionnel permet l'asymétrie ou la différenciation au sein d'une même dénomination (région) en utilisant le concept de catégorie ; en 1982 comme en 1991, on assiste de toute façon à la reconnaissance d'une catégorie de collectivité territoriale composée d'une seule unité. Ainsi

---

[244] Voir J. M. Pontier, *Libres interrogations sur l'organisation et la libre administration des collectivités territoriales locales*, La revue administrative, 1994, p. 61-70. Il renvoie à différents articles et commentaires de L.Favoreu et L. Philip.

[245] L. Favoreu, *La décision « statut de la Corse » du 9 mai 1991*, Revue française de droit constitutionnel, 1991, p. 305-316.

[246] Décisions 138 DC du 25 juin 1982 pour les départements, 147 DC du 2 novembre 1982 concernant les départements d'outre-mer et de métropole, 149 DC du 28 décembre 1982 concernant les communes. Voir R. Debbasch, *L'indivisibilité de la République et l'existence de statuts particuliers en France*, in : *Etat, régions et droits locaux*, Institut de droit local alsacien-mosellan, publications de l'IDL, Economica, 1997, 238 p., p. 73-87.

le Conseil Constitutionnel affirme-t-il cette possibilité, sur la base de l'article 72 de la Constitution, dans sa décision de 1982, considérant 4, puis dans la décision de 1991, considérant 18 où il ajoute que le particularisme des territoires d'outre-mer (articles 74 et 76 de la Constitution) n'empêche pas au législateur de créer une nouvelle catégorie d'une seule unité et dotée d'un statut spécifique, mais qui doit être conforme aux règles et principes constitutionnels de libre administration et de respect des prérogatives de l'Etat (considérant 19), dont il donne une application au considérant 20 : « Considérant que l'Assemblée de Corse, élue au suffrage universel direct, est investie du pouvoir de régler par ses délibérations les affaires de la collectivité territoriale de Corse ; que si la loi institue un Conseil exécutif doté de pouvoirs propres, ce conseil est élu par l'Assemblée de Corse en son sein et est responsable devant elle ; que le représentant de l'Etat dans la collectivité territoriale de Corse conserve la charge des intérêts nationaux, du respect des lois et du contrôle administratif ; qu'enfin, ni l'Assemblée de Corse ni le Conseil exécutif, ne se voient attribuer des compétences ressortissant au domaine de la loi ». Le Conseil Constitutionnel, ce qui est intéressant pour la définition de la décentralisation française, tire de plus de ces éléments comme conclusion que la collectivité territoriale est une organisation spécifique à caractère administratif sans compétences législatives, ce qui est conforme à l'article 72 de la Constitution. Ainsi toute différenciation, toute reconnaissance d'une catégorie de collectivité territoriale composée d'une seule unité connaît les garanties mais aussi les limites applicables aux collectivités territoriales de l'article 72 de la Constitution ; le fait de créer une catégorie de collectivité pour la seule Corse, jusque là une région de droit commun ne permet pas de s'affranchir des principes de l'organisation des collectivités territoriales de la République. L'article 72 de la Constitution ne peut être la base que d'une décentralisation administrative.

La notion de statut particulier est de plus conciliable avec la forme unitaire de l'Etat. Le Conseil Constitutionnel dans sa décision de 1982 juge qu'avoir un statut particulier n'est pas en soi la marque de la violation de la Constitution[247].

Le Conseil Constitutionnel souligne dans sa jurisprudence la spécificité de la Corse. Dans sa décision de 1991 au considérant 33, il fait référence aux caractères spécifiques du territoire corse[248]. Cette spécificité justifie la création d'une collecti-

---

[247] Ainsi son considérant 9 : « Considérant que, dans l'état actuel de la définition des attributions respectives des autorités décentralisées et des organes de l'Etat, le texte de la loi soumis à l'examen du Conseil constitutionnel ne comporte pas de disposition qui puisse, en tant que telle, être regardée comme portant atteinte au caractère indivisible de la République et à l'intégrité du territoire national ».

[248] « Considérant qu'en érigeant la Corse en collectivité territoriale à statut particulier et en la substituant à la région de Corse, sans pour autant mettre en cause l'existence des deux départements créés par la loi n°75-356 du 15 mai 1975 sur le territoire de Corse, le législateur a entendu prendre en compte les caractères spécifiques de ce dernier ; qu'à cet effet, dans son titre III, intitulé "De l'identité

vité territoriale à statut particulier ainsi que des compétences supplémentaires : la prise en compte d'une spécificité territoriale par le législateur pour l'attribution d'un statut et de compétences est constitutionnelle.

Cet élément, ainsi que le fait que la reconnaissance d'un statut particulier ne soit pas en tant que telle inconstitutionnelle, sont importants pour la définition et l'évolution du modèle territorial français. En effet, le cadre de droit commun mis en place par l'article 72 de la Constitution, mais aussi les principes d'indivisibilité de la République, d'intégrité du territoire, qui semblent prévoir une certaine homogénéité des collectivités territoriales, permettent cependant selon cette jurisprudence d'opérer une différenciation en faveur d'un territoire. Cependant nous allons voir que l'unité politique de l'Etat va conduire le Conseil Constitutionnel à limiter l'homogénéité de la Corse.

Le Conseil Constitutionnel fait une fois de plus référence à la spécificité de la Corse (sans utiliser ce terme) dans la décision n° 2001-454 DC du 17 janvier 2002, considérant 29[249]. Le Conseil Constitutionnel se base sur une spécificité de la Corse (géographique, économique, statutaire) pour constater que les différences de traitement ne sont pas contraires au principe d'égalité.

Le Conseil Constitutionnel a fait par ailleurs plusieurs références à la spécificité de la Corse en 1982, 1991 et 2002, concernant l'amnistie, le cumul des mandats, les élections sénatoriales, la refonte des listes électorales, les prérogatives particulières de parlementaires élus en Corse, les aides aux exploitants agricoles, l'enseignement facultatif de la langue corse. Dans ces différents cas, il confronte ces mesures au principe d'égalité, qui permet d'attribuer des traitements différents à des situations différentes, pour en constater la conformité à la Constitution ou non.

Ainsi nous pouvons dire que la situation différente justifiant un traitement différent est constituée, dans la jurisprudence constitutionnelle, par des caractéristiques spécifiques de la Corse en tant que territoire. Cependant la référence à ces spécificités n'est soutenue par aucune démonstration.

Le Conseil Constitutionnel va tout de même poser une limite à l'homogénéité de la Corse. Dans sa décision de 1991 comme dans sa décision de 2002, il souligne que

---

culturelle de la Corse", ainsi que dans son titre IV, intitulé "Du développement économique de la Corse", la loi confère à la collectivité territoriale de Corse des compétences plus étendues que celles confiées en règle générale aux régions en vertu de l'article 59 de la loi n°82-213 du 2 mars 1982 et de la législation subséquente. ».

[249] « Qu'eu égard aux caractéristiques géographiques et économiques de la Corse, à son statut particulier au sein de la République et au fait qu'aucune des compétences ainsi attribuées n'intéresse les conditions essentielles de mise en œuvre des libertés publiques, les différences de traitement qui résulteraient de ces dispositions entre les personnes résidant en Corse et celles résidant dans le reste du territoire national ne seraient pas constitutives d'une atteinte au principe d'égalité ».

la région ne supprime pas les autres collectivités et qu'aucune tutelle de la collectivité territoriale de Corse sur les autres collectivités se trouvant sur le territoire de la Corse ne peut être mise en place. Ainsi le fait que la loi dispose que l'Assemblée territoriale règle par ses délibérations les « affaires de la Corse » doit être entendu comme signifiant les « affaires de la collectivité territoriale de Corse » (considérant 7 de la Décision n° 2001-454 DC du 17 janvier 2002) ; de plus le Conseil Constitutionnel contrôle qu'il n'y ait pas méconnaissance des compétences des communes et des départements dans l'attribution des compétences à la collectivité territoriale de Corse[250]. Cette jurisprudence limite donc l'homogénéité de l'exercice territorial du pouvoir.

Le contenu spécifique de la décentralisation corse : bases incertaines pour le développement en France du régionalisme institutionnel

Il y a au départ une spécificité institutionnelle de la Corse. La loi 82-214 du 2 mars 1982 portant statut particulier de la région de Corse prévoit comme organe délibérant l'Assemblée de Corse, alors que les autres régions sont dotées d'un Conseil régional. La loi n° 91-428 du 13 mai 1991 portant statut de la collectivité territoriale de Corse prévoit un fonctionnement des institutions inspiré du régime parlementaire : l'Assemblée est élue au suffrage universel direct ; le Conseil exécutif est un organe collégial dirigé par un président et qui est responsable devant l'Assemblée qui peut utiliser le mécanisme de la motion de défiance constructive. A ces institutions s'ajoute un Conseil économique, social et culturel. Enfin la loi de 1982 crée des offices, qui sont des établissements publics à caractère industriel et commercial nationaux, qui seront transférés à la collectivité territoriale de Corse en 1991, à savoir : l'office de développement agricole et rural, l'office d'équipement hydraulique, l'office des transports. Par ailleurs, la loi a créé un nouvel office : l'office de l'environnement, et une institution spécialisée chargée des actions de tourisme en Corse : l'agence du tourisme. Chaque office ou agence est présidé par un membre du conseil exécutif.

La liste des compétences assumées par la collectivité territoriale de Corse se trouve dans les différentes lois portant statut de la Corse : pour un détail sur les compétences exercées par la collectivité territoriale de Corse par rapport aux autres régions françaises, nous renvoyons aux développements qui seront fait dans la se-

---

[250] M. Verpeaux, *L'examen par le Conseil Constitutionnel des dispositions autres que celles concernant la répartition des compétences normatives (langue corse, libre administration des collectivités territoriales, principe d'égalité,...)*, Revue française de droit constitutionnel, n°50, avril-juin 2002, p. 414-422. Ainsi dans sa décision de 1991, considérant 34, le Conseil Constitutionnel estime que la définition des compétences de la Corse n'affecte pas substantiellement les attributions des communes et des départements.

conde partie de ce travail. La collectivité a des compétences spécifiques en matière culturelle et de développement économique.

La collectivité territoriale de Corse a la possibilité de proposer des adaptations de dispositions législatives ou réglementaires la concernant. Nous trouvons la procédure et les conditions de cette adaptation à l'article L. 4424-2 – I et III (loi n°2002-92 du 22 janvier 2002 relative à la Corse) du code général des collectivités territoriales[251]. Le Conseil Constitutionnel dans la décision n°2001-454 DC du 17 janvier 2002 souligne bien que ces demandes d'adaptations ne constituent pas un transfert de pouvoir législatif ou réglementaire.

Les spécificités sont en partie gommées par la réforme constitutionnelle de 2003. La collectivité territoriale de Corse bénéficiait de compétences en matière de pouvoir réglementaire[252] (loi n° 2002-92 du 22 janvier 2002 relative à la Corse, article L 4424-2) qui ont été étendues à l'ensemble des collectivités territoriales par la loi constitutionnelle 2003-276 du 28 mars 2003 (déjà la décision du Conseil Constitutionnel de 2002 traitait la reconnaissance d'un pouvoir réglementaire à la Corse sous un angle général, s'intéressant à la constitutionnalité de la reconnaissance d'un pouvoir réglementaire à des catégories de collectivités territoriales). L'article 72 de la Constitution n'est cependant pas une base suffisante de ce pouvoir réglementaire qui doit en outre trouver sa source dans la loi.

La spécificité, déjà limitée, dont bénéficiait la collectivité territoriale de Corse, est donc gommée en partie par la réforme constitutionnelle, ce qui limite encore les possibilités de différenciation régionale. De plus, la Corse ne bénéficie pas de pouvoirs suffisants sur le plan législatif pour répondre aux conditions de développement du régionalisme institutionnel, ce qui est davantage le cas dans l'Etat fédéral.

B. Organisation territoriale de l'Etat fédéral : le fédéralisme

La forme fédérale de l'Etat est un moyen d'appliquer les principes du fédéralisme. Elle s'adapte aussi au régionalisme institutionnel, bien qu'il y ait des différences entre les théories du fédéralisme et du régionalisme.

Nous commencerons par présenter les apports de la théorie du fédéralisme à l'étude du régionalisme institutionnel (1) puis ce que peut être un Etat fédéral basé sur le

---

[251] Et ce « (...) concernant les compétences, l'organisation et le fonctionnement de l'ensemble des collectivités territoriales de Corse, ainsi que (...) le développement économique, social et culturel de la Corse ». De plus, « V. - L'Assemblée de Corse est consultée sur les projets et les propositions de loi ou de décret comportant des dispositions spécifiques à la Corse ».

[252] Cependant les autres collectivités locales avaient aussi des compétences en matière réglementaire, le plan local d'urbanisme pour les communes, le règlement départemental d'aide sociale pour les départements et le régime des aides régionales au développement pour les régions.

régionalisme institutionnel, à travers l'analyse des caractéristiques de l'Etat fédéral belge (2).

1. Apport de la théorie du fédéralisme à l'étude du régionalisme institutionnel – l'Etat fédéral, un modèle adapté au régionalisme institutionnel

L'apport de la théorie du fédéralisme à l'étude du régionalisme institutionnel se trouve dans sa définition même, dans la nature des entités fédérées, dans la pratique de différents Etats fédéraux dans l'Union européenne et enfin dans le rapport du fédéralisme à la région.

Définition du fédéralisme

Nous développerons ici les seuls éléments pouvant intéresser notre étude sur le régionalisme dans l'Union européenne.

Le fédéralisme suppose un mode d'organisation territoriale de l'Etat, l'Etat fédéral, qui repose sur un principe d'autonomie et de participation des entités fédérées. Les entités fédérées possèdent une autonomie constitutionnelle, législative, financière, etc., en résumé les moyens de leur action politique ; le principe de participation, développé par Laband ou Burdeau, concerne d'une part la formation de la volonté de la fédération (par exemple par le biais d'une seconde chambre législative fédérale représentant les entités fédérées) et d'autre part la modification du pacte fédéral c'est-à-dire de la Constitution[253]. La forme de l'Etat est censée permettre l'application de ces principes. L'organisation fédérale de l'Etat a lieu à l'origine par agrégation d'ensembles politiques régionaux égaux[254], comme cela a été le cas de la construction de l'Etat allemand. Le régionalisme développe des principes et techniques de participation et d'autonomie similaires. Une différence essentielle réside dans l'asymétrie que l'on trouve entre les régions. C'est pourquoi par exemple la Belgique est un Etat fédéral qui met en œuvre les principes du régionalisme institutionnel.

---

[253] Voir aussi pour les caractéristiques d'autonomie et participation dans le fédéralisme, G.Héraud, *Un anti-étatisme : le fédéralisme intégral* in : *Genèse et déclin de l'Etat*, Archives de la philosophie du droit, Sirey, 1976 tome 21, p. 167-180.

[254] Voir C.J. Friedrich, *Nationaler und internationaler Föderalismus in Theorie und Praxis*, cité par K. Hesse, *Grundzüge des Verfassungsrechts der Bundesrepublik Deutschland*, 19. Auflage, C.F. Müller, 1993, 319 p., p. 90.

Les entités fédérées ne sont pas souveraines dans la fédération, c'est l'Etat fédéral qui détient la souveraineté, celle-ci étant le critère de la notion d'Etat[255].

Différentes théories se sont confrontées sur le fédéralisme, notamment en Allemagne[256] celle des deux ou trois éléments de la fédération : la théorie des deux éléments constitutifs (*Zweigliederungslehre*[257]) suppose que la fédération est composée de l'Etat fédéral et des Etats fédérés, quand la théorie des trois éléments (*Dreigliederungslehre*[258]) défend l'idée d'un troisième membre, l'Etat global, à côté de l'Etat central et des Etats fédérés. Ces théories s'intéressent en fait essentiellement à la distribution du pouvoir dans l'Etat fédéral, et plus précisément à la souveraineté. Ainsi H. Nawiasky utilise-t-il la *Dreigliederungslehre* afin d'attribuer la souveraineté au seul Etat global. La Cour Constitutionnelle fédérale allemande s'est finalement rangée à la théorie des deux membres, l'Etat central et les Länder ayant tous deux la qualité d'Etat (BVerfGE 13, 54 (77 s.) et 36, 342 (360 s.)). Les réflexions à la base de l'élaboration de la *Dreigliederungslehre* vont inspirer notre analyse de l'ordre juridique étatique tel qu'il est modifié par l'émergence du régionalisme institutionnel.

Nous ajouterons un second élément à la définition du fédéralisme : en plus d'un principe inspirant l'organisation territoriale de l'Etat, il s'agit d'un principe politique basé sur les idées d'égalité, de démocratie et de liberté[259]. Cela entraîne toute une série de conséquences, dont deux nous intéressent particulièrement : les théories qui ont été développées du fédéralisme intégral (Héraud, Marc, Proudhon) et

---

[255] L. Le Fur, *Etat fédéral et confédération d'Etats*, Thèse pour le doctorat, 5 juin 1896, Paris, Imprimerie et librairie générale de jurisprudence Marchal et Billard, 1896, 839 p., p. 445 à 464, *Les restrictions pouvant être apportées à la souveraineté*, ainsi que p. 464 à 494, *Droit de l'Etat de déterminer sa propre compétence et caractère indivisible de la souveraineté de l'Etat.*

[256] Voir par exemple sur ce point K. Hesse, *Grundzüge des Verfassungsrechts der Bundesrepublik Deutschland*, 19. Auflage, C.F. Müller, 1993, 319 p.; K. Stern, *Das Staatsrecht der Bundesrepublik Deutschland, Band I, Grundbegriffe und Grundlagen des Staatsrechts, Strukturprinzipien der Verfassung*, 2. Auflage, C.H. Beck'sche Verlagsbuchhandlung, München, 1984, 1110 p., p. 644-655.

[257] Nous renvoyons pour cette théorie à W. Schmidt, *Das Verhältnis von Bund und Länder im demokratischen Bundesstaat des Grundgesetztes*, Archiv des Öffentlichen Rechts, n°87, 1962, p. 253-295.

[258] Pour cette théorie, nous renvoyons à H. Kelsen, *Allgemeine Staatslehre*, 1966 (1925), p. 199 s. et H. Nawiasky, *Allgemeine Staatslehre*, 3. Teil, 1956, 151 s. Ils considèrent que la fédération est composée du *Gesamtstaat* (Etat global), de l'*Oberstaat* (que nous traduirons par Etat central) et des *Gliedstaaten* (les Etats membres). Pour ces auteurs, il s'agit d'un hasard historique (*eine historische Zufälligkeit*) si l'organisation du *Gesamtstaat* et de l'*Oberstaat* est la même.

[259] Voir par exemple H. Herzog, *Artikel 20*, in: Maunz, Dürig, *Grundgesetz Kommentar*, Verlag C.H. Beck, 1980, p. 85-134. Il distingue dans ce commentaire de l'article 20 de la Constitution allemande Etat fédéral (*Bundesstaatlichkeit* : étaticité fédérale), qui est selon lui une notion appartenant à la théorie de l'Etat, et fédéralisme (*Föderalismus*) qui est une notion politique, p. 99.

de l'autodétermination individuelle à la base du fédéralisme (K. Renner) ; le lien étroit entre fédéralisme et principe de subsidiarité.

Il existe diverses théories du fédéralisme politique. La théorie du fédéralisme intégral prône la dissolution du politique dans le sociétal mais en réservant un rôle clé à la région pour la réussite concrète du système. La théorie de K. Renner se base elle sur l'autodétermination individuelle.

G. Héraud[260] distingue entre le fédéralisme politique d'Hamilton et le fédéralisme intégral de Proudhon. Il développe les principes directeurs des deux fédéralismes, pour les différencier tout d'abord de l'étatisme : l'étatisme cumule la totalité et les parties ; le fédéralisme est le pluralisme, à la différence de ce qu'il appelle la statonation : une dignité et une valeur égales sont accordées à chacun. Le fédéralisme repose sur les notions d'autonomie, de coopération[261], sur le principe d'exacte adéquation, la subsidiarité, la présence d'instances juridictionnelles et d'arbitrage. Dans un deuxième temps, l'auteur explique que le fédéralisme intégral est une amplification du fédéralisme politique. En effet, le fédéralisme politique ne représente une pluralité que par rapport à l'Etat, il n'y a en général que deux niveaux, qui concernent le domaine politique et administratif et non social, économique, culturel. Enfin il développe la thèse selon laquelle le fédéralisme intégral est l'antithèse du fédéralisme politique. Le fédéralisme intégral fait disparaître l'Etat contrairement au fédéralisme politique qui participe de l'Etat ; il y a en effet dans le fédéralisme intégral une démultiplication des niveaux d'autonomie, par conséquent il dégrade les fonctions politiques en fonctions administratives, et une émancipation de collectivités sectorielles qui a pour effet de vider les compétences « politiques ». Si l'on suit d'après lui la ligne théorique pure, le fédéralisme intégral conduit à la technicisation, le politique disparaît et il ne reste que les fonctions de coordination et d'arbitrage. Cet élément est particulièrement intéressant si l'on observe les mécanismes du régionalisme qui laissent une grande place aux principes et aux techniques de coordination (par des organes ou des obligations de consultation) et d'arbitrage (notamment par les cours constitutionnelles). Ainsi pour des raisons empiriques qui sont le risque d'un retour à la centralisation si l'on applique la théorie pure, G. Héraud préconise la mise en place de régions (p.180) : « si maintenant, réintroduisant le politique, on fait apparaître sur la carte une structure régionale prédominante (...) on suscite un réseau d'institutions et de procédures capables de faire contrepoids au centre ; on ancre une patrie régionale en face de la fédération (stato-nationale, européenne ou autre) ». L'auteur introduit ainsi la région dans le fédéralisme, comme application concrète du fédéralisme intégral.

---

[260] G.Héraud, *Un anti-étatisme : le fédéralisme intégral* in : *Genèse et déclin de l'Etat*, Archives de la philosophie du droit, Sirey, 1976 tome 21, p. 167-180.

[261] La loi notamment est de nature paracontractuelle. Ibid., p174.

K. Renner propose l'organisation de l'Etat sur un principe d'autodétermination individuelle : cette décision se fait sur l'appartenance à une nationalité. La nationalité est une unité corporative de droit public qui est à la base de l'Etat, le fédéralisme proposé est un fédéralisme qui repose sur l'autonomie personnelle et non territoriale.

Ces deux théories ont en commun de se baser sur l'autonomie individuelle pour l'organisation de la société mais de réserver pour l'application de leurs modèles la place à une institution, la région pour G. Héraud, la nationalité pour K. Renner. C'est ce recours à une institution, qui se définit soit par un lien personnel, soit par un lien territorial, conjugué à l'expression de l'autonomie individuelle, pour organiser le territoire et la population de l'Etat, qu'il nous paraît important de souligner.

Le lien étroit entre fédéralisme et principe de subsidiarité constitue le point de rencontre du fédéralisme et du régionalisme institutionnel.

Le principe de subsidiarité et le fédéralisme politique sont inspirés par l'idée de l'exercice décentralisé des compétences et de leur prise en charge par un niveau supérieur lorsque celui-ci est plus apte à les exercer, c'est-à-dire lorsque cela est nécessaire pour l'effectivité et l'efficacité de l'exercice des compétences, pour l'action politique[262]. Nous trouvons aussi un rapprochement entre subsidiarité et fédéralisme dans la théorie de K. Renner[263]. Le modèle de fédéralisme reposant sur l'autonomie personnelle proposé par K. Renner justifie l'attribution aux nationalités (personnes morales) des compétences sur les questions les concernant comme la culture. Cela se rapproche dans son inspiration et ses conséquences du principe de subsidiarité, mais aussi du concept d'affaires ou d'intérêts propres qui sera analysé dans la seconde partie de ce travail.

R. Pasquier[264] décrit l'évolution de la pensée fédéraliste dans le sens du développement de la subsidiarité. Il développe dans une partie de sa thèse (*La mouvance fédéraliste : sociologie d'une structure d'action politique de l'après-guerre*) le fait de l'existence de nouvelles règles de répartition des fonctions et responsabilités et cite La Fédération, n° 39, 1948 : « ce qui est communal à la commune, ce qui est

---

[262] K. Stern, *Das Staatsrecht der Bundesrepublik Deutschland, Band I, Grundbegriffe und Grundlagen des Staatsrechts, Strukturprinzipien der Verfassung*, 2. Auflage, C.H. Beck'sche Verlagsbuchhandlung, München, 1984, 1110 p., p. 657-663. Il renvoie notamment aux ouvrages de H. Stadler, *Subsidiaritätsprinzip und Föderalismus*, 1951, et de H. Ehrhard, *Die geistigen Grundlagen des Föderalismus*, 1968.

[263] S. Pierré-Caps, *K. Renner et l'Etat multinational. Contribution juridique à la solution d'imbroglios politiques contemporains*, Droit et société, n°27, 1994, p. 421-441.

[264] R.Pasquier, *La capacité politique des régions. Une comparaison France–Espagne*, Thèse de science politique, Université de Rennes I, dir. B.François, 25 octobre 2000, 434 p., p. 74 et s.

régional à la région, ce qui est national à la nation ». Nous retrouvons bien ici une même inspiration pour la répartition des fonctions et des responsabilités.

Les entités fédérées

Les membres de la fédération sont-ils des Etats ? Cette question s'est posée dans la mesure où la qualité d'Etat des membres est difficilement conciliable avec la doctrine de la souveraineté indivisible de l'Etat.

La Cour Constitutionnelle Fédérale allemande reconnaît la qualité d'Etat des Länder[265], leur autonomie constitutionnelle[266] et l'obligation de loyauté fédérale qui pèse sur les membres et l'Etat fédéral. Enfin la fédération est la seule responsable sur le plan international.

Il existe un débat doctrinal en la matière. Certains auteurs comme R. Zippelius[267] voient un partage entre la Fédération et les fédérés des compétences de l'Etat en fonction de la Constitution, la souveraineté se trouvant à la fois dans les organes de la Fédération et des fédérés. Pour R. Herzog les membres sont bien titulaires de la souveraineté mais il y a une supériorité de l'Etat central. Les *Länder* ont selon lui le caractère d'Etat et leur *Hoheitsgewalt* (compétence, pouvoir) n'est donc pas dévolu par le pouvoir fédéral (*Bundesgewalt*)[268]. Cet élément nous semble intéressant pour dissocier fédéralisme et régionalisme institutionnel ; en effet nous remarquons des mécanismes de dévolution des compétences dans le régionalisme institutionnel, quelle que soit l'étendue de celles-ci[269].

Cette question de la souveraineté dans la fédération et de la qualité d'Etat des membres pose un problème important à la doctrine. Selon T. Fleiner-Gerster[270] il y a nécessité de faire reposer le fédéralisme sur la souveraineté populaire, qui permet de partager la souveraineté entre l'Etat fédéral et les Etats fédérés et de résoudre ainsi cette question, insoluble sous l'angle de la souveraineté de l'Etat car celle-ci

---

265 BVerfGE 1, 14.

266 BVerfGE 4, 178. La Cour reconnaît une liberté d'organisation, dans la limite du principe d'homogénéité de l'article 28 I de la Constitution (BVerfGE 36, 342).

267 R. Zippelius, *Allgemeine Staatslehre*, Politikwissenschaft, 12. Auflage, Verlag C. H. Beck, München, 1994, 442 p. Il se base sur la jurisprudence de la Cour constitutionnelle fédérale allemande, notamment l'arrêt 13, 77.

268 H. Herzog, *Artikel 20*, in : Maunz, Dürig, *Grundgesetz Kommentar*, Verlag C.H. Beck, 1980, p. 85-134.

269 Ainsi, nous le verrons par la suite, le régionalisme institutionnel affecte-t-il aussi l'Etat fédéral, comme c'est le cas en Belgique, où les entités fédérées n'ont pas de compétence ou de souveraineté originaire.

270 T. Fleiner-Gerster, *Théorie générale de l'Etat*, Presses Universitaires de France, 1986, 515 p., p. 220.

est indivisible. Nous avons déjà présenté la théorie de L. Le Fur en la matière[271]. Pour K. Stern ce débat est dépassé[272], il convient plutôt de s'intéresser au système de répartition des compétences.

Dans le régionalisme institutionnel, les régions n'ont pas la qualité d'Etat. Cependant elles peuvent être membres d'une fédération comme c'est le cas en Belgique, ce qui fait de l'Etat fédéral belge un cas spécifique. De plus, certaines évolutions institutionnelles peuvent autoriser à se poser cette question de la qualité d'Etat d'une région[273]. Dans tous les cas, le débat sur la souveraineté se pose dans les mêmes termes à propos du régionalisme institutionnel que pour la doctrine de l'Etat fédéral.

Etats fédéraux dans l'Union Européenne

Nous présenterons l'Allemagne comme exemple typique de fédération, la Belgique, comme nouvel Etat fédéral, et l'Italie, qui a mis en œuvre récemment des réformes dites fédéralistes, la dernière en date ayant cependant été rejetée par référendum des 25 et 26 juin 2006. Ces descriptions nous permettrons de voir la place que l'Etat fédéral peut laisser au régionalisme institutionnel, contrairement à l'Etat unitaire décentralisé.

Nous examinerons succinctement certaines caractéristiques intéressantes pour notre sujet du fédéralisme allemand.

La *Bundestreue* (loyauté fédérale) est le principe qui régit le comportement de la fédération et des *Länder* dans leurs rapports mutuels ; il a été développé et affirmé par la Cour Constitutionnelle fédérale allemande (BVerfGE du 26 mars 1957, décision Konkordat) qui s'est inspirée de l'esprit de la Constitution. Il comporte une obligation de comportement amical et de loyauté réciproque.

Le *Bundesrat* (conseil fédéral) est la seconde chambre du Parlement fédéral allemand, qui est composée de représentants des exécutifs des *Länder*. Il permet la participation de ceux-ci aux décisions au sein de la fédération.

---

[271] L. Le Fur, *Etat fédéral et confédération d'Etats*, Thèse pour le doctorat, 5 juin 1896, Paris, Imprimerie et librairie générale de jurisprudence Marchal et Billard, 1896, 839 p.

[272] K. Stern, *Das Staatsrecht der Bundesrepublik Deutschland, Band I, Grundbegriffe und Grundlagen des Staatsrechts, Strukturprinzipien der Verfassung*, 2. Auflage, C.H. Beck'sche Verlagsbuchhandlung, München, 1984, 1110 p., p. 644-655.

[273] Voir par exemple le plan Ibarretxe, pour un nouveau statut du Pays-Basque en Espagne. *La Propuesta de Estatuto político de la Comunidad de Euskadi*, Gouvernement basque, Ajuria-Enea, 25 octobre 2003.

La répartition des compétences est effectuée dans la Constitution (articles 70 à 75) : la compétence de droit commun appartient aux *Länder*, dans la limite des compétences réservées à la fédération. Les compétences réservées sont soit des compétences exclusives, dont nous trouvons le principe et la liste aux articles 71 et 73 de la Constitution, soit des compétences concurrentes (articles 72 et 74 de la Constitution), où la fédération doit agir quand une même réglementation est nécessaire sur l'ensemble du territoire afin d'établir des conditions de vie équivalentes ou de sauvegarder l'unité juridique ou économique (article 72 de la Constitution). Cette idée d'unité juridique ou économique et de conditions de vie équivalentes est aussi l'une des limites imposées par l'unité politique de l'Etat au régionalisme.

La Cour Constitutionnelle fédérale assure la résolution des conflits de compétences entre les différentes entités de la fédération (*Bund* et *Länder*) qui peuvent la saisir lorsqu'ils estiment leurs compétences violées.

La Belgique a engagé diverses réformes linguistiques, créé les Communautés et les Régions en 1970, dont les compétences ont été augmentées en 1980 en même temps que la fusion des institutions de la Région flamande et de la Communauté flamande. Des réformes ont lieu encore en 1989-1990 pour étendre les compétences et créer les institutions bruxelloises. Ces réformes ont conduit la Belgique à adopter en 1993 la forme d'un Etat fédéral dans une nouvelle Constitution, dont les entités fédérées sont les Communautés et les Régions. Enfin en 2001, une nouvelle réforme institutionnelle étend les compétences des Régions en matière d'agriculture, de pouvoirs locaux et de commerce extérieur.

L'Italie a engagé un processus de réformes dites fédéralistes qui a abouti à une loi de révision de la Constitution pour la transformation en Etat fédéral, révision cependant rejetée par référendum en 2006[274]. Ces réformes concernaient tout d'abord ce qui a été appelé le fédéralisme administratif, avec l'introduction par la loi 59/1997 du principe de subsidiarité dans la répartition territoriale des compétences administratives au sein de l'Etat, puis le fédéralisme dit financier et fiscal, garantie constitutionnelle d'une autonomie que nous trouvons à l'article 119 de la Constitution, issu de la réforme constitutionnelle de 2001, ces deux éléments étant complétés par les lois constitutionnelles n°1 du 22 novembre 1999 sur l'élection au suffrage universel direct des présidents des régions et sur l'autonomie statutaire des régions et n°3 du 18 octobre 2001 sur la réforme du Titre V de la IIe partie de la Constitution sur les collectivités territoriales (qui s'applique aussi, selon son article

[274] Loi constitutionnelle sur les modifications de la deuxième partie de la Constitution italienne, adoptée définitivement le 16 novembre 2005 par les chambres. Le référendum confirmatif, organisé les 25 et 26 juin 2006, a eu un résultat négatif (Journal Officiel n°171 du 25 juillet 2006).

10, aux régions à statut spécial pour les dispositions où elle accorde plus d'autonomie que les statuts), modifiant notamment les principes de répartition des compétences entre l'Etat et les régions, et ses lois et décrets d'application, notamment la loi du 5 juin 2003 sur l'adaptation de l'ordre de la République à la loi constitutionnelle n°3 du 18 octobre 2001.

Le fédéralisme et la région

La Belgique est un Etat fédéral dont le découpage territorial est basé sur les régions linguistiques de l'article 4 de la Constitution. Nous renvoyons ici à la démonstration exposée plus loin dans le cadre de l'étude des caractéristiques de l'Etat fédéral belge. Ainsi l'Etat fédéral belge s'organise-t-il autour de régions – ce qu'il faut distinguer de la Région, entité fédérale de l'article 1 de la Constitution. Ces régions linguistiques vont être les territoires dans la limite desquels vont s'exercer les compétences des différentes entités fédérées (trois Régions et trois Communautés). Il nous semble intéressant de souligner cette dissociation entre les entités fédérées, qui sont, de plus, de deux catégories, et le cadre territorial de l'organisation fédérale de l'Etat. Cela pourrait être un moyen d'utiliser le régionalisme comme base du fédéralisme. Cela permet de poser la question de la conciliation entre régionalisme et fédéralisme. En effet, nous l'avons déjà dit, le problème qui se pose est celui de la compatibilité entre régionalisme et unité politique de l'Etat, mais non entre régionalisme et organisation territoriale (Etat unitaire ou Etat fédéral) de l'Etat. Ainsi, la place de la région dans le fédéralisme est à noter dans l'exemple belge et à rapprocher de la thèse de G. Héraud sur le fédéralisme intégral[275]. La région linguistique belge n'est pas une entité fédérée mais sert à organiser territorialement l'Etat fédéral qui se développe dans les matières personnalisables par l'existence des Communautés et dans les matières socio-économiques par l'existence des Régions.

La comparaison que nous avons effectuée précédemment avec la région dans l'Etat fédéral belge nous conduit à étudier les caractéristiques de ce dernier.

---

[275] G. Héraud propose que « si maintenant, réintroduisant le politique, on fait apparaître sur la carte une structure régionale prédominante (même si certaines circonscriptions sectorielles en chevauchent les limites), on organise par là solidement l'espace. On suscite un réseau d'institutions et de procédures capables de faire contrepoids au centre ; on ancre une patrie régionale en face de la fédération (stato-nationale, européenne ou autre) ; on évite ainsi le centralisme et l'on se prémunit contre les dangers de la centralisation ». G. Héraud, *Un anti-étatisme, le fédéralisme intégral* in : *Genèse et déclin de l'Etat*, Archives de la Philosophie du Droit, Sirey, 1976, tome 21, p. 167-180, citation p. 180.

2. Les caractéristiques de l'Etat fédéral belge : un Etat fédéral basé sur le régionalisme institutionnel

Les deux types d'entités fédérées

Il existe en Belgique à côté de l'Etat fédéral deux types d'entités fédérées, les Communautés et les Régions (article 1er de la Constitution). Il y a trois Communautés (française, flamande, germanophone, article 2 de la Constitution) et trois Régions (wallonne, flamande, bruxelloise, article 3 de la Constitution). Il ne s'agit cependant pas de six territoires distincts, il y a bien deux types d'entités, chaque type recouvrant l'ensemble du territoire, mais ces entités ne sont pas comprises l'une dans l'autre comme c'est le cas des collectivités locales dans les régions ou par exemple les Etats fédérés allemands ; il s'agit de six entités fédérées se chevauchant territorialement. Elles ont des compétences différentes.

L'organisation asymétrique

Une définition de l'asymétrie est donnée par W. Pas et J. Van Nieuwenhove : « une différence structurelle d'entités qui, par ailleurs, sont égales »[276]. Ces auteurs distinguent quatre domaines où existe une asymétrie dans l'Etat fédéral belge.

Il y a tout d'abord une asymétrie entre le nord, où conformément à l'article 137 de la Constitution qui la rendait possible, il y a eu une fusion entre les organes de la Communauté flamande et de la Région flamande par l'article 1.1 de la loi spéciale du 8 août 1980[277], et le sud où d'un côté l'exercice de certaines compétences de la Région wallonne peut, conformément à l'article 139 de la Constitution, être transféré aux organes de la Communauté germanophone[278], et de l'autre on assiste à ce que les auteurs appellent le « démantèlement » de la Communauté française dont les compétences sont exercées, comme le rendait possible l'article 138 de la Cons-

---

[276] W. Pas, J. Van Nieuwenhove, *La estructura asimétrica del federalismo belga* in : E. Fossas, F. Requejo (Eds.), *Asimetría federal y Estado plurinacional, El debate sobre la acomodación de la diversidad en Canadá, Bélgica y España*, Editorial Trotta, 1999, 351 p., p. 251-273, citation p. 252.

[277] Les compétences de la région flamande sont ainsi exercées par les organes politiques de la communauté flamande. Or les organes de la Communauté flamande ont compétence dans la région linguistique flamande, c'est-à-dire en partie dans la région de Bruxelles-Capitale, dont il y a des représentants dans les institutions de la Communauté flamande. Cela a pour conséquence que ceux-ci ne peuvent participer aux votes sur les questions de compétence de la région flamande selon l'article 50 de la loi spéciale du 8 août 1980.

[278] Ce transfert s'effectue par deux décrets, émanant des institutions respectives de la Région et de la Communauté. Voir le décret du 23 décembre 1993, relatif à l'exercice, par la Communauté germanophone, des compétences de la Région wallonne en matière de Monuments et Sites ; le décret du 27 mai 2004 relatif à l'exercice, par la Communauté germanophone, de certaines compétences de la Région wallonne en matière de pouvoirs subordonnés.

titution, par les organes de la Région wallonne[279] et ceux de la Commission de la Communauté française au conseil de la Région de Bruxelles-Capitale[280]. Ces transferts de compétence ont eu lieu par des décrets publiés au Moniteur belge le 10 septembre 1993. Ce que ces auteurs ont appelé une asymétrie entre le nord et le sud souligne plutôt, selon nous, l'asymétrie institutionnelle qui existe sur le territoire considéré dans son ensemble, les compétences de certaines entités fédérées (Communauté flamande, Région wallonne, Communauté française) n'étant pas forcément exercées par les institutions de celles-ci, bien que toujours en leur nom, mais par les institutions d'autres entités fédérées (respectivement Région flamande, Communauté germanique, Région wallonne et Commission de la Communauté française au conseil de la Région de Bruxelles-Capitale). Ainsi l'Etat belge, qui est composé de deux fois trois entités fédérées, ne comporte pas pour chacune d'elles des institutions exerçant les compétences sur un même schéma, ni même l'attribution symétrique aux institutions d'une catégorie d'entités fédérées de l'exercice des compétences de l'autre, mais bien un exercice asymétrique des compétences de certaines Communautés ou Régions par les institutions d'une ou deux autres Communautés ou Régions, avec en plus des différences de droit de vote au sein des institutions selon la compétence en cause.

Une deuxième catégorie d'asymétrie pour W. Pas et J. Van Nieuwenhove est celle qui se trouve au sein de la région bilingue de Bruxelles-Capitale, conséquence des développements précédents : la Commission de la Communauté française peut prendre des décrets notamment législatifs pour l'exercice des compétences transférées par la Communauté française, supérieurs aux ordonnances de la Région de Bruxelles-Capitale ou de la Commission Mixte de la Communauté.

De plus il existe une asymétrie entre les conseils élus au suffrage universel direct et le suffrage indirect.

Enfin les deux auteurs relèvent deux types d'asymétrie entre les « petites » (Région de Bruxelles-Capitale et Communauté germanophone) et les « grandes » (Communauté/Région flamande, Communauté française, Région Wallonne) entités fédé-

---

[279] Les compétences transférées à la Région wallonne sont applicables au seul territoire de la région de langue française et non celui de la Communauté germanophone. Ainsi les membres du conseil de la Région wallonne issus de la Communauté germanophone n'ont pas le droit de vote concernant les questions de compétence de la Communauté française selon l'article 50 de la loi spéciale du 8 août 1980.

[280] Voir le décret I du 7 juillet 1993 relatif au transfert de l'exercice de certaines compétences de la Communauté française à la région wallonne ; le décret II du 16 et du 22 juillet 1993 attribuant l'exercice de certaines compétences de la Communauté française à la Région wallonne et à la Commission communautaire française (recours rejetés par la Cour d'Arbitrage dans son arrêt 79/94 du 3 novembre 1994) ; le décret portant approbation de l'accord de coopération du 29 novembre 1993 mettant fin à l'accord de coopération relatif à l'exercice conjoint de compétences par la Communauté française et la Région wallonne conclu à Namur le 17 novembre 1990 et modifié par l'accord de coopération du 2 avril 1992.

rées, les trois grandes étant les seules à bénéficier de l'autonomie constitutive (voir plus loin les développements sur ce point) ; de plus les normes légales (les ordonnances) de la Région de Bruxelles-Capitale, bien qu'ayant force de loi comme les décrets des autres entités fédérées, peuvent être soumises, en plus du contrôle de la Cour d'Arbitrage qui concerne aussi les décrets ayant force de loi, à un certain contrôle du juge ordinaire.

Les groupes linguistiques

L'Etat fédéral belge est aussi caractérisé par la présence d'une répartition linguistique dans les institutions fédérales : groupes linguistiques au Parlement, parité linguistique au gouvernement[281] et à la Cour d'Arbitrage[282], collèges linguistiques francophone et néerlandophone au Conseil Supérieur de la Justice (article 151 de la Constitution). Dans certaines matières de compétence de la Fédération, la Constitution prévoit l'adoption d'une loi spéciale à « la majorité des membres de chaque groupe (...) et pour autant que le total des votes positifs émis dans les deux groupes linguistiques atteigne les deux tiers des suffrages exprimés »[283]. Ces domaines sont notamment la modification des frontières des régions linguistiques, l'érection de territoires à statut propre échappant à la division en provinces, les conditions et modalités d'exercice des compétences des Régions et Communautés dans les matières autres que celles réservées à l'Etat, les organes territoriaux intercommunaux, les sénateurs, la mise sur un pied d'égalité du Sénat et de la Chambre des Représentants dans la procédure législative hors des cas prévus par la Constitution, la

[281] Article 99 de la Constitution belge : « Le Premier Ministre éventuellement excepté, le Conseil des ministres compte autant de ministres d'expression française que d'expression néerlandaise. »

[282] Selon l'article 31 de la loi spéciale du 6 janvier 1989 celle-ci est composée de six juges d'expression française et six juges d'expression néerlandaise, chaque groupe linguistique nommant un président parmi ses membres. Selon l'article 59 de la loi les deux présidents siègent dans toutes les affaires et selon l'article 54 ils exercent à tour de rôle la présidence du Tribunal pendant une année. Selon F. Delpérée, *La Cour d'Arbitrage de Belgique*, Cahiers du Conseil Constitutionnel, n°12, 2002, 52 p., p. 6 : « Comme d'autres institutions - le conseil des ministres, les juridictions supérieures, la haute administration,... -, elle doit révéler, jusque dans son organisation interne, les équilibres sur lesquels repose l'État fédéral bipolaire. » Nous pouvons remarquer en effet que la représentation des régions à la Cour qui s'occupe de régler les conflits de compétence dans les pays étudiés est un débat important ; en Belgique, il est résolu par la parité linguistique des membres, au Royaume-Uni par la présence de deux juges écossais au moins au JCPC se prononçant sur des *devolution issues*, et en Italie et Espagne une certaine représentation des régions au sein de la Cour Constitutionnelle a fait partie très tôt des projets de réforme.

[283] Article 4 de la Constitution, qui prévoit cette majorité en matière de modification des frontières des régions linguistiques, et qui sert de références à de nombreux articles de la Constitution prévoyant l'adoption d'une loi à cette majorité concernant certaines dispositions, aux articles 5, 35, 39, 41, 68, 77, 115, 117, 118, 121, 123, 125, 127, 128, 129, 135, 136, 137, 142, 143, 151, 162, 163, 166, 167, 169, 175, 177, 178, disposition transitoire VI §3.

composition et le fonctionnement des organes des entités fédérées (sauf de la Communauté germanophone) et les poursuites contre les membres de leurs gouvernements, la conclusion des traités, les systèmes de financement des Communautés et Régions, l'exercice du pouvoir de substitution de l'Etat, la tutelle et les associations de communes ou provinces, les conflits d'intérêts entre gouvernements, les fusions évoquées plus haut entre organes de Régions et de Communautés, la détermination des matières personnalisables[284], la Cour d'Arbitrage et le Conseil Supérieur de Justice, etc.

Les quatre régions linguistiques à la base de la structure fédérale belge

C'est la conclusion à laquelle arrivent W. Pas et J. Van Nieuwenhove[285] après avoir fait une liste des cinq entités fédérales principales : la Flandre, la Wallonie, la Communauté germanophone, Bruxelles-Capitale et les francophones du territoire de Bruxelles-Capitale, entités dont la base territoriale est constituée par les quatre régions linguistiques que prévoit l'article 4 de la Constitution et auxquelles appartiennent toutes les communes belges. Sur le territoire de la région linguistique néerlandaise sont exercées les compétences de la Communauté et de la Région flamandes ; sur le territoire de la région linguistique française sont exercées les compétences de la Région wallonne et quelques compétences de la Communauté francophone ; sur le territoire de la région linguistique allemande sont exercées les compétences de la Communauté germanophone et quelques compétences de la Région wallonne ; sur le territoire de la région linguistique bilingue de Bruxelles-Capitale sont exercées les compétences de la Région de Bruxelles-Capitale et les compétences de la Commission mixte de la Communauté, ainsi que des compétences de la Communauté francophone confiées pour ce qui concerne la population francophone de Bruxelles à la Commission de la Communauté française du conseil de la Région de Bruxelles-Capitale conformément à l'article 138 de la Constitution.

Un Etat fédéral bipolaire

Plusieurs auteurs soulignent le caractère bipolaire de l'Etat fédéral belge[286] entre les Flamands et les Wallons ; nous pouvons le constater de l'organisation institu-

---

[284] De compétence des Communautés.

[285] W. Pas, J. Van Nieuwenhove, *La estructura asimétrica del federalismo belga* in : E. Fossas, F. Requejo (Eds.), *Asimetría federal y Estado plurinacional, El debate sobre la acomodación de la diversidad en Canadá, Bélgica y España*, Editorial Trotta, 1999, 351 p., p. 251-273, p. 271.

[286] W. Pas, J. Van Nieuwenhove, *La estructura asimétrica del federalismo belga* in : E. Fossas, F. Requejo (Eds.), *Asimetría federal y Estado plurinacional, El debate sobre la acomodación de la diversidad en Canadá, Bélgica y España*, Editorial Trotta, 1999, 351 p., p. 251-273, p.257 ;

tionnelle, de l'autonomie constitutive et de l'existence de groupes linguistiques ou d'une parité entre les néerlandophones et les francophones, qui en plus par le biais des lois à la majorité de l'article 4 de la Constitution se décident en commun sur les questions de l'Etat fédéral belge : les modifications importantes ne peuvent se faire qu'avec leur participation, ce qui suppose aussi qu'en plus et de façon plus restrictive que les régions linguistiques, les deux groupes « ethniques » wallon et flamand soient à la base du pacte fédéral belge.

II. L'EVOLUTION DES CLASSIFICATIONS CLASSIQUES DE L'ORGANISATION TERRITORIALE DE L'ETAT POUR L'INTRODUCTION ET LE DEVELOPPEMENT DU REGIONALISME INSTITUTIONNEL

Les modèles d'organisation territoriale de l'Etat que nous appelons flous ou différenciés sont dus pour M. Portelli[287] à des « compromis institutionnels et politiques » conciliant l'autonomie locale avec le modèle administratif napoléonien. Différents instituts de recherche se sont penchés sur ces modèles flous ou différenciés, et sur leurs rapports aux modèles de l'Etat unitaire ou fédéral, notamment l'*Institut für Föderalismusforschung* de Vienne, le *Europäisches Zentrum für Föderalismus-Forschung* allemand, *l'Institut d'Estudis autonòmics*, la *Fundació Carles Pi i Sunyer d'Estudis autonòmics i locals* de Barcelone, l'*Economic and Social Research Council* britannique dans le cadre de son programme *Devolution and Constitutional Change Research Program* et enfin en Italie l'*Associazione per gli Studi e le ricerche sulla Riforma delle Istituzioni Democratiche e sull'innovazione nelle amministrazioni pubbliche* (ASTRID) et l'*Istituto per lo Studio del Federalismo e del Regionalismo* (à Bolzano).

La forme d'organisation de l'Etat va évoluer pour permettre au régionalisme institutionnel de se développer. C'est le cas dans l'Etat des autonomies espagnol (A) et dans l'Etat régional italien (B). L'examen de ces deux modèles nous conduira à définir l'autonomie régionale comme type d'organisation territoriale distincte de l'Etat unitaire ou fédéral (C). Une autre forme d'organisation territoriale de l'Etat, dans laquelle l'autonomie régionale est moins développée, est celle que l'on trouve au Royaume-Uni. Il s'agit de la dévolution en Ecosse et au Pays de Galles (D).

F. Delpérée, *La Cour d'Arbitrage de Belgique*, Cahiers du Conseil Constitutionnel, n°12, 2002, 52 p., p. 6.

[287] H. Portelli, *Etat, organisation territoriale, de la « réforme » aux évolutions constitutionnelles*, Les Cahiers de l'Institut de la Décentralisation, n°5, juin 2001, 52 p.

A. L'Etat des autonomies

L'expression d'Etat des autonomies est utilisée pour décrire l'organisation territoriale de l'Espagne. La Constitution espagnole reconnaît le droit à l'autonomie des nationalités et des régions qui composent la nation (article 2), qui en application du droit à l'autonomie pourront se gouverner eux-mêmes et se constituer en Communautés Autonomes (article 143). Il y a dix-sept Communautés Autonomes[288], avec des compétences variables, les Communautés dites historiques ayant eu accès dès le départ à l'ensemble des compétences. Les auteurs font bien la différence entre l'autonomie des nationalités et régions, énoncée à l'article 2 de la Constitution espagnole, et l'autonomie des Communautés Autonomes qui est un principe d'organisation territoriale du pouvoir de l'Etat[289]. En effet, les nationalités et régions ne disposent pas d'un droit à l'autodétermination, mais d'un droit à l'autonomie dont la seule expression peut être le choix de se constituer en Communauté Autonome selon l'article 137 de la Constitution. Celles-ci sont dotées de l'autonomie politique.

Nous décrivons l'Etat des autonomies comme un système flou car il comporte à première vue des éléments de l'Etat unitaire (approbation des statuts des Communautés autonomes par le Parlement espagnol, donc pas d'autonomie constitutionnelle ; le Sénat) et des éléments de l'Etat fédéral (un pouvoir législatif soumis à la Constitution seule et sous le contrôle du juge constitutionnel). Nous parlerons de modèle différencié dans la mesure où l'asymétrie entre les régions en est une caractéristique.

Dans l'Etat des autonomies, celles-ci jouissent d'une autonomie politique et non seulement administrative ou de gestion. Son contenu peut être défini comme la capacité pour les régions de prendre des décisions politiques propres. Pour cela elles disposent d'un pouvoir législatif et d'un pouvoir exécutif, notamment de leur propre organisation administrative, qui passe par une fonction publique régionale.

Nous pouvons donc donner la définition suivante de l'Etat des autonomies : un Etat composé, avec un principe d'autonomie et un principe d'unité. Il convient de préciser cette définition, qui vaut aussi pour un Etat fédéral.

Il existe une tension permanente entre uniformité, unité d'un côté et diversité, asymétrie de l'autre, et qui se retrouve dans les revendications basque et catalane de statuts différenciés avec de nombreuses compétences législatives et un pouvoir financier fort. Nous rencontrons cette tension aussi dans la pratique constitution-

---

288 Andalousie, Aragon, Asturies, Baléares, Canaries, Cantabrique, Castille-La Manche, Castille-Leon, Catalogne, Estrémadure, Galice, Madrid, Murcie, Navarre, Pays Basque, la Rioja, Valence.

289 Voir dans ce sens E. Alberti, E. Aja, T. Font, X. Padrós, J. Tornos, *Manual de dret públic de Catalunya*, 3e édition, Generalitat de Catalunya, Institut d'Estudis Autonòmics, Marcial Pons, 2002, 508 p., en particulier le chapitre 2.

nelle, par exemple l'exercice par l'Etat de ses compétences-cadres dans le sens d'une plus grande uniformité, avec le soutien du Tribunal Constitutionnel, les accords de financement entre l'Etat et les Communautés Autonomes, qui permettent de s'ingérer dans les affaires de ces dernières, la définition matérielle par la loi étatique des compétences de l'Etat, ayant le risque de vider de sens l'autonomie politique garantie aux Communautés Autonomes, l'égalité et les droits de l'homme comme outil utilisé par l'Etat pour limiter l'action politique des Communautés Autonomes.

L'Etat espagnol est souvent désigné par la doctrine comme un Etat composé par opposition à l'Etat unitaire[290], s'organisant sur la base d'une division verticale territoriale du pouvoir politique[291], chacun ayant ses propres institutions et pouvoirs qui s'appliquent à des domaines propres. Les caractéristiques de l'Etat composé sont donc d'après ces auteurs une pluralité de centres de gouvernement, des politiques indépendantes, qui agissent sur le territoire en fonction d'une répartition déterminée des compétences. Ces auteurs utilisent encore pour décrire l'Etat espagnol les termes d' « *unitat plural* » (unité plurale) ou de « *pluralitat integrada* » (pluralité intégrée)[292]. Cette notion d'intégration se retrouve dans la doctrine italienne comme nous le verrons plus loin.

Mais ce qui caractérise encore l'Etat espagnol pour certains auteurs, c'est l'absence de dénomination constitutionnelle de la forme de l'Etat et « la flexibilité de la proposition constitutionnelle »[293], qui ne détermine que des éléments de base, laissant aux statuts et à la pratique constitutionnelle le soin de dessiner le modèle espagnol.

---

290 Voir notamment E. Alberti, E. Aja, T. Font, X. Padrós, J. Tornos, *Manual de dret públic de Catalunya*, 3e édition, Generalitat de Catalunya, Institut d'Estudis Autonòmics, Marcial Pons, 2002, 508 p., p. 54, qui présentent l'Etat unitaire ou à structure unitaire et l'Etat composé ou complexe ou à structure composée ou complexe comme les deux grands modèles d'organisation des pouvoirs de l'Etat en relation avec son territoire.

291 Dans ce sens voir aussi J. Vernet i Llobet, *La apertura del sistema autonómico*, Anuario de derecho constitucional y parlamentario, n°14, 2002, p. 127-169, notamment p. 132.

292 E. Alberti, E. Aja, T. Font, X. Padrós, J. Tornos, *Manual de dret públic de Catalunya*, 3e édition, Generalitat de Catalunya, Institut d'Estudis Autonòmics, Marcial Pons, 2002, 508 p., p. 55

293 J. Vernet i Llobet, *La apertura del sistema autonómico*, Anuario de derecho constitucional y parlamentario, n°14, 2002, op. cit., p. 141.

B. L'Etat régional

1. J. Ferrando Badía, la doctrine espagnole de l'Etat régional

Pour lui l'Etat autonomique espagnol est un cas d'Etat régional[294].

L'auteur se penche tout d'abord sur la conception sociopolitique de la région. La région fait partie du domaine national mais il existe un degré de conscience d'un groupe humain unitaire avec un sentiment distinct d'identité culturelle[295]. Puis il s'intéresse au concept juridique de la région et suit la définition de Virga, *Diritto costituzionale* (1955), « une entité publique territoriale dotée d'autonomie législative », et développe différents points : personnalité juridique dans la Constitution et les statuts, propres pouvoirs, fonctions, patrimoine,etc. Enfin il étudie l'Etat régional. G. Ambrosini[296] est à l'origine de cette expression d'Etat régional, qui désigne « un type intermédiaire d'Etat entre l'unitaire et le fédéral, caractérisé par l'autonomie régionale ». Badía décrit la structure de l'Etat régional ainsi défini, à partir des modèles italien et espagnol : les régions ont des organes législatifs, exécutifs et juridictionnels, les pouvoirs régionaux suivent le modèle parlementaire, Etat et régions exerçant un pouvoir législatif, il y a une répartition des compétences, enfin la région peut se doter de son propre statut qui en règle structure et fonctionnement. Celui-ci pour l'auteur se différencie des Constitutions d'Etats membres d'une fédération du fait de l'approbation par le Parlement national nécessaire à son efficacité juridique[297].

2. Le cas de l'Italie envisagée comme un Etat régional

La République une et indivisible reconnaît et favorise les autonomies locales, notamment les régions à statut spécial, le Frioul Vénétie Julienne, le Val d'Aoste, le Trentin Haut Adige où il existe des minorités linguistiques et la Sardaigne et la Sicile, deux îles. Les régions disposent d'un pouvoir législatif.

Dans les manuels de droit constitutionnel italien, l'Etat régional est soit une variante de l'Etat unitaire avec autonomie financière et législative plus grande que celle des autres autorités locales (Biscaretti di Ruffia, *Diritto costituzionale*, Naples

---

[294] J. Ferrando Badía, *El Estado unitario, el federal y el Estado autonómico*, Tecnos, Madrid, 1986, 391 p.

[295] Voir p. 153 à 156.

[296] G. Ambrosini, *Un tipo intermedio di Stato tra l'unitario e il federale caratterizzato dall'autonomia regionale*, Rivista di diritto pubblico, 1933, p. 92-100.

[297] La réforme constitutionnelle italienne de 1999 concernant l'autonomie statutaire des régions ne prévoit plus cette intervention du Parlement mais seulement une possibilité de recours devant le juge constitutionnel de la part de l'Etat. Cette réforme s'inscrivait d'ailleurs dans une évolution tendant à transformer l'Italie en Etat fédéral.

1989), soit un Etat entre unitaire et fédéral, dont la caractéristique est la garantie constitutionnelle de l'autonomie régionale (P. Barile, *Istituzioni di diritto pubblico*, Padoue 1991, E. Balboni, G. Pastori, *Il governo regionale e locale* in : *Manuale di diritto pubblico*, Bologne 1986)[298]. En ce qui concerne les régions à statut spécial, quatre éléments les distinguent des autres : le statut, les compétences, les finances, et le contrôle étatique sur les actes.

Les éléments pertinents pour une qualification du système italien sont la Constitution, la pratique du système constitutionnel et les réformes dites fédérales en cours.

L'article 1 de la Constitution italienne dispose que l'Italie est une République démocratique fondée sur le travail, que la souveraineté appartient au peuple qui l'exerce dans les formes et limites établies par la Constitution. Il existe un lien entre la Nation et la souveraineté de l'Etat, en effet seul le Parlement est apte à une représentation politique nationale[299].

L'article 5 de la Constitution permet de placer le système italien dans un compromis entre l'Etat unitaire et l'autonomie des entités territoriales : « la République, une et indivisible, reconnaît et favorise les autonomies locales. Elle met en œuvre la plus large décentralisation administrative dans les services dépendant de l'Etat. Elle harmonise les principes et les méthodes de sa législation avec les exigences de l'autonomie et de la décentralisation ».

L'article 6 concerne la protection des minorités linguistiques.

L'article 114 est lui aussi pertinent pour la question qui nous occupe et suscite de nombreux débats depuis sa nouvelle rédaction issue de la loi constitutionnelle n°3 de 2001 sur la réforme du titre V partie II de la Constitution. Il dispose que « la République est constituée des communes, des provinces, des villes métropolitaines, des régions et de l'Etat. Les communes, provinces, villes métropolitaines et régions sont des entités autonomes avec leurs propres statuts, pouvoirs et fonctions, en fonction des principes fixés par la Constitution ». Cet article met en place en théorie la *pari-ordinazione* de l'Etat et des collectivités locales (pas de distinction entre elles), mais limite ces dernières à un statut d'autonomie quand l'Etat est le seul à disposer de la souveraineté. De plus il dote les collectivités locales de l'autonomie statutaire déjà élargie par la loi constitutionnelle de 1999. Cependant la réalité ne met pas sur un pied d'égalité l'ensemble des collectivités locales, l'article 114 de la Constitution contient surtout un énoncé de principe.

---

[298] Voir C. Cressati, *Federalism and Regionalism in Italy: Historical and Constitutional Aspects*, tome I, Nomos, Baden-Baden, 1994, p. 95-102.

[299] Cour Constitutionnelle italienne, sentence 106/2002 sur la dénomination adoptée par le Conseil régional de Ligurie de « Parlement de la Ligurie ».

Les articles 117 et 118 de la Constitution mettent en place une nouvelle répartition des compétences en matière législative, où l'Etat dispose d'une liste de compétences exclusives, la région exerçant alors le pouvoir résiduel (il existe aussi des compétences concurrentes), et en matière administrative où les fonctions sont attribuées aux communes en principe, sauf application des principes de subsidiarité, différenciation et adéquation.

L'article 119 de la Constitution concerne l'autonomie financière des collectivités locales.

Enfin il existe une série de dispositions concernant la collaboration entre les collectivités locales et l'Etat.

Le principe de collaboration loyale développé dans la jurisprudence[300] a été intégré dans la Constitution aux articles 118 concernant l'application de la subsidiarité en matière administrative et 120 sur l'exercice par l'Etat de son pouvoir de substitution.

La réforme constitutionnelle de 2001 a introduit (à l'article 123 de la Constitution) comme organe obligatoire de la région le Conseil des autonomies locales qui a un rôle consultatif pour les décisions concernant les collectivités locales comprises dans la région ; la commission parlementaire pour les questions régionales pourra comprendre, depuis la réforme de 2001 (article 11) des représentants des régions, provinces autonomes et collectivités locales.

Enfin les régions participent dans une certaine mesure à l'activité de l'Etat, en matière de programmation nationale, de modification des circonscriptions territoriales (articles 132 et 133 de la Constitution), d'élection du Président de la République (article 83-2 de la Constitution), de demande de référendum[301] et en matière législative[302].

---

[300] Pour la première fois en 1985 dans le domaine de la programmation et des réformes économiques et sociales ; la Cour énonce le principe puis explique comment l'appliquer : avec une « concurrence et coopération équilibrées entre les différentes compétences » ; dans une décision de 1986 la Cour ajoute que l'Etat doit s'informer préventivement auprès de la région, pour savoir si son intervention est nécessaire, s'il s'agit bien d'une hypothèse de coopération et s'il et n'outrepasse pas ses compétences.

[301] Il s'agit respectivement des articles 75 (« pour l'abrogation, totale ou partielle, d'une loi ou d'un acte ayant valeur de loi, à la demande de 500 000 électeurs ou cinq conseils régionaux » sauf notamment pour les lois fiscales et les lois de finances, et l'autorisation de ratifier les traités) et 138 de la Constitution (« Les lois de révision de la Constitution et les autres lois constitutionnelles sont adoptées par chaque Chambre après deux délibérations successives (...) et sont approuvées à la majorité absolue des membres de chaque Chambre lors du second vote. Ces lois sont soumises au référendum populaire quand (...) en font la demande un cinquième des membres d'une Chambre ou 500 000 électeurs ou cinq conseils régionaux. »).

[302] Le conseil régional selon l'article 121 de la Constitution peut déposer un projet de loi ordinaire ou constitutionnelle au Parlement, sans limite expresse de matières. Cette technique n'a pas été souvent

Dans la pratique, quatre éléments offrent une description plus fine du système italien.

La collaboration avec l'Etat s'effectue notamment par le biais de conférences permanentes où se retrouvent l'Etat et les régions ou l'ensemble des collectivités locales pour négocier, donner des avis ou s'informer, ce qui a valu au système italien le nom de régionalisme coopératif[303]. La collaboration a aussi lieu au sein de la *Cabina di regia nazionale* qui s'occupe des dossiers de fonds structurels de l'Union Européenne, mise en place par la loi n°341 de 1995.

Il existe des techniques d'articulation des niveaux territoriaux : le législateur attribue en fonction des principes de subsidiarité, différenciation et adéquation les compétences administratives ; le législateur étatique exerce des compétences transversales, notamment en matière de concurrence, d'environnement et de niveaux essentiels des prestations pour les droits civils et sociaux.

La région occupe une place particulière dans les rapports aux autres collectivités locales. En effet, même si l'article 114 met sur le même niveau les régions et les autres collectivités territoriales, n'habilitant pas les premières à régler l'ordonnancement juridique des secondes[304], et même si l'Etat garde la compétence législative et donc réglementaire exclusive en matière de législation électorale, d'organes de gouvernement et de fonctions fondamentales de collectivités locales, certains éléments ou exceptions permettent de dégager une dominante régionale à la décentralisation.

Les exceptions concernent les régions à statut spécial, qui disposent d'un pouvoir législatif exclusif en matière d'ordonnancement local, dès le départ dans le statut de la Sicile et suite à la loi constitutionnelle 2/1993 pour les quatre autres régions,

---

utilisée, voir L. Laperuta, *Nuovo ordinamento regionale*, Edizione giuridiche Simone, 2002, 352 p., chapitre 2.

[303] L. Laperuta, *Nuovo ordinamento regionale*, Edizione giuridiche Simone, 2002, 352 p., notamment le chapitre 1 de la partie IV. Ces conférences sont la conférence Etat/Régions/Provinces autonomes, la conférence Etat/Villes et autonomies locales et la conférence unifiée. La première a pour fonction la consultation, l'information, la concertation sur les matières et l'activité politique et administrative des régions et provinces autonomes, et depuis la loi 59/1997, article 8, l'émission d'un avis obligatoire dans le cadre de l'exercice par l'Etat de ses fonctions d'orientation et de coordination. La deuxième est une instance de coordination, d'étude, d'information et de discussion sur les orientations de politique générale pouvant avoir des incidences sur les fonctions des collectivités locales. La dernière est constituée de membres des deux autres conférences et est consultée quand celles-ci doivent l'être. Elles émettent aussi des avis propres pour le projet de loi de finances et les projets de loi qui y sont liés, pour le DPEF (document de programmation économique et financière) et les projets de décrets législatifs conférant des fonctions aux régions et collectivités locales sur la base de l'article 1 de la loi 59/1997 (principe de subsidiarité).

[304] Voir dans ce sens A. Barbera, *L'assetto complessivo dell'ordinamento repubblicano nel nuovo testo dell'art.114 Cost.*, in : *La riforma del Titolo V, parte II della Costituzione*, a cura di C. Bottari, Quaderni della Spisa, Maggioli Editore, 2003, 449 p., p. 371-380.

avec certaines limites reconnues par la Cour Constitutionnelle dues au respect de l'autonomie locale[305].

L'attribution aux régions du pouvoir législatif peut avoir des incidences dans des matières concernant les collectivités locales, comme le pouvoir résiduel de leur conférer leur pouvoir d'imposition[306] ; mais aussi le mécanisme d'attribution des fonctions administratives, dans le respect (article 118 de la Constitution) des principes de subsidiarité, différenciation et adéquation ; en effet cette attribution sera faite selon la matière soit par la loi de l'Etat, quand il a la compétence législative, pour l'application de ses lois, soit dans son domaine de compétences par la loi de la région.

Nous trouvons de plus ce qui peut être qualifié de véritable « système régional des autonomies locales »[307] dans le TUEL (*testo unificato degli enti locali* - texte unifié sur les collectivités locales, décret législatif 267/2000), faisant de la région un « centre propulseur et de coordination de l'ensemble du système des autonomies locales »[308] : elle règle l'organisation de l'exercice des fonctions administratives au niveau local[309], indique par une loi les principes de coopération des communes et provinces entre elles et avec la région pour créer un système efficace d'autonomie locale au service du développement économique et social et civil (article 4-4), les modes et formes de participation des collectivités locales à la formation des plans et programmes régionaux et autres (article 5-3), les critères et procédures pour les actes et instruments de programmation socio-économique et de planification territoriale des communes et provinces (article 5-4), les modes et procédures de vérification de la compatibilité de ces instruments avec les programmes régionaux (article 5-5), les instruments et procédures de concertation, notamment permanents pour des coopérations fonctionnelles et structurelles, et les objectifs généraux de la programmation socio-économique et territoriale et sur cette base la répartition des ressources destinées au financement du programme d'investissement des collectivités locales.

---

[305] Sentences 83/1997, 478/2002 et 48/2003.

[306] Voir A. Brancasi, *L'autonomia finanziaria e fiscale*, in : *La riforma del Titolo V, parte II della Costituzione*, a cura di C. Bottari, Quaderni della Spisa, Maggioli Editore, 2003, 449 p., p. 271-326.

[307] L'expression est beaucoup utilisée par L. Laperuta, *Nuovo ordinamento regionale*, Edizione giuridiche Simone, 2002, 352 p.

[308] Cour Constitutionnelle, sentence 343/1991.

[309] Dans le respect de quatre limites citées à l'article 4 du TUEL : les principes du TUEL sur les fonctions communales et provinciales ; le caractère raisonnable en fonction de l'identification des intérêts communaux et provinciaux, notamment la cohérence des solutions avec les caractéristiques de la population et du territoire ; l'intangibilité de l'autonomie statutaire et du pouvoir réglementaire des communes et provinces notamment en fonction de l'article 117-6 de la Constitution pour l'organisation et le développement des fonctions attribuées ; les principes de l'article 4-3 de la loi 59/1997 : subsidiarité, efficacité, caractère complet.

En matière territoriale, la région peut modifier les circonscriptions communales après avis de la population (article 15 du TUEL), procède à la délimitation des aires métropolitaines (article 20 du TUEL) et individualise les domaines ou zones homogènes pour la constitution des communautés de montagne (article 27 du TUEL).

En matière de programmation économique et financière la région a la possibilité de réaliser un système intégré des autonomies locales avec leur participation[310].

Enfin la capacité d'action politique des régions, du fait de leur autonomie, de leurs moyens financiers et de leur pouvoir législatif renforce cette place particulière, remarquable dans l'ordonnancement des institutions territoriales de l'Etat italien au vu de la pratique constitutionnelle.

Enfin la technique de la différenciation est intéressante.

Sur la base de l'article 116-3 de la Constitution, introduit par la réforme de 2001, il est possible à la région de négocier avec l'Etat l'attribution de nouvelles compétences législatives, à savoir le passage de la compétence exclusive de l'Etat en matière d'organisation des juges de paix, de normes générales de l'instruction et de protection de l'environnement, de l'écosystème et des biens culturels et de la compétence de l'Etat dans l'ensemble des matières de législation concurrente à une compétence primaire de la région. Cette attribution a lieu après que les collectivités locales ont été entendues et par loi étatique adoptée à la majorité absolue des membres des deux chambres.

Le premier alinéa de l'article 116 quant à lui traite des régions à statut spécial, mode de différenciation existant dès la première rédaction de la Constitution de 1947. Les régions à statut spécial disposent d'un pouvoir législatif d'adaptation des lois nationales[311]. L'asymétrie législative vient aussi soit du fait de l'activité législative plus ou moins intense des régions, soit du fait que les matières pour les-

---

[310] A titre d'exemple, le document de programmation économique et financière (DPEF) de la région Emilie - Romagne pour 2003-2005 prévoit l'intégration et la coopération avec les collectivités locales comprises sur le territoire de la région, se réclamant de l'idée de gouvernance territoriale, les relations avec les territoires de la région n'étant pas fondées sur une vision hiérarchique mais la région agissant comme représentante et coordinatrice d'une « fédération de territoires », mettant en place une programmation et planification intégrées. Il existe six accords de programme et cinq plans (de zone, social régional, d'e-gouvernement, social de zone, régional intégré des transports) développés dans le DPEF. Les communes sont par exemple responsables de la réalisation des plans sociaux de zone.

[311] L'article 3 du statut du Val d'Aoste prévoit des normes législatives d'intégration des lois de la République pour l'adaptation aux conditions régionales dans toute une série de matières. Même chose à l'article 6 du statut du Frioul Vénétie Julienne et à l'article 5 du statut de la Sicile. L'article 17 du statut du Trentin Haut Adige prévoit la possibilité suivante : « Par une loi de l'Etat peut être attribué à la Région et aux Provinces le pouvoir d'édicter des normes législatives relatives à des matières étrangères à leurs compétences respectives prévues dans le présent statut. ».

quelles les régions ordinaires et les régions à statut spécial sont compétentes ne sont pas les mêmes[312].

La réforme fédérale de l'Etat italien fournit d'autres clés d'interprétation du système dont il convient de surveiller l'évolution. Le fédéralisme administratif a été mis en place avec la loi 59/1997 qui introduit le principe de subsidiarité pour la répartition des compétences administratives ; le fédéralisme financier est issu de la réforme constitutionnelle de 2001 et contenu dans l'article 119 de la Constitution. Enfin la réforme constitutionnelle de 2005 avait pour but la transformation fédérale de l'Etat italien, mais elle a échoué, par référendum des 25 et 26 juin 2006.

C. Vers une définition de l'autonomie régionale : Etat autonomique, Etat régional, l'autonomie régionale comme mi-chemin entre Etat unitaire et Etat fédéral, un terrain favorable au développement du régionalisme institutionnel

L'autonomie régionale se traduit par une capacité d'action administrative et politique, sans cependant la souveraineté. Les régions ne sont pas des Etats, elles disposent cependant d'une autonomie politique qui se traduit par l'existence d'un statut (pas une Constitution mais pas une loi ordinaire), elles ont un pouvoir législatif, pas de droit à l'autodétermination, mais une participation à la détermination de l'ordre national, et une autonomie administrative. Nous examinerons la définition de l'autonomie dans la doctrine, la jurisprudence et la Constitution espagnoles et italiennes.

1. Définition de l'autonomie dans la doctrine, la jurisprudence et la Constitution espagnoles

L'autonomie comme principe d'organisation territoriale concerne les Communautés Autonomes mais aussi les autres collectivités locales[313].

L'Etat des autonomies est un système composé à deux niveaux accordant l'autonomie politique à des entités territoriales ainsi dotées de pouvoirs de nature étatique (législatif et de gouvernement). Celles-ci, les Communautés Autonomes, sont, selon le Tribunal Constitutionnel, des « corporations publiques de base terri-

---

312 Cependant les régions à statut spécial ne peuvent pas avoir moins de compétences que les régions ordinaires car l'article 10 de la loi constitutionnelle 3/2001 prévoit que celle-ci s'applique aux régions à statut spécial dans le cas où elle concède plus d'autonomie à la région, toute compétence reconnue alors aux régions à statut ordinaire, notamment le champ indéterminé des compétences résiduelles, est automatiquement reconnue aussi aux régions à statut spécial.

313 Article 137 de la Constitution espagnole : « L'Etat distribue son territoire entre les communes, les provinces et les communautés autonomes qui se constituent. Toutes ces entités jouissent d'une autonomie pour la gestion de leurs intérêts respectifs. »

toriale et de nature politique »[314] ; elles ont donc une capacité d'action politique étendue, qui s'exerce par des institutions propres, « instances de formation et de manifestation de la volonté politique à un niveau territorial déterminé et pouvant prendre des options propres et différenciées »[315].

Il s'agit pour R. Maiz Suarez d'une décentralisation politique de l'Etat : les nationalités et les régions, à travers des institutions de démocratie représentative, ont la garantie de pouvoir prendre des décisions de nature politique dans les domaines attribués comme de leur compétence propre et non une simple capacité d'exécution[316]. Pour l'auteur, se référant à des décisions du Tribunal Constitutionnel (sentences 25/1981 et 64/1982), il y a ainsi trois dimensions de l'autonomie : législative (lois au même rang formel que celles de l'Etat), politique (la capacité d'orienter et de diriger politiquement ses propres institutions) et relationnelle (collaboration avec l'Etat).

J. Ferrando Badía s'intéresse aussi à la définition de l'autonomie dans sa théorie de l'Etat régional. Il utilise pour cela la définition de G. Zanobini (p. 177) : « la faculté qu'ont quelques associations de s'organiser juridiquement, de créer un droit propre, droit qui non seulement est reconnu comme tel par l'Etat, mais est de plus incorporé par celui-ci à son propre ordre juridique et déclaré obligatoire, comme les autres lois et règlements » ; ainsi pour l'auteur l'autonomie implique toujours des compétences législatives et la décentralisation est politique et non plus seulement administrative comme dans un Etat unitaire. L'Etat membre d'un Etat fédéral dispose quant à lui de l'autonomie constitutionnelle, ce qui n'est pas le cas pour l'Etat régional. Ainsi l'auteur utilise-t-il la nature juridique des pouvoirs exercés pour déterminer ces différentes catégories.

E. Alvarez Conde[317] cite Entrena Cuesta, qui distingue cinq caractères de l'autonomie des Communautés Autonomes : le caractère volontaire de son exercice, la généralité de son attribution, l'égalité de son contenu, la progressivité de son intégration et la diversité dans sa création. Il cite aussi d'autres auteurs, pour qui il s'agit d'une capacité d'autogouvernement avec un pouvoir administratif,

---

[314] Sentence 25/1981 du 14 juillet. Nous pouvons comparer cette définition à celle de K. Renner dans sa théorie de l'Etat multinational, où une « nationalité » serait dans ce système étatique une unité corporative de droit public, cependant, et c'est la différence essentielle entre ces deux définitions, sans caractère territorial déterminé, puisqu'il suit le principe de personnalité pour la détermination juridique des nations, dans le cadre territorial d'un Etat.

[315] E. Alberti, E. Aja, T. Font, X. Padrós, J. Tornos, *Manual de dret públic de Catalunya*, 3e édition, Generalitat de Catalunya, Institut d'Estudis Autonòmics, Marcial Pons, 2002, 508 p., p. 60.

[316] R. Maiz Suarez, *Commentaire de l'article 1 du statut de la Galice* in : J. L. Carro Fernández-Valmayor (dir.), *Comentarios al Estatuto de Autonomía de la Comunidad Autónoma de Galicia*, Ministerio para las administraciones públicas, Madrid, 1991, 975 p., p. 19 à 31.

[317] E. Alvarez Conde, *Curso de Derecho constitucional, vol II, Los órganos constitucionales – el Estado autonómico*, 4ème édition, Tecnos, Madrid, 2003, 558 p., p. 380-388

législatif et d'orientations politiques distinctes de l'Etat. Il s'intéresse aussi à la jurisprudence du Tribunal Constitutionnel, selon laquelle l'autonomie ne doit pas s'opposer au principe d'unité. Elle est compatible avec un contrôle de légalité sur l'exercice des compétences mais pas d'opportunité. Cette autonomie politique est qualitativement supérieure à l'autonomie administrative dont jouissent les collectivités locales inférieures (STC 28/07/1981).

Nous pouvons résumer la définition de l'autonomie à la lumière de l'expérience espagnole comme un système d'équilibre entre uniformité et diversité, de tension, un système ouvert et élastique, un processus autonomique encadré par l'unité de l'Etat.

Les Communautés Autonomes doivent pouvoir prendre des décisions politiques propres. Il existe de la part de certaines Communautés Autonomes des revendications d'asymétrie dans l'organisation territoriale de l'Etat espagnol[318] contre lesquelles se dressent le principe d'intégration constitutionnelle, c'est-à-dire le principe d'homogénéité politico-constitutionnelle des Communautés Autonomes, ainsi que l'égalité entre les Communautés Autonomes et l'égalité des droits et devoirs des citoyens sur l'ensemble du territoire. Selon R. Maiz Suarez il existe par définition une dynamique politique due à cette autonomie, l'Etat espagnol est tendanciellement fédéral et non seulement un Etat régional[319].

2. Définition de l'autonomie dans la doctrine, la jurisprudence et la Constitution italiennes

La doctrine, la jurisprudence et la Constitution italiennes décrivent l'organisation territoriale de cet Etat comme un système polycentrique à dominante autonome régionale, fait d'équilibre et de souplesse. Nous allons examiner le polycentrisme italien, son rapport avec la notion d'autonomie ainsi que la tendance régionaliste de l'organisation territoriale de l'Etat.

De nombreux auteurs italiens ont utilisé pour décrire le système italien le terme de polycentrisme[320], du fait de l'existence de différents centres d'émission normative

---

[318] Voir le projet de statut du Pays-Basque d'association libre au sein de l'Etat espagnol, ou encore le nouveau statut de la Catalogne lui accordant un pouvoir financier important (articles 203, 207 et 208 du statut).

[319] R. Maiz Suarez, *Commentaire de l'article 1 du statut de la Galice* in : J. L. Carro Fernández-Valmayor (dir.), *Comentarios al Estatuto de Autonomía de la Comunidad Autónoma de Galicia*, Ministerio para las administraciones públicas, Madrid, 1991, 975 p., p. 27.

[320] « Une nouvelle éticité fondée sur le polycentrisme», G.C. De Martin, *Corte dei conti e sistema delle autonomie (territoriali) dopo la riforma del titolo V*, Rome, 04/12/2002, document Internet ASTRID, p. 2.

sur le territoire. Pour F. Pinto[321] il s'agit d'un nouveau modèle caractérisé par l'intégration réciproque des sources, une perspective procédurale et un système en tension. Pour F. Pizzetti[322] ce sont les principes de subsidiarité, différenciation et adéquation de l'article 118 de la Constitution qui rendent compte par la flexibilité qu'ils mettent en place d'une administration polycentrique, à quoi il ajoute un ordre à régionalisme législatif[323], la loi étant désormais caractérisée par le principe de compétence. Pour T. Groppi l'autonomie des collectivités locales qui sont selon l'article 114 de la Constitution toutes mises sur le même plan témoigne non pas du fédéralisme de l'Etat italien mais d'un système polycentrique ou encore de ce qui est appelé au niveau communautaire le *multilevel constitutionalism*, qui peut se définir par une pluralité d'ordres juridiques qui s'intègrent mutuellement[324].

La Constitution italienne met en place une pluralité d'ordres juridiques et donc de sources qui s'intègrent mutuellement, dans un équilibre dynamique entre pluralité et unité se traduisant par la flexibilité du système, la tension du système et son caractère procédural.

Nous pouvons nous poser la question de savoir si les termes de polycentrisme et d'autonomie ont la même définition puisqu'il y a dans cette dernière autonomie législative et administrative, équilibre entre pluralité et unité, c'est-à-dire que l'autonomie est l'expression de la pluralité dans le cadre de l'unité politique de l'Etat, qu'elle se traduit par une flexibilité du système par des mécanismes de différenciation et de subsidiarité, système qui est en tension et régi par des procédures de participation, de négociation, de règlement des conflits ; il existe une pluralité des ordres juridiques et les sources s'intègrent mutuellement, certaines compétences revenant aux autonomies politiques sur la base de la pluralité et d'autres à l'Etat sur la base de l'unité. La description de ces deux notions est la même : leur définition coïncide-t-elle parfaitement ?

---

[321] F. Pinto, *Regioni ed Enti Locali nella Costituzione novellata*, document Internet ASTRID.

[322] F. Pizzetti, *La ricerca del nuovo equilibrio tra uniformità e differenza : il problematico rapporto tra il progetto originario della Costituzione del 1948 e il progetto ispiratore della riforma costituzionale del 2001*, in : *La riforma del Titolo V, parte II della Costituzione*, a cura di C. Bottari, Quaderni della Spisa, Maggioli Editore, 2003, 449 p., p. 73-106 ; *La ricerca del giusto equilibrio tra uniformità e differenza*, document Internet ASTRID ; *Le nuove esigenze di governance in un sistema policentrico « esploso »*, document Internet ASTRID.

[323] Dans ce sens voir aussi A. D'Atena, *L'Italia verso il « federalismo »*, Milano, Dott. A. Giuffrè Ed., 2001, 457 p., pour qui l'Etat régional est caractérisé par le polycentrisme législatif, ce qui le distingue de l'Etat unitaire où le Parlement a le monopole de la fonction législative, et le rapproche de l'Etat fédéral.

[324] T. Groppi, *I rapporti dello Stato e delle Regioni con gli enti locali nel nuovo Titolo V*, document Internet ASTRID. Nous développerons les éléments d'intégration des ordres juridiques dans la seconde partie de cette thèse.

L'autonomie dont il est question ici est l'autonomie politique territoriale dans un Etat unitaire, qui selon C. Calvieri[325] s'insère dans la théorie de l'ordonnancement juridique (de sa pluralité). L'article 5 de la Constitution italienne reconnaît les autonomies locales et l'article 114-2 prévoit qu'elles ont leurs propres statuts, pouvoirs et fonctions selon les principes fixés par la Constitution : il s'agit d'un compromis de l'Etat unitaire et de la société plurale, pour l'auteur la juste tension entre les entités politiques[326]. Pour S. Romano il s'agit « subjectivement [du] pouvoir de se donner un ordre juridique, objectivement, [du] caractère propre d'un ordre juridique que des personnes ou des collectivités se constituent elles-mêmes. »[327]. La Cour Constitutionnelle dans la décision 496/2000 précitée donne aussi indirectement une définition de l'autonomie, encadrée par l'unité de l'Etat, ne signifiant pas l'autodétermination. En effet, pour changer le statut d'autonomie d'une région afin d'obtenir une autonomie spéciale, il convient, selon la Cour, de respecter l'article 138 de la Constitution sur sa révision, qui prévoit que tous les italiens soient appelés à se prononcer sur celle-ci ; le référendum régional n'est donc possible que dans les limites de la protection de l'ordre constitutionnel et politique. L'unité et l'indivisibilité de la République empêchent un référendum qui soit une expression d'autonomie sur des questions d'ordonnancement constitutionnel de la République.

Le polycentrisme normatif et l'autonomie politique sont fortement liés, la capacité à faire des choix politiques passant par la possibilité pour la région d'adopter ses propres normes, notamment législatives, multipliant sur le territoire les centres d'émission normative.

Le système d'autonomie de la République italienne est régionaliste. La région occupe une place particulière malgré la *pari-ordinazione* de toutes les collectivités

---

325 C. Calvieri, *Stato regionale in trasformazione : il modello autonomistico italiano*, G. Giappichelli Editore, Torino, 2002, 243 p. Il se base sur les travaux de S. Giannini et S. Romano, pour qui l'autonomie est institutionnelle, politique, normative, administrative, chaque catégorie d'autonomie se référant à des phénomènes de création de normes et d'organisation relatifs à un groupe social déterminé, phénomènes qui donnent lieu à une réciproque implication et intégration.

326 Dans le même sens T. Martines, A. Ruggeri, C. Salazar, *Lineamenti di diritto regionale*, Milano, Dott. A. Giuffrè Ed., 2002, 365 p., notamment p. 11, considèrent que l'autonomie politique est la synthèse entre les instances d'unité et de diversification, la pluralité à partir d'un équilibre dynamique se rénove et se redéfinit.

327 S. Romano, *Diritto costituzionale*, Milano, A. Giuffrè ed., 1950, 405 p., p. 15. Voir aussi *Il diritto pubblico italiano*, Milano, Giuffrè, 1988, 447 p., p. 261 : « le pouvoir (...) attribué ou reconnu par l'Etat à des sujets qui sont situés en-dessous de lui de se donner, dans une mesure déterminée et avec des effets déterminés, un propre ordre juridique ».

territoriales. Pour C. Calvieri[328] les régions ont de telles fonctions qu'elles peuvent faire des choix politiques de niveau primaire, notamment elles ont des intérêts propres qu'elles peuvent défendre contre la loi de l'Etat devant la Cour Constitutionnelle (comme dans une fédération). Elles ont un statut, adopté depuis 1999 par une loi à majorité qualifiée par le Conseil Régional, un pouvoir législatif, notamment des compétences culturelles et linguistiques, un président pouvant être élu au suffrage universel direct, un pouvoir financier, et elles sont ainsi considérées par la Cour Constitutionnelle comme des sujets politiques ayant un propre territoire et représentant une collectivité d'individus, et titulaires d'une autonomie formelle et exclusive. Ces différents éléments révèlent une capacité d'action politique de la région italienne plus large que celle des collectivités locales inférieures.

En ce qui concerne l'autonomie statutaire[329], notamment l'élection du Président au suffrage universel direct : depuis la réforme constitutionnelle de 1999, l'adoption des statuts régionaux, après double délibération du Conseil Régional et un possible référendum régional, ne requiert plus l'accord du Parlement et les statuts ne connaissent plus la limite de l'harmonie avec les lois de la République mais seulement avec la Constitution[330]. Le statut a pour contenu la forme de gouvernement de la région, c'est-à-dire l'organisation des pouvoirs publics régionaux. La question s'est donc posée en doctrine de savoir s'il existait un droit constitutionnel régional. Il y a bien un renforcement de l'autonomie statutaire des régions par la loi constitutionnelle n° 1 du 22 novembre 1999. Mais il s'agit bien d'un pouvoir dérivant de la Constitution et soumis à celle-ci et non d'un pouvoir constituant. Les articles 121 et 122 encadrent pour de nombreux éléments le contenu des statuts concernant les organes des institutions régionales (leur existence et leurs fonctions essentielles). Une réserve peut être émise, mais elle concerne un élément de vocabulaire, les Constitutions (*Costituzione*) des régions à statut spécial[331]. Cependant celles-ci sont toujours soumises à la Constitution italienne et intégrées dans l'unité politique de la République italienne, une et indivisible[332]. Le statut est adopté à une majorité spécifique. Son contenu, nous l'avons vu, peut être décrit comme de matière constitu-

---

[328] C. Calvieri, *Stato regionale in trasformazione : il modello autonomistico italiano*, G. Giappichelli Editore, Torino, 2002, 243 p. Voir aussi la définition de l'Etat régional par F. Cuocolo, *Diritto regionale italiano*, UTET, Torino, 1991, 367 p. p. 3 et s.

[329] Article 123 de la Constitution.

[330] Sa lettre et son esprit comme nous le verrons dans la décision 306-2002 de la Cour Constitutionnelle italienne analysée plus bas.

[331] Voir les intitulés des titres 1 des statuts du Val d'Aoste, de la Sardaigne, du Trentin-Haut-Adige et du Frioul Vénétie Julienne, « *Costituzione* ». Il est intéressant de noter que ce terme est traduit dans la version allemande du statut du Trentin-Haut-Adige par celui de « *Errichtung* », ce qui signifie construction, création, fondation, et non par les termes de *Grundgesetz* (loi fondamentale) ou de *Verfassung* (Constitution).

[332] Voir par exemple l'article 1 des statuts de Frioul Vénétie Julienne et du Val d'Aoste.

tionnelle (organisation des pouvoirs publics et, dans les propositions de statut, déclaration des droits). Il existe une obligation d'harmonie avec la Constitution. Pour ce qui est de la théorie de la Constitution, nous avons étudié plus haut les écrits de différents auteurs (C. Schmitt, J. Isensee, C. de Malberg, M. Hauriou) et pu constater qu'il existe pour eux un lien exclusif entre l'Etat et la Constitution ainsi qu'entre la Constitution ou l'Etat et l'idée d'unité politique. C. Schmitt et E.W. Böckenförde, en ce qui concerne le droit positif, lient la Constitution, par le biais du pouvoir constituant, détenu par le peuple, à l'idée de l'unité politique. Or le fait que les statuts régionaux doivent être en harmonie avec la Constitution italienne empêche par définition d'estimer, au regard de la théorie constitutionnelle, que le corps électoral régional adopte la décision d'ensemble sur le genre et la forme de l'unité politique dont parle C. Schmitt à propose de la notion positive de Constitution[333]. Il n'y a donc pas de Constitution régionale[334], même s'il y a une norme suprême d'organisation de la région. On pourrait éventuellement parler de loi organique régionale prise en application de la Constitution nationale.

L'existence d'un pouvoir législatif et l'étendue des matières de la compétence des régions les rendent aptes à conduire des politiques propres. Le pouvoir financier doit donner les moyens matériels de cette action.

La région dans le système italien est donc un sujet politique, ce qui a des conséquences par rapport aux collectivités locales inférieures et par rapport à l'Etat. Ces éléments nous conduisent à parler de régionalisme institutionnel et d'exercice régional de la souveraineté.

D. La dévolution

La dévolution désigne les réformes de l'organisation territoriale du Royaume-Uni. L'Angleterre a signé les traités d'Union en 1543 avec le Pays de Galles et en 1707 avec l'Ecosse. Des lois dites de dévolution ont été adoptées en 1998[335]. Il s'agit d'une grande réforme constitutionnelle. Un projet de dévolution en Angleterre a été abandonné depuis le référendum du 4 novembre 2004 dans le Nord-est, où 78% des électeurs ont voté contre ce projet. Par contre une nouvelle loi a été adoptée le 25 juillet 2006 pour le Pays de Galles.

Nous avons déjà donné la définition de la dévolution de V. Bogdanor, que nous rappellerons ici : « le transfert à un organe subordonné élu sur une base géogra-

---

[333] Voir notre paragraphe sur l'unité politique de l'Etat.

[334] Il est cependant possible de parler de droit constitutionnel régional pour les cinq statuts spéciaux, qui sont des lois constitutionnelles (nationales) réglant chacune le statut uniquement de la région désignée. Il ne s'agit pas de Constitutions régionales mais de droit constitutionnel d'application régionale.

[335] *Scotland Act* 1998, *Government of Wales Act* 1998.

phique de fonctions à présent exercées par le Parlement.»[336]. L'Ecosse dispose d'un exécutif, d'un Parlement, de pouvoir législatif et de compétence administrative, le Pays de Galles seulement d'un pouvoir réglementaire[337]. Pour M. Mercier[338], il s'agit d'un système « au bord du fédéralisme », « s'appuyant sur de très anciennes divisions du territoire »[339]. Pourtant la dévolution, à la différence des modèles belge, espagnol et italien, offre moins de garantie juridique aux régions, et ce du fait du principe de la souveraineté du Parlement de Westminster. Cela en fait un système qui se caractérise par sa précarité[340].

La dévolution consiste dans le transfert de compétences nationales à des institutions de gouvernement responsables par rapport à un électorat local dans différentes aires géographiques du Royaume-Uni[341]. Les territoires sont ceux où « la population présente sur ceux-ci s'identifie à la base territoriale (avec comme base une identité nationale ou régionale) »[342]. Les institutions de gouvernement doivent être élues localement, l'exécutif distinct du législatif, des rapports existant entre les pouvoirs (de contrôle par exemple). Les compétences transférées doivent permettre aux institutions d'agir, et l'autonomie financière doit être prévue pour l'exercice de ces fonctions[343]. La principale voie de contrôle des institutions dévolues doit être la

---

[336] V. Bogdanor, *Devolution in the United Kingdom*, Oxford University Press, 1999, p. 2.

[337] La nouvelle loi de devolution de 2006 attribue un début de compétence législative à l'Assemblée galloise (les « Assembly measures »), selon une procédure indirecte faisant intervenir le pouvoir central. Un pouvoir législatif primaire pourrait être accordé par la suite après un référendum auprès de la population.

[338] M. Mercier, *Pour une République territoriale, l'unité dans la diversité*, Sénat français, Rapport d'information 447 tome 1, 1999-2000, Mission commune d'information chargée de dresser le bilan de la décentralisation, Annexe au procès verbal de la séance du 28 juin 2000, 411 p.

[339] L'identité régionale est à l'origine de ces réformes, c'est d'ailleurs la *Scottish Constitutional Convention* (convention constitutionnelle écossaise) qui fait, le 30 mars 1989, une déclaration sur le droit souverain du peuple de déterminer sa forme de gouvernement (*Convention's Claim of Right for Scotland*: « *We, gathered as the Scottish Constitutional Convention, do hereby acknowledge the sovereign right of the Scottish people to determine the form of Government best suited to their needs* »), et qui a rédigé en 1995 un rapport final qui constituera plus ou moins l'ensemble du texte du *Scotland Act*.

[340] Voir C. Barthélémy, *Les caractéristiques juridiques et institutionnelles de la dévolution en Ecosse et au Pays de Galles*, Revue E-Crini n°1/2008, Editions du Centre de recherche sur les identités nationales et l'interculturalité, Nantes, 2008, 13 p.

[341] R. Cornes, *El Reino Unido de la Gran Bretaña e Irlanda del Norte, Revisión de la devolution*, 2002, Informe Comunidades Autónomas, Barcelone, 2002, p. 725-745.

[342] Ibid., p. 727.

[343] L'Ecosse n'a pas fait usage jusqu'à présent de son pouvoir de lever des impôts. Les moyens financiers de l'Ecosse et du Pays de Galles continuent à être attribués par le pouvoir central, selon la formule de Barnett. Voir A. Cole, *La territorialisation de l'action publique au Royaume-Uni*, Revue

démocratie locale ainsi que la voie judiciaire, le gouvernement ou le Parlement national n'agissant que si l'institution dévolue le demande ou s'il faut assurer le respect de l'ordre public ou la paix. Enfin le programme de dévolution doit être réalisé par une loi du Parlement de Westminster mais seulement après que la région recevant le transfert de compétence a donné son consentement par voie référendaire.

Pour I. Ruggiu[344] il existe trois caractéristiques de la dévolution. La première est l'asymétrie, qui se rencontre dans les compétences, dans la forme de gouvernement, dans le système fiscal, dans les rapports des institutions dévolues au centre, et géographiquement du fait que l'Angleterre n'est pas la quatrième région au Royaume-Uni[345]. La deuxième caractéristique de la dévolution au Royaume-Uni est la précarité, due à la doctrine de la souveraineté du Parlement de Westminster, qui ne peut se lier pour le futur[346]. Ainsi toutes les lois sont égales quelle qu'en soit la procédure d'adoption et ne se classent que selon le critère chronologique. Les lois de dévolution n'ont donc pas de rigidité. Enfin la dernière caractéristique est l'absence de garantie de la distribution des compétences puisqu'il existe le principe de souveraineté du Parlement national qui peut toujours légiférer pour l'Ecosse, même s'il existe un accord selon lequel il ne le fait pas sans le consentement du Parlement écossais, la *Sewel Convention*[347].

Deux éléments permettent de distinguer la dévolution britannique des autonomies régionales présentées précédemment. Il s'agit de la souveraineté du Parlement et de la place très importante de la *soft law*.

Le principe de la souveraineté du Parlement de Westminster a été introduit afin de limiter le pouvoir de l'exécutif[348]. « L'idée que la suprématie du Parlement est le

---

française d'administration publique, n°121-122, Ecole nationale d'administration, Strasbourg, 2007, p. 131-144.

[344] I. Ruggiu, *Devolution scozzese Quattro anni dopo: the bones... and the flesh*, Le Regioni, n°5, octobre 2003, p. 737-786.

[345] I. Ruggiu souligne la ressemblance avec le modèle espagnol en théorie, mais en pratique tout le territoire espagnol se retrouve dans des Communautés Autonomes. Cela pose un problème que nous exposerons plus loin qui est celui de la place des députés écossais au sein du Parlement britannique puisqu'ils votent pour des lois touchant uniquement le Pays de Galles et l'Angleterre. Il s'agit de ce qui est appelé la « West Lothian Question ».

[346] La notion de dévolution a été introduite pour l'Irlande, et le Parlement de Westminster a supprimé le Parlement irlandais en 1972.

[347] Le *Scotland Act* réaffirme d'ailleurs ce principe à l'article 28 (7).

[348] Pour des détails historiques, voir J. Adler, *Constitutional and Administrative Law*, Mac Millan education LTD, London, 1989, 398 p., E. Barendt, *An Introduction to Constitutional Law*, Peter Birks, Clarendon Law Series, Oxford University Press, New York, 1998, 189 p., *Les institutions du*

socle de la démocratie a été définitivement acquise au moment de la Révolution de 1688. Depuis lors, le dogme de la souveraineté du Parlement a été théorisé par nombre de commentateurs. Pour l'un des plus influents d'entre eux, le juriste Dicey, à la fin du XIXème siècle, par exemple : " Le Parlement est en droit de faire et de défaire toute loi quelle qu'elle soit, (...) et le droit en Angleterre ne reconnaît à aucune personne, ni à aucune autorité la faculté de passer outre à la législation du Parlement ou de l'écarter (...) ". Tocqueville affirme, de la même façon : " en Angleterre, on reconnaît au Parlement le droit de changer la Constitution (...) la Constitution peut donc changer sans cesse, ou plutôt elle n'existe point. Le Parlement, en même temps qu'il est corps législatif, est corps constituant ". »[349]. Ce qui était conçu au départ comme une limite au pouvoir exécutif est donc devenu un principe général liant aussi les autres institutions – ainsi celles issues de la dévolution.

C'est pourquoi le Parlement de Westminster conserve la possibilité de supprimer ou d'amender les lois de dévolution[350] et de légiférer dans les domaines dévolus, ce qu'il a fait à rythme soutenu depuis le début de la dévolution[351].

La conséquence sur le système des sources d'un tel principe est l'application en dernier ressort du critère chronologique pour la résolution des conflits entre les lois, que ce soient des lois de Westminster entre elles ou un conflit entre une loi de Westminster et une loi écossaise ; ainsi si une loi écossaise ne peut intervenir dans les domaines réservés à la législation britannique[352], une loi britannique peut toujours intervenir dans les domaines de la compétence législative écossaise. Une cour ne pourrait annuler la loi britannique, et seule la date décide quelle loi l'emporte, ce qui pourrait conduire à ce que I. Ruggiu a appelé le ping-pong législatif[353] avec comme seule limite le cas où Westminster finirait par modifier le *Scotland Act* en

---

Royaume-Uni, documents réunis et commentés par J.Leruez, La Documentation Française, Documents d'études, Droit constitutionnel et institutions politiques, n° 1.03, Paris, édition 1999, 51 p.

[349] N. Lenoir, *La Chambre des Lords, à propos du projet actuels de réforme constitutionnelle*, Cahiers du Conseil Constitutionnel, n°3, 09/97, 12 p, 2ème p. Voir notamment A.V. Dicey, *Introduction to the Study of the Law of the Constitution*, MacMillan, Londres, 1885.

[350] Le Parlement d'Irlande du Nord avait été supprimé en 1972 ; il l'a été à nouveau en 2002.

[351] Voir par exemple cette statistique de O. Dawn, *Constitutional Reform in the United Kingdom*, Oxford University Press, New York, 2003, 424 p., p. 252 : de mai 1999 à mars 2002 il comptabilise trente *Sewel motions* pour environ trente lois de Westminster passées dans les matières dévolues (sachant en plus que les conditions conduisant à l'adoption d'une *Sewel motion* sont déjà restrictives et qu'il y a donc d'autres domaines où Westminster a pu agir sans que cela soit pris en compte, et quand le lien de la loi avec les matières dévolues n'est pas principal), le Parlement écossais ayant dans cette période adopté trente-six lois.

[352] La Cour invaliderait la loi écossaise qui viole les articles 29, 30 et les sections 4 et 5 du *Scotland Act*.

[353] I. Ruggiu, *Devolution scozzese Quattro anni dopo: the bones... and the flesh*, Le Regioni, n°5, octobre 2003, p. 737-786, p. 765 et p. 780.

retirant la matière litigieuse des compétences écossaises ; le Parlement écossais ne pourrait alors plus agir car selon la section 4 du *Scotland Act*, celui-ci appartient aux lois qui ne peuvent être modifiées par l'Ecosse[354].

Nous pouvons nous demander s'il n'existe pas un rapprochement théorique entre la souveraineté du Parlement, qui semble être l'une des caractéristiques principales de la dévolution, distinguant à première vue celle-ci des formes d'autonomie étudiées plus haut, qui bénéficient d'une garantie constitutionnelle, notamment en matière d'existence et de répartition des compétences, et la suprématie de la Constitution dans les systèmes des quatre autres Etats étudiés. Ce rapprochement pourrait se faire sous l'angle de la notion de *Grundnorm*, norme fondamentale, qui serait la souveraineté du Parlement au Royaume-Uni et la suprématie de la Constitution en Belgique, Espagne, France, Italie (voir les développements sur l'unité de l'Etat). En effet c'est de cette norme fondamentale que sera tirée la territorialisation de l'Etat dans tous les cas (lois de dévolution ou garanties constitutionnelles en sont issues) et cette *Grundnorm* possède et conserve la *Kompetenz-Kompetenz*, « la capacité exclusive (...) de déterminer l'étendue de son propre ordre juridique »[355]. En rassemblant ces éléments sous la qualification de *Grundnorm*, nous dépassons leur différence de garantie procédurale, le système britannique se révélant plus souple, la souveraineté du Parlement s'exprimant aussi par le pouvoir législatif, dont la procédure est moins lourde que celle de la révision constitutionnelle.

« Le triomphe de la *soft law* »[356] décrit par ailleurs très bien le système de la dévolution. I. Ruggiu utilise cette expression car d'après elle la dévolution est caractérisée par le fait que le critère de répartition des compétences se trouve en réalité dans la *soft law*, c'est-à-dire dans des règles non obligatoires, qui prescrivent seulement un comportement.

Le contenu de la *soft law* qui concerne la dévolution est le suivant : des accords, conventions, concernant la répartition des compétences d'une part ; les relations interinstitutionnelles notamment intergouvernementales d'autre part.

---

[354] Scotland Act, Schedule 4 (...) *This Act:* 4. - (1).

[355] G. Jellinek, *Allgemeine Staatslehre*, 3. Auflage, 1960, Wissenschaftliche Buchgesellschaft Darmstadt, 837 p., p. 482, trad. O. Beaud.

[356] I. Ruggiu, *Devolution scozzese Quattro anni dopo: the bones... and the flesh*, Le Regioni, n°5, octobre 2003, p. 737-786, citation p. 756.

Les instruments de *soft law* les plus importants sont les *White Papers « Scotland's Parliament »* et *« A voice for Wales »*[357], la *Sewel Convention*[358], le *Memorandum of Understanding* (MoU) créant notamment le *Joint Ministerial Committee*[359] et les *concordats*[360].

Les *White Papers « Scotland's Parliament »* et *« A voice for Wales »* comprennent des éléments concernant les matières de la compétence écossaise et galloise (en effet les lois de dévolution comportent seulement la liste des matières réservées à l'Etat).

La *Sewel Convention* contient l'engagement de la part du Parlement de Westminster de ne légiférer dans les matières dévolues qu'avec le consentement du Parlement écossais. Cette convention s'étend aux seules dispositions applicables à l'Ecosse et concernant des *devolved purposes* ou altérant les compétences législa-

---

[357] Ils sont souvent cités à l'appui de la reconnaissance de compétences à l'Ecosse ou au Pays de Galles dans d'autres instruments ; voir I. Ruggiu, *Devolution scozzese Quattro anni dopo: the bones... and the flesh*, Le Regioni, n°5, octobre 2003, p. 737-786, p. 761.

[358] Le ministre Lord Sewel, lors de l'adoption de la loi de dévolution pour l'Ecosse a expliqué devant la Chambre des Lords le 21 Juillet 1998 que « la dévolution de compétence législative au Parlement Ecossais n'affecte pas la capacité de Westminster à légiférer pour l'Ecosse même en relation avec des matières dévolues. En effet, comme l'article 4.4 du White Paper l'a expliqué, nous envisageons qu'il pourrait y avoir des cas où il pourrait davantage convenir que la législation sur les matières dévolues soit adoptée par le Parlement du Royaume-Uni. Cependant (...) nous souhaitons l'établissement d'une convention selon laquelle Westminster ne légiférerait normalement pas dans les matières dévolues à l'Ecosse sans le consentement du Parlement Ecossais ». Cette obligation a été reconnue et appliquée ensuite par divers textes et déclarations, ce qui en a fait une convention de la Constitution, notamment par le *House of Common Procedure Committee*, le *Memorandum of Understanding*, les *Devolution Guidance Notes* (DGN) : DGN 9, Post Devolution Primary Legislation affecting Wales et DGN 10, Post Devolution Primary Legislation affecting Scotland, Office of the Deputy Prime Minister, octobre 2002. Pour une analyse complète des textes et déclarations renvoyant/créant la *Sewel Convention*, voir *The Sewel Convention, Memorandum by the Scotland Office*, Scottish Parliament Procedures Committee Inquiry, Office of the Deputy Prime Minister, novembre 2002, www.scottishsecretary.gov.uk/Publications. Sur la définition et la constitution des conventions de la Constitution, voir A.V. Dicey, *Introduction to the Study of the Law of the Constitution*, MacMillan, Londres, 1885 ; R.W. Jennings, *The Law and the Constitution*, Londres, 1933 ; et par exemple G. Marshall, *The Constitution: Its Theory and Interpretation* in : V. Bogdanor (ed.), *The British Constitution in the twentieth century*, The British Academy, Oxford University Press, New York, 2003, 795 p. ; P. Avril, *Les conventions de la Constitution*, Presses Universitaires de France, Paris, 1997, 202 p. ; E. Barendt, *An Introduction to Constitutional Law*, Peter Birks, Clarendon Law Series, Oxford University Press, New York, 1998, 189 p., p. 40-45 ; J. Adler, *Constitutional and Administrative Law*, Mac Millan education LTD, London, 1989, 398 p., p. 26-32.

[359] Devolution, Memorandum of Understanding and Supplementary agreements between the United Kingdom Government Scottish Ministers, the Cabinet of the National Assembly for Wales and the Northern Ireland Executive Committee, SE/2002/54, janvier 2002 (première version: 1er octobre 1999).

[360] Concordats entre l'exécutif écossais et l'exécutif du Royaume-Uni et concordats entre l'exécutif gallois et l'exécutif du Royaume-Uni.

tives ou exécutives écossaises. Pour le reste des lois pouvant avoir une incidence en Ecosse, même sur des matières dévolues mais pas à titre principal, le Parlement écossais sera seulement consulté. Le Parlement écossais pour exprimer son accord vote une *Sewel motion.* L'accord sera transmis entre exécutifs, c'est à l'exécutif écossais de garantir tout au long de la procédure d'adoption d'une loi britannique le consentement du Parlement écossais quand il est nécessaire.

Cela nous permet de passer au second volet de la *soft law*, les relations intergouvernementales ou interinstitutionnelles. Celles-ci sont réglées par le MoU et les concordats.

Le MoU crée le *Joint Ministerial Committee*, qui se réunit de façon plénière une fois par an et en conférence sectorielle tout au long de l'année. Il y a de plus quatre concordats attachés au MoU, dont celui concernant l'Union européenne[361] (il en existe de plus un pour les relations internationales, un pour l'aide financière à l'industrie et un pour les statistiques), contenant pour l'Ecosse une obligation d'information (article 3.2), de concertation (articles 3.6 et article 3.7 renvoyant en cas de désaccord à un recours au *Joint Ministerial Committee*), la présence de ministres écossais dans la délégation britannique au Conseil européen (article 3.12), et enfin une option pour l'application propre du droit communautaire avec une certaine obligation de consultation ou la soumission à la norme britannique (article 3.17).

Il existe enfin de nombreux concordats bilatéraux entre les exécutifs britanniques et écossais ou gallois.

Ces concordats interviennent pour régler la coopération et la coordination des autorités centrales et écossaises ou galloises pour l'exercice de compétences concurrentes ou pouvant avoir une incidence sur les compétences exercées par l'une ou l'autre des parties[362]. Selon V. Bogdanor, les concordats servent à concilier la souveraineté du Parlement avec le *self-government* écossais et gallois[363]. Les lois de dévolution ne comportent aucune disposition sur la coopération et la prévention des

---

[361] Devolution, Memorandum of Understanding and Supplementary agreements between the United Kingdom Government Scottish Ministers, the Cabinet of the National Assembly for Wales and the Northern Ireland Executive Committee, SE/2002/54, janvier 2002 (première version: 1er octobre 1999), partie II, B. : Concordat on Co-ordination of E.U. Policy Issues, B1 (Ecosse) et B2 (Pays de Galles).

[362] A. Scott, *The role of Concordats in the New Governance of Britain: Taking Subsidiarity Seriously?*, Harvard Jean Monnet Working Paper 8/00, Harvard Law School, Cambridge, 2000, 21 p.

[363] V. Bogdanor, *Constitutional Reform in the UK*, Paper presented at the Centre for Public Law, University of Cambridge, January, 1998, cité par A. Scott, ibid., p. 1 : « La dévolution est la réforme constitutionnelle la plus radicale que ce pays ait vue depuis le *Great Reform Act* de 1832. C'est parce qu'elle parvient à réconcilier deux principes apparemment opposés, la souveraineté ou suprématie du Parlement et l'attribution de l'autonomie pour les affaires intérieures à l'Ecosse et au Pays de Galles ».

conflits, les concordats sont donc des documents essentiels à son fonctionnement. Selon A. Scott, les concordats servent à résoudre des *policy overlap* et *policy contagion*[364]. Dans le premier cas, il peut y avoir une contradiction entre les politiques écossaise ou galloise, dans des matières dévolues, et la politique du Royaume-Uni[365], et les concordats prévoient des obligations de consultation ou des restrictions à l'autonomie législative ; dans le second cas, il s'agit plutôt de l'impact d'une politique par exemple écossaise sur la politique nationale ou galloise.

A. Scott souligne un problème important, qui est celui de la place des concordats dans « l'architecture constitutionnelle de la gouvernance britannique réformée »[366], notamment le rôle du Parlement, dans la mesure où il est prévu par les concordats qu'ils devront être révisés au regard de l'expérience de leur fonctionnement. Pour l'auteur, les concordats sont plus que des dispositions procédurales, elles posent « les conditions selon lesquelles la délégation conditionnelle de compétences aux administrations dévolues et à leurs assemblées sera exercée »[367]. Or le Parlement écossais ou l'Assemblée galloise n'ont pas été consultés pour ces concordats. De plus les débats du *Joint Ministerial Committee* ne sont pas publics bien qu'ils aient un impact important sur l'exercice des compétences notamment par le Parlement écossais et l'Assemblée galloise, ce qui pose le problème de la responsabilité (*accountability*) et donc de la démocratie.

Nous pouvons donc voir que la *soft law* règle de nombreux domaines du fonctionnement de la dévolution au Royaume-Uni, elle complète et interprète les lois de dévolution de façon étendue. Ainsi pour certains auteurs, alors que les lois de dévolution mettent en place une sorte de décentralisation de l'Etat unitaire, à l'analyse de la *soft law* nous pourrions déduire que le Royaume-Uni connaît un « fédéralisme informel »[368]. Or la caractéristique de la *soft law* est qu'elle n'est pas invocable en justice. Ainsi si une loi britannique entre dans une matière de compétence réservée au Parlement écossais, le JCPC ne pourrait annuler cette loi pour non-respect d'une convention (la *Sewel convention*). Sur les conventions de la Constitution, l'avis de

---

364 A. Scott, ibid., p. 4.

365 L'auteur donne l'exemple de la position adoptée par le gouvernement britannique au sein de l'Union européenne face à une proposition d'adoption d'une norme communautaire dans un même domaine. Les White Papers prévoient donc une collaboration entre le gouvernement britannique et les exécutifs dévolus à chaque stade (formulation, de la politique, négociation, application et mise en œuvre) de l'adoption d'une politique communautaire.

366 A. Scott, ibid., p. 10.

367 A. Scott, ibid., p. 12.

368 O. Dawn, *Constitutional Reform in the United Kingdom*, Oxford University Press, New York, 2003, 424 p., p. 293 parle des conventions informelles ou quasi fédérales, introduisant le principe de subsidiarité de façon pragmatique dans la Constitution, sans que formellement on aille vers le fédéralisme, le Parlement de Westminster restant souverain. Pour lui la bonne gouvernance a un rôle important pour la détermination de l'étendue des compétences législatives en Ecosse (p. 261).

la Cour Suprême du Canada du 28 septembre 1981[369] résume bien la problématique de leur force juridique. Il n'existe pas dans la loi de 1867 d'obligation pour le Parlement canadien d'obtenir l'accord des provinces pour effectuer cette opération, cependant « l'adoption de cette résolution sans ce consentement serait inconstitutionnelle au sens conventionnel »[370], par contre les conventions ne sont de toutes façons pas invocables en justice. Elles se rattachent donc à la notion de gouvernance.

La *soft law* permet donc des ajustements informels dans l'exercice des compétences réparties entre les autorités centrales et dévolues, avec l'inconvénient de ne pas apporter les garanties procédurales des sources formelles. Elle renvoie à l'importance du rôle que jouent les relations interinstitutionnelles dans la définition du régionalisme institutionnel. « Le versant des relations intergouvernementales apparaît toujours plus souvent comme le centre névralgique du régionalisme, le lieu où se corrige le tir de schémas de compétences peu satisfaisants et où se décident, dans une large mesure, les destins des systèmes territoriaux »[371]. Nous envisagerons donc cette question comme un point d'étude de notre comparaison des régionalismes institutionnels.

A présent que nous avons présenté la définition et les caractéristiques de la dévolution, que nous décrivons comme un mode d'organisation territoriale à mi-chemin entre l'Etat unitaire et fédéral, il convient de déterminer le rapport qui existe entre ce modèle et la notion d'autonomie qui caractérisait l'Etat régional italien et l'Etat des autonomies espagnol.

Nous retrouvons dans la dévolution des éléments de définition de l'autonomie régionale : une capacité d'action administrative et politique[372], sans cependant la souveraineté, un système polycentrique à dominante autonome régionale et un système d'équilibre et de souplesse. Le cas écossais est seul comparable aux cas

---

369 Affaire du rapatriement de la Constitution.

370 Cité par P. Avril, *Les conventions de la Constitution*, Presses Universitaires de France, Paris, 1997, 202 p., p. 105-119.

371 I. Ruggiu, *Devolution scozzese Quattro anni dopo: the bones... and the flesh*, Le Regioni, n°5, octobre 2003, p. 737-786, p. 776.

372 Voir des exemples de politiques divergentes en Ecosse ou au Pays de Galles, qui ont pu d'ailleurs inspirer des réformes plus étendues, dans l'article de A. Cole, *La territorialisation de l'action publique au Royaume-Uni*, Revue française d'administration publique, n°121-122, Ecole nationale d'administration, Strasbourg, 2007, p. 131-144.

italien et espagnol, le Pays de Galles par contre doit être assimilé à l'exemple français de la décentralisation administrative[373].

La dévolution de pouvoirs législatifs au Parlement écossais, institution élue au suffrage universel direct, rappelle l'attribution de ces mêmes pouvoirs aux régions italiennes et aux Communautés Autonomes espagnoles. La dévolution galloise n'atteint pas ce degré d'autonomie, celle-ci reste administrative. La dévolution a donc pour conséquence l'asymétrie de l'organisation du territoire (Ecosse, Pays de Galles étant différenciés au sein du Royaume-Uni) et le polycentrisme normatif. Il existe une différence de perspective entre le modèle de l'autonomie régionale et celui de la dévolution écossaise, qui se trouve dans la garantie des compétences attribuées aux régions. Dans le premier cas il existe une garantie constitutionnelle, alors que les institutions dévolues et les compétences attribuées peuvent être remises en cause simplement par le Parlement national, la seule garantie se trouvant dans la *soft law*. L'Ecosse dispose donc d'une autonomie de nature politique : une assemblée élue, disposant de pouvoirs législatifs dans de nombreuses matières, notamment en ce qui concerne les collectivités locales présentes sur son territoire[374].

En ce qui concerne l'équilibre entre la diversité et l'unité, il est assuré par l'asymétrie en droit et en fait mise en place par les deux lois de dévolution d'une part et les mécanismes de préservation de l'unité au sein de l'Etat d'autre part, parmi lesquels la technique, déjà constatée en Espagne et en Italie, des matières réservées à l'Etat[375], mais aussi, ce qui, nous l'avons vu, caractérise la dévolution, le maintien de la souveraineté du Parlement britannique. Ainsi, l'utilisation par celui-ci de la *Sewel convention* a été très fréquente, le Parlement écossais adoptant toutes les *Sewel motions* présentées jusqu'à présent[376] ; il le fera notamment dans le cas de la nécessité d'une législation unitaire pour l'ensemble du territoire.

---

[373] La Commission Richard, créée en juillet 2002 pour évaluer le fonctionnement de la dévolution et faire éventuellement des propositions a rendu son rapport en mars 2004, suggérant la mise en place d'une dévolution du même type qu'en Ecosse, avec un pouvoir législatif permettant au Pays de Galles d'adopter des politiques propres dans certaines matières. Le rapport peut être consulté sur le site Internet de la Commission Richard : www.richardcommission.gov.uk/content/finalreport/report-e.pdf.

[374] Voir la loi sur le gouvernement local adoptée en 2004 pour l'Ecosse. Local governance (Scotland) Act 2004, consultable sur le site Internet de législation écossaise : www.opsi.gov.uk/legislation/scotland/about.htm.

[375] *Schedule* 5 du *Scotland Act* de 1998. Il faut aussi ajouter les dispositions protégées de toute modification par une loi écossaise au *schedule* 4 (notamment en matière de droits de l'homme et de droit communautaire).

[376] Un rapport a été fait au Parlement écossais sur l'usage de la *Sewel convention* en 2005. Il est consultable sur le site Internet du Parlement : www.scottish.parliament.uk/. Ce rapport fait le bilan des utilisations et décrit le mode de fonctionnement de la convention. Voir aussi le Scottish Parliament Fact sheet FS4-06 qui présente l'ensemble des 39 motions de la première législature (1999-2003),

Pour ce qui est de la souplesse du système, la place très importante dans la pratique de la dévolution de la *soft law*, des relations interinstitutionnelles, permet aux institutions dévolues une participation à la détermination de l'ordre national[377]. Elle a l'inconvénient d'être une garantie moins importante pour l'Ecosse et le Pays de Galles du respect de leurs compétences.

Conclusion du chapitre 1

Ce premier chapitre nous a permis d'étudier l'organisation territoriale classique des Etats européens sélectionnés, en mettant notamment en valeur des points communs tels que l'autonomie régionale, la spécificité du statut de certaines régions ou différenciation, le principe de subsidiarité.

Les modèles intermédiaires de l'autonomie, de l'Etat régional, de la dévolution, ont été rapprochés dans une analyse commune, et le mouvement de réforme constitutionnelle et législative qui touche tous les Etats met en avant le développement général de la différenciation régionale et du principe de subsidiarité.

Ces modèles, ainsi que l'Etat fédéral, sont favorables au développement du régionalisme institutionnel, ce qui n'est pas le cas de l'Etat unitaire classique représenté par la France. En effet, ils contiennent la souplesse nécessaire à la différenciation territoriale caractérisant le régionalisme institutionnel.

Nous avons posé les prémices d'une définition du régionalisme par rapport à l'analyse de l'organisation du territoire étatique en s'inspirant des théories le comprenant parallèlement au fédéralisme et des doctrines de l'idée régionale, afin de démontrer qu'il s'agit d'un concept nécessaire à la détermination de l'organisation territoriale, favorisant unité et diversité, de l'Etat.

Le chapitre 2 nous permettra d'effectuer un travail similaire concernant l'organisation de la population dans les Etats étudiés.

---

avec des renvois aux débats ayant précédé leur adoption (consultable sur le site Internet du Parlement écossais).

[377] Par exemple comme nous l'avions vu en ce qui concerne la détermination des politiques de l'Union européenne.

CHAPITRE 2

ORGANISATION DE LA POPULATION DE L'ETAT : LE RAPPORT ENTRE PEUPLE ETATIQUE ET REGIONALISME INSTITUTIONNEL, MISE EN CAUSE D'UN PRINCIPE D'HOMOGENEITE : LE PRINCIPE D'EGALITE

Nous considérons qu'il y a peu d'avenir pour le droit des minorités dans l'Union européenne comme base au régionalisme institutionnel. Le droit des minorités ne nous semble pas suffisant pour expliquer le phénomène de régionalisme institutionnel en Europe. C'est le cas à la marge. Cependant, nous le verrons, le régionalisme institutionnel, dans son élément de référence à l'identité, peut offrir une protection de type droit des minorités.

Nous étudierons donc à présent le principe d'égalité en détail, principe clé de l'unité politique de l'Etat mis en cause par le régionalisme institutionnel.

Le principe d'égalité est reconnu dans tous les Etats au niveau constitutionnel[378]. L'interprétation du principe d'égalité dans la jurisprudence constitutionnelle introduit la notion de différence de traitement.

Il est bien entendu que le principe d'égalité s'impose aux pouvoirs publics régionaux du fait de son rang constitutionnel. La question intéressante qui se pose n'est pas le respect par les normes régionales du principe d'égalité, mais le rapport, la conciliation possible entre principe d'égalité et diversité du traitement des citoyens du fait de leur appartenance à une région ou une autre. Le principe d'égalité, dans toutes ses applications, se trouve confronté à la question de l'uniformité et de la diversité et à celle de la détermination d'une situation différente justifiant un traitement différent. C'est pourquoi il est intéressant d'étudier le principe d'égalité comme cadre du régionalisme. Le régionalisme pose la question du rapport entre principes d'égalité et d'autonomie. Nous verrons que le principe d'égalité cède le pas devant l'organisation territoriale de l'Etat.

« Si un consensus se dégageait en faveur d'une conciliation entre indivisibilité de la République et autonomies régionales, il impliquerait une redéfinition de l'égalité

---

[378] En France, l'article 6 de la Déclaration des droits de l'homme et du citoyen et l'article 1 de la Constitution affirment le principe d'égalité. En Belgique ce sont les articles 10 et 11 de la Constitution qui garantissent ce principe. En Espagne la référence au principe d'égalité se trouve dans les articles 1, 14, 9, 139, 149.1.1 de la Constitution. En Italie les articles 3 et 51 de la Constitution assurent le respect du principe d'égalité. Au Royaume-Uni les droits de l'homme sont garantis par la loi qui intègre la Convention européenne des droits de l'homme dans le droit britannique. Ainsi les cours peuvent procéder à la déclaration d'incompatibilité de la loi au *Human Rights Act* de 1998. Cependant le protocole n°12 sur le principe d'égalité, du 4 novembre 2000, qui n'est pas encore en vigueur, n'a été ni signé ni ratifié par le Royaume-Uni.

républicaine et de la fonction législative. On n'échapperait pas, alors, à une réécriture des trois premiers articles de la Constitution et de ceux définissant les compétences des principales institutions de la République (articles 20, 34, 72 et suivants). Autant reconnaître que l'on ne peut refonder la République sans en changer la Constitution »[379].

Le principe d'égalité doit-il être redéfini, confronté au régionalisme institutionnel ? La problématique de la diversité des choix politiques régionaux, qui se traduit notamment par des prestations différentes, et qui dépend de leur niveau d'autonomie, normative et financière, et du respect du principe d'égalité, est d'actualité[380]. Il y a une contradiction entre les principes d'organisation du territoire et de la population de ces Etats. Le principe d'égalité, pour le régionalisme institutionnel, se présente d'après notre analyse comme un principe d'homogénéité minimale (I) permettant une certaine diversité (II), deux éléments qu'il convient de déterminer, ce qui nous permettra de tirer des conclusions sur l'intérêt du principe d'égalité dans l'étude du régionalisme (III). Le régionalisme institutionnel appelle une certaine souplesse des principes juridiques qui l'encadrent.

I. UN PRINCIPE D'HOMOGENEITE MINIMALE JUSTIFIANT LA COMPETENCE DE L'ETAT CENTRAL

L'Etat central est censé assurer l'égalité des citoyens qui est affirmée dans les textes constitutionnels. C'est pourquoi la question du principe d'égalité se trouve transposée dans le cadre de la répartition des compétences. Ainsi l'Etat va se trouver à la tête de compétences permettant de garantir une certaine égalité entre les citoyens malgré les divergences régionales, qui sont d'autant plus grandes, notamment concernant les prestations accordées par les pouvoirs publics, que l'autonomie des choix politiques est large (autonomie financière, pouvoir législatif, etc.).

En Italie la Constitution révisée en 2001 attribue à l'Etat la compétence en matière de détermination des niveaux essentiels des prestations relatifs aux droits civils et sociaux, qui est un critère encore indéterminé de l'équilibre entre autonomie régionale et égalité (1). En Espagne l'articulation de ces deux principes conduit à la reconnaissance pour l'Etat de la compétence en matière de réglementation des conditions fondamentales qui garantissent l'égalité des espagnols (2). Enfin en France

---

[379] R. Debbasch, *L'avenir institutionnel de la Corse et la Constitution*, Pouvoirs locaux, Les cahiers de la décentralisation, n°47, décembre 2000, p. 91-96, p. 96.

[380] Voir par exemple concernant le Royaume-Uni : A. Torre, *Devolution e regionalismo nel Regno Unito: nuove strutture istituzionali ed esperienze di politica estera*, publication à venir. Voir aussi *Studi sui rapporti internazionali e comunitari delle Regioni*, Bari, Cacucci, 2004, document SPISA, notamment le paragraphe 4 Dévolution, égalité et droits.

les conditions essentielles d'exercice d'une liberté publique sont une limite à la libre administration (3). Nous analyserons et comparerons ces dispositions et leurs applications éventuelles afin de dégager les méthodes concernant la compétence de l'Etat basée sur la nécessité d'assurer une homogénéité minimale au nom du principe d'égalité (4).

A. La détermination des niveaux essentiels des prestations relatifs aux droits civils et sociaux en Italie : un critère encore indéterminé de l'équilibre entre autonomie régionale et égalité issu de la nouvelle Constitution

En Italie cette compétence de l'Etat est prévue dans l'article 117 m) de la Constitution, issu de la réforme constitutionnelle de 2001, disposant que l'Etat a la compétence exclusive quant à la détermination des niveaux essentiels des prestations concernant les droits civils et sociaux qui doivent être garantis sur l'ensemble du territoire national[381]. Pour la protection des niveaux essentiels des prestations de droits civils et sociaux, l'Etat peut par ailleurs recourir au pouvoir de substitution que lui réserve l'article 120 de la Constitution pour la défense de l'unité de l'ordre économique et juridique, qui cite aussi les niveaux essentiels des prestations.

Cette expression a donné lieu à de nombreux débats doctrinaux concernant à la fois le contenu de cette compétence, son étendue et ses effets[382].

Ce terme de niveaux essentiels des prestations est apparu dans la législation étatique avant la réforme de 2001 qui l'introduit dans la Constitution, concernant les droits sociaux, notamment dans le plan sanitaire national. Les niveaux essentiels sont décrits dans le plan sanitaire national de 1998-2000 (dPR du 23/07/98) comme « les niveaux d'assistance qui, dans la mesure de leur caractère nécessaire et approprié, doivent être uniformément garantis sur l'ensemble du territoire national et à l'ensemble de la collectivité, en tenant compte des différences dans les distributions des nécessités d'assistance et des risques pour la santé », formule reprise par le dlgs n°229/1999. Cette expression est encore assez floue et débattue par la doctrine italienne.

---

[381] Article 117 m) de la Constitution : « determinazione dei livelli essenziali delle prestazioni concernenti i diritti civili e sociali che devono essere garantiti su tutto il territorio nazionale ».

[382] Voir notamment l'article de M. Belletti, *I « livelli essenziali delle prestazioni concernanti i diritti civili i sociali... » alla prova della giurisprudenza costituzionale. Alla ricerca del parametro plausibile...*, Le istituzioni del federalismo, n°3/4, 2003, p. 613-646. Cet article tente de déterminer plus précisément le contenu de l'expression de l'article 117 m) de la Constitution, en examinant la jurisprudence constitutionnelle récente. Voir aussi le document proposé par l'Office de formation du personnel des administrations publiques, *I livelli essenziali delle prestazioni, Questioni preliminari e ipotesi di definizione*, Quaderni, n°46, Formez, Rome, juin 2006, 154 p.

Le premier problème concerne l'adjectif « essentiel », qui suppose que l'Etat détermine le minimum nécessaire que les régions, dans les domaines de leur compétence, sont ensuite à même de compléter. Ce terme d'essentiel est interprété par E. Balboni[383] comme s'appliquant aux besoins, aux nécessités et non aux ressources. Il se base sur différents textes juridiques pour dire par exemple que le service sanitaire national doit avoir quatre caractères : efficace, approprié, efficient, et concerner les premiers besoins de santé.

Pour A. Natalini, la détermination des niveaux essentiels ne consiste pas dans l'uniformisation du système de prestation de services ou dans la centralisation du financement, et ce pour tenir compte de l'autonomie des régions.

C. Pinelli pose aussi cette question de savoir si ces niveaux essentiels se réfèrent à la garantie d'un contenu essentiel des droits des citoyens ou à des prestations comptables avec un financement prédéterminé[384]. Selon lui, à l'analyse des débats parlementaires, cette expression se réfère aux niveaux garantis nécessaires pour assurer les mêmes conditions de vie sur l'ensemble du territoire national, les prestations nécessaires et appropriées et non des niveaux minimums.

Il convient aussi de s'intéresser à l'objet des prestations, les droits civils et sociaux. C. Pinelli distingue les droits fondamentaux, qui constituent une limite pour le législateur, par renvoi à la jurisprudence de la Cour Constitutionnelle italienne sur les droits fondamentaux, des droits inaliénables de la personne humaine qui ne peuvent être modifiés dans leur contenu essentiel même par une loi de révision constitutionnelle ou une autre loi constitutionnelle (sentence 146/1988), et les droits de prestations, que le législateur doit respecter dans la limite des ressources financières (sentence 304/1994 de la Cour Constitutionnelle).

La détermination du contenu des niveaux essentiels des prestations pose ainsi un réel problème en droit italien, c'est un élément indéterminé du système juridique. De nombreux auteurs ont examiné cette question, concernant l'assistance sanitaire, l'organisation scolaire, les polices locales (voir par exemple l'article de C. Pinelli précité) ; il est encore difficile de déterminer précisément le contenu et les effets de l'article 117 m) de la Constitution italienne avant d'avoir observé quelques années de pratique législative étatique ainsi que la jurisprudence constitutionnelle dans ce

---

[383] E. Balboni, *Livelli essenziali/livelli minimi nella prestazione di servizi*, Document ASTRID. Dans le même sens, A. Natalini, *Livelli essenziali e poteri sostitutivi*, Document ASTRID.

[384] C. Pinelli, *Sui livelli essenziali delle prestazioni concernanti i diritti civili e sociali*, Diritto Pubblico, n°3, 2002, p. 881-907.

domaine. Ainsi l'article 117 m) de la Constitution italienne constitue encore un point de droit non éclairci, sur lequel il convient de procéder à une étude attentive dans le futur, car son influence sur le modèle italien est réelle dans la mesure où cet article est le point de jonction, d'articulation entre les principes d'autonomie et d'égalité (l'égalité étant un élément de l'unité). En effet cela détermine le degré d'autonomie de l'action politique des régions dans des matières aussi importantes que l'éducation ou la santé[385].

Jusqu'à présent la jurisprudence constitutionnelle ne permet pas d'affiner la définition des niveaux essentiels et en fait un instrument fort de garantie de l'unité dans les mains du législateur national.

En effet la Cour Constitutionnelle ne contrôle que l'erreur manifeste d'appréciation (*manifesta irragionevolezza*) lorsque le législateur étatique invoque ce titre de compétence[386], ce qui lui laisse une forte marge d'appréciation.

La sentence 88/2003 précise de plus que l'Etat peut agir au titre de cette compétence même vis-à-vis d'une région à statut spécial (ici la province de Trente), alors que l'article 10 de la loi constitutionnelle de 2001, qui par ailleurs introduit l'article 117 m) dans la Constitution, dispose que cette loi constitutionnelle ne s'applique aux régions à statut spécial que dans la mesure où elle leur fournit une plus large autonomie, ce qui n'est pas le cas ici où la région était compétente en matière de santé et d'assistance sociale ; la Cour justifie cette restriction à l'autonomie des régions à statut spécial par la présence d'un intérêt général des intérêts sanitaires et sociaux de la toxicodépendance. La restriction de l'autonomie de la province serait compensée s'il était prévu de prendre l'avis de la Conférence permanente pour les rapports Etat/régions/provinces autonomes.

Enfin, la Cour Constitutionnelle italienne a interprété l'article 117 m) de la Constitution comme attribuant à l'Etat une compétence transversale lui permettant de légiférer dans toute matière quand il s'agit de déterminer ces niveaux essentiels des prestations[387]. Il convient de remarquer que l'article 117 énumère les compétences législatives exclusives de l'Etat par matière : « L'Etat a la législation exclusive dans les matières suivantes : (...) ». Or la Cour Constitutionnelle dans son arrêt

---

[385] Voir notamment dans ce sens A. Poggi, *Les compétences administratives et réglementaires des régions italiennes*, Revue française d'administration publique, n°121-122, Ecole nationale d'administration, Strasbourg, 2007, p. 99-110. Elle souligne que tant que ces niveaux ne sont pas déterminés, ce qui n'est toujours pas fait, les régions et les collectivités locales ne peuvent pas agir.

[386] M. Belletti, *I « livelli essenziali delle prestazioni concernanti i diritti civili i sociali... » alla prova della giurisprudenza costituzionale. Alla ricerca del parametro plausibile...*, Le istituzioni del federalismo, n°3/4, 2003, p. 613-646.

[387] Voir la sentence 282/2002.

282/2002 a jugé que la détermination des niveaux essentiels des prestations de droits civils et sociaux n'est pas une matière, mais un titre de compétence pour agir dans toutes les matières ; ou encore une compétence transversale[388] : le législateur étatique doit assurer à tous sur l'ensemble du territoire la jouissance de prestations garanties (point trois des considérations en droit).

La question de l'éventuel remplacement de la notion d'intérêt national, supprimée par la réforme de 2001, qui offrait à l'Etat un titre de compétence dans toute matière lorsqu'un intérêt national était en jeu[389], par celle de l'article 117 m) s'est aussi posée dans la doctrine, et ce dans les termes suivants : l'intérêt national permettait à l'Etat d'agir lorsqu'il s'estimait en présence d' « exigences unitaires non susceptibles de fractionnement »[390] ; Pour G. Caia, la détermination des niveaux essentiels de prestations de droits civils et sociaux est un moyen de répondre à cette exigence, à côté d'autres moyens mis en place avec la révision constitutionnelle comme les compétences exclusives, les principes fondamentaux, le pouvoir de substitution, l'exigence d'harmonie en matière de finances publiques, les autres compétences transversales comme l'environnement, etc.[391]. C'est pourquoi pour l'auteur la notion d'intérêt national n'est plus utile.

---

[388] Voir par exemple sur l'article 117 m) comme une compétence transversale, au même titre que d'autres (nous renvoyons à nos explications antérieures sur le modèle italien) : F. Pizzetti, *La ricerca del giusto equilibrio tra uniformità et differenza : il problematico rapporto tra il progetto originario della Costituzione del 1948 e il progetto ispiratore della riforma costituzionale del 2001*, in : *La riforma del Titolo V, parte II della Costituzione*, a cura di C. Bottari, Quaderni della Spisa, Maggioli Editore, 2003, 449 p., p. 73-106. B. Caravita décrit comme de nombreux auteurs l'article 117 m) comme un élément unificateur du système constitutionnel après la réforme du titre V de la partie II de la Constitution italienne en 2001, qui accorde plus d'autonomie aux régions. Voir B. Caravita, *Gli elementi di unificazione del sistema costituzionale dopo la riforma del titolo V della Costituzione*, in : *La riforma del Titolo V, parte II della Costituzione*, a cura di C. Bottari, Quaderni della Spisa, Maggioli Editore, 2003, 449 p., p. 155-165.

[389] Même quand cet intérêt est indirect : voir la sentence de la Cour Constitutionnelle italienne 43/1960.

[390] Voir la jurisprudence de la Cour Constitutionnelle, sentences n°340 du 14/12/83, 177 du 27/06/86, 195 du 01/07/86, 294 du 19/12/86, 49 du 11/02/87, 304 du 22/05/87, 111 du 27/04/01 ; arrêts cités par G. Caia, *Il problema del limite dell'interesse nazionale nel nuovo ordinamento*, in : *La riforma del Titolo V, parte II della Costituzione*, a cura di C. Bottari, Quaderni della Spisa, Maggioli Editore, 2003, 449 p., p. 136-153.

[391] Nous renvoyons à ce qui a été dit sur les mécanismes caractérisant le système italien de recherche de l'équilibre entre unité et diversité ; nous y reviendrons aussi plus tard.

B. Articulation des principes constitutionnels autonomique et d'égalité en Espagne : la réglementation des conditions fondamentales qui garantissent l'égalité des espagnols de l'article 149.1.1 de la Constitution

Le débat sur l'article 117 m) de la Constitution italienne se retrouve en Espagne concernant l'article 149.1.1 de la Constitution ; l'article 149.1 de la Constitution énumère lui aussi les matières de la compétence exclusive de l'Etat, parmi lesquelles la « réglementation des conditions fondamentales qui garantissent l'égalité de tous les Espagnols dans l'exercice des droits et l'exécution de leurs devoirs constitutionnels ».

La question s'est posée dans la doctrine de savoir si cet article donnait la compétence dans une matière, ou un titre de compétence transversale. L'article 149.1.1 de la Constitution espagnole date de l'adoption de celle-ci, c'est-à-dire 1978, il y a donc une pratique beaucoup plus grande concernant celui-ci qu'en Italie sur les niveaux essentiels, qui constituent encore un champ ouvert pour l'étude de son influence sur les principes d'autonomie et d'égalité.

En Espagne les droits s'imposent à l'ensemble des pouvoirs publics (article 9.1 de la Constitution). Lorsqu'une loi doit en réguler l'exercice, il peut s'agir d'une loi régionale et pas seulement étatique, sinon la disposition serait attributive de compétence[392]. Cependant l'article 81.1 de la Constitution espagnole prévoit qu'une loi organique est nécessaire pour le développement des droits fondamentaux et des libertés publiques. La loi organique ne peut être qu'une loi de l'Etat, justifiant ainsi sa compétence dans ce domaine. Le Tribunal Constitutionnel a défini ce qu'il fallait entendre par « développement » des droits fondamentaux et libertés publiques dans sa sentence 173/1998 : il s'agit des normes qui régulent les éléments essentiels pour la définition des droits, leur domaine et leurs limites par rapport à d'autres droits et libertés constitutionnellement protégés. Il se réfère à l'article 149.1.1 qui donne compétence à l'Etat pour régler les conditions fondamentales de l'exercice des droits afin de garantir l'égalité entre les citoyens[393].

La question est donc la même en Espagne qu'en Italie de concilier le principe d'égalité avec la distribution territoriale du pouvoir[394]. M. Barceló présente trois

---

[392] Dans ce sens voir Tribunal Constitutionnel, sentences 37/1981, 137/1986 et 173/1998.

[393] Voir dans ce sens E. Alberti, E. Aja, T. Font, X. Padrós, J. Tornos, *Manual de dret públic de Catalunya*, 3e édition, Generalitat de Catalunya, Institut d'Estudis Autonòmics, Marcial Pons, Barcelone, 2002, 508 p., p. 66 et s.

[394] I. Lasagabaster Herrartr, *Los artículos 149.1.1 y 20.4 CE y los derechos lingüísticos*, in : *La función del artículo 149.1.1 CE en el sistema de distribución de competencias*, Seminario celebrado en

positions pour établir le lien entre principe d'égalité et principe autonomique[395] : celle de l'uniformité[396], celle de l'homogénéité minimum, enfin celle de l'égalité de tous les espagnols devant chaque ordre autonomique[397]. Le système de répartition des compétences a des incidences sur la régulation des droits et devoirs constitutionnels, c'est pourquoi l'Etat est compétent pour réguler les conditions fondamentales qui garantissent l'égalité, c'est-à-dire l'article 149.1.1 de la Constitution.

Il convient donc de s'interroger sur la signification de cette expression, sur ce que représentent les conditions fondamentales garantissant l'égalité de tous les espagnols dans l'exercice des droits et des devoirs constitutionnels.

Comme en Italie, le domaine visé par la compétence de l'Etat est celui des droits constitutionnels. L'Etat doit garantir la possibilité pour les citoyens de jouir de leurs droits et d'exercer leurs devoirs dans des conditions d'égalité. Il s'agit selon M. Barcelò de conditions pertinentes, nécessaires pour atteindre le but qui est l'égalité. Cette compétence doit donc répondre à un objectif, cela n'est pas une matière de compétence[398], l'article 149.1.1 a plutôt une fonction finaliste[399]. Cela correspond aussi à la définition donnée par la Cour Constitutionnelle italienne de compétence transversale. L'étendue de la compétence étatique est donc large.

La difficulté à définir le caractère fondamental (en espagnol : *condiciones básicas*) compris dans cette expression se rencontre aussi comme en Italie. J.A.Montilla Martos propose une réforme constitutionnelle ou des statuts pour délimiter cette

---

Barcelona 07/06/1991, Generalitat de Catalunya, Institut d'Estudis Autonòmics, n°15, Barcelone, 1992, 103 p., p. 73-92.

395 M. Barceló, *Derechos y deberes constitucionales en el Estado autonómico*, Generalitat de Catalunya, Institut d'Estudis Autonòmics, Cuadernos Civitas, Editorial Civitas, Madrid, 1991, 141 p.

396 Voir la STC 25/81 du 14/07 selon laquelle « On peut dire que les droits fondamentaux, pour autant qu'ils fondent un statut juridique constitutionnel pour tous les espagnols et sont décisifs de même manière pour la configuration de l'ordre démocratique dans l'Etat central et dans les Communautés Autonomes, sont un élément unificateur. (...) Les droits fondamentaux sont ainsi un patrimoine commun des citoyens individuellement et collectivement, constitutifs de l'ordre juridique valable pour tous de façon égale ».

397 Il y a alors selon l'auteur malgré la répartition du pouvoir politique dans différents centres de décision une certaine uniformité du statut juridique des citoyens.

398 L'Etat espagnol, comme nous l'avons dit, n'est pas seul compétent en matière de droits et devoirs constitutionnels.

399 Dans ce sens, J. Tudela Aranda, *Derechos constitucionales y autonomía política*, IVAP, Herri arduralaritzaren euskal erakundea, Organisación autonómica del gobierno vasco, Editorial Civitas, Madrid, 1994, 471 p., p. 284-288 et M. Barceló, *Derechos y deberes constitucionales en el Estado autonómico*, Generalitat de Catalunya, Institut d'Estudis Autonòmics, Cuadernos Civitas, Editorial Civitas, Madrid, 1991, 141 p., p. 110.

notion de « fondamental », conformément à ce qui est proposé dans les accords autonomiques de 1992[400].

Le Tribunal Constitutionnel contrôle l'appréciation du législateur national[401] mais n'apporte pas de réponse à cette question[402]. De plus il se contente comme en Italie du contrôle de l'erreur manifeste d'appréciation[403].

J. Tudela Aranda fait une étude de l'emploi en droit positif de l'article 149.1.1 de la Constitution espagnole dans les normes étatique, ainsi que la jurisprudence du Tribunal Constitutionnel sur cette question[404]. Il remarque que l'article 149.1.1 est souvent utilisé par l'Etat à côté d'un autre titre de compétence[405], ce qui en fait selon lui une clause interprétative de la répartition des compétences[406]. Le Tribunal Constitutionnel n'a pas, selon lui, élaboré de construction théorique, de définition en la matière, ce qui correspond pour l'instant à la situation en Italie et met en avant le côté flexible de cette disposition, comme de nombreuses dispositions visant à concilier unité de l'Etat et diversité régionale.

---

[400] J. A. Montilla Martos, *Los elementos formales en el proceso de producción normativa de lo básico*, Revista Española de Derecho Constitucional, n°68, mai-août 2003, p. 89-120.

[401] Voir la STC 13/89 du 26/01 : « il appartient au législateur étatique de définir ce qui est fondamental en observant strictement les prescriptions constitutionnelles et statutaires et à ce Tribunal de contrôler en dernière instance cette définition ».

[402] Voir la STC 32/81 du 28/07, fondement juridique 5 : « Il ne sera certainement pas toujours facile de déterminer ce qu'on doit entendre par régulation des conditions fondamentales ou établissement des bases d'un régime juridique, et il paraît impossible de donner une définition précise et a priori de ce concept ».

[403] STC 154/1988, fondement juridique 3 : le Tribunal doit se conformer à « la nécessité de reconnaître au législateur étatique une certaine marge d'appréciation quant à la fixation initiale des conditions qui, par leur caractère fondamental, doivent être l'objet d'une réglementation uniforme sur tout le territoire national ».

[404] J. Tudela Aranda, *Derechos constitucionales y autonomía política*, IVAP, Herri arduralaritzaren euskal erakundea,Organisación autonómica del gobierno vasco, Editorial Civitas, Madrid, 1994, 471 p.

[405] Par exemple en matière d'éducation, de propriété privée, de liberté d'entreprendre, de droit à la santé, de patrimoine historique, de droits des consommateurs et usagers, de culture, de réforme et développement agricole.

[406] Dans le même sens, M. Barceló, *Derechos y deberes constitucionales en el Estado autonómico*, Generalitat de Catalunya, Institut d'Estudis Autonòmics, Cuadernos Civitas, Editorial Civitas, Madrid, 1991, 141 p., p. 111 et s.

C. Les conditions essentielles d'exercice d'une liberté publique et l'homogénéité du corps social en France : l'égalité, limite qualitative à la décentralisation

En France, les conditions essentielles d'exercice d'une liberté publique ne peuvent dépendre de la décision d'une collectivité territoriale, comme l'ont affirmé le Conseil Constitutionnel puis les lois constitutionnelles[407], et ce afin qu'elles soient les mêmes sur l'ensemble du territoire, et donc de garantir le principe d'égalité dans cette mesure. Le principe de libre administration ne peut permettre de ne pas respecter le principe d'égalité. Nous avons déjà signalé que d'autres expressions ont été utilisées, comme celle de liberté individuelle, garantie des libertés publiques ; il nous semble qu'il s'agit d'une confusion dommageable et qu'il serait nécessaire d'éclaircir cette expression.

Nous devons nous pencher sur la signification de cette expression de conditions essentielles d'exercice des libertés publiques. Selon J.-F. Flauss[408], le Conseil Constitutionnel a une conception extensive de cette notion à partir de 1996, où dans la décision 96-173 DC du 9 avril il considère les conditions de déclaration d'une association et la désignation de l'autorité compétente pour reconnaître cette déclaration comme une condition essentielle de mise en œuvre d'une loi relative à l'exercice d'une liberté publique.

Le Conseil d'Etat lui aussi a développé une jurisprudence intéressante : lorsque la loi est suffisamment précise, garantissant l'uniformité du droit sur l'ensemble du territoire, les collectivités locales pourraient déterminer les conditions générales de mise en œuvre des compétences attribuées par la loi[409].

La jurisprudence du Conseil Constitutionnel français[410] va dans le sens de l'homogénéité juridique du corps social dont parle N. Rouland. Selon lui, celle-ci

---

[407] Le Conseil constitutionnel spécifie dès 1985 que l'exercice des libertés publiques (enseignement, réunion etc.) ne peut pas dépendre des décisions des collectivités territoriales (décisions 84-185 DC du 18 janvier 1985, 93-329 DC du 13 janvier 1994, 96-373 DC du 9 avril 1996, 97-389 DC du 22 avril 1997). Référendum local et droit d'expérimentation des collectivités territoriales sont limités dans les lois organiques par les conditions essentielles d'exercice des libertés publiques et individuelles (articles 72 et 73 de la Constitution).

[408] J.-F. Flauss, *Le principe d'égalité et l'existence de droits particuliers*, in : *Etat, régions et droits locaux*, Institut de droit local alsacien-mosellan, publications de l'IDL, Economica, 1997, 238 p., p. 89-102.

[409] Conseil d'Etat Assemblée, 2 décembre 1994, Commune de Cuers et même date, Préfet de la région Nord Pas-de-Calais, préfet du Nord.

[410] Le Conseil Constitutionnel français, dans sa décision du 9 mai 1991, affirme que « la mention faite par le législateur du "peuple corse, composante du peuple français" est contraire à la Constitution, laquelle ne connaît que le peuple français, composé de tous les citoyens français sans distinction

est assurée par les tribunaux français par le biais d'une interprétation stricte du principe d'égalité[411]. Pour J.M.Pontier « l'exigence égalitaire [est] un facteur de réduction de la décentralisation. (...) le principe d'égalité l'emporte sur le principe de libre administration des collectivités locales »[412]. Cela confirme qu'il n'y a pas de régionalisme institutionnel dans cet Etat.

D. Compétence de l'Etat basée sur la nécessité d'assurer une homogénéité minimale au nom du principe d'égalité : les méthodes

Il est recouru à deux façons de justifier la compétence minimale de l'Etat central dans le but d'assurer l'application du principe d'égalité.

La première façon est plus précisément le recours à une disposition constitutionnelle dont c'est le but, qui affirme cette compétence minimale pour assurer l'égalité des droits. Il existe un rapport dans les expressions italienne, espagnole et française concernant la compétence de l'Etat pour l'application du principe d'égalité entre celui-ci et les droits, droits de citoyens en Espagne, droits civils et sociaux en Italie, libertés publiques en France. Il y a de plus des formules approchantes dans les trois Etats sur le degré d'intervention de l'Etat, les conditions fondamentales en Espagne, conditions essentielles en France, niveaux essentiels en Italie.

En France il est recouru à une formulation négative : les conditions essentielles ne peuvent dépendre, ne sont pas de la compétence des collectivités territoriales. En Italie et en Espagne, la Constitution attribue directement comme titre de compétence la détermination des niveaux essentiels ou la réglementation des conditions fondamentales. Ces deux dernières expressions recouvrent *a priori* le même contenu théorique puisqu'il s'agit de fixer les principes qui encadrent la législation régionale, permettant à celle-ci une marge de manœuvre dans le respect de conditions de base égales entre les citoyens. Elles n'auront pas forcément le même contenu dans la pratique législative nationale et la jurisprudence constitutionnelle mais l'on

---

d'origine, de race ou de religion ». Dans sa décision de 2002, la langue corse ne peut être enseignée que si cet enseignement est facultatif, conformément au principe d'égalité. Dans la décision n° 99-412 DC du 15 juin 1999 le Conseil constitutionnel français analyse la compatibilité de la Charte européenne des langues régionales ou minoritaires à la Constitution et conclut que « la Charte européenne des langues régionales ou minoritaires, en ce qu'elle confère des droits spécifiques à des "groupes" de locuteurs de langues régionales ou minoritaires, à l'intérieur de "territoires" dans lesquels ces langues sont pratiquées, porte atteinte aux principes constitutionnels d'indivisibilité de la République, d'égalité devant la loi et d'unicité du peuple français ».

[411] N.Rouland, *La tradition juridique française et la diversité culturelle*, Droit et Société, n°27, 1994, p. 381-419, en particulier p. 391-400.

[412] J. M. Pontier, *Libres interrogations sur l'organisation et la libre administration des collectivités territoriales locales*, La revue administrative, 1994, p. 61-70.

manque de pratique encore en Italie pour évaluer l'étendue de cette éventuelle différence. Cependant, nous pouvons déjà dire que ces deux expressions, l'italienne et l'espagnole, se rapprochent par opposition à l'expression française ; celle-ci est limitée à l'exercice des libertés publiques alors que les deux autres s'étendent aux prestations. Il s'agit d'une distinction du type de droits-libertés et droits-créances, c'est-à-dire entre les droits qui sont des libertés (libertés publiques, le cas français) et les droits qui supposent une prestation de l'Etat. Les systèmes italien et espagnol protègent alors l'ensemble de ces droits vis-à-vis de l'autonomie politique quand le modèle français se contente des droits-libertés.

Prenons l'exemple que nous fournit la matière de l'enseignement. En Espagne, selon l'article 149.1.1 l'Etat fixe les éléments fondamentaux des documents d'évaluation en matière d'enseignement[413]. Ces éléments fondamentaux sont par exemple la définition, les caractéristiques et la transmission du livret scolaire et du livret de qualification du bachelier, ou encore la rédaction des documents officiels d'évaluation, toujours en castillan si l'élève le demande ou que le document doit être transmis dans une autre Communauté Autonome. En Italie, le décret législatif sur les normes générales et niveaux essentiels des prestations du second cycle[414] fixe les niveaux essentiels que les régions doivent respecter dans l'exercice de leur compétence législative exclusive en matière d'instruction et de formation professionnelle[415]. A titre d'exemple, l'article 19 fixe les niveaux essentiels en matière de conditions requises pour enseigner : une habilitation à enseigner et une expérience professionnelle de cinq ans minimum dans le secteur de référence. Afin d'assurer le respect de ces niveaux essentiels par les régions, l'article 22 du dlgs prévoit l'intervention du Service National d'Evaluation du Système d'Education, d'Instruction et de Formation[416].

Il y a un rapport entre la compétence de l'Etat au nom du principe d'égalité et l'étendue de l'autonomie politique des régions, notamment pour les compétences entraînant des prestations envers les citoyens (santé, éducation,...). Il y a donc une différence entre le cas français et les cas espagnol et italien. La compétence de l'Etat en France pour assurer l'égalité des citoyens est limitée aux libertés publiques car le système de distribution territoriale du pouvoir est moins approfondi que dans le régionalisme institutionnel. La question de l'équilibre entre unité et autonomie ne se pose pas avec la même acuité.

---

[413] Orden ECD/1923/2003 du 8 juillet.

[414] Dlgs n°226 du 17 octobre 2005.

[415] Il s'agit de l'offre de formation (article 16), de l'horaire annuel minimum et de l'articulation des formations (article 17), des parcours (article 18), des conditions requises pour les enseignants (article 19), de l'évaluation et de la certification des compétences (article 20).

[416] Site Internet : www.invalsi.it.

Les dispositions italienne et espagnole concernant la compétence de l'Etat afin d'assurer l'égalité des citoyens, du fait de cette problématique, ne peuvent se définir de façon statique[417]. C'est une règle d'équilibre qui nous démontre encore la souplesse à laquelle conduit le régionalisme institutionnel. L'interprétation large de ces notions favorise l'Etat, l'interprétation restreinte, les régions. Comme nous l'avons vu, dans les deux cas l'Etat est maître de cette interprétation car le contrôle du juge constitutionnel est restreint.

La seconde façon de justifier la compétence minimale de l'Etat central dans le but d'assurer l'application du principe d'égalité est le recours à un système de répartition des compétences qui attribue à l'Etat, dans divers domaines, des compétences de fixation d'un niveau minimum commun, par exemple l'article 127-2 de la Constitution belge disposant que les Communautés sont compétentes en matière d'enseignement sauf pour la fixation du début et de la fin de l'obligation scolaire, pour les conditions minimales pour la délivrance des diplômes, pour le régime des pensions ; ou par exemple en Espagne les bases dont la détermination revient à la législation de l'Etat[418], notamment l'article 149.1.18 de la Constitution qui donne compétence exclusive à l'Etat pour les « bases du régime juridique des administrations publiques et du régime statutaire de leurs fonctionnaires qui, en tout cas, garantiront aux administrés un traitement identique devant chacune ». Il s'agit aussi de toutes les compétences que nous avons évoquées plus haut et que nous avions décrites dans les différents paragraphes concernant l'unité du territoire des Etats étudiés.

Ainsi les dispositions que nous avons étudiées concernant les niveaux essentiels des prestations en Italie et les conditions fondamentales qui garantissent l'égalité en Espagne s'intègrent plus largement dans un système de garantie de l'uniformité des conditions de vie qui caractérise le régionalisme institutionnel. C'est la thèse de

---

[417] Dans ce sens J. Tudela Aranda, *Derechos constitucionales y autonomia política*, IVAP, Herri arduralaritzaren euskal erakundea, Organisación autonómica del gobierno vasco, Editorial Civitas, Madrid, 1994, 471 p. Selon lui l'article 149.1.1 de la Constitution espagnole « est l'expression parallèle et simultanée des principes constitutionnels d'unité et d'autonomie. Pour les comprendre et les harmoniser de façon adéquate, il faut garder à l'esprit l'unité du texte constitutionnel, qui oblige à une interprétation conjointe, interdisant toute tentative de considération isolée de ceux-ci. Si l'unité commande en elle une dose d'égalité, l'autonomie commande la diversité. », p. 244. Ce rapport entre autonomie et unité fait que l'interprétation de l'article 149.1.1 ne peut être statique et doit changer avec le temps, les circonstances historiques et sociales.

[418] Il existe différents termes pour cette catégorie des bases dans la droit constitutionnel espagnol : les bases (d'un régime) dans l'article 149-1-16, 149-1-18 et 149-1-25, la législation de base dans l'article 149-1-17, 149-1-18, 149-1-23 (deux fois), enfin les normes de base à l'article 149-1-30.

différents auteurs espagnols[419] et italiens. Ces autres dispositions concernent la solidarité financière entre les régions, la compétence de l'Etat lorsque l'enjeu dépasse le territoire régional[420]. Ainsi, quand le but est assurer l'égalité entre les citoyens, il dépasse un territoire régional : la compétence revient à l'Etat, la garantie, l'objectif étant celui de l'Etat. Cela n'empêche pas les régions d'agir en matière de droits et devoirs constitutionnels, soit directement par des législations en la matière, soit indirectement par le fait de la diversité de statut juridique entre les citoyens pouvant venir de la différenciation politique entre les régions, leur influence sur les conditions matérielles d'exercice des droits et devoirs.

En conclusion nous dirons que le principe d'égalité utilisé comme justification à la compétence de l'Etat afin d'assurer une certaine uniformité du statut juridique des citoyens correspond à la nécessité de résoudre l'affrontement entre autonomie et unité politique. Il est donc d'application différente entre un Etat comme la France où les régions se voient simplement reconnaître la libre administration et les Etats à régionalisme institutionnel où la capacité d'action politique des régions leur permet d'influencer largement le statut juridique des citoyens, notamment du fait de l'existence d'un pouvoir législatif régional.

II. UNE CERTAINE DIVERSITE REGIONALE

La diversité peut être contenue par la norme, ou la diversité peut être normative. On rejoint par le biais de l'égalité les éléments de l'unité politique de l'Etat.

A. Distinction entre égalité et uniformité

Cette question se pose dans tous les Etats, quel que soit le degré d'autonomie régionale.

---

419 J. M. Baño León, *Las Autonomias territoriales y el principio de uniformidad de las condiciones de vida*, Instituto Nacional de Administración Pública (INAP), Madrid, 1988, 360 p. Selon lui ce système est constitué par les articles de la Constitution espagnole sur l'égalité (articles 1.1, 9.2, 14, 139.1, 149.1.1), sur le développement économique et social (articles 40.1, 130.1, 138.2) et sur la péréquation (article 158.2) ; J. Tudela Aranda, *Derechos constitucionales y autonomía política*, IVAP, Herri arduralaritzaren euskal erakundea, Organisación autonómica del gobierno vasco, Editorial Civitas, Madrid, 1994, 471 p. : selon lui la liste de l'article 149.1 de la Constitution, qui contient les compétences exclusives de l'Etat, est « un tout qui traduit l'unité de la nation espagnole », « ce sont trente-deux titres qui impliquent un niveau déterminé d'uniformité dans leurs domaines matériels respectifs . Ainsi chacun est garant d'une certaine dose d'égalité », p. 233.

420 En Espagne par exemple les STC 71/82 pour la réglementation de produits à risque et 32/83 pour un système unifié de santé publique.

Cette distinction est défendue en Espagne par le Tribunal constitutionnel, dès la sentence 37/1981 du 16 novembre, fondement juridique 2 : l'égalité ne peut signifier « une rigoureuse et monolithique uniformité de l'ordre, de laquelle il résulte qu'en égales circonstances, dans n'importe quelle partie du territoire national, il y aurait les mêmes droits et obligations » ; en effet les Communautés Autonomes disposent de nombreuses compétences, notamment législatives, dont l'exercice peut avoir des conséquences sur les droits et devoirs des citoyens, dans des domaines tels que l'enseignement, l'aide sociale, le droit civil, l'urbanisme, les transports, la santé,... Ainsi le principe d'égalité, selon cette décision, ne peut conduire à empêcher la Communauté Autonome d'agir, de prendre les décisions politiques que son existence même suppose, à moins de vider de sens le système même de l'autonomie politique accompagné du pouvoir législatif et exécutif propre à son exercice. L'égalité n'interdit donc pas la diversité au vu du système de répartition territoriale du pouvoir mis en place par la Constitution espagnole.

En Belgique aussi, l'autonomie implique des politiques différentes issues de l'exercice des compétences propres des Régions ou des Communautés : il n'y a pas de violation du principe d'égalité dans ce cas, la jurisprudence constitutionnelle affirme que les différences de traitement sont possibles et conciliables avec l'égalité de tous les belges devant la loi[421]. L'arrêt 25/1991 de la Cour d'Arbitrage de Belgique du 10 octobre 1991 en est une bonne illustration. Constatant que les Communautés ont compétence en matière culturelle, notamment la radio et la télévision, la Cour décide que : « L'autonomie que ces dispositions confèrent aux Communautés implique que des politiques différentes puissent être poursuivies par les différents législateurs décrétaux concernés. Cette autonomie n'aurait pas de portée si le seul fait qu'il existe des différences de traitement entre les destinataires des règles s'appliquant de part et d'autre à une même matière était jugé contraire aux articles 6 et 6 bis de la Constitution. La comparaison que les requérants font entre les normes émanant des deux Communautés en matière de radios locales n'est pas juridiquement pertinente. » (B4). La Cour d'Arbitrage rejette ainsi le moyen selon lequel le décret de la Communauté flamande du 7 novembre 1990 portant organisation et agrément des radios locales violerait le principe constitutionnel d'égalité en établissant une différence de traitement entre les radios locales flamandes dans leur ensemble et les radios francophones. Voir aussi dans le même sens l'arrêt 33/91 du 14 novembre 1991 : « En outre, une différence de traitement dans des matières où les Communautés et les Régions disposent de compétences propres est le résultat d'une politique différente, ce qui est conforme à l'autonomie qui leur est accordée par la Constitution ou en vertu de celle-ci, et ne peut en soi être jugé contraire aux articles 6 et 6 bis de la Constitution. » La loi n'est ainsi plus

---

[421] P. Martens, *Le rôle de la Cour d'Arbitrage dans l'édification du fédéralisme en Belgique*, Revue Belge de Droit Constitutionnel, n°1, 2003, p. 3-12 ; il cite les arrêts 25/91 et 33/91.

générale en Belgique, pour certains auteurs[422]. A nouveau la question du polycentrisme législatif et de l'asymétrie ou de la différenciation qui en découle occupe une place centrale.

En Italie aussi nous trouvons des lois régionales, ainsi qu'un pouvoir réglementaire régional dans les matières résiduelles et concurrentes ; la Cour Constitutionnelle italienne dans sa sentence 34/1961 expose un point de vue qui rejoint ceux précédemment présentés de l'Espagne et de la Belgique: « l'exigence d'adapter les institutions juridiques aux conditions locales est une raison fondamentale de l'autonomie particulière des régions ». La Cour se base sur le fait de l'attribution de l'autonomie aux collectivités locales, c'est-à-dire qu'elle donne un sens, un contenu à cette disposition constitutionnelle de l'article 5. Même chose dans la sentence 64/1965 : « l'attribution aux régions à statut spécial d'un pouvoir d'instituer des contributions propres, dans le respect des principes de l'ordre fiscal étatique, implique nécessairement une diversité dans la charge reposant sur les contribuables, diversité qui se vérifie dans tout l'ordre fiscal, par effet des contributions des collectivités locales. Mais une telle diversité n'a pas d'incidence quant au principe d'égalité de traitement des contribuables ».

Pour S.Bartole le principe de séparation des compétences prévaut sur le principe constitutionnel d'égalité en limitant sa sphère d'application[423]. Pour lui, si le législateur régional doit respecter le principe d'égalité, c'est dans le cadre normatif régional (lois de la région et lois de l'Etat s'appliquant dans la région) et non comme pour Crisafulli par référence à l'ordre général de la République ni, comme pour la Cour Constitutionnelle à l'époque, aux lois de la région concernée et à toutes les lois de l'Etat. Cette question renvoie à celle du système des sources (hiérarchie des normes ou critère de la compétence ?) et de la pluralité des ordres juridiques en Italie du fait de la *pari-ordinazione* de l'Etat et des collectivités territoriales mise en place par la réforme du titre V de la partie II de la Constitution.

Au Royaume-Uni les lois écossaises et le pouvoir réglementaire gallois posent encore cette question de l'égalité et de la diversité régionale. Il n'y a pas cependant de jurisprudence actuellement sur ce thème.

En France, on assiste avec la réforme constitutionnelle de 2003 au renforcement de l'autonomie financière et fiscale des collectivités territoriales[424], ce qui introduit la problématique de l'égalité devant le service public. Nous trouvons une interprétation intéressante dans la décision n° 2003-478 DC du 30 juillet 2003, Loi orga-

---

422 F. Delpérée, *La Cour d'Arbitrage de Belgique*, Cahiers du Conseil Constitutionnel n°12, 52 p.

423 S. Bartole, *In tema di rapporti fra legislazione regionale e principio costituzionale di egualianza*, Giurisprudenza Costituzionale, 1967, p. 670-681, notamment p. 677.

424 R. Hertzog, *L'ambiguë constitutionnalisation des finances locales*, in : *Dossier organisation décentralisée de la République*, AJDA, n° 11, 2003, p. 522-573, p. 548-528.

nique relative à l'expérimentation par les collectivités territoriales : « Considérant que rien ne s'oppose, sous réserve des prescriptions des articles 7, 16 et 89 de la Constitution, à ce que le pouvoir constituant introduise dans le texte de la Constitution des dispositions nouvelles qui, dans les cas qu'elles visent, dérogent à des règles ou principes de valeur constitutionnelle ; que tel est le cas des dispositions précitées du quatrième alinéa de l'article 72 de la Constitution issues de la loi constitutionnelle du 28 mars 2003 susvisée, qui, par exception à l'article 34 de la Constitution et au principe d'égalité devant la loi, permettent, dans certains cas, au Parlement d'autoriser temporairement, dans un but expérimental, les collectivités territoriales à mettre en œuvre, dans leur ressort, des mesures dérogeant à des dispositions législatives et susceptibles d'être ultérieurement généralisées ». La diversité que l'expérimentation amène est donc possible du moment qu'elle est prévue dans la Constitution par exception au principe d'égalité.

B. La question du traitement différent

Le principe d'égalité n'empêche pas un traitement différent dans une situation objectivement différente. Or dans le rapport entre la diversité normative régionale et le principe d'égalité, pouvons-nous affirmer que cette idée est vraiment appliquée quand un traitement différent est permis? La réponse est négative car il ne s'agit pas de l'Etat qui fait une différence selon les citoyens des régions, qui seraient des catégories objectivement différentes par exemple du fait de leur appartenance à une région différente (ce qui resterait à prouver par ailleurs) mais de chaque région qui agit dans le cadre de son autonomie politique, ce qui a pour conséquence un traitement différent des citoyens selon leur présence dans l'une ou l'autre région. Nous nous trouvons donc face à une application du principe d'égalité qui diverge de ses applications classiques qui mettent face à face une autorité publique et les individus. Il n'est plus une valeur supérieure mais relative puisqu'il cède devant l'organisation territoriale de l'Etat.

III. CONCLUSIONS SUR L'INTERET DU PRINCIPE D'EGALITE DANS L'ETUDE DU REGIONALISME INSTITUTIONNEL

Nous tirerons deux types de conclusion de l'étude du principe d'égalité comme cadre juridique du régionalisme, qui seront utiles et développées ensuite dans la seconde partie de cette thèse pour déterminer de façon exacte le modèle régionaliste et en connaître les conséquences. Ainsi nous pouvons constater que le principe d'égalité permet de jouer en souplesse entre unité et diversité, et que l'application de ce principe au régionalisme participe à sa redéfinition générale.

A. Un principe constitutionnel permettant de jouer en souplesse entre unité et diversité

Le principe d'égalité, qui concerne traditionnellement l'organisation de la population dans les Etats étudiés, constitue pour le régionalisme un cadre juridique offrant une certaine souplesse. L'appréciation de la légitimité juridique de l'action de l'Etat ou des régions revient à l'interprétation des dispositions constitutionnelles qu'en font ces acteurs. Or comme ceux-ci peuvent se retrouver en conflit sur ce point, c'est en dernière instance l'institution d'arbitrage des conflits de compétence qui décide, le juge constitutionnel (Espagne, Italie) ou assimilé (Belgique, Grande-Bretagne), alors qu'en France c'est le législateur qui décide et le juge administratif qui applique. Ainsi, le principe d'égalité comme cadre juridique du régionalisme se transpose sur le plan des compétences et est assuré par la hiérarchie des normes, d'où l'importance de la jurisprudence constitutionnelle. Nous attirons déjà l'attention sur ces deux points, qui seront développés dans la seconde partie de cette thèse.

B. Une redéfinition du principe d'égalité par l'organisation territoriale régionaliste de l'Etat

1. Transformation en un principe de répartition des compétences

Le principe d'égalité fonctionne dans le même esprit que le principe de subsidiarité pour le régionalisme : il permet la diversité des choix politiques par région mais garantit l'uniformité par l'intervention du niveau supérieur, l'Etat. Le principe d'égalité se transforme de ce fait en un principe d'égalité de prestations, des niveaux essentiels de droits. Nous assistons donc bien à une redéfinition du principe d'égalité, qui n'est pas absolu dans son domaine d'application mais délimité par des expressions juridiques que nous avons présentées ici. Ainsi, dans les droits constitutionnels des Etats étudiés, le principe d'égalité est garanti comme tel, puis il donne lieu à une application dans le domaine de la répartition des compétences entre l'Etat et les régions, notamment entre les différents législateurs.

Le principe d'égalité, appliqué au domaine de la répartition des compétences, est un outil complexe et ouvert pour celle-ci. En effet nous avons vu que les dispositions constitutionnelles encadrant l'autonomie des régions en garantissant un minimum commun sont des expressions relativement floues, qui montrent quelques ressemblances dans la formulation et le mécanisme, mais parfois des différences d'objet, entre les différents Etats.

2. Egalité et solidarité : une perspective pour le principe d'égalité. De l'égalité entre les citoyens à l'égalité entre les régions

Le principe d'égalité, envisagé sous la perspective de la répartition des compétences, amène à être interprété au vu d'un autre principe présent dans ces Etats où se développe le régionalisme institutionnel : il s'agit du principe de la solidarité, qui se traduit par exemple par des mécanismes de péréquation financière entre les régions.

Il y a un renvoi du principe d'égalité entre les citoyens, assuré dans une mesure minimale par l'Etat, vers le principe d'égalité entre les régions, par le biais de la solidarité[425]. Le principe d'égalité devient relatif. Il cède le pas devant l'organisation territoriale de l'Etat et se réduit à un principe d'homogénéité minimale.

La question du traitement différent, que nous avons abordée dans ce paragraphe, nous semble aller dans ce sens et démontre la complexité de la construction de l'Etat dans la perspective du régionalisme institutionnel, constitué des citoyens sans distinction, ici par le biais du principe d'égalité entre les citoyens et des régions, institutions d'autonomie ayant aussi un rapport au citoyen se trouvant dans son périmètre d'action, son domaine de compétence. L'analyse du principe d'égalité fournit donc un argument supplémentaire à notre volonté de dresser le portrait de l'ordre juridique étatique tel que le régionalisme l'a modifié.

Conclusion du chapitre 2

Dans ce chapitre 2 nous avons analysé les principes et règles d'organisation de la population au sein des cinq Etats choisis.

Le principe d'égalité entre les citoyens est un élément déterminant du cadre juridique constitué par l'organisation du peuple étatique. Nous avons vu qu'il est une limite pour le régionalisme institutionnel mais aussi qu'il se définit par une certaine souplesse permettant de jouer entre unité et diversité (un mécanisme similaire à ce que nous avons rencontré avec l'organisation territoriale), et qu'il subit l'influence de l'organisation territoriale de l'Etat lorsqu'elle est favorable au régionalisme institutionnel, essentiellement en Espagne, en Italie et en Belgique, un glissement s'effectuant vers un principe de répartition des compétences et vers l'égalité entre les régions. Dans ces Etats le principe d'égalité est transformé par l'organisation territoriale du pouvoir et n'est plus garanti dans la même mesure que dans un Etat unitaire.

[425] Voir par exemple les SSTC 247/2007 du 12 décembre et 279/2007 du 13 décembre, où le Tribunal Constitutionnel espagnol utilise le principe d'égalité entre les espagnols mais aussi d'égalité territoriale et de solidarité pour résoudre le rapport entre unité et autonomie.

Ainsi se profile une combinaison intéressante entre l'organisation dans l'Etat de la population et du pouvoir. C'est ce dernier élément que nous allons à présent analyser dans un chapitre 3.

CHAPITRE 3

LES PRINCIPES D'ORGANISATION DU POUVOIR ETATIQUE QUI ENCADRENT LE REGIONALISME INSTITUTIONNEL

L'organisation du pouvoir d'Etat se fait selon des principes qui présentent des points communs entre les Etats que nous avons choisi d'étudier. Nous allons voir que le pouvoir d'Etat s'organise tout d'abord selon des principes de droit public traditionnels (I) puis que s'est développé et s'y ajoute, avec l'autonomie locale, le principe de subsidiarité (II).

I. Les principes traditionnels d'organisation du pouvoir d'Etat

La question est ici de déterminer en fonction de quels principes le pouvoir d'Etat s'organise dans les Etats étudiés. Nous présenterons trois principes traditionnels d'organisation du pouvoir d'Etat qui nous semblent intéressants dans la perspective de l'analyse du régionalisme institutionnel car ils constituent bien le cadre juridique que nous cherchons à définir – auquel par ailleurs le régionalisme est susceptible d'apporter des évolutions. Il s'agit de la démocratie (A), de l'égalité entre les collectivités territoriales (B) et de l'Etat de droit (C).

A. La démocratie, limite et base pour le régionalisme institutionnel

Nous allons aborder la démocratie comme principe d'organisation de l'Etat, plus particulièrement sous l'angle de la notion de démocratie locale.

E.W. Böckenförde[426] relie le principe démocratique aux notions de liberté et aux théories du contrat, passant de la liberté individuelle à la liberté de participation politique (*demokratische Mitwirkungsfreiheit*), élément intéressant pour notre analyse car le modèle régionaliste que nous dégageons prend soin de développer la

---

[426] E.-W. Böckenförde, *Demokratie als Verfassungsprinzip*, in: *Demokratie und Grundgesetz, Eine Auseinandersetzung mit der Verfassungsrechtlichen Rechtsprechung*, Nomos Verlagsgesellschaft, Baden-Baden, 2000, 203 p., p. 8-31.

participation des régions au pouvoir d'Etat. E.W. Böckenförde ne pense pas à cet angle d'analyse mais à l'individu, au droit de vote, à la liberté d'expression et d'opinion. Nous pouvons pousser le parallèle jusqu'à dire que l'une des tendances actuelles du régionalisme institutionnel est d'effectuer ce passage de la « liberté individuelle » des régions, que nous appellerons leur autonomie politique, à une liberté de participation politique : droit de vote dans une seconde chambre au parlement national, prise de décision au sein de l'Union européenne,etc.

L'exercice de la démocratie au niveau local fait partie, que ce soit dans la théorie moniste ou pluraliste, de la signification du principe démocratique. Ainsi pour les représentants de la théorie moniste, comme E.W. Böckenförde, la légitimation démocratique de l'auto-administration communale se trouve dans les *Teilvölker* (les peuples faisant partie du peuple étatique)[427], alors que pour les représentants du courant pluraliste, elle vient de la nécessité de chaque individu de participer aux décisions qui le concernent.

Pour concilier le contenu d'un ordre juridique issu de la volonté générale et la volonté des individus sujets de cet ordre et atteindre ce qu'il appelle l'idéal démocratique, H. Kelsen propose que « si la population de l'Etat ne constitue pas une structure sociale uniforme, la division du territoire de l'Etat en provinces plus ou moins autonomes (la décentralisation au sens statique) peut être un postulat démocratique ». « Ce qu'on appelle 'autonomie locale' est une combinaison directe et intentionnelle des idées de décentralisation et de démocratie »[428]. Cette acception est plus limitée, elle relie autonomie locale et identité locale. Il nous semble qu'elle fait une bonne synthèse des théories ouvertes et fermées, bien que tenant plus de la théorie fermée[429]. Il s'agit ici en effet pour H. Kelsen de combiner décentralisation, c'est-à-dire un mouvement du haut vers le bas, et démocratie, alors que la théorie ouverte suppose un mouvement du bas vers le haut, de l'individu à l'Etat, revendiquant cette interprétation du principe de subsidiarité. Il aborde le peuple étatique, qui dans la théorie moniste est une unité juridique, sous son angle sociologique lorsqu'il s'agit d'en distinguer des parties ; les populations présentes dans l'Etat justifieraient donc la division de l'Etat en territoires dotés d'une autonomie.

---

[427] E.-W. Böckenförde, *Demokratie als Verfassungsprinzip*, in: *Demokratie und Grundgesetz, Eine Auseinandersetzung mit der Verfassungsrechtlichen Rechtsprechung*, Nomos Verlagsgesellschaft, Baden-Baden, 2000, 203 p., p. 8-31, p. 21.

[428] H. Kelsen, *Théorie générale du droit et de l'Etat*, Bruylant, LGDJ, 1997, 517 p., citations p. 361 et 363.

[429] Elle permet à la théorie fermée de surmonter la contradiction soulignée par les pluralistes entre le postulat que le peuple est détenteur du pouvoir d'Etat et la légitimité démocratique de l'auto-administration locale, que nous avons vue chez E.W. Böckenförde.

Cette théorie recoupe parfaitement notre problématique qui envisage le régionalisme institutionnel sous l'angle de la combinaison des trois éléments de l'Etat, dans le cadre de l'unité politique de celui-ci. Ainsi cette théorie nous permet d'admettre que le régionalisme institutionnel soit une réponse juridique à des données sociologiques qui se placent cependant dans le cadre juridique de l'Etat (unité politique), et ce par le moyen du principe constitutionnel démocratique.

B. L'égalité des collectivités territoriales et l'asymétrie régionale

Nous traiterons dans ce développement lorsque cela est nécessaire des collectivités territoriales de l'Etat dans leur ensemble, et pas seulement des régions. La question la plus intéressante, à laquelle nous arriverons après avoir examiné divers autres points, est celle de l'asymétrie, qui est caractéristique du régionalisme et semble contredire l'égalité théorique entre les régions.

1. Quelle égalité pour les collectivités territoriales (régions)

Les différents droits étudiés reconnaissent en théorie une certaine égalité entre les collectivités territoriales, formelle ou matérielle.

Une égalité formelle et une homogénéité minimale par catégorie de collectivité territoriale

L'égalité formelle entre les collectivités territoriales se manifeste de deux façons : soit elle est totale, soit elle est reconnue par catégorie.

En France l'article 72 de la Constitution interdit la tutelle d'une collectivité territoriale sur une autre, d'où nous pouvons déduire que le pouvoir est organisé selon un principe d'égalité entre les collectivités territoriales ; la Constitution italienne dispose quant à elle que « La République est constituée des communes, des provinces, des villes métropolitaines, des régions et de l'Etat », ce qui est appelé la *pari-ordinazione* des collectivités, la mise sur le même niveau de toutes les collectivités territoriales et de l'Etat, qui est aussi une reconnaissance implicite d'un principe d'égalité entre les collectivités territoriales. On pourrait dans ce cas étendre cette analyse aux autres Constitutions, espagnole et belge, non pas en ce qui concerne la *pari-ordinazione* avec l'Etat, mais dans la mesure où reconnaissant une autonomie ou la composition de l'Etat dans les régions, cela suppose une égalité formelle entre celles-ci[430] . Nous ne trouvons rien cependant dans les lois de dévolution pour

---

[430] Article 1 de la Constitution belge « La Belgique est un Etat fédéral qui se compose des communautés et des régions », article 137 de la Constitution espagnole « L'État distribue son territoire entre les communes, les provinces et les communautés autonomes qui se constituent. Toutes ces entités jouissent de l'autonomie pour gérer leurs intérêts propres. ». Dans ce sens, l'interprétation de E. Al-

l'Ecosse et le Pays de Galles de 1998 pouvant appuyer cette thèse pour le Royaume-Uni, il n'est pas fait référence à des entités mais seulement à des institutions (assemblées et exécutifs).

Tous les droits constitutionnels des Etats étudiés reconnaissent par catégorie de collectivité territoriale une égalité formelle qui se traduit par une homogénéité minimale du statut juridique d'une catégorie. C'est le cas en France, où il y a d'ailleurs une jurisprudence constitutionnelle en la matière[431], en Espagne[432], en Belgique[433], au Royaume-Uni[434] et en Italie[435]. Le Conseil Constitutionnel français contrôle qu'il y ait bien une égalité de traitement au sein d'une catégorie de collectivité territoriale, et un traitement différent seulement dans une situation différente[436]. C'est le cas aussi en Belgique : « n'importe quelle municipalité a droit à un traitement égal par rapport aux autres groupes conformés de façon identique par le droit positif »[437].

---

berti, E. Aja, T. Font, X. Padrós, J. Tornos, *Manual de dret públic de Catalunya*, 3e édition, Generalitat de Catalunya, Institut d'Estudis Autonòmics, Marcial Pons, Barcelone, 2002, 508 p., p. 66 : bien qu'il y ait différentes voies d'accès à l'autonomie, divers niveaux de compétence et quelques différences institutionnelles, il n'y a pas, selon les auteurs, de différence de nature ou de position juridique entre les Communautés Autonomes.

[431] Article 72 de la Constitution et décisions du Conseil Constitutionnel 138 DC du 25 juin 1982 pour les départements, 147 DC du 2 novembre 1982 pour les départements d'outre-mer et de métropole, 149 DC du 28 décembre 1982 pour les communes. Nous avons déjà développé notre analyse sur ce point, notamment concernant la collectivité territoriale de Corse, catégorie de collectivité ne comprenant qu'une unité, créée par le législateur sur la base de l'article 72 de la Constitution.

[432] Articles 140 de la Constitution pour les communes, 141 pour les provinces, 152 pour les Communautés Autonomes, article 4 de la Loi réglant les bases du régime local, n°7 du 2 avril 1985. Voir aussi la STC 225/1998 du 25 novembre. La Constitution fixe les principales institutions autonomiques et les principes fondamentaux de leurs relations.

[433] Articles 115 et suivants sur les conseils des Communautés et des Régions, articles 121 et suivants sur les gouvernements des Communautés et des Régions, loi spéciale du 8 août 1980 de réformes institutionnelles.

[434] Mais il s'agit ici seulement des collectivités locales (Local Government Act de 1972) et non de l'Ecosse et du Pays de Galles dont les statuts sont réglés par les lois respectives de dévolution qui ne laissent pas penser à la prévision d'une catégorie « collectivité territoriale de dévolution » qui connaîtrait un minimum commun.

[435] Articles 116 (régions à statut spécial et provinces autonomes) et 123 de la Constitution.

[436] Le Conseil Constitutionnel français parle de « principe d'égalité entre les collectivités territoriales ». Voir les décisions 2004-503 DC du 17 juillet 2003, 2003-472 DC du 26 juin 2003, 2000-436 DC du 7 décembre 2000.

[437] Conseil d'Etat n° 22.962/2 du 13 décembre 1993.

Une égalité matérielle : déplacement vers le principe de solidarité

Les droits constitutionnels et le droit communautaire prévoient des dispositions et mécanismes de péréquation visant à réduire les déséquilibres économiques et sociaux entre les régions. Nous renvoyons à nos développements sur ce thème.

2. Les limites à l'égalité des collectivités territoriales : « régiocentrisme » et asymétrie

Des limites apparaissent dans la pratique à l'affirmation de ce principe d'égalité entre les collectivités territoriales. La place de la région par rapport aux collectivités locales contredit en effet ce principe. De plus entre les régions elles-mêmes l'asymétrie mise en œuvre dans le régionalisme institutionnel dément l'égalité formelle et matérielle.

L'influence des régions sur les collectivités locales concerne la compétence des régions en matière de collectivités locales mais aussi une autorité plus indirecte par les systèmes de financement ou par des dispositions comme la possibilité pour une collectivité d'être chef de file d'un projet réunissant plusieurs collectivités. Ces éléments mettent en place une certaine hiérarchie entre les régions d'une part et les collectivités locales d'autre part, qui contredit selon nous l'égalité dans laquelle elles semblent se trouver, sauf dans le cas de la Belgique où l'égalité formelle totale n'est reconnue que pour les entités fédérées et au Royaume-Uni où nous n'avons rien relevé allant dans le sens d'une égalité formelle totale.

L'asymétrie est aussi une question centrale du rapport entre un principe d'organisation du pouvoir, le principe d'égalité, et le régionalisme institutionnel, notamment car elle peut mener à des revendications politiques de certaines régions afin d'obtenir les mêmes droits ou pouvoirs qu'une autre région. L'asymétrie est caractéristique du régionalisme institutionnel. Elle passe parfois par le statut même des régions, car certaines se voient reconnaître un statut particulier, ce qui permet de conserver une égalité pour les régions de droit commun et d'instituer la différenciation. L'asymétrie concerne par ailleurs l'organisation institutionnelle des régions, mais surtout et essentiellement leurs compétences. Il s'agit de la collectivité territoriale de Corse par rapport aux autres régions françaises, des régions à statut spécial en Italie par rapport aux autres régions ou des régions exerçant une compétence de l'article 116§3 de la Constitution, du schéma complexe des fusions de Communautés et Régions en Belgique, des compétences de l'Ecosse et du Pays de Galles par rapport aux régions anglaises, de l'asymétrie entre toutes les Communautés Autonomes espagnoles, particulièrement les nationalités historiques par rapport aux autres. L'asymétrie concerne aussi les pouvoirs des régions (pouvoir législatif primaire au Parlement écossais et non à l'Assemblée du Pays de Galles par exemple). La Constitution espagnole est la seule à contenir une disposition tendant à limiter les conséquences d'une asymétrie sur l'égalité des régions ;

l'article 138 de la Constitution interdit que les différences statutaires conduisent à des privilèges économiques et sociaux pour une région. Dans les autres Etats (ainsi qu'en Espagne par ailleurs), le règlement de cette question revient au principe d'égalité entre les citoyens de l'Etat, protégé par certaines dispositions notamment de répartition des compétences normatives.

Le principe d'égalité comme principe d'organisation de l'Etat permet la différenciation politique car c'est un principe atténué, qui s'arrête à l'aspect formel et offre des mécanismes de catégorisation, de particularisme, en assurant une homogénéité minimale sur le plan juridique ou économique et social. Nous constatons une fois de plus le déplacement du respect du principe d'égalité vers une garantie de la solidarité – peu satisfaisante – comme nous l'avions fait pour l'étude du principe d'égalité comme organisatif de la population. Nous constatons la même flexibilité du principe.

C. L'Etat de droit mis à mal par le fonctionnement des institutions et par les dispositions juridiques du régionalisme institutionnel

Les Etats que nous étudions sont des Etats de droit ou *Rechtsstaaten*, dans la mesure où dans ceux-ci, le pouvoir étatique est soumis au droit. Il s'exerce dans les limites et le respect de celui-ci. La notion d'Etat de droit est liée aux théories du pouvoir constituant et de la démocratie. Le peuple étant souverain, il s'exprime au travers des pouvoirs constitués ; or nous constatons que le pouvoir d'Etat a tendance à se soumettre à des règles, en ce qui concerne le droit qui touche les régions, prévoyant un niveau d'accord avec les régions concernées. C'est pourquoi nous étudierons d'une part ce que nous appellerons la contractualisation des sources étatiques du droit régional (1), une tendance qui s'inscrit dans l'Etat de droit puisqu'il s'agit de procédures prévues par le droit étatique. D'autre part nous aborderons l'Etat de droit sous l'angle de l'un de ses corollaires, la sécurité juridique, parfois mise en cause par le régionalisme institutionnel (2).

1. Contractualisation des sources étatiques du droit régional

En ce qui concerne les normes étatiques du droit régional, nous pouvons constater dans les Etats étudiés que la Constitution ou la loi prévoit soit un principe de coopération qui entraîne l'obligation d'obtenir l'accord des régions concernées dans certains cas, soit une obligation de négociation de la norme entre la région et l'Etat. La norme étatique de droit régional est négociable ou négociée. Un encadrement normatif de la négociation peut être mis en place, ou encore l'acte résultant de la négociation est repris par une norme étatique.

Le principe de la consultation est souvent retenu, comme en France lors des Assises des Libertés Locales 18 octobre 2002 au 18 janvier 2003 : « Des assises nationales permettront ensuite de faire une synthèse des propositions recueillies ; ces propositions contribueront à définir les futures expérimentations qui seront demandées par les différentes collectivités territoriales et décidées par le législateur, à la suite de la révision constitutionnelle »[438]. En Italie, le *pachetto*, mesures unilatérales prises par l'Italie pour assurer le respect des conditions juridiques en faveur des minorités allemande et ladine dans le Trentin-Haut Adige/Südtirol conformément à l'accord de Paris (De Gasperi-Gruber, 5 septembre 1946) a été approuvé avant la rencontre Moro/Waldheim par le *Südtiroler Volkspartei* à Merano le 22 novembre 1969.

Il peut y avoir négociation de la part de la région de ses compétences, attribuées par une norme étatique. Cette négociation, politique, peut être prévue et encadrée juridiquement. Cela a été deux fois le cas en Espagne pour les pactes autonomiques, ainsi que pour le pacte local.

Des instances de collaboration, qui règlent l'exercice des compétences régionales et nationales, sont mises en place en Italie, au Royaume-Uni, en Espagne et en Belgique. Au Royaume-Uni, la dévolution signifie « le triomphe de la *soft law* »[439], concrétisé par de nombreux concordats entre les exécutifs régionaux et national, portant sur l'exercice des compétences.

2. Mise en cause de la sécurité juridique

La sécurité juridique caractérise l'Etat de droit. Elle est expressément reconnue à l'article 9§3 de la Constitution espagnole et dans le droit communautaire.

Le flou des concepts juridiques caractérise le régionalisme institutionnel

Il existe un problème de flou des nombreux concepts juridiques utilisés dans le cadre du régionalisme institutionnel, qui donnent la flexibilité au système. Ce flou est aussi la nature même du régionalisme institutionnel car il permet de jouer entre unité et diversité. Régionalisme institutionnel et Etat de droit sont difficilement conciliables pour ce qui est de la sécurité juridique.

---

[438] Voir les *Demandes de transferts ou d'expérimentations exprimées au cours des 26 assises des libertés locales*, dans la synthèse des Assises qui a eu lieu à Rouen le 28 février 2003. Nous pouvons trouver ces demandes sous forme de tableaux sur le site Internet du ministère de l'intérieur à la page : www.interieur.gouv.fr/rubriques/c/c6_collectivites_locales/c611_assises/synthese/demandes_transferts.doc

[439] I. Ruggiu, *Devolution scozzese Quattro anni dopo: the bones... and the flesh*, Le Regioni, n°5, octobre 2003, p. 737-786, citation p. 756.

Nous donnerons quelques exemples du flou des termes employés. Ils concernent l'équilibre unité/diversité pour les dispositions dont le but est de garantir une certaine homogénéité au niveau national, mais aussi plus largement la répartition des compétences entre l'Etat et les régions.

- Les outils destinés à maintenir une certaine unité nationale

Nous en donnons divers exemples au cours de nos développements.

Rappelons le cas en Italie des principes de coordination des finances publiques, des conditions essentielles d'exercice des droits, en Espagne l'article 149.1.1 sur les conditions de base, qui a entraîné de nombreux débats doctrinaux[440] ou encore le caractère fondamental d'une législation (étatique). Le Tribunal Constitutionnel espagnol n'a d'ailleurs pas une jurisprudence très claire ou continue concernant ces deux points ; nous citerons la STC 32/81 du 28 juillet FJ 5 « Il ne sera certainement pas toujours facile de déterminer ce qu'on doit entendre par régulation des conditions fondamentales ou établissement des bases d'un régime juridique, et il paraît impossible de donner une définition précise et a priori de ce concept ».

A titre d'exemple, une autre notion floue avec des problèmes d'interprétation est la question du contenu de la compétence de droit civil des Communautés Autonomes (voir nos développements plus bas) : s'agit-il d'un lien étroit ou lâche avec le droit civil existant déjà et qui tient lieu de référence juridique dans la Constitution[441]? Doit-on se limiter à une compétence sur les *compilaciones* (ce qui est déjà codifié)[442]? L'expression « droit civil catalan » dans les compétences énumérées par le statut de la Communauté Autonome de Catalogne se réfère-t-elle à la *compilación*

---

[440] J. Tudela Aranda, *Derechos constitucionales y autonomia política*, IVAP, Herri arduralaritzaren euskal erakundea, Organisación autonómica del gobierno vasco, Editorial Civitas, Madrid, 1994, 471 p. ; l'auteur analyse les utilisations et les interprétations de l'article 149.1.1 de la Constitution espagnole et constate une confusion que nous retrouvons dans les différentes analyses contradictoires de la doctrine. Nous renvoyons aux développements qui ont été faits sur la signification de l'article 149.1.1 dans un précédent paragraphe sur l'égalité comme principe d'organisation de la population. Voir par exemple M. Barceló, *Derechos y deberes constitucionales en el Estado autonómico*, Generalitat de Catalunya, Institut d'Estudis Autonòmics, Cuadernos Civitas, Editorial Civitas, Madrid, 1991, 141 p. ; *La función del artículo 149.1.1 CE en el sistema de distribución de competencias*, Seminario celebrado en Barcelona 07/06/1991, Generalitat de Catalunya, Institut d'Estudis Autonòmics, n°15, Barcelone, 1992, 103 p. ; J. M. Baño León, *Las Autonomías territoriales y el principio de uniformidad de las condiciones de vida*, Instituto Nacional de Administración Pública (INAP), Madrid, 1988, 360 p.

[441] Article 149.1.8 de la Constitution espagnole.

[442] Pour une analyse de cette question, voir L. Puig Ferriol, *Derecho civil catalán*, in : J. L. Carro Fernández-Valmayor (dir.), *Comentarios al Estatuto de Autonomía de la Comunidad Autónoma de Galicia*, Ministerio para la administraciones públicas, Madrid, 1991, 985 p., p. 415-429, particulièrement p. 422-428.

de 1960 ? Quand on regarde les débats du vote sur le statut, l'expression qui se référait à cette *compilación* de droit civil propre à la Catalogne a été transformée par des amendements en « droit civil de la Catalogne » puis « droit civil catalan », ce que L. Puig Ferriol interprète comme une volonté d'étendre la compétence limitée qu'offre la Constitution au droit civil dans son ensemble et non seulement à la *compilación.*

- Les libellés des matières dans les articles constitutionnels ou législatifs traitant de la répartition des compétences entre l'Etat et les régions

Nous verrons par la suite plus en détail les techniques de répartition des compétences. Nous pouvons d'ores et déjà remarquer qu'il s'agit de principes de répartition (principe de subsidiarité par exemple), et de listes de matières. Dans le premier cas, l'interprétation du principe est laissée au législateur, le plus souvent étatique, ces principes servant de principes directeurs pour l'adoption de la législation procédant à l'attribution matérielle des compétences. Dans le second cas, l'interprétation est faite par les pouvoirs publics nationaux et régionaux, les législateurs dans la plupart des cas qui nous intéressent, et en cas de conflit par l'instance chargée de le régler.

Or les conflits sont nombreux, particulièrement pour décider si telle ou telle législation entre dans telle ou telle matière. Nous donnerons ici et ailleurs quelques exemples pratiques. La Cour Constitutionnelle italienne, dans un arrêt du 18 décembre 2003 – 13 janvier 2004 se prononce sur la matière dans laquelle inscrire la législation sur les foires[443] ; elle décide qu'il s'agit de la matière « commerce » (qui appartient à la compétence résiduelle des régions) et non comme l'affirmait l'Etat dans les matières « rapport entre la République et les confessions religieuses » et « organes de l'Etat et lois électorales y afférentes, référendums étatiques, élections au Parlement européen », du fait de la finalité religieuse ou politique de ces foires. Dans l'arrêt 407/2002, la Cour définit la matière « ordre public et sécurité, à l'exclusion de la police administrative locale » de l'article 117§2 h) comme visant seulement les interventions ayant pour but la prévention des infractions et le maintien de l'ordre public ; elle répète cette définition dans l'arrêt 6/2004[444] pour exclure de cette matière la sécurité de l'approvisionnement de l'énergie électrique et la sécurité technique ; dans ce même arrêt la Cour exclut aussi l'objet de la législation de la matière « protection de la concurrence », au motif que la réglementation n'est pas « caractérisée par les institutions et les procédures typiques » de cette matière.

---

[443] Sentence 1/2004, point 3 des considérations en droit.

[444] Sentence du 18/12/2003, point 5 des considérations en droit.

Le Tribunal Constitutionnel espagnol s'est prononcé pour clarifier les compétences des uns et des autres dans une même matière[445]. Il s'est aussi prononcé sur l'appartenance d'une législation à telle ou telle matière, qu'il a pu être amené à définir. Nous prendrons l'exemple d'une décision sur la loi de la Communauté Autonome d'Estrémadure 8/1995, du 27 avril, de pêche[446]. L'Etat invoque sa compétence exclusive en matière hydraulique (149.1.22 de la Constitution) et de base en matière d'environnement (article 149.1.23 de la Constitution) et la Communauté Autonome sa compétence en matière de pêche fluviale (article 7.1.8 EAE), protection des écosystèmes et environnement (articles 7.1.8, 8.9, 9.2 EAE). Le Tribunal définit la compétence en matière de pêche non seulement comme « la capture des différentes espèces piscicoles » (FJ 2 b), mais aussi, en se basant sur le fait du lien entre la ressource naturelle et son milieu ambiant, « le régime de protection, conservation et amélioration des ressources de poissons » (FJ 2 b et STC 110/1998, FJ2).

Dans la STC 124/2003 du 19 juin, le Tribunal Constitutionnel espagnol cherche à savoir si sur la base de l'article 149.1.13 de la Constitution, donnant compétence à l'Etat pour les bases et la coordination de la planification générale de l'activité économique, celui-ci peut adopter « des normes de base sur les établissements commerciaux fixant une réglementation homogène pour l'ensemble du territoire, qui comprenne un contenu minimum de la notion de grand établissement, la sujétion à une licence commerciale spécifique octroyée par les Communautés Autonomes, et des critères eux aussi minimums d'octroi. » Le Tribunal a reconnu dans une jurisprudence constante que le régime d'installation des établissements commerciaux entrait dans la matière « commerce intérieur » ainsi que pour certaines dispositions « aménagement du territoire et urbanisme », de compétence autonomique, ce qui n'empêche pas une compétence étatique de législation fondamentale (voir STC 227/1993, FJ4) sur la base de l'article 149.1.13 de la Constitution. Le Tribunal examine les différentes dispositions de la loi étatique en les comparant à sa définition jurisprudentielle de la matière de l'article 149.1.13 « les normes étatiques qui fixent les lignes directrices et les critères globaux d'aménagement d'un secteur concret [ainsi que] les prévisions d'action ou de mesures singulières nécessaires pour atteindre les buts proposés dans l'aménagement de chaque secteur »[447] sans « inclure n'importe quelle action de nature économique, si elle ne possède pas une incidence directe et significative sur l'activité économique générale ». Or la

---

445 Par exemple entre l'Etat, les Communautés Autonomes et les collectivités locales en matière d'urbanisme, voir *El marc competencial de l'urbanisme*, El Clip, Generalitat de Catalunya, Institut d'Estudis Autonòmics, n°17, Barcelone, 2002, 16 p., qui fait l'analyse de la jurisprudence constitutionnelle en la matière.

446 STC 123/2003 du 19 juin.

447 STC 95/1986, 213/1994, 21/1999, 235/1999, 45/2001, 95/2001. Voir le FJ 3 de la décision commentée.

réglementation étatique en cause vise bien selon le Tribunal à établir la norme fondamentale d'aménagement économique pour le système de distribution et plus particulièrement le sous-système des grands établissements dans une mesure qui correspond à cette définition.

Nous pouvons voir avec ces quelques exemples que la Cour a à se prononcer sur le fond, sur la définition de l'objet ou du but des législations et sur la définition des matières donnant lieu à un pouvoir législatif, afin de voir si telle législation entre dans telle matière et justifie telle compétence (législative ou administrative). Or l'interprétation de la Cour n'est pas toujours justifiée, elle se contente parfois d'affirmer l'appartenance ou non à une matière, quand d'autres fois elle développe des critères, comme pour la « protection de la concurrence » en Italie dans l'arrêt 6/2004. Les décisions du Tribunal Constitutionnel espagnol sont plus explicites, se basent sur des définitions auxquelles sont confrontées les dispositions en cause dans le détail, il procède à une qualification juridique claire sur la base d'une jurisprudence toujours rappelée. Cela nous permet de souligner à quel point le rôle d'interprétation des cours est important, du fait du flou matériel de la répartition des compétences, et donc la sécurité juridique en jeu, car une région ou l'Etat ne sont jamais à l'abri d'une décision de la Cour et il est difficile encore d'établir une liste précise de toutes les matières et leur définition et contenu, du fait du caractère récent des dispositions de répartition des compétences ou encore de l'évolution des domaines de législation.

De plus il existe des conflits dans le cadre de la répartition entre des compétences cadre et des compétences d'application. Ainsi nous avons déjà évoqué le problème de la définition en droit espagnol de la notion de base concernant la législation, qui a donné lieu à de nombreux conflits de compétences[448] ; le même cas se présente en Italie pour ce qui est de savoir ce qu'est un principe fondamental dans la législation concurrente[449] ou encore ce qui tient des fonctions fondamentales des collectivités

---

[448] Dans des cas déterminés, le Tribunal Constitutionnel espagnol a été amené à qualifier de fondamentaux des actes d'exécution, par exemple quand ces actes affectent les intérêts de diverses collectivités (STC 1/1982 et 4/1982), pour des situations d'urgence (STC 75/1983), quand par la nature de la matière ils sont un complément nécessaire pour garantir le succès de la finalité objective à laquelle correspond la compétence étatique sur les bases (STC 48/1988) ou quand elles sont non détachables de l'exercice effectif des compétences (STC 49/1988). Voir E. Alberti, E. Aja, T. Font, X. Padrós, J. Tornos, *Manual de dret públic de Catalunya*, 3e édition, Generalitat de Catalunya, Institut d'Estudis Autonòmics, Marcial Pons, Barcelone, 2002, 508 p. , p. 194-196.

[449] Voir par exemple la sentence précitée 6/2004, du 18/12/2003, point 6 des considérations en droit, dans laquelle la Cour, après avoir qualifié la législation en cause comme appartenant à la matière « production, transport et distribution nationale de l'énergie », qui est une matière de législation concurrente, donne raison à la région sur le fait que la législation étatique en cause ne se contente pas des principes fondamentaux, comme l'exige l'article 117§3 de la Constitution : « il est incontestable que la réglementation ne contient pas que des principes fondamentaux servant à guider le législateur

locales, que l'Etat a la compétence de réglementer selon l'article 117§2 p) de la Constitution[450].

Flexibilité des procédures

Nous avons dit qu'il y a un mouvement de contractualisation du droit concernant les régions, et avons souligné, notamment dans le modèle britannique, l'importance de la *soft law* et la place du compromis politique dans le régionalisme institutionnel. L'ensemble de ces points sera traité dans la seconde partie de la thèse sur l'évolution du système des normes ; nous signalons ici que la flexibilité des procédures de révision ou d'abrogation de ces dispositions nuit à la sécurité juridique et donc à l'Etat de droit.

Une place importante pour la jurisprudence constitutionnelle et pour la pratique institutionnelle

Les cours constitutionnelles ou les tribunaux compétents pour régler les conflits entre les régions et l'Etat ont eu à se prononcer, notamment concernant les dispositions juridiques incertaines et floues. Cette jurisprudence tient une part importante dans la définition des systèmes constitutionnels car elle fait l'équilibre entre les compétences de l'Etat et des régions en interprétant ces dispositions et l'ensemble du dispositif constitutionnel et administratif.

Ainsi le Tribunal constitutionnel espagnol a joué un rôle important dans la définition de ce qu'il appelle l'Etat des Autonomies, la protection de celles-ci mais aussi la répartition des compétences en faveur de l'Etat ou des régions selon un équilibre entre unité et autonomie[451].

---

régional dans l'exercice de ses propres attributions, mais des normes de détail auto-applicatives et intrinsèquement non susceptibles d'être substituées par les Régions ».

[450] Voir sur ce thème l'arrêt 16/2004 du 10 janvier 2004, dont nous fournirons une analyse dans nos développements sur les garanties de l'autonomie politique par la jurisprudence constitutionnelle.

[451] Nous renvoyons particulièrement à la lecture des arrêts 25/81 du 14 juillet (nature politique de l'autonomie des Communautés Autonomes) et 37/81 du 16 novembre (égalité et diversité). La jurisprudence du Tribunal peut être consultée sur son site Internet : www.tribunalconstitucional.es. Cette jurisprudence ne correspond pas seulement aux débuts de la Constitution de 1978. Pour 2006-2007, le Tribunal Constitutionnel s'est encore régulièrement exprimé sur ce genre de recours. Voir les SSTC 247 et 249/2007 sur l'unité, l'autonomie, la solidarité et l'égalité, et la loyauté institutionnelle ; 13, 58, 238 et 248/2007 sur le principe d'autonomie et de suffisance financière, la loyauté et la solidarité ; 46/2007 sur les compétences en matière d'aéroport, d'aménagement du territoire et de domaine public maritime et terrestre ; 251, 314 et 315/2006 sur les compétences en matière d'égalité fondamentale des espagnols dans le droit de propriété ; 294/2006 sur les compétences en matière d'administration de la justice, et plus particulièrement, 270/2006, concernant la question de l'usage de la langue ; 133, 134 et 135/2006 sur les compétences en matière d'associations, d'égalité fondamentale entre les espagnols ; 32 et 101/2006, sur les compétences en matière d'environnement ; 51/2006, en matière de

La Cour Constitutionnelle italienne se prononce surtout sur la répartition des compétences entre l'Etat et les régions et est plus ou moins favorable à l'un ou aux autres ; elle a particulièrement à se prononcer actuellement depuis la réforme constitutionnelle de 2001 qui a mis en place un nouveau système de répartition des compétences allant dans le sens du renforcement de l'autonomie des régions ; la Cour a actuellement quelques tendances à utiliser des outils favorisant l'unité de l'Etat, comme c'est le cas de la décision 303/2003 confirmée et appliquée plus récemment par la décision 6/2004, qui étend les possibilités d'intervention normative de l'Etat au-delà de la répartition par matière des compétences législatives de l'article 117 de la Constitution par le biais de la distribution des compétences administratives selon le principe de subsidiarité[452].

La jurisprudence de la Cour d'Arbitrage belge[453] a elle aussi contribué à l'interprétation et la définition du modèle belge de l'Etat fédéral constitué de Communautés et Régions[454].

Le Judicial Committee of the Privy Council n'a pas du tout un rôle aussi important que les autres cours. Il est compétent pour les « *devolution issues* » qui sont énumérés dans la section 6 du *Scotland Act*. Le Judicial Committee pourrait invalider une loi écossaise qui viole les articles 29, 30 et les sections 4 et 5 du *Scotland Act* (réserves de compétence nationale) mais pas une loi britannique, qui peut théoriquement toujours intervenir[455]. Le Judicial Committee of the Privy Council ne s'est

---

sécurité sociale et de droit du travail ; 31/2006, sur une norme étatique fondamentale en matière d'organisation de l'enseignement ; et enfin, 44/2007, entre Communautés Autonomes, pour la compétence en matière de dénomination d'origine d'un vin.

[452] Voir nos développements sur cette jurisprudence. Les décisions de la Cour Constitutionnelle italienne peuvent être consultées sur son site Internet : www.cortecostituzionale.it .

[453] Les décisions se reportant aux conflits de compétence entre l'Etat, les Communautés et les Régions se trouvent sur le site Internet de la Cour d'Arbitrage de Belgique (www.arbitrage.be) et sont classées dans la *Table systématique cumulative de la jurisprudence de la Cour* que nous trouvons sur ce site, p. 10 à 51.

[454] Voir par exemple F. Delperée, pour qui « Par la force des choses, la Cour d'arbitrage a dû combler le vide. Elle a rempli les interstices. Elle a contribué à l'édification d'une véritable doctrine fédéraliste à la belge. Elle ne s'est pas écartée, pour ce faire, des textes existants. Mais elle leur a donné chair. Elle n'a pas ignoré les leçons du droit public comparé. Mais elle a, prioritairement, fait œuvre nationale. Elle a élaboré une grille de lecture de la Constitution fédérale et l'a progressivement imposée dans ses arrêts. À un point tel que nombre de dispositions constitutionnelles deviennent illisibles, et donc ineffectives, sans la jurisprudence de la Cour qui leur donne vie. », F. Delpérée, *La Cour d'Arbitrage de Belgique*, Cahiers du Conseil Constitutionnel n°12, 52 p., p.10. Voir aussi F. Delpérée, *Le droit constitutionnel de la Belgique*, Bruxelles-Paris, Bruylant-LGDJ, 2000, p. 583 et s. Voir aussi P. Martens, *Le rôle de la Cour d'Arbitrage dans l'édification du fédéralisme en Belgique*, Revue Belge de Droit Constitutionnel, n°1, 2003, p. 3-12.

[455] Voir I. Ruggiu, *Devolution scozzese Quattro anni dopo: the bones... and the flesh*, Le Regioni, n°5, octobre 2003, p. 737-786., p. 780-781, qui imagine la révolution du principe de souveraineté parlementaire ou la contre-révolution du processus de territorialisation en cas de décision du Judicial

pour l'instant prononcé que dans des cas de violation de la Convention européenne des droits de l'homme[456].

La pratique institutionnelle est aussi importante, car elle s'impose parfois, du fait des délais longs pour voir rendue une décision par les tribunaux. Cette pratique concerne essentiellement la répartition des compétences entre l'Etat et les régions car celle-ci est souvent sujet de conflits, du fait du caractère général des libellés des matières que nous avons souligné. Nous donnerons ici l'exemple de l'utilisation par le législateur espagnol de l'article 149.1.1 comme titre de compétence très fréquemment, notamment dans les Reales Decretos de transfert des fonctionnaires et des services aux Communautés Autonomes[457] bien qu'il y ait un grand débat doctrinal sur cet article, et une jurisprudence du Tribunal Constitutionnel changeante.

II. LA SUBSIDIARITE, UN PRINCIPE QUI SE DEVELOPPE A PARTIR DE LA NOTION D'AUTONOMIE LOCALE

L'article 3, paragraphe premier, de la charte du Conseil de l'Europe dispose que « par autonomie locale, on entend le droit et la capacité effective pour les collectivités locales, de régler et de gérer, dans le cadre de la loi, sous leur propre responsabilité et au profit de leurs populations, une part importante des affaires publiques ». La définition du principe de subsidiarité que donne le paragraphe 3, de l'article 4 de la charte est, à cet égard, révélatrice. Ce texte dispose, en effet, que « l'exercice des responsabilités publiques doit, de façon générale, incomber, de préférence, aux autorités les plus proches des citoyens. L'attribution d'une responsabilité à une autre autorité doit tenir compte de l'ampleur et de la nature de la tâche et des exigences d'efficacité et d'économie ».

Committee, sur un conflit de compétence, sur la base de la *soft law*, de la *Sewel Convention* et des concordats notamment.

[456] Voir R. Cornes, *El Reino Unido de la Gran Bretaña e Irlanda del Norte, Revisión de la devolution*, 2002, Informe Comunidades Autónomas, Barcelone, 2002, p. 725-745 ; R. Cornes, *El Reino Unido de la Gran Bretaña e Irlanda del Norte, Desarrollando la devolución de poderes*, Informe Comunidades Autónomas, Barcelone, 2001, p. 814-827. Voir par exemple la décision n°2/2004, Mitchell John David Moir v. Her Majesty's Advocate (question préjudicielle) : certains articles du code de procédure pénale écossais « sont incompatibles avec son droit à un procès équitable selon l'article 6(1) de la Convention européenne des droits de l'homme et des libertés fondamentales ».

[457] Voir pour une analyse de la fréquence et du contenu de l'emploi en droit positif de l'article 149.1.1 de la Constitution espagnole J. Tudela Aranda, *Derechos constitucionales y autonomía política*, IVAP, Herri arduralaritzaren euskal erakundea, Organisación autonómica del gobierno vasco, Editorial Civitas, Madrid, 1994, 471 p. Pour les débats doctrinaux sur cet article, voir par exemple M. Barceló, *Derechos y deberes constitucionales en el Estado autonómico*, Generalitat de Catalunya, Institut d'Estudis Autonòmics, Cuadernos Civitas, Editorial Civitas, Madrid, 1991, 141 p. *La función del artículo 149.1.1 CE en el sistema de distribución de competencias*, Seminario celebrado en Barcelona 07/06/1991, Generalitat de Catalunya, Institut d'Estudis Autonòmics, n°15, Barcelone, 1992, 103 p.

La subsidiarité se développe au profit des institutions bénéficiant de l'autonomie locale. Elle apparaît en France avec la réforme constitutionnelle de 2003, en Italie avec les réformes du fédéralisme administratif de 1997. Selon P. Ciarlo: « A la base de l'idée de compétence il y a une matrice garantiste, présupposant une norme supérieure qui la détermine. Mais quand on affirme que, sur la base des principes de subsidiarité et d'adéquation, les fonctions et les tâches administratives doivent être allouées au niveau de l'ordre le plus propre à gérer de telles activités, il est évident que le problème ne se pose plus en termes de garanties, mais plutôt fonctionnels, sinon d'opportunité »[458].

En Espagne la loi fixant les bases du régime local[459] dispose dans son article 2 que les compétences doivent être attribuées par l'Etat et les Communautés Autonomes aux collectivités locales pour les affaires les concernant directement (intérêts propres) conformément aux principes de la décentralisation et de la proximité maximale de la gestion administrative des citoyens. C'est une référence implicite au principe de subsidiarité.

Au Royaume-Uni, pour certains auteurs[460] l'introduction du principe de subsidiarité comme critère de répartition législative permettrait de remédier au problème du système de répartition des compétences, mis en place par le *Scotland Act* de 1998 et complété par la *Sewel Convention*, selon laquelle le Parlement de Westminster s'engage à ne pas légiférer sans l'accord du Parlement écossais (mais qui, en tant que convention, n'est pas invocable en justice), système se heurtant au principe de la souveraineté du Parlement de Westminster dont il a déjà été question. Ainsi celui-ci n'agirait pas sauf si l'intervention est justifiée par exemple par l'inadéquation des institutions dévolues, ou la portée nationale de l'intérêt en jeu[461].

Nous avons aussi rencontré le principe de subsidiarité dans la théorie de K. Renner sur l'Etat multinational. Celle-ci repose sur le principe de personnalité lié au principe de territorialité, dont la balance se fait au travers du principe de subsidiarité, qui permet la répartition des compétences au sein de l'Etat multinational.

Le principe de subsidiarité est un élément important de notre analyse, cependant il ne connaît pas encore d'application importante, à la fois du fait du caractère récent de son introduction dans les droits nationaux et de facteurs tenant à sa mise en œuvre et son contrôle qui en limitent l'utilisation ou la défense par les entités territoriales, qu'il s'agisse des communes ou des régions.

---

[458] P. Ciarlo, *Governo forte versus Parlamento debole : ovvero del bilanciamento dei poteri*, Studi parlamentari e di politica costituzionale, 2002, p. 22.

[459] Loi n°7/1985 du 2 avril.

[460] Voir par exemple N. Burrows, *Devolution*, Londres, 2000, p. 123, cité par I. Ruggiu, *Devolution scozzese Quattro anni dopo: the bones... and the flesh*, Le Regioni, n°5, octobre 2003, p. 737-786.

[461] Mais c'est toujours le Parlement national qui en décide.

Principe de répartition des compétences, il introduit comme d'autres éléments une certaine flexibilité de la proposition constitutionnelle. L'interprétation de ce principe est faite par le législateur, soit national, soit régional. Il justifie l'intervention étatique pour la protection de l'unité du territoire.

Le principe de subsidiarité est lié aux théories du pluralisme, de la démocratie, théories ouvertes de la Constitution, notamment sur l'autodétermination (K. Renner, B.O. Bryde). Nous tâcherons de le mettre en rapport avec la question des différents ordres juridiques et avec la théorie institutionnelle.

Nous allons procéder à l'étude du principe de subsidiarité dans les droits français et italien qui nous fournissent quelques éléments de départ pour l'analyse que nous développerons ensuite. Il convient dès à présent de souligner qu'il n'y a pas encore d'application claire et ancienne du principe de subsidiarité par les pouvoirs publics, notamment par les cours constitutionnelles. L'effet juridique de ce principe et l'étendue de son contrôle restent à déterminer. Nous allons donc procéder à l'analyse de ce droit positif encore jeune (A) puis tenter de déterminer la place possible du principe de subsidiarité pour le régionalisme institutionnel (B).

A. Analyse d'un droit positif encore jeune

D'application limitée, le principe de subsidiarité correspond à un vœu pieux dans l'acception française, alors qu'il s'intègre au fonctionnement du régionalisme institutionnel italien, principe de souplesse pour l'équilibre entre unité et diversité. C'est un outil qui a tendance à être utilisé dans un but de recentralisation des compétences dans la mesure où, dans tous les cas, le législateur national en dispose.

1. Le principe de subsidiarité dans l'acception française : l'autonomie locale dans les mains du législateur national

Le principe de la subsidiarité dans la répartition territoriale du pouvoir d'Etat est introduit dans le nouvel article 72 alinéa 2 de la Constitution française. Il est à la libre appréciation du législateur[462].

---

[462] « Son affirmation dans la Constitution permet d'indiquer une direction, un objectif à atteindre ; le législateur devra ainsi s'astreindre constamment à évaluer le niveau de décision le plus approprié pour la mise en œuvre d'une compétence. L'expérimentation au niveau local, introduite dans la Constitution au quatrième alinéa du même article, ainsi qu'au nouvel article 37-1, facilitera sa démarche. On mesure ici la cohérence profonde de la démarche du Gouvernement. Pour autant, il s'agit d'un objectif et non d'une obligation ; les collectivités « ont vocation à » exercer les compétences qui peuvent le mieux être exercées à leur échelon, sans pour autant que ce principe soit reconnu comme un droit. Il est, en effet, très complexe d'apprécier le niveau de décision adéquat et il est à craindre qu'une rédaction trop contraignante ne donne lieu à un contentieux abondant. Le législateur doit disposer d'une certaine liberté d'appréciation, le contrôle du juge constitutionnel se limitant à vérifier qu'il n'y a pas d'erreur manifeste dans un domaine qui ressortit moins au droit strict qu'à la gestion des politiques

Dans la loi sur les responsabilités locales[463] il n'y a pas de référence, dans les articles qui transfèrent les compétences, en matière de développement économique, tourisme et formation professionnelle, de développement des infrastructures, fonds structurels et protection de l'environnement, de solidarité et santé, d'éducation, culture et sport, ni au principe de subsidiarité, ni à une expression approchante comme la proximité ou l'adéquation de la collectivité à laquelle est transférée la compétence. Selon l'article 72 de la Constitution, le principe de subsidiarité a cependant dû inspirer le législateur pour attribuer par exemple des compétences économiques et en matière de formation professionnelle aux régions, ou la compétence sur les routes nationales aux départements. Il n'y a pas non plus dans le recours effectué devant le Conseil Constitutionnel de moyen concernant la violation ou une mauvaise application par le législateur du principe de subsidiarité. On ne connaît ainsi pas encore l'étendue du contrôle du juge constitutionnel, puisque la loi du 13 août 2004 est la première à faire application des nouveaux principes constitutionnels de répartition des compétences. De plus les collectivités territoriales ne peuvent saisir le Conseil Constitutionnel. La défense de leurs intérêts est donc assurée par le Sénat, dont 60 membres peuvent saisir le Conseil Constitutionnel, et par les députés, qui sont par ailleurs parfois aussi élus locaux[464]. Mais si par exemple une ou des communes, un ou des départements, une ou des régions s'estiment lésés par une loi de répartition des compétences, considérant que celle-ci ne respecte pas le principe de subsidiarité, la voie juridictionnelle directe leur est fermée.

En conclusion, nous pouvons dire que la réforme constitutionnelle de 2003 n'apporte pas de grand changement dans l'organisation du pouvoir dans l'Etat français.

2. Interprétation jurisprudentielle du principe de subsidiarité en Italie : flexibilité, coopération et recentralisation

En Italie, le principe de subsidiarité est affirmé avec plus de force puisqu'il est nommé comme tel dans la Constitution à plusieurs reprises depuis la réforme constitutionnelle de 2001, ainsi que dans la loi 59/1997 qui l'établissait en matière administrative. Pour ce qui nous intéresse, l'article 118§1 (le pouvoir administratif appartient aux communes sauf application du principe de subsidiarité) et l'article

---

publiques ». P. Clément, Rapport n°376 au nom de la Commission des lois constitutionnelles, de la législation et de l'administration générale de la République sur : le projet de loi constitutionnelle (n°369) adopté par le Sénat, relatif à l'organisation décentralisée de la République ; la proposition de loi constitutionnelle (n°249) de M. Hervé Morin et plusieurs de ses collègues, relative à l'exercice des libertés locales, 13 novembre 2002, en deux parties.

[463] Loi n° 2004-809 du 13 août 2004 relative aux libertés et responsabilités locales.

[464] Et l'application que fera le législateur du principe de subsidiarité sera sous le contrôle restreint du juge constitutionnel dans le cadre de l'erreur manifeste d'appréciation.

120 (le pouvoir de substitution de l'Etat doit s'exercer dans le respect du principe de subsidiarité) méritent un commentaire.

La loi n°131 dite La Loggia du 5 juin 2003 applique dans son article 7 l'article 118 de la Constitution issu de la réforme constitutionnelle de 2001.

Il existe déjà une jurisprudence italienne sur le principe de subsidiarité de l'article 118§1. Celle-ci est particulièrement intéressante pour notre propos car elle nous permettra d'évoquer les problématiques liées au principe de subsidiarité : flexibilité de la proposition constitutionnelle, notion d'exigences unitaires et d'intérêt national, étendue possible du contrôle du juge, importance du politique, recentralisation.

La Cour s'est prononcée dans un arrêt 303/2003, qui sera suivi par les sentences 363/2003, 376/2003 et plus récemment 6/2004 du 28 octobre 2003. Nous analyserons cet arrêt, qui, faisant amplement référence à l'arrêt 303/2003 comme arrêt de principe, montre la stabilité actuelle de la jurisprudence initiée alors et nous paraît un cas pratique clair et intéressant. De plus l'arrêt 303/2003 a déjà été amplement commenté[465].

L'affaire concerne un décret-loi national n°7/2002 sur des mesures étatiques d'urgence en matière de système électrique national. Un recours a été effectué par les Régions Ombrie, Basilique et Toscane contre l'Etat. Ce sont les points 6 et 7 du développement juridique de l'arrêt qui sont intéressants.

La Cour se réfère à l'arrêt 303/2003 pour dire que la compétence législative de l'Etat ne se déduit pas seulement de l'article 117 de la Constitution, qui en l'occurrence désigne la matière production, transport et distribution nationale de l'énergie comme une matière de législation concurrente entre l'Etat (principes fondamentaux) et les régions (législation de détail) ; en effet il faut selon la Cour attribuer l'exercice du pouvoir législatif d'allocation des fonctions administratives selon les principes de subsidiarité, différenciation et adéquation de l'article 118§1 de la Constitution.

---

[465] A. Morrone, *La Corte costituzionale riscrive il Titolo V?*, A. Ruggeri, *Il parallelismo "redivivo" e la sussidiarietà legislativa (ma non regolamentare...) in una storica (e, però, solo in parte soddisfacente) pronunzia*, Q. Camerlengo, *Dall'amministrazione alla legge, seguendo il principio di sussidiarietà. Riflessioni in merito alla sentenza n. 303 del 2003 della Corte costituzionale*, E. D'Arpe, *La Consulta censura le norme statali "cedevoli" ponendo in crisi il sistema: un nuovo aspetto della sentenza 303/2003*, F. Cintioli, *Le forme dell'intesa e il controllo sulla leale collaborazione dopo la sentenza 303 del 2003*, A. D'Atena, *L'allocazione delle funzioni amministrative in una sentenza ortopedica della Corte costituzionale*, A. Anzon, *Flessibilità dell'ordine delle competenze legislative e collaborazione tra Stato e Regioni*, articles consultables sur le site Internet du Forum di Quaderni costituzionale (www.forumcostituzionale/giurisprudenza) ; R. Dickmann, *La Corte Costituzionale attua (ed integra) il Titolo V*, in : www.federalismi.it, n.12/2003; S.Bartole, *Collaborazione e sussidiarietà nel nuovo ordine regionale*, L.Violini, *I confini della sussidiarietà: potestà legislativa "concorrente", leale collaborazione e strict scrutiny*, Le Regioni, n°1 1/2004.

Ainsi c'est sans méconnaître les attributions du pouvoir législatif concurrent régional que la loi étatique a pu redéfinir de façon unitaire et à un niveau national certaines procédures concernant les implantations importantes d'énergie électrique, reconnaissant un rôle fondamental aux organes étatiques pour l'exercice de ces fonctions administratives.

Au point 7, la Cour repousse l'objection des régions selon laquelle l'attribution des compétences administratives doit être faite dans les matières de législation concurrente par les régions à deux titres : tout d'abord, elle souligne que l'article 117, concernant les matières concurrentes, ne limite que le pouvoir législatif ; de plus, selon l'interprétation de la Cour, l'attribution des compétences administratives doit être faite par l'organe législatif au moins égal au niveau territorial intéressé et non inférieur (le législateur régional pour les organes de l'Etat). Pour cela, la Cour se base sur la signification implicite de l'article 118 de la Constitution, sur le principe de légalité, les principes de subsidiarité, différenciation et adéquation, en posant comme limite le fait que, dans la lignée de la décision 303/2003, ces principes ne doivent pas à leur seule évocation suffire à modifier la répartition constitutionnelle des compétences à l'avantage du législateur national car cela nierait le caractère rigide de la Constitution. Ce point est intéressant pour notre raisonnement car il montre que le principe de subsidiarité introduit un élément de flexibilité dans le droit constitutionnel en ne déterminant pas de façon rigide la répartition des compétences mais en disposant un principe maniable[466], bien que le souci de conserver la rigidité de la Constitution doive régir son application. Cependant cette affirmation de la Cour nous paraît une déclaration d'intentions, un avertissement qui n'a pas réellement sa place dans cet arrêt et qui ne justifie pas plus le recours que la Cour fait de ces principes, au profit du législateur national, sans démontrer justement qu'ils impliquent que le niveau qui attribue les compétences administratives soit au moins égal au niveau qui sera chargé de ces attributions.

Cette décision a été critiquée car elle permettrait au législateur national d'exercer des compétences dans des domaines qui ne lui ont pas été attribués par la loi en passant par le biais des attributions administratives au nom du principe de subsidiarité quand une exigence unitaire justifierait que l'Etat les exerce. Cette critique ne nous semble pas fondée car, et la Cour le précise d'ailleurs (critère de l'objet développé ci-dessous), la compétence législative en question se limite dans son objet à l'attribution de la compétence administrative, elle ne permet pas de régler la matière en général. La Cour pose dans la suite de son raisonnement les conditions pour que le législateur national puisse attribuer et régler les fonctions administratives au niveau central dans les matières de législation concurrente. Il y a trois critères (motif, objet, procédure) : le respect des principes de subsidiarité, différencia-

---

[466] Ce qui nous amènera à dire que le régionalisme conduit à une ouverture, un assouplissement des Constitutions rigides.

tion et adéquation en répondant à des exigences d'exercice unitaire des fonctions ; une réglementation pertinente, c'est-à-dire propre à la régulation de ces fonctions, et limitée, c'est-à-dire strictement indispensable à ces fins ; une réglementation adoptée à la suite de procédures assurant la participation des niveaux de gouvernement impliqués, par le biais de la collaboration loyale ou de mécanismes de coopération adéquats pour l'exercice concret des fonctions administratives allouées aux organes centraux.

Ces trois limites rejoignent la décision 303/2003, cependant il existe une différence dans le cas présent qui ajoute de la cohérence au raisonnement de la Cour. L'une des critiques faites à la décision 303/2003 avait été dirigée contre le dernier critère, celui de la collaboration ; dans l'arrêt 303/2003 l'accord de la région concernée devait être recherché, ce qui, selon certains auteurs, était contradictoire avec l'application du principe de subsidiarité qui supposait non pas qu'une région soit concernée mais un ensemble de collectivités territoriales, ce qui justifie l'exercice unitaire de l'attribution administrative en question. Dans la décision 6/2004, la Cour parle de participation des niveaux de gouvernement impliqués et, dans le cas concret posé devant elle, elle constate l'existence de deux niveaux de procédure, l'un au sein de la Conférence permanente, l'autre par des accords avec chaque région concernée par l'exercice de ces attributions administratives, avis bloquant le processus s'il est négatif, du fait des implications importantes sur les compétences régionales du domaine en question (installations électriques).

Selon M. Barbero, cet arrêt 6/2004 est une application dynamique du principe de subsidiarité, qui permet de compresser verticalement les compétences résiduelles des régions[467].

La question intéressante, que nous avons déjà évoquée pour la France, est celle de savoir quelle est l'étendue du contrôle du juge ; il a été saisi plusieurs fois déjà pour le motif de violation du principe de subsidiarité et a établi sa jurisprudence dans la décision déjà évoquée 303/2003. La Cour pose comme critères de contrôle que l'intérêt public soit proportionné, pas irraisonnable et qu'il y ait accord de la région intéressée[468]. Or en réalité elle transfère le contrôle de l'exigence unitaire à celui de l'existence d'un accord, sur la base du principe de collaboration loyale. Cela se confirme dans la décision 233/2004, citant, dans les considérations en droit, l'arrêt 303/2003 : « pour juger si une loi étatique (...) envahit les attributions régionales ou si elle n'est pas, au contraire, une application des principes de subsidiarité et d'adéquation, la prévision d'un accord entre l'Etat et les Régions intéressées,

---

[467] M. Barbero, *Alle regioni una potestà legislativa « doppiamente » residuale*, Chronique de jurisprudence constitutionnelle, 26 avril 2004, Associazione Italiana dei Costituzionalisti, page Internet : www.associazionedeicostituzionalisti.it/cronache/giurisprudenza_costituzionale/potesta_regioni/index.html.

[468] Nous en avons déjà donné les détails dans l'analyse de la décision 6/2004 faite ci-dessus.

auquel soit subordonnée l'application de la réglementation devient un élément d'appréciation essentiel ». A partir du moment où il y a un accord entre l'Etat et la ou les régions, le législateur national n'est pas considéré comme empiétant sur les compétences régionales. C'est dans cette mesure que le principe de subsidiarité contribue à l'ouverture des Constitutions rigides, à la déconstitutionnalisation des dispositions sur la répartition des compétences[469].

Nous trouvons dans le Document de programmation économique et financière (DPEF) de la Région Emilie-Romagne pour 2004-2006 deux exemples d'application du principe de subsidiarité par le législateur régional : dans la loi régionale 31/2002 de Réglementation générale de la construction et dans le projet de loi pour le développement technologique[470] ; dans les deux cas le principe de subsidiarité est considéré par les auteurs du DPEF comme trouvant une application. La loi du 25 novembre 2002, n° 31, réglementation générale de la construction[471], réglemente l'activité administrative en la matière, dont l'exercice revient, dans le respect du principe de subsidiarité, aux communes. Cette réglementation est adoptée par la région, qui a la compétence législative exclusive dans la matière depuis la réforme constitutionnelle de 2001, mais celle-ci reste bien entendu limitée par l'autonomie d'organisation dont bénéficient les communes (voir par exemple l'article 2 de la loi).

Dans l'arrêt 196/2004, la Cour effectue une analyse du principe de subsidiarité sous l'angle de l'autonomie législative régionale. Cette décision concerne la construction (amnistie pénale et remise administrative extraordinaires pour les constructions illicites). La Cour distingue la partie pénale, qui est de la compétence de l'Etat, et la partie administrative qui appartient selon elle, avec l'urbanisme et la construction, à la matière de législation concurrente « aménagement du territoire »[472]. De plus la Cour souligne le principe de l'attribution des compétences administratives aux communes et le fait que les communes aient des fonctions propres selon l'article 118 de la Constitution. Dans la matière en question, le législateur national doit se limiter aux principes alors que le législateur régional a un rôle important d'articulation, de spécification des dispositions étatiques, plus im-

---

[469] Voir par exemple aussi les arrêts 228/2004 et 197/2004.

[470] Documento di Politica Economico-Finanziaria 2004-2006, Regione Emilia-Romagna, décembre 2003, p. 127 et p. 54.

[471] Modifiée par les lois LR 19/12/2002, n°37, LR 03/06/2003, n°10, LR 24/03/2004, n°6.

[472] La Cour fait référence à ses décisions 303/2003 et 362/2003 et à sa définition de la matière aménagement du territoire dans l'arrêt 307/2003: « tout ce qui touche à l'usage du territoire et à la localisation des implantations ou activités » ou encore, dans la décision présente, « l'ensemble des normes qui permettent d'identifier et de graduer les intérêts sur la base desquels peuvent être réglés les usages admissibles du territoire » (point 20 des considérations en droit).

portant qu'avant la réforme constitutionnelle. Les communes peuvent dans les limites de la loi procéder à l'assainissement sur le plan administratif des constructions illicites : la législation étatique ne peut déterminer la mesure de l'anticipation des honoraires et les modalités de versement aux communes[473].

Ainsi, en censurant les dispositions contraires aux articles 117 et 118 de la Constitution, comprimant l'autonomie législative régionale, la Cour dit aussi protéger les communes qui peuvent influencer, selon elle, de façon informelle, ou au travers des procédures de coopération prévues par les statuts régionaux sur la base de l'article 123 de la Constitution, le processus législatif régional (point 21 des considérations en droit).

L'arrêt présenté ici souffre d'une certaine confusion entre l'analyse du rapport entre les différents niveaux de législation et la définition et le contenu de la fonction administrative. Il nous semble que la Cour a voulu dire, d'une part, que l'attribution aux communes, dans le respect de l'article 118 de la Constitution, des fonctions administratives signifie que la législation ne peut fixer les détails de son exercice (ce sont aux communes à fixer le montant des versements), et d'autre part, dans une matière de législation concurrente, que le pouvoir dont disposent les communes en vertu de l'article 118 de la Constitution est mieux garanti lorsqu'il se développe dans le cadre de la législation régionale que dans celui de la législation nationale du fait de l'influence possible sur l'élaboration des lois régionales que peuvent avoir les communes.

La Cour fait cependant un lien entre ces deux propositions, qui n'est pas très clair, et qui a pour but de démontrer la compétence concurrente de la région afin de répondre non seulement à cette question-ci, mais aussi au grief de la violation du principe de subsidiarité par la législation nationale.

Le principe de subsidiarité au niveau régional connaît une application différente dans les régions à statut spécial par rapport aux régions ordinaires. Il existe dans les statuts spéciaux un parallèle entre les fonctions législatives et administratives, et la loi constitutionnelle de 2001 qui introduit l'article 118§1 ne s'applique aux régions à statut spécial que lorsqu'elle leur fournit plus d'autonomie (article 10). Ainsi le principe de l'attribution des fonctions administratives aux communes puis en fonction du principe de subsidiarité de l'article 118§1 de la Constitution ne s'applique pas à elles pour les compétences datant d'avant la réforme du titre V et s'applique selon une procédure particulière prévue à l'article 11 de la loi n° 131 du 05/06/2003 pour les compétences législatives acquises du fait de la réforme consti-

---

473 La Cour ajoute que dans la législation ordinaire en matière d'amnistie de construction ce sont les communes qui déterminent le montant sur la base de la loi régionale, article 16 du dPR 380/2001.

tutionnelle (article 117 de la Constitution quand il prévoit plus d'autonomie que dans les statuts)[474].

Il existe aussi un débat sur le rapport entre subsidiarité, unité et intérêt national : selon différents auteurs, le principe de subsidiarité remplacerait l'intérêt national supprimé par la réforme constitutionnelle de 2001 ou du moins répondrait aux mêmes exigences, celles de maintenir une certaine unité des normes appliquées sur le territoire de l'Etat[475]. L'exigence d'unité est en effet contenue dans les conditions d'application du principe de subsidiarité dans la Constitution et dans la loi d'application de la réforme du titre V (loi n°131 du 5 juin 2003 dite La Loggia).

B. La place possible du principe de subsidiarité face au régionalisme institutionnel

L'étude des cas précédents nous apprend diverses choses. Il n'y a pour l'instant qu'une application restreinte du principe de subsidiarité. C'est le législateur qui procède à la répartition des compétences et l'étendue du contrôle du juge est limitée.

La subsidiarité au-delà du principe de répartition des fonctions administratives peut cependant représenter la flexibilité de la proposition constitutionnelle. Pour E. Carloni, dans la décision 303/2003, la Cour Constitutionnelle italienne permet une déconstitutionnalisation des matières par le moyen de l'article 118 de la Constitution[476], pour A. Ruggeri, les fonctions ne sont pas établies une fois pour toutes[477]. Cette flexibilité est favorable à un système de régionalisme institutionnel, car elle est l'un des moyens pour jouer en souplesse entre unité et diversité.

---

[474] Sentence n°236/2004.

[475] Voir dans ce sens R. Bin, *L'interesse nazionale dopo la riforma : continuità dei problemi, discontinuità della giurisprudenza costituzionale*, Forum Quaderni Costituzionali, 02/12/2001, www.forumcostituzionale.it/contributi/rb ; G. Caia, *Il problema del limite dell'interesse nazionale nel nuovo ordinamento*, in : *La riforma del Titolo V, parte II della Costituzione*, a cura di C. Bottari, Quaderni della Spisa, Maggioli Editore, 2003, 449 p., p. 136-153 ; S. Gambino (coord.), *Diritto regionale e degli enti locali*, Giuffrè Editore, Milan, 2003, 475 p.

[476] E. Carloni, *Le tre trasfigurazioni delle competenze concorrenti delle Regioni tra esigenze di uniformità ed interesse nazionale. Brevi note a margine delle sentenze n.303, 307 e 308/2003 della Corte costituzionale*, document ASTRID, p.7.

[477] A. Ruggeri, *La ricomposizione dele fonti in sistema, nella Repubblica delle autonomie, e le nuove frontiere della normazione*, sur le site Internet de l'Association des Constitutionnalistes, www.associazionedeicostituzionalisti.it/dibattiti/riforma/ruggeri.html, p.30.

Le principe de subsidiarité est adapté à un système complexe de relation des pouvoirs et des autonomies : autonomie locale et régionale, pouvoir administratif, financier, collaboration entre les divers niveaux de compétence, comme nous l'enseigne la décision 196/2004 de la Cour Constitutionnelle italienne qui se base sur les articles 117, 118 et 119 de la Constitution italienne. La loi La Loggia, dans son article 7 prévoit ainsi la coordination interinstitutionnelle pour la mise en œuvre du principe de subsidiarité.

Le principe de subsidiarité est finalement utilisé pour l'instant comme instrument pour assurer l'unité de l'Etat. Il est utilisé au nom d'une nécessaire unité, et l'utilisateur du principe est le législateur, sous le contrôle minimum du juge. Le rapport avec l'intérêt national mis en évidence en Italie doit pousser à s'interroger sur cette notion, non pour savoir si l'intérêt national tel qu'il existait avant dans la Constitution italienne existe toujours mais pour délimiter cette notion et entreprendre de lui donner une place dans notre analyse.

Conclusion du chapitre 3

Nous avons étudié dans ce chapitre l'organisation du pouvoir étatique sous l'angle tout d'abord des principes traditionnels de démocratie (à l'aide des théories monistes et pluralistes et dans la perspective locale de celles-ci), d'égalité entre les collectivités territoriales, particulièrement les régions, et d'Etat de droit.

L'analyse du principe d'égalité entre les collectivités territoriales nous a permis de faire le constat d'une égalité formelle minimale par catégorie de collectivité territoriale et d'une égalité matérielle qui a tendance à glisser vers le principe de solidarité, ce qui confirme ce que nous avions avancé dans le chapitre précédent en matière d'interprétation du principe d'égalité entre les citoyens.

L'ascendant des régions sur les collectivités locales et l'asymétrie entre les régions modèrent l'appréciation de l'étendue de ce principe.

Enfin la notion d'Etat de droit a été abordée sous l'angle de la contractualisation des sources étatiques du droit régional et de la mise en cause dans le droit régional de la sécurité juridique, due au flou, à la flexibilité et à l'importance de la jurisprudence dans la définition de l'organisation du pouvoir.

Un principe intéressant pour le régionalisme institutionnel, qui se développe actuellement, est le principe de subsidiarité, que nous avons ensuite étudié ; nous avons fait une analyse de droit positif, qui nous a permis de souligner l'influence du législateur national et la flexibilité de ce principe, qui peut jouer en faveur des régions ou de l'Etat. Ce principe se révèle intéressant pour la théorie de l'Etat et il est un élément important de définition du cadre juridique du régionalisme, mais il est encore d'application restreinte.

Conclusion du titre 2

L'analyse des principes et dispositions juridiques d'organisation des Etats, sous l'angle de chacun des éléments constitutifs de l'Etat, nous a permis de synthétiser une autre partie du cadre juridique du régionalisme institutionnel.

Les différents points qui ont été développés concernant l'organisation du territoire, de la population et du pouvoir ont montré l'étendue de la place possible de la région au sein de l'organisation étatique, par rapport à chacun de ses éléments constitutifs.

Nous avons cherché à adopter le point de vue de la synthèse dès que cela était possible, et de dégager des angles communs d'analyse que sont les principes et règles d'organisation tels que l'égalité, la subsidiarité, la sécurité juridique, l'autonomie ou la différenciation.

Nous avons pu voir que l'organisation de l'Etat français ne laisse pas de place actuellement au régionalisme institutionnel, alors que l'Espagne, l'Italie et la Belgique connaissent des dispositions permettant les compromis nécessaires au développement du régionalisme institutionnel dans une unité politique étatique, qui s'en trouve alors affectée. La dévolution britannique est plus limitée du fait du principe de la souveraineté du Parlement.

Ces trois études parallèles ont mis en avant le principe dynamique de la recherche de l'équilibre entre unité et diversité qui caractérise l'application de l'ensemble de ces principes.

Conclusion de la première partie

Le régionalisme institutionnel se situe dans le cadre juridique que nous venons de décrire en première partie de cette thèse, constitué par les éléments de définition de l'Etat et son organisation juridique. Nous avons vu qu'il lui donne aussi forme, par les solutions d'interprétation qu'il propose. C'est pourquoi nous nous penchons à présent sur les enjeux politiques et institutionnels du régionalisme dans l'Union européenne, à travers les divers modèles de régionalisme institutionnel et la question de l'avenir de l'Etat.

DEUXIEME PARTIE

LES ENJEUX POLITIQUES ET INSTITUTIONNELS DU REGIONALISME DANS L'UNION EUROPEENNE

Le cadre juridique du régionalisme nous a permis de nous intéresser à divers éléments et principes théoriques et d'organisation. Or le régionalisme institutionnel se développe dans ce cadre juridique en Espagne, Italie, Belgique et au Royaume-Uni dans une moindre mesure, des Etats dont nous avons pu apprécier les différences d'approches et les angles communs d'analyse. La France ne connaît pas le régionalisme institutionnel malgré certaines dispositions en faveur de la région.

Dans cette partie nous tâcherons donc de donner une définition du régionalisme institutionnel dans ce cadre, à partir de ces divers éléments et de notre perspective de droit comparé. Il s'agit de déterminer les enjeux du régionalisme institutionnel, c'est-à-dire l'étendue de ce phénomène juridique : comment il se développe dans les différents Etats et quelles sont ses conséquences sur les modèles en question.

Nous avons observé une tendance à l'émergence de la région comme acteur politique au sein de l'Etat, il convient donc de s'interroger sur un concept, celui de régionalisme institutionnel, à partir de la diversité des modèles nationaux, devant rendre compte de ce constat.

Pour cela nous devrons développer deux champs de recherche : celui de la diversité européenne du régionalisme institutionnel (titre 1) et celui de l'avenir de l'Etat face au régionalisme institutionnel (titre 2).

TITRE 1
LA DIVERSITE EUROPEENNE DU REGIONALISME INSTITUTIONNEL

Il n'y a pas de modèle européen du régionalisme institutionnel mais une diversité de modèles nationaux. Nous avons dégagé deux groupes d'Etats, d'un côté la Belgique, l'Italie et l'Espagne dont les structures permettent le développement d'un concept constitutionnel de régionalisme institutionnel, et le Royaume-Uni qui développe certains aspects de celui-ci. Nous partirons d'un point de vue de diversité des régionalismes et régions, pour en découvrir les caractéristiques communes, les éléments de convergences, et les différences possibles. Nous établirons aussi des comparaisons avec le modèle français.

Ainsi nous allons commencer par faire une étude matérielle des régionalismes institutionnels à partir de diverses rubriques convergentes (chapitre 1), dans le but de déterminer ce qu'est le régionalisme institutionnel européen (chapitre 2).

CHAPITRE 1

ETUDE MATERIELLE DES REGIONALISMES INSTITUTIONNELS A PARTIR DE RUBRIQUES CONVERGENTES

Nous pouvons constater dans les cinq Etats étudiés l'existence de rubriques convergentes dont il convient de développer le contenu. Nous en avons délimité trois : l'existence d'une autonomie (I, qui justifie une fois de plus que nous ayons préféré pour notre thèse le terme de régionalisme, dont l'autonomie régionale est seulement une partie), la répartition des pouvoirs (II) et la référence à l'identité (III).

I. EXISTENCE D'UNE AUTONOMIE

Le régionalisme institutionnel se caractérise par l'existence d'une autonomie plus ou moins large au profit des régions. Nous allons procéder tout d'abord à l'étude de l'étendue matérielle de l'autonomie (A) afin d'aborder ensuite la question plus théorique de la définition de l'autonomie régionale dans un système régionaliste (B).

A. Etendue matérielle de l'autonomie

Nous allons voir tout d'abord dans quels domaines les régions bénéficient d'une autonomie (1) puis nous viendrons à l'étude de cas pratiques permettant de saisir concrètement l'étendue matérielle de l'autonomie des régions (2).

1. Les déclinaisons de l'autonomie régionale et leurs garanties

Il existe différents domaines où l'on peut constater une autonomie au bénéfice des régions étudiées. Nous nous inspirerons pour le contenu d'une autonomie possible du projet de Charte européenne de l'autonomie régionale élaboré en 1997 par le Conseil de l'Europe[478]. Ce projet a été rédigé à l'instance du Congrès des Pouvoirs locaux et Régionaux de l'Europe et contient des principes directeurs de l'autonomie régionale, sur le modèle de la Charte européenne de l'autonomie locale. Nous verrons ensuite dans quelle mesure cette autonomie est reconnue par les Etats et les garanties mises en place.

L'autonomie administrative est un élément qui n'est pas la marque du régionalisme institutionnel. Elle est acquise dans l'ensemble des Etats étudiés, et signifie l'exercice des fonctions administratives confiées à la collectivité territoriale sous le contrôle du juge (contrôle de légalité) et parfois d'un représentant de l'Etat. Il n'y a pas de contrôle politique de l'opportunité des mesures prises. Cette autonomie participe de l'idée de libre administration, ce que l'article 72 de la Constitution française décrit comme l'administration libre dans le cadre de la loi.

L'autonomie législative permet de distinguer le régionalisme institutionnel de la décentralisation

Diverses régions bénéficient d'un pouvoir législatif. Il s'agit des régions italiennes[479], des Communautés Autonomes espagnoles[480], des Communautés et Ré-

---

[478] Projet de Charte européenne de l'autonomie régionale du Conseil de l'Europe, annexe de la Recommandation 34 (1997). Nous renvoyons pour des développements sur ce projet de Charte aux documents du Conseil de l'Europe, en particulier la Discussion par le Congrès et adoption le 5 juin 1997, 3e séance (voir doc. CPR (4) 4 révisé, Recommandation présentée par M. P. Rabe, Rapporteur), projet de rapport explicatif du projet de charte européenne de l'autonomie régionale, rapporteur P. Rabe (Allemagne).

[479] L'article 117 de la Constitution répartit le pouvoir législatif entre l'Etat et les Régions (ainsi que les provinces de Trente et Bolzano, article 8 du statut du Trentin-Haut Adige/Südtirol). Il reconnaît un pouvoir législatif exclusif à l'Etat dans une série de matière, un pouvoir législatif concurrent entre l'Etat et les régions dans une seconde liste de matière, et un pouvoir législatif résiduel aux régions.

[480] L'article 153 dispose que les Communautés autonomes adoptent des dispositions normatives ayant force de loi et des normes réglementaires. L'Espagne accorde une autonomie législative aux Communautés Autonomes, qui est limitée à des matières, pouvant varier de l'une à l'autre, que nous trouvons dans les statuts (adoptés par les *Cortes Generales*), une liste de matières étant réservée de façon exclusive à l'Etat dans la Constitution (article 149.1), qui dispose aussi de la compétence résiduelle, c'est-à-dire ni comprise dans la liste de l'article 149.1, ni dans les statuts (article 149.3, appelé clause de fermeture du système de répartition des compétences). Les Communautés Autonomes peuvent aussi exercer un pouvoir législatif délégué par le Parlement national (article 150 de la Constitution.)

gions belges[481] et de l'Ecosse[482]. Nous pouvons tirer comme conclusion de l'examen des dispositions nationales concernant l'autonomie législative des régions étudiées que lorsque celle-ci est reconnue, elle est liée, limitée par le principe de compétence sur des matières. Une distinction apparaît, qui est la subordination du pouvoir normatif des collectivités territoriales françaises[483] et, actuellement encore, des institutions galloises[484] à la loi, quand le pouvoir normatif des Communautés Autonomes espagnoles, des Régions belges, de l'Ecosse et des Régions italiennes n'est soumis qu'à la Constitution.

L'utilisation du terme autonomie législative ne peut donc être contournée, et elle a pour conséquence le polycentrisme législatif, c'est-à-dire l'existence au sein de l'Etat de plusieurs centres d'émission de normes législatives qui ne sont pas toutes organisées entre elles selon un principe de subordination ou hiérarchique mais aussi réparties selon un principe de compétence.

Il existe une autre différence entre la France et les autres Etats. Il n'y a pas de distinction dans l'attribution du pouvoir normatif en France entre les régions et les autres collectivités territoriales, alors que dans les quatre Etats à régionalisme insti-

---

[481] Selon l'article 36 de la Constitution le pouvoir législatif fédéral s'exerce collectivement par le roi, la Chambre des représentants et le Sénat et c'est le roi qui fait les règlements et arrêtés nécessaires pour l'exécution des lois (article 108). Selon les articles 127 à 134 de la Constitution, les Communautés peuvent prendre des décrets ayant force de loi dans les régions de langue néerlandaise, de langue française, de langue allemande, ainsi que dans la région bilingue de Bruxelles-Capitale, les Régions peuvent aussi prendre des décrets ayant force de loi, dans les domaines fixés par une loi adoptée à la majorité de l'article 4 de la Constitution (combinaison des articles 134 et 39 de la Constitution). Les Communautés et les Régions belges bénéficient donc d'une autonomie législative, limitée à des domaines de compétence : compétence de l'Etat et des Communautés dans la Constitution, qui limitent les compétences des Régions (articles 35, 127 à 133, 39 et 134, ainsi que les lois adoptées selon la majorité de l'article 4 de la Constitution – essentiellement la loi spéciale du 8 août 1980, et les lois qui l'ont modifiée).

[482] Au Royaume-Uni, le système politique repose sur le principe de la souveraineté du Parlement. Cela n'empêche pas les lois de dévolution d'attribuer un pouvoir législatif au Parlement écossais, le Parlement de Westminster étant toujours susceptible de légiférer. La loi de dévolution pour le Pays de Galles prévoit seulement un pouvoir d'exécution par l'Assemblée galloise, avec une certaine adaptation, des lois adoptées par Westminster et applicables au Pays de Galles. L'autonomie législative au Royaume-Uni concerne donc seulement l'Ecosse, elle est limitée dans son domaine, les affaires de l'Ecosse, le territoire de l'Ecosse, par les matières réservées à Westminster et n'est garantie que par la *Sewel Convention*, selon laquelle le Parlement de Westminster s'engage à ne pas légiférer dans les matières dévolues sans demander l'avis du Parlement écossais, possibilité que la Parlement de Westminster utilise largement.

[483] La réforme constitutionnelle de 2003 introduit dans la Constitution un droit des collectivités locales à l'expérimentation qui conduit à de possibles adaptations de la loi ou du règlement mais pour une durée limitée et sous contrôle de l'autorité compétente.

[484] La seconde loi de dévolution pour le Pays de Galles de 2006 prévoit en effet la possible dévolution d'un pouvoir législatif primaire à l'assemblée galloise après un référendum.

tutionnel, les régions seules ont un pouvoir législatif, en faisant bien des institutions territoriales à part.

L'autonomie organisative et la question de l'émergence d'un droit constitutionnel régional

Le projet de Charte de l'autonomie régionale prévoit à l'article 11 un principe d'auto-organisation régionale : « Dans la plus large mesure possible, les régions doivent bénéficier du droit d'adopter et, à tout le moins, de compléter leur statut dans le respect de la Constitution et des lois adoptées dans le respect de l'article 2, paragraphe 3[485]. ». Elle prévoit aussi (article 12) les organes des régions : assemblée représentative élue au suffrage universel direct et exécutif responsable devant elle sauf en cas d'élection directe, un certain statut des élus et (article 13) un pouvoir d'organisation sur leur administration, organismes et personnel.

Il y a différents éléments dans le projet de Charte qui doivent retenir notre attention.

Tout d'abord, s'il y a une autonomie statutaire, les droits constitutionnels prévoient toujours au minimum les organes et un fonctionnement de base correspondant au système démocratique qu'on rencontre à l'échelle nationale. La région a un pouvoir d'organisation de son administration, de ses organismes et de son personnel.

Ensuite, les statuts doivent effectivement respecter la Constitution, et ce dans tous les Etats étudiés, à des degrés divers, soit du fait d'une disposition expresse dans ce sens, soit parce que les statuts sont des lois qui dans la hiérarchie des normes se situent au-dessous de la Constitution.

Enfin, le projet de Charte prévoit l'adoption des statuts par les régions, ou du moins leur modification. Cet élément est le plus incertain. En France, le statut de la Corse est une loi ordinaire, adoptée par le Parlement national, même si des négociations ont eu lieu et un vote de l'Assemblée de Corse, que rien n'imposait. Au Royaume-Uni, le Pays de Galles et l'Ecosse voient ce qu'on pourrait appeler leurs statuts compris dans les lois de dévolution, des lois constitutionnelles adoptées par le Parlement de Westminster, même si leur texte a été proposé par des institutions les représentant. En Espagne, les statuts des Communautés Autonomes sont adoptés par les *Cortes Generales*, mais le texte est proposé par la Communauté Autonome[486]. Seules les régions d'Italie connaissent une plus grande liberté statutaire

---

[485] Il s'agit des dispositions législatives fixant l'étendue de l'autonomie régionale.

[486] Article 146 de la Constitution et 147.3 pour la révision (la procédure de révision est prévue dans les statuts des Communautés Autonomes, par exemple pour la Généralité de Catalogne, aux articles 222 et 223 du statut, mais celle-ci requiert l'approbation des *Cortes Generales* par loi organique).

depuis la réforme constitutionnelle de 1999[487], et les Communautés et Régions belges bénéficient de ce qui est appelé l'autonomie constitutive.

Le cas de l'Italie et de la Belgique pose réellement la question d'un droit constitutionnel régional. Selon l'article 123 de la Constitution italienne, dont la rédaction est issue de la loi constitutionnelle n°1 de 1999, les statuts doivent être en harmonie avec la Constitution. Il existe trois thèses dans la doctrine italienne sur la signification de cette notion d'harmonie avec la Constitution : pour A. D'Atena, il s'agit du respect de la Constitution ; pour S. Mangiameli, cela se limite au respect du principe d'unité, d'indivisibilité et au caractère démocratique de la République, le noyau dur de la Constitution compris dans son article 5 ; pour A. Spadaro, cela correspond à moins d'obligations sur le plan organisatif qu'une expression comme le respect de la Constitution mais plus d'obligations sur le plan substantiel. Il pose alors sept limites au pouvoir statutaire : l'unité dans différentes formes constitutionnelles, la cohésion et la solidarité, la subsidiarité, l'ordre international et communautaire, la sécurité publique, et enfin les actes anticonstitutionnels[488]. R. Nania[489] souligne le fait que l'accord du Parlement n'est plus nécessaire pour les statuts, comme c'était le cas avant la réforme constitutionnelle, qui a aussi supprimé l'exigence d'harmonie avec les lois de la République, ce qui conduit pour lui au constat que les statuts appartiennent à ce qu'il appelle la sphère autonomique. Il se prononce dans le sens d'un droit constitutionnel régional dans la mesure où l'adoption des statuts fait intervenir un mécanisme de démocratie directe, ce qui leur donne une qualité particulière, que leur contenu est celui d'un texte constitutionnel, l'organisation des pouvoirs, mais découvre deux limites à cette théorie : il n'y a pas dans les statuts de dispositions sur les droits et libertés des citoyens, ce qui caractérise d'après lui un texte constitutionnel ; la seconde limite, qui selon lui empêche de considérer l'existence d'un ordre constitutionnel régional est le fait qu'il n'y ait pas de garant dans le cadre régional du rôle constitutionnel des statuts, il n'y a pas de Cours Constitutionnelles régionales comme en Allemagne.

La nature des statuts régionaux n'est pas déterminée dans la Constitution italienne mais ils sont soumis à celle-ci. A cette remarque nous pouvons ajouter une question

---

[487] Loi constitutionnelle n°1 du 22 novembre 1999, dispositions sur l'élection directe du Président de la Junte régionale et l'autonomie statutaire des régions.

[488] A. Spadaro, *« L'armonia con la Costituzione » delle fonti statutarie*, in : *La potestà statutaria regionale nella riforma della Costituzione*, Istituto di studi sulle regioni Massimo Severo Giannini, CNR, Milano, Dott. A. Giuffrè Editore, 2001, 378 p., p. 235-240. Il se réfère aux articles 5, 87§1, 120, 119§4, 118 à 120, 117, 120 à 126 de la Constitution italienne. C'est lui qui renvoie aux thèses de A. D'Atena et S. Mangiameli.

[489] R. Nania, *La natura giuridica dei nuovi statuti*, in : *La potestà statutaria regionale nella riforma della Costituzione*, Istituto di studi sulle regioni Massimo Severo Giannini, CNR, Milano, Dott. A. Giuffrè Editore, 2001, 378 p., p. 269-273.

posée par A. Ruggeri[490] qui est celle-ci : en l'absence de clarté sur le fait de savoir si la Constitution définit des critères d'ordonnancement du système des sources, existe-t-il une subsidiarité permettant à la région de fixer dans son cadre les règles de rapport entre les actes ? La jurisprudence sur les nouveaux statuts régionaux permet de dire que ceux-ci ont un contenu dit nécessaire mais aussi un contenu éventuel, qui ne peut cependant être normatif[491].

En Belgique, on parle d'autonomie constitutive ou institutionnelle[492].

W. Pas et J. Van Nieuwenhove [493] utilisent cette expression, mais il ne s'agit pas d'une base légale pour l'adoption d'une Constitution par les trois entités qui en bénéficient, la Communauté flamande (Région flamande), la Communauté française et la Région wallonne. (p. 267). Cette autonomie est déduite de l'article 35.3 de la loi spéciale de réformes institutionnelles du 8 août 1980, issu de la loi spéciale du 16 juillet 1993, qui prévoit en fait une majorité des deux tiers des suffrages exprimés dans les Conseils pour les décisions concernant notamment la détermination des districts électoraux, les conflits d'intérêt entre les membres du Conseil et du Gouvernement, les fonctions et le nombre des membres du Conseil et du Gouvernement. Les deux auteurs évoquent le fait que certaines de ces questions, qui doivent être adoptées à la majorité des deux tiers, quand la majorité simple est la règle, concernent directement l'équilibre des pouvoirs, d'où ce terme d'autonomie constitutive. Paul Lewalle[494] déduit l'autonomie constitutive pour le Conseil de la Communauté française, le Conseil régional wallon et le Conseil flamand de l'article 118 de la Constitution et de l'article 24 de la loi spéciale, et pour les gouvernements de la Communauté française, de la Région wallonne et de la Communauté flamande de l'article 123 §2 de la Constitution et des articles 63 et 68 de la loi spéciale ; elle concerne la composition et le fonctionnement de ces organes, ainsi que les règles d'élection pour les conseils.

---

490 A. Ruggeri, *La « forza » dello statuto*, in : *La potestà statutaria regionale nella riforma della Costituzione*, Istituto di studi sulle regioni Massimo Severo Giannini, CNR, Milano, Dott. A. Giuffrè Editore, 2001, 378 p., p. 275-285.

491 Voir T. Groppi, *I nuovi statuti delle regioni dopo le setnenze 372, 378 e 379/2004 della Corte Costituzionale*, sur le site Internet www.associazionedeicostituzionalisti.it, 7 janvier 2005. Cette jurisprudence permet à la région de faire référence à son identité, ses priorités politiques et culturelles, mais pose un problème d'incertitude sur la normativité ou non d'une disposition contenue dans le statut.

492 H. Tulkens, *Autonomie constitutive*, Administration Publique, 1994, p. 159-164.

493 W. Pas, J. Van Nieuwenhove, *La estructura asimétrica del federalismo belga* in : E. Fossas, F. Requejo (Eds.), *Asimetría federal y Estado plurinacional, El debate sobre la acomodación de la diversidad en Canadá, Bélgica y España*, Editorial Trotta, 1999, 351 p., p. 251-273.

494 P. Lewalle, *Fédéralisme, Union ou désunion*, in : *La Wallonie, une région en Europe*, Institut Jules Destrée, publication sur Internet, www.wallonie-en-ligne.net/wallonie-politique/1995-CIFE_Wallonie-Region_Europe/1995_CIFE04-2_Lewalle_Paul.htm, 1995.

Il convient de remarquer avec T. Fleiner[495] que l'autonomie constitutive belge est limitée dans son objet, par rapport au pouvoir statutaire des régions italiennes.

En conclusion, nous pouvons dire qu'il existe une autonomie organisative en Espagne du fait de l'étendue du pouvoir des Communautés Autonomes dans la procédure d'adoption et de révision des statuts[496] et de la compétence législative en matière d'organisation de leurs institutions de gouvernement autonome et en Belgique dans la mesure que nous avons donnée. En Italie, les régions bénéficient d'une véritable autonomie statutaire, comparable à l'autonomie constitutionnelle dont bénéficient les *Länder* allemands, pour ce qui est de l'organisation des pouvoirs au sein de la région, mais pas pour la réglementation des droits de l'homme. Les régions italiennes sont les seules à adopter leur statut, dans tous les autres cas l'autonomie organisative se traduit par l'exercice d'un pouvoir législatif régional dans cette matière ou par la participation à la rédaction des statuts. Nous avons déjà démontré que les statuts des régions italiennes ne peuvent être considérés comme des Constitutions, du fait de l'absence de pouvoir constituant, lien exclusif entre un Etat, une Constitution et une unité politique, et du fait que ce pouvoir statutaire est issu de la Constitution et lui est soumis[497].

L'autonomie financière : enjeu pratique d'une véritable autonomie régionale

L'autonomie financière est la clé de la capacité d'action politique des régions. Pour la garantir, il faut insister sur la nécessité pour les régions de bénéficier d'une forte part de ressources propres, et d'avoir des recettes adaptées à l'étendue de leurs compétences. Nous attirons l'attention sur la distinction entre autonomie financière et autonomie fiscale, pour laquelle nous adopterons les définitions de

---

[495] *La Belgique: un fédéralisme créatif*, Interview avec le Professeur T. Fleiner, F.Blancquaert, A. De Wilde, Revue Jura Falconis de l'Université de Kuleuven : « Personnellement, j'ai toujours considéré que dans un régime fédéral les unités fédérées, les sujets de la fédération doivent avoir leur propre Constitution. L'idée d'une Constitution implique le pouvoir de s'organiser soi-même sur son territoire. Le problème en Belgique est que vous avez un fédéralisme personnel pour les Communautés et territorial pour les Régions. Dans un tel cadre, il est très difficile d'attribuer un pouvoir constitutionnel aux entités fédérées car cela pourrait créer des conflits au niveau du fédéralisme personnel. (...) Il se peut que la Belgique apporte de nouvelles solutions dans le domaine ».

[496] Voir par exemple l'adoption du nouveau statut de la Catalogne dans la loi organique 6/2006 du 19 juillet, qui fait suite au projet adopté par le Parlement catalan le 30 septembre 2005.

[497] Les articles 121 et 122 prévoient de nombreuses dispositions de base sur les organes des régions. Dans le même sens, voir la jurisprudence constitutionnelle sur les nouveaux statuts régionaux (sentences 372, 378 et 379/2004) qui décrit les statuts comme des sources régionales à compétence réservée et spécialisée devant être en harmonie avec la Constitution, et non des chartes constitutionnelles. Dans le même sens déjà, la sentence 196/2003.

A. Barilari[498] : l'autonomie fiscale « suppose (...) la possibilité de définir la nature et les modalités de ses ressources fiscales et d'avoir la légitimité et la puissance nécessaire pour les percevoir », ce qui est pour lui un attribut de la souveraineté, qu'il utilise cependant dans un sens plus étroit concernant la capacité d'une collectivité non souveraine d'ajuster ses recettes fiscales à ses besoins (p. 78), au maximum dans un cadre tout de même fixé par le législateur. L'autonomie financière prend elle en compte les marges de manœuvre sur les dépenses, les règles qui fixent les ressources non fiscales et l'autonomie fiscale.

Les différents Etats étudiés contiennent dans leur droit constitutionnel des dispositions sur l'autonomie financière des régions. Il s'agit pour la France du nouvel article 72-2 de la Constitution, issu de la réforme constitutionnelle de 2003[499], en Italie des lois Bassanini de 1998-1999 transférant et augmentant le taux des impôts régionaux, ainsi que le nouvel article 119 de la Constitution, issu de la révision constitutionnelle de 2001, mécanisme décrit comme mettant en place le «fédéralisme financier »[500], et les statuts spéciaux dans la mesure où l'autonomie est plus grande, en Espagne les articles 156 à 158 de la Constitution, le régime foral pour le Pays Basque et la Navarre[501], et la LOFCA[502]. En Belgique il s'agit des lois spéciales adoptées à la majorité de l'article 4 de la Constitution[503], à laquelle il a déjà été fait plusieurs fois références, sur le système de financement des Communautés française et flamande[504] et des Régions[505]. Le système de financement de la Com-

---

[498] A. Barilari, *La question de l'autonomie fiscale*, Revue française des finances publiques, n°80, décembre 2002, p. 77-83.

[499] Et de la loi organique n°2004-758 prise en application de l'article 72-2 de la Constitution, relatif à l'autonomie financière des collectivités territoriales, adoptée le 29 juillet 2004.

[500] Voir par exemple dans ce sens, et pour la description des réformes G. Orsoni, *Autonomie financière et fiscale, brèves réflexions à partir des exemples espagnol et italien*, Revue française des finances publiques, n°80, décembre 2002, p. 103-115.

[501] Lois de *concierto económico* de l'Etat avec le Pays-Basque pour 2002-2006 n°12 et 13/02 du 23 mai 2002.

[502] Loi organique n° 8/1980 de financement des Communautés Autonomes du 12 septembre 1980, modifiée par la loi organique n°7/2001 du 27 décembre 2001, qui met en place un nouveau système de financement des Communautés Autonomes.

[503] Loi spéciale relative au financement des Communautés et des Régions du 16 janvier 1989, et ses modification ultérieures ; plus généralement, le titre V de la Constitution traite des finances.

[504] Article 175 de la Constitution.

[505] Article 177 de la Constitution.

munauté germanophone est fixé par la loi[506]. Au Royaume-Uni, ces dispositions sont contenues dans les lois de dévolution[507].

Nous renvoyons pour l'étude précise des mécanismes d'autonomie financière dans les régions à divers manuels et articles qui traitent la question[508]. Il convient de remarquer, pour ce qui intéresse notre propos, que l'autonomie financière est à présent introduite dans le droit constitutionnel de tous les Etats étudiés et donc garantie de ce fait contre le pouvoir législatif[509]. De plus les contrôles mis en place sont faits non pas par l'Etat, mais par des cours des comptes.

R. Hertzog fait une analyse de ce qu'il appelle la Constitution financière et établit les différences et points communs entre le système de financement des systèmes composés et des Etats fédéraux[510]. Pour lui la différence essentielle se situe dans l'exercice du pouvoir financier, alors qu'il existe des parallèles dans la répartition des ressources et des fonctions de dépense.

Pour chacun de ces Etats nous ferons un point sur quelques questions intéressantes de l'autonomie financière. L'autonomie financière des régions au Royaume-Uni est pratiquement inexistante[511].

---

[506] Article 176 de la Constitution.

[507] Partie III (dispositions financières) et partie IV (pouvoir en matière d'impôts) de la loi de dévolution pour l'Ecosse et l'article 157 de la loi de dévolution pour le Pays de Galles.

[508] Voir par exemple pour la France R. Hertzog, *L'ambiguë constitutionnalisation des finances locales*, in : *Dossier organisation décentralisée de la République*, AJDA, n° 11, 2003, p. 548-558 ; en Italie A. Brancasi, *L'autonomia finanziaria e fiscale*, in : *La riforma del Titolo V, parte II della Costituzione*, a cura di C. Bottari, Quaderni della Spisa, Maggioli Editore, 2003, 449 p., p. 271-326 ; pour la Belgique, F. Delpérée, *Bélgica, El estado del federalismo*, Chroniques 2000, 2001, 2002, Informe Comunidades Autónomas, Instituto de Derecho Público de la Universidad de Barcelona, Barcelone, 2000, 2001, 2002 ; pour le Royaume-Uni E. Barendt, *An Introduction to Constitutional Law*, Peter Birks, Clarendon Law Series, Oxford University Press, New York, 1998, 189 p. et V. Bogdanor (ed.), *The British Constitution in the twentieth century*, The British Academy, Oxford University Press, New York, 2003, 795 p ; pour l'Espagne, Informe Comunidades Autónomas, Instituto de Derecho Público de la Universidad de Barcelona, Barcelone, années 1998, 1999, 2000, 2001, 2002, rubrique finances ; *El nou model de finançament de les comunitats autònoms*, El Clip, Generalitat de Catalunya, Institut d'Estudis Autonòmics, n°14, Barcelone, 2002, 9 p., J. Corcuera Atienza, *Consecuensias y límites de la constitucionalización de los derechos históricos de los territorios forales*, Revista española de derecho constitucional, n°69, 2003, p. 237-269.

[509] En France par exemple, les collectivités locales s'administrent librement dans le cadre de la loi selon l'article 72 de la Constitution : avant l'introduction de l'article 72-2 sur l'autonomie financière, elles dépendaient donc pour celle-ci de la loi.

[510] R. Hertzog, *Réflexions sur le fédéralisme financier : modèle ou méthode pour les systèmes composés ?*, Revue française des finances publiques, n°80, décembre 2002, p. 85-102.

[511] L'Ecosse possède le pouvoir de faire varier le montant de l'impôt sur le revenu (partie IV de la loi de dévolution). Le Parlement écossais n'a jamais utilisé la possibilité de lever des impôts. Voir A. Cole, *La territorialisation de l'action publique au Royaume-Uni, Revue française d'administration publique*, n°121-122, Paris, 2007, p. 129-144, particulièrement p. 136.

En Espagne, le Pays Basque et Navarre obéissent à un régime spécifique, celui des droits foraux, reconnus par la Constitution. Dans le respect de ceux-ci, l'Etat adopte par la loi le *concierto económico* qui détermine le système financier et ses rapports avec l'Etat. Les autres Communautés Autonomes dépendent du système de financement de la LOFCA, et du nouvel accord de financement pour les Communautés Autonomes dit de régime commun adopté le 27 juillet 2001 par le Conseil de Politique Fiscale et Financière[512].

L'article 157 de la Constitution énumère les ressources des Communautés Autonomes, ressources propres et diverses[513]. L'Etat, s'il transfère la compétence dans d'autres matières, conformément à l'article 150 de la Constitution, doit accompagner ce transfert de moyens financiers. L'article 158 de la Constitution prévoit que des crédits peuvent être affectés aux Communautés Autonomes « en fonction du volume des services et des activités de l'État qu'elles ont assumé et de la garantie d'un niveau minimum dans la prestation des services publics fondamentaux sur tout le territoire espagnol. ». L'autonomie financière des Communautés Autonomes pour l'exercice de leurs compétences, reconnue à l'article 156 de la Constitution, doit se conformer à la coordination des finances de l'Etat, à la solidarité financière[514] et à l'interdiction de prendre des mesures fiscales pour des biens situés hors du territoire régional ou de faire obstacle à la libre circulation des marchandises[515]. L'autonomie financière des Communautés Autonomes est donc censée offrir aux régions la possibilité de mener leurs politiques avec des ressources propres sous leur contrôle[516].

En Italie, l'article 119 de la Constitution prévoit l'autonomie financière de l'ensemble des collectivités territoriales. Elles bénéficient toutes de la même autonomie financière. Elles établissent des ressources propres (impôts et autres recettes) en harmonie avec la Constitution et conformément aux principes de coordination des finances publiques et du système fiscal. Il existe aussi un système de péréquation entre collectivités[517]. En Italie comme en Espagne, il est bien spécifié dans la Constitution que l'autonomie financière doit servir la capacité d'action

---

[512] Voir une application du nouveau système pour le financement de la Catalogne dans E. Alberti, E. Aja, T. Font, X. Padrós, J. Tornos, *Manual de dret públic de Catalunya*, 3e édition, Generalitat de Catalunya, Institut d'Estudis Autonòmics, Marcial Pons, Barcelone, 2002, 508 p., p. 455-481.

[513] Article 157 de la Constitution espagnole.

[514] La péréquation est prévue à l'article 158§2 de la Constitution.

[515] Article 157 de la Constitution.

[516] Le nouveau statut de la Catalogne prévoit que la Généralité recouvre et gère tous les impôts de l'Etat qui lui sont cédés totalement et le cas échéant partiellement (articles 203 et 204 du statut), ainsi que la compétence d'établir ses propres impôts (article 203 du statut).

[517] L'Etat peut aussi allouer des ressources supplémentaires à une collectivité territoriale lorsque c'est nécessaire pour l'équilibre économique et social notamment.

politique de la région[518]. Il y a eu une suppression des contrôles sauf de gestion pour l'exigence de coordination générale des finances publiques (art. 117-3 et 119-2) et le respect du pacte de stabilité de l'Union Européenne.

En Belgique, des ressources propres et diverses sont prévues pour les Communautés et Régions[519].

En France, les recettes fiscales et autres ressources propres doivent aussi être une part importante des ressources des collectivités territoriales, qui sont, comme en Italie, toutes bénéficiaires de l'autonomie financière prévue à l'article 72-2 de la Constitution. Tout transfert de compétences de la part de l'Etat doit être accompagné de ressources et un système de péréquation existe aussi. La différence de la France par rapport à l'Italie et à l'Espagne est que les conditions de mise en œuvre de l'autonomie financière sont contenues dans la loi.

L'autonomie internationale, émergence limitée de la région comme acteur international

Les régions étudiées bénéficient d'une autonomie naissante en matière internationale. Celle-ci recouvre les relations internationales au sens large et la participation à l'Union Européenne.

L'Etat est seul responsable en matière de droit international, et les relations internationales restent le plus souvent de sa compétence. Lorsque les régions étudiées agissent dans ce cadre, c'est qu'elles se voient attribuer une compétence en matière de relations internationales par l'Etat. Il peut s'agir d'une compétence à conclure des traités dans une matière définie, comme la matière culturelle ou la coopération transfrontalière, mais aussi d'une compétence internationale parallèle à la compétence sur le plan interne[520]. L'action internationale des régions se trouve donc limitée à un principe de compétence ou de spécialité dans tous les cas ; de plus des mécanismes sont mis en place afin de conserver à l'Etat la possibilité de limiter cette autonomie.

Le rapport des régions à l'Union Européenne est une des questions actuelles dans l'ensemble des Etats, à la fois car les actes adoptés dans le cadre de l'Union Européenne peuvent avoir des incidences ou concerner des domaines de la compétence des régions, mais aussi car celles-ci vont souvent être appelées à appliquer le droit

---

[518] Article 156 de la Constitution espagnole (« pour le développement et la mise en œuvre de leurs compétences ») et article 119 de la Constitution italienne (pour « financer intégralement les fonctions publiques qui leur sont attribuées »).

[519] Article 1er de la loi spéciale de financement des Communautés et des Régions du 16 janvier 1989.

[520] Voir par exemple l'accord passé entre le Pays de Galles et la Bretagne du 16 juin 2006 portant sur le principe de projets communs en matière économique, sociale et environnementale.

communautaire. La question s'est rapidement posée de la participation à la prise de décision concernant les actes communautaires, ainsi que de l'information sur l'Union Européenne. Cette dernière question est réglée par la mise en place de bureaux de représentation des régions à Bruxelles et d'obligations d'information des autorités régionales par les autorités nationales sur les actes et négociations.

La première question a trouvé diverses solutions, notamment inspirées d'un Etat fédéral, l'Allemagne, qui prévoit la représentation et parfois la négociation des actes communautaires par les représentants des *Länder* lorsque ces actes touchent des domaines de leur compétence. En Belgique, les gouvernements des Communautés et des Régions sont autorisés à engager l'Etat au sein du conseil des Communautés européennes où un de leurs membres représente la Belgique, conformément à l'accord de coopération sur la représentation et la procédure de prise de position[521]. C'est, de tous les Etats étudiés, le système le plus poussé de participation des régions aux institutions européennes. En Espagne, les Communautés Autonomes sont informées lorsqu'un traité ou un acte communautaire qui va être adopté les concerne[522]. De plus un accord de coopération a été signé entre l'Etat et les Communautés Autonomes pour la participation de ces dernières à la formation de la volonté de l'Etat vis-à-vis des institutions communautaires ainsi que pour l'application du droit communautaire[523]. Cet accord prévoit seulement l'information, l'avis et le débat éventuel avec les Communautés Autonomes, il ne va pas aussi loin que le système mis en place en Belgique de représentation directe de l'Etat par la région. Cependant une évolution est en cours. Le 9 décembre 2004 ont été signés des accords sur la participation autonomique dans les délégations espagnoles[524]. De plus le nouveau statut de la Catalogne établit une participation

---

[521] Articles 81§6 et 92 bis §4 bis de la loi spéciale du 8 août 1980 et Accord de coopération du 8 mars 1994 entre l'Etat fédéral, les Communautés et les Régions, relatif à la représentation du Royaume de Belgique au sein du Conseil de Ministres de l'Union européenne ainsi que l'Accord de coopération du 13 février 2003 entre l'Etat fédéral, les Communautés et les Régions modifiant l'accord de coopération du 8 mars 1994. Pour les autres organisations internationales (ONU, BENELUX, Conseil de l'Europe, OCDE, OMC, etc.), Accord-cadre de coopération du 30 juin 1994 entre l'Etat fédéral, les Communautés et les Régions portant sur la représentation du Royaume de Belgique auprès des organisations internationales poursuivant des activités relevant de compétences mixtes.

[522] Voir par exemple les articles 185-1 et 186-4 du statut de la Catalogne, ou l'article 20§5 du statut du Pays Basque.

[523] Acuerdo de la Conferencia para Asuntos Relacionados con las Comunidades Europeas sobre la Participación Interna de las Comunidades Autónomas en los Asuntos Comunitarios europeos a través de las Conferencias Sectoriales, du 30 novembre 1994.

[524] La participation des Communautés Autonomes est prévue au sein des conseils agriculture et pêche, environnement, emploi, politique sociale, santé et consommateurs, éducation, jeunesse et culture. Un représentant autonomique est désigné et, s'il existe une position commune des Communautés Autonomes, il pourra se voir accorder la parole dans les négociations. L'accord insiste cependant sur l'unité de la représentation espagnole et de l'action extérieure et sur la responsabilité finale de l'Etat dans le résultat des négociations. Voir pour plus de développements E. Roig Molés, *La Conferencia*

plus importante de la Généralité aux institutions et organismes européens, comparable au modèle belge[525]. Le Royaume-Uni prévoit pour l'Ecosse et le Pays de Galles une participation équivalente à celle prévue dans les accords de décembre 2004 en Espagne, c'est-à-dire à l'information, à la formulation de la position britannique, aux conseils des ministres dans les matières les concernant et à l'application du droit communautaire[526]. Les concordats insistent aussi sur la nécessité d'une position unitaire et la responsabilité du gouvernement britannique en dernier lieu dans les négociations. Les représentants écossais et gallois peuvent parfois avoir la parole dans les négociations. En Italie, les régions participent dans les matières de leur compétence aux décisions conduisant à la formation des actes normatifs communautaires et appliquent et exécutent les accords internationaux et les actes de l'Union européenne dans le respect des procédures décidées par la loi nationale[527].

Les garanties générales de l'autonomie régionale

Le projet de Charte européenne de l'autonomie régionale prévoit à son article 17 le droit des régions d'ester en justice pour le libre exercice de leurs compétences et le respect des principes d'autonomie régionale. Le conflit de compétence doit être tranché par une instance juridictionnelle (article 18)[528]. Le contrôle sur les actes régionaux doit être prévu dans la Constitution ou la loi et ne peut qu'intervenir *a posteriori* et être un contrôle de légalité[529] (article 19).

Ces éléments développés dans le projet de Charte correspondent plus ou moins à ce qui est prévu dans les Etats étudiés. Les régions, qui sont dotées de la personnalité juridique, ont le droit d'ester en justice pour défendre leur autonomie et leurs com-

---

para Asuntos relacionados con la Unión europea en el año 2004, Informe Comunidades Autónomas, 2004, p. 602-623, particulièrement p. 606-619.

[525] Loi organique n°6/2006 du 19 juillet, de réforme du Statut d'autonomie de Catalogne. L'article 187 du statut, en plus de la représentation de la Généralité dans la délégation de l'Etat espagnol lorsque des affaires de sa compétence ou de son intérêt sont discutées, prévoit que la Généralité peut représenter l'Etat espagnol lorsqu'il s'agit d'une matière de sa compétence exclusive.

[526] *Memorandum of Understanding*, partie II, accords supplémentaires, B, Concordat on Coordination of European Union Policy Issues, B1 pour l'Ecosse, B2 pour le Pays de Galles et B4 pour les dispositions communes, janvier 2002.

[527] Article 117 de la Constitution italienne. Par exemple pour une application, l'article 12 du nouveau statut de la Région Emilie-Romagne, loi régionale du 31 mars 2005, n°13.

[528] De plus, « les conflits de compétences seront tranchés en fonction des principes constitutionnels et légaux de chaque Etat. En l'absence de réponse claire dans le droit positif applicable, le principe de subsidiarité devra être pris en considération dans la décision ».

[529] Un contrôle d'opportunité ne peut être mis en place que pour les compétences d'exécution.

pétences ; une instance spécifique existe presque toujours pour trancher les conflits de compétence. Il s'agit de la Cour d'Arbitrage belge[530], la Cour Constitutionnelle italienne[531], le Tribunal Constitutionnel espagnol[532], le Judicial Committee of the Privy Council pour la dévolution écossaise[533], à l'exception de la France, où le Conseil Constitutionnel ne peut être saisi par une collectivité territoriale. L'article 34 de la Constitution établit la liste de ce qui constitue le domaine de la loi, le reste étant attribué au règlement. L'article 41 de la Constitution permet au gouvernement de saisir le Conseil Constitutionnel lorsqu'il estime, au cours de la procédure législative, qu'une proposition ou un amendement n'est pas du domaine de la loi. Or la révision constitutionnelle de 2003 sur l'organisation décentralisée de la République a introduit à l'article 72 alinéa 3 une disposition selon laquelle les collectivités territoriales « disposent d'un pouvoir réglementaire pour l'exercice de leurs compétences ». Or elles ne disposent pas de moyen de défendre ce pouvoir réglementaire d'une invasion du pouvoir législatif[534]. Cela limite encore plus l'autonomie normative des régions françaises.

Après avoir développé l'étendue théorique de l'autonomie régionale, en mettant en avant l'autonomie politique régionale dont disposent les régions dans le cadre du régionalisme institutionnel (pouvoir législatif, rapport à l'Union européenne, défense des compétences devant une Cour Constitutionnelle, autonomie financière), nous allons présenter quelques cas pratiques permettant de prendre la mesure de la capacité d'action politique des régions dans les différents Etats présentés, et de prendre la mesure des possibilités et des limites de l'action régionale dans l'ensemble de ces Etats.

2. Jusqu'où les régions peuvent-elles aller ? Cas pratiques

Nous avons choisi ici quelques rubriques qui nous paraissent intéressantes et caractéristiques de l'autonomie des régions dans le cadre du régionalisme : droits de l'homme, action économique et sociale, autodétermination, réforme de l'ordre constitutionnel et référendums locaux, mesure de « préférence régionale ». En effet, ces rubriques rendent compte à la fois du domaine où les régions agissent ou

---

530 Articles 141 et 142 de la Constitution belge.

531 Articles 127 et 134 de la Constitution italienne.

532 Article 161 de la Constitution espagnole.

533 Article 103 de la loi de dévolution pour l'Ecosse.

534 Nous avons vu qu'elles ne peuvent non plus défendre leurs compétences face au pouvoir réglementaire gouvernemental puisqu'il est prévu que le Premier ministre peut toujours exercer le pouvoir réglementaire de l'article 21 de la Constitution, ce qui empêche alors les collectivités territoriales d'agir.

souhaitent agir ; elles rendent compte de la particularité du régionalisme qui n'est pas seulement l'exercice de l'action économique et sociale par exemple, mais s'attaque aux bases théoriques de l'Etat (autodétermination, préférence régionale) ; elles témoignent des limites dans lesquelles l'action régionale doit s'inscrire. Nous essayerons dans la mesure du possible de présenter une synthèse de ce que peuvent faire les régions pour chaque domaine, et nous arrêterons sur des exemples pratiques soit d'actions des régions, soit de tentatives d'actions, dont le sort n'est pas certain et qui donnent matière à discussion juridique dans les différents Etats. Cette étude ne sera donc pas systématique, Etat par Etat et question par question, mais reflètera les actions menées, en fonction des régions, et les limites supposées[535]. Ce travail permettra de prendre la mesure effective du régionalisme et de nous conduire, en relation avec le paragraphe précédent sur les rubriques de l'autonomie, à une définition, une détermination précise de l'autonomie régionale dans un système régionaliste. De plus les catégories étudiées comportent des enjeux importants, tant concernant la théorie de l'Etat (autodétermination, préférence régionale) que concernant la différenciation des prestations en direction des citoyens sur le territoire étatique (on pense ici aux actions régionales en matière de droits de l'homme, d'action économique et sociale et de préférence régionale).

Les droits de l'homme

Quelle est l'action politique possible des régions en matière de droits de l'homme ?

Quelle place réelle y a-t-il dans ces divers Etats pour l'égalité dans l'équilibre entre droits de l'homme constitutionnels et organisation territoriale autonome du pouvoir ?

Nous commencerons par présenter une rapide synthèse par Etat des capacités d'action des régions puis choisirons quelques exemples nationaux.

En France, le Conseil constitutionnel spécifie dès 1985 que l'exercice des libertés publiques (enseignement, réunion etc.) ne peut pas dépendre des décisions des collectivités territoriales (décisions 84-185 DC du 18 janvier 1985, 93-329 DC du 13 janvier 1994, 96-373 DC du 9 avril 1996). Les « conditions essentielles de mise en œuvre des libertés publiques et par suite l'ensemble des garanties que celles-ci comportent » doivent être les mêmes sur l'ensemble du territoire et ne peuvent donc dépendre de la décision d'une collectivité territoriale.

En Italie, le législateur étatique a des compétences qui ont été qualifiées par la doctrine et la jurisprudence de transversales, notamment en matière de niveaux essen-

---

535 Signalons ici l'existence de pages Internet regroupant des cas pratiques de détail pour les collectivités locales françaises dans l'ensemble des matières de leur compétence, par rubriques, sur le site « Carrefour local » du Sénat français : www.carrefourlocal.org/vie_locale/cas_pratiques/index.html.

tiels des prestations pour les droits civils et sociaux (voir notamment l'analyse de M. Belletti de la jurisprudence constitutionnelle sur ces principes[536]). La Cour Constitutionnelle italienne dans sa sentence 34/1961 établit que « l'exigence d'adapter les institutions juridiques aux conditions locales est une raison fondamentale de l'autonomie particulière des régions ». Dans la sentence 64/1965, « l'attribution aux régions à statut spécial d'un pouvoir d'instituer des contributions propres, dans le respect des principes de l'ordre fiscal étatique, implique nécessairement une diversité dans la charge reposant sur les contribuables, diversité qui se vérifie dans tout l'ordre fiscal, par effet des contributions des collectivités locales. Mais une telle diversité n'a pas d'incidence quant au principe d'égalité de traitement des contribuables ». Pour S. Bartole ces décisions signifient que le principe d'égalité s'impose aux régions dans l'adoption de leurs normes et non pour les empêcher d'agir et qu'il existe une quelconque différence entre les droits de région à région[537].

En Espagne, une loi nationale ou régionale peut réguler l'exercice des droits de l'homme, cependant l'article 81.1 de la Constitution espagnole prévoit qu'une loi organique est nécessaire pour le développement (*desarollo*) des droits fondamentaux et des libertés publiques, comme nous l'avons vu plus haut. Le Tribunal Constitutionnel a défini ce qu'il fallait entendre par « développement » des droits fondamentaux et libertés publiques dans sa sentence 173/1998 : il s'agit des normes qui régulent les éléments essentiels pour la définition des droits, leur domaine et leurs limites par rapport à d'autres droits et libertés constitutionnellement protégés. Il se réfère à l'article 149.1.1 qui donne compétence à l'Etat pour régler les conditions fondamentales de l'exercice des droits afin de garantir l'égalité entre les citoyens. Les Communautés Autonomes ne peuvent mettre en place de discriminations entre leurs citoyens et ceux des autres communautés autonomes[538]. Mais selon la sentence 37/1981 du 16 novembre, fondement juridique 2, l'égalité ne peut signifier « une rigoureuse et monolithique uniformité de l'ordre, de laquelle il résulte qu'en égales circonstances, dans n'importe quelle partie du territoire national, il y aurait les mêmes droits et obligations ».

Au Royaume-Uni, la loi de dévolution pour l'Ecosse, dans son annexe 5 sur les matières réservées à l'Etat, dans lesquelles le Parlement écossais ne peut légiférer,

---

[536] M. Belletti, *I 'livelli essenziali delle prestazioni concernanti i diritti civili e sociali...' alla prova della giurisprudenza costituzionale. Alla ricerca del parametro plausible...*, Le Istituzioni del Federalismo, n° 3/4, 2003, p. 613-646.

[537] S. Bartole, *In tema di rapporti fra legislazione regionale e principio costituzionale di egualianza*, Giurisprudenza Costituzionale, 1967, p. 670-681, notamment p. 677.

[538] Article 139 de la Constitution : « Tous les espagnols ont les mêmes droits et les mêmes obligations dans n'importe quelle partie du territoire de l'Etat ».

inclut notamment les matières constitutionnelles ; or les droits de l'homme (le *Human Right Act*) appartiennent aux matières constitutionnelles.

En Belgique, le Tribunal Constitutionnel a développé la théorie des matières réservées à l'Etat fédéral, parmi lesquelles l'exercice des libertés des citoyens.

Nous prendrons des exemples en matière de droit de l'homme dans différents Etats permettant d'évaluer les possibles actions des régions en la matière.

- Les mesures paritaires

Cet exemple concerne l'Espagne, et plus particulièrement les Communautés Autonomes des Iles Baléares et de Castille-la-Manche, qui ont modifié leurs lois électorales pour introduire des mesures paritaires entre les hommes et les femmes sur les listes électorales. Des recours constitutionnels ont été faits contre ces lois par le gouvernement espagnol (recours n° 5536-2002 et 5537-2002, finalement abandonnés en 2006) pour incompétence des Communautés Autonomes sur la base de deux éléments : ces dispositions ont des incidences sur la régulation réservée à la loi organique électorale (article 81.1 de la Constitution) et l'Etat est compétent pour la régulation des conditions de base qui garantissent l'égalité de tous les espagnols dans l'exercice de leurs droits et pour l'accomplissement de leurs devoirs constitutionnels (article 149.1.1 de la Constitution). Cependant le Tribunal Constitutionnel a une interprétation restreinte de l'article 81.1 de la Constitution, l'Etat devant réguler par la loi organique les seuls aspects essentiels, la régulation de la matière restant de la compétence du législateur ordinaire[539]. De plus, l'article 149.1.1 a été interprété par le Tribunal Constitutionnel comme ne pouvant consister en une égalité formelle absolue, laissant une marge de manœuvre aux choix politiques des Communautés Autonomes[540]. L'argumentation pour la compétence pour ces mesures paritaires est donnée dans une étude de la Généralité de Catalogne sur cette question[541]. Selon cette étude, le fait de mettre en place des mesures de démocratie paritaire dans le système électoral autonomique n'atteint pas le contenu essentiel du droit, qui est le droit d'être élu pour un citoyen qui remplit toutes les conditions. En effet ces mesures introduisent une condition pour la candidature et non pour le candidat. Elles ne seraient donc pas contraires à la LOREG[542] qui elle prévoit les

---

[539] Voir les SSTC 37/1981, 137/1996 et 173/1998. Les Communautés Autonomes ont des compétences en matière de législation électorale.

[540] Voir notamment la STC 173/1998 fondement juridique 9.

[541] *Constitucionalitat de les mesures de democràcia paritària en els sistemes electorals autonòmics*, El Clip, Generalitat de Catalunya, Institut d'Estudis Autonòmics, n°20, Barcelone, novembre 2002, 17 p.

[542] Loi organique de régime électoral général n°5, du 19 juin 1985, BOE du 20/06/1985.

cas d'inéligibilité, ce qui est le contenu nécessaire de la loi organique prévue par la Constitution, si l'on combine les articles 81.1 et 149.1.1[543].

- Les *devolution issues* : la limite de la Convention européenne des droits de l'homme à l'action des institutions dévolues

Les *devolution issues* concernent la compétence législative écossaise et sont les cas de conflits issus de l'exercice des pouvoirs dévolus réglés par le *Judicial Committee of the Privy Council* (JCPC). La jurisprudence du JCPC en matière de droit de la Convention européenne, que la législation écossaise doit respecter, pourrait ainsi jouer un rôle unificateur, « qui pourrait former la base d'une nouvelle identité de citoyen pour l'union de l'Ecosse, du Pays de Galles, de l'Angleterre et de l'Irlande du Nord [qui] (...) peut être un contrepoids pour les tendances potentiellement centrifuges de la dévolution »[544]. Les recours sont essentiellement sur la base de la violation de l'article 6-1 de la Convention (procès équitable, délai raisonnable,...)[545].

L'action économique et sociale

La matière économique et sociale est essentielle dans l'action des régions étudiées, à côté de la santé et de la culture, en termes de titre de compétence, d'activité et de budget.

Nous allons nous intéresser dans un premier temps à l'action sociale à travers l'exemple d'une aide sociale mise en place par la Communauté Autonome d'Andalousie, qui a donné lieu à divers rebondissements au niveau national et nous semble permettre de mesurer à travers ce cas pratique jusqu'où les régions peuvent aller, dans une matière qui leur est attribuée. Nous examinerons ensuite plus longuement la matière économique où nous tenterons de dresser un tableau clair de l'action possible des régions à partir d'exemples pratiques et du recours à la notion de Constitution et d'unité économique.

---

[543] Article 6 de la LOREG, le droit de suffrage passif.

[544] R. Cornes, *El Reino Unido de la Gran Bretaña e Irlanda del Norte, Revisión de la devolution*, 2002, Informe Comunidades Autónomas, Barcelone, 2002, p. 725-745, citation p. 740-741 ; voir aussi R. Cornes, *El Reino Unido de la Gran Bretaña e Irlanda del Norte, Desarrollando la devolución de poderes*, Informe Comunidades Autónomas, Barcelone, 2001, p. 814-827 ; R. Cornes, *Reino Unido, La devolución: de mayo de 1997 a diciembre de 2000*, Informe Comunidades Autónomas, Barcelone, 2000, p.

[545] Par exemple, l'arrêt DS v Her Majesty's Advocate du 22 mai 2007, sur la modification d'un article du code de procédure pénale écossais concernant la procédure et les preuves en matière d'agressions sexuelles. L'arrêt se trouve sur le site Internet du JCPC, www.privy-council.org.uk.

- Les mesures sociales Andalousie

Dans cette affaire, la Communauté Autonome d'Andalousie a mis en place une aide sociale pour les pensionnés de retraite ou d'invalidité sur la base de ses compétences en matière d'assistance sociale. L'Etat met en cause cette loi en utilisant deux éléments : la violation des compétences étatiques en matière de sécurité sociale[546] et la violation des conditions fondamentales qui garantissent l'égalité de tous les espagnols dans l'exercice de leur droit à percevoir des pensions non contributives d'invalidité et de retraite en quantité égale sur l'ensemble du territoire, sur la base de l'article 149.1.1 de la Constitution, que nous avons déjà évoqué à maintes reprises.

Le Tribunal constitutionnel se prononce sur ces deux points dans la STC 239/2002.

Concernant le premier point, il cherche tout d'abord à qualifier l'aide mise en place par la Communauté Autonome, à partir des caractéristiques qu'il relève : l'aide est complémentaire des pensions de retraite et d'invalidité du système de la sécurité sociale dans les modalités non contributives, elle est extraordinaire car limitée dans le temps[547], il n'existe pas donc de modules d'actualisation, enfin elle est prise en charge par les impôts autonomiques[548].Il en déduit que ces aides ont une nature spécifique et distincte des techniques de prestation de la sécurité sociale et appartiennent donc à la matière de l'assistance sociale[549]. Mais le Tribunal ne s'arrête pas à cet argument, et se base de plus pour prendre sa décision sur le principe d'autonomie politique, qui se traduit notamment par une autonomie financière des Communautés Autonomes leur permettant d'assurer leurs choix politiques, économiques et sociaux[550]. Nous avons ici un bon exemple du fait que l'étendue de

---

[546] Article 149.1.17 de la Constitution : « la législation fondamentale et le régime économique de la sécurité sociale, sans préjudice de la mise en œuvre de ses services par les Communautés Autonomes »

[547] Le Tribunal indique que cette aide est limitée à l'année 1999 et la distingue ainsi de la sécurité sociale, régime légal, public et impératif.

[548] Ne créant pas d'obligation à la charge de l'Etat, cette aide n'interfère donc pas avec le régime économique unitaire de la sécurité sociale, « comme il convient de déduire des antécédents et du débat parlementaire pour l'approbation du texte du principe constitutionnel cité (article 149.1.17 de la Constitution), la mention séparée du 'régime économique' comme fonction exclusive de l'Etat tentait de garantir l'unité du système de la sécurité sociale et pas seulement l'unité de la régulation juridique, empêchant diverses politiques territoriales de sécurité sociale dans chacune des Communautés Autonomes » STC 124/1989, du 7/7, FJ3.

[549] Le Tribunal fait référence à l'une de ses décisions, la STC 191/1998, FJ3 : « une technique de protection hors du système de la sécurité sociale avec des caractères propres qui la séparent d'autres (...) proches d'elle ».

[550] La Communauté Autonome a une autonomie financière pour pouvoir choisir ses « objectifs politiques, administratifs, sociaux et économiques », STC 13/1992, FJ7 et « exercer sans conditionnements indus et dans toute son étendue les compétences propres, en particulier celles qui figurent

l'action des régions dans le régionalisme ne se mesure pas seulement aux compétences attribuées mais aussi à l'aune du système constitutionnel dans son ensemble, particulièrement de l'équilibre constitutionnel dans la division verticale des pouvoirs. Nous nous intéresserons plus loin à la substance de l'autonomie, telle que nous la décrit la jurisprudence constitutionnelle.

La seconde question, celle de l'égalité, est traitée là encore sous l'angle de l'analyse de ce titre de compétence, qui ne peut justifier une réglementation complète dans tout domaine, et sous celui du système dans son ensemble, ne devant « pas être entendu comme une interdiction de divergence autonomique »[551]. Enfin comme les aides n'appartiennent pas à la matière sécurité sociale, le Tribunal constate qu'elles ne peuvent violer les conditions fondamentales qui garantissent l'égalité dans cette matière.

Cette décision paraît donc une interprétation favorable du schéma constitutionnel dans le sens de l'autonomie politique des Communautés Autonomes en matière sociale[552]. Cependant, le Tribunal Constitutionnel ajoute à la fin de sa décision que l'Etat peut toujours sur la base de ses compétences en matière de sécurité sociale ou de l'article 149.1.1, ou d'autres, prendre des mesures pour éviter les possibles effets de dysfonctionnement pouvant se produire dans le système de la sécurité sociale comme conséquence de l'action normative des Communautés Autonomes.

Or l'Etat va adopter une législation pour contrer cette action de la Communauté Autonome d'Andalousie. Il s'agit de la loi nationale 52/2003, du 10 décembre 2003, de dispositions spécifiques en matière de sécurité sociale. L'article 1 de cette loi introduit un nouveau paragraphe à l'article 38 de la loi générale de sécurité sociale, selon lequel « toute prestation de caractère public qui aurait pour but de compléter, augmenter ou modifier les prestations économiques de la Sécurité Sociale, tant dans ses modalités contributives que non contributives, forme partie du système de la Sécurité Sociale (...) ».

Un avis a été rendu par le Conseil Consultatif de la Généralité de Catalogne le 13 janvier 2004[553] qui estime inconstitutionnel cet article de la loi précité, dans la me-

---

comme exclusives », STC 201/1998, FJ4. La Communauté Autonome d'Andalousie, nous dit l'arrêt 239/2002, FJ9, sur la base de sa compétence exclusive en matière d'assistance sociale et de son autonomie financière, peut librement destiner des fonds à l'amélioration des situations des pensionnaires de retraite et invalidité ; « en le faisant, elle réalise une option, entre d'autres possibles qui pourraient se projeter sur les différents domaines de sa compétence, qui est en consonance avec le principe d'autonomie politique inscrit dans l'article 2 de la Constitution. »

[551] STC 61/1997, FJ7b.

[552] Notamment concernant le rejet du recours à l'article 149.1.1 de la Constitution, qui a parfois été utilisé, nous l'avons vu, comme un titre de compétence horizontal justifiant des interventions parfois détaillées de l'Etat dans des domaines de compétence des Communautés Autonomes.

[553] Dictamen del Consell Consultiu de la Generalitat de Catalunya, n° 248, 13/01/2004, Butlletí oficial del Parlament de Catalunya, 26/01/2004, p. 68-81.

sure où il viole selon lui « l'ordre des compétences établi dans la Constitution et dans le Statut d'Autonomie de Catalogne », car il nie la compétence en matière d'assistance sociale des Communautés Autonomes. Le Conseil Consultatif de la Généralité de Catalogne rappelle la jurisprudence du Tribunal Constitutionnel[554] selon laquelle la loi nationale ne peut avoir des incidences de caractère général sur la délimitation des compétences entre l'Etat et les Communautés Autonomes sans que la Constitution ou les statuts ne le prévoient. En adoptant des normes interprétatives dont l'objet exclusif est de déterminer le sens unique que doit avoir une disposition constitutionnelle, le législateur fait œuvre de constituant et ne respecte pas la division entre pouvoir constituant et constitué.

Cet avis du Conseil Consultatif a donné lieu à un vote particulier[555] selon lequel l'article de la loi nationale a pour but « d'intégrer, dans les principes du système de sécurité sociale, une série de prestations sociales particulières »[556]. Il précise que cet article ne peut abaisser les mesures d'assistance sociale des Communautés Autonomes.

- La matière économique

En 2001 en Ecosse un système de financement des universités différent de l'Angleterre est mis en place et, dans un autre domaine, une loi sur les contrats publics passés par les autorités locales écossaises est adoptée. Quelle est l'étendue des compétences économiques des régions ? Nous démontrerons l'existence d'un cadre constitutionnel à l'action économique des régions empêchant une remise en cause du modèle économique de l'Etat puis mesurerons l'étendue et l'avenir des solutions régionales par l'étude du droit public économique régional.

- L'existence d'un cadre constitutionnel à l'action économique des régions empêchant une remise en cause du modèle économique de l'Etat

La notion de « Constitution économique » ou d'unité économique se retrouve dans différents Etats. Nous allons tout d'abord exposer le contenu de cette notion, puis les éléments pertinents dans les différents Etats étudiés.

---

[554] Il cite la STC 76/1983 du 05/08, FJ4.

[555] Vote particulier du conseiller J. Borrell i Mestre au Dictamen del Consell Consultiu de la Generalitat de Catalunya, n° 248, 13/01/2004, Butlletí oficial del Parlament de Catalunya, 26/01/2004, p. 68-81, p. 79-81.

[556] L'auteur du vote particulier se base notamment sur le fait qu'il y a déjà eu des réglementations nationales dans ce sens, notamment le Registre de prestations sociales publiques de caractère économique.

La Constitution économique désigne l'ensemble des dispositions constitutionnelles se rapportant à l'ordonnancement économique dans l'Etat, c'est-à-dire la définition de l'ordre économique et la répartition des compétences en la matière. Pour certains auteurs, le principe d'unité de l'Etat dont il a été question plus haut signifie qu'il y a un seul Etat national, ce qui se traduit sur le plan international par le fait que l'Etat est le seul sujet de droit international, et sur le plan interne par l'unité économique[557].

Une définition est donnée pour l'Espagne par le Tribunal Constitutionnel espagnol dans son arrêt STC 1/1982 du 28/01 ; selon lui, la Constitution économique ou Constitution économique formelle regroupe l'ensemble des normes conduisant à la détermination du cadre juridique fondamental pour la structure et le fonctionnement de l'activité économique ; « ce cadre implique l'existence de principes fondamentaux de l'ordre économique, qui doivent s'appliquer de façon unitaire, unicité qui est exigée de manière répétée par la Constitution, (...) d'autre part la Constitution fixe une série d'objectifs de caractère économique dont l'atteinte exige l'adoption de mesures de politique économique applicables, avec caractère général, sur tout le territoire national ». Selon cette décision, l'unité de l'ordre économique national est nécessaire pour que la répartition des compétences entre l'Etat et les Communautés Autonomes ne conduise pas à des dysfonctionnements et à la désintégration, c'est pourquoi la Constitution attribue à l'Etat des compétences exclusives liées aux aspects de la détermination de l'ordre économique et de son unité et des compétences exclusives pour déterminer les bases de certaines matières.

A partir de cette définition de la Constitution économique, nous allons présenter les dispositions nationales intéressantes.

En Espagne l'arrêt du Tribunal Constitutionnel (STC 1/1982 précitée) énonce les principes de bases devant s'appliquer de façon unitaire : le préambule garantit l'existence d'un ordre économique et social juste et l'article 2 pose un principe d'unité « qui se projette dans la sphère économique au moyen de divers préceptes constitutionnels » (l'article 128 de la Constitution, les articles 131.1, 139.2, 138.2 entre autres) ; les objectifs économiques dont l'exécution exige l'adoption de mesures de politique économique appliquées de façon générale à l'ensemble du territoire national se trouvent aux articles 40.1, 130.1, 131.1, 138.1 ; les compétences exclusives de l'Etat liées aux aspects de la détermination de l'ordre économique et de son unité ont pour source l'article 149.1.10 (commerce extérieur), 149.6 (législation commerciale), 149.1.11 (système monétaire) notamment, et les compétences exclusives de l'Etat pour déterminer les bases de certaines matières se trou-

---

[557] Voir dans ce sens L. M. Cazorla Prieto, E. Arnaldo Alcubilla, F. Román García, *Temas de derecho constitucional*, Aranzadi Editorial, 746 p., en particulier le chapitre VIII, qui cite Torres del Moral à l'appui de cette thèse.

vent aux articles 149.1.11 (crédit, banque, assurances), 149.1.13 (planification générale de l'activité économique) et 149.18 (régime juridique des administrations publiques, contrats, concessions administratives).

En Italie, les dispositions de la Constitution économique se trouvent tout d'abord Partie I, titre III de la Constitution : articles 41 à 47 (notamment la liberté d'initiative économique privée, article 41, la propriété privée et publique, article 42, les entreprises publiques réservées par la loi, article 43), mais aussi du fait de l'existence d'un pouvoir de substitution en faveur de l'Etat (article 120 de la Constitution) notamment pour la protection de l'unité juridique ou de l'unité économique, en particulier pour la protection des niveaux essentiels des prestations concernant les droits civils et sociaux.

En Belgique, la Cour d'Arbitrage, se prononçant sur la taxe d'exportation d'eau vers d'autres régions, mise en place par la région wallonne, précise que la compétence propre ne peut justifier une atteinte à la conception globale de l'Etat issue des révisions constitutionnelles de 1970 et 1980, selon laquelle la Belgique repose sur une union économique et monétaire, « le cadre institutionnel d'une économie bâtie sur des composantes et caractérisée par un marché intégré (l'union dite économique) et l'unité de la monnaie (l'union dite monétaire) »[558]. Il n'est pas possible dans l'exercice de leurs compétences que les Régions et Communautés prennent des mesures contre la libre circulation, celles-ci sont sanctionnées par la Cour d'Arbitrage, par exemple des droits de douane intérieurs ou des taxes d'effet équivalent (arrêt 32/91) sauf lorsqu'il y a une « exigence impérative d'intérêt général » (arrêt 67/2000) ; voir aussi la loi spéciale du 8 août 1988, article 6§1, VI, alinéa 3 : l'exercice des compétences économiques des régions doit se faire « dans le respect des principes de libre circulation des personnes, des biens, des services et des capitaux et de la liberté du commerce et de l'industrie, ainsi que dans le respect du cadre normatif général de l'union économique et de l'unité monétaire, tel qu'il est établi par ou en vertu de la loi, et par ou en vertu des traités internationaux. ». La loi spéciale du 13 juillet 2001 effectue le transfert de nouvelles compétences économiques aux régions (commerce extérieur, coopération-développement, agriculture et pêche maritime).

Au Royaume-Uni, les lois de dévolution contiennent des éléments de Constitution économique. Dans le *Government of Wales Act* partie II, les fonctions de l'Assemblée, l'article 48 prévoit l'*equal opportunity in conduct of business*. Dans le *Scotland Act*, trois domaines de limites à la compétence législative du Parlement écossais à l'article 29 sont pertinentes en matière économique. Il s'agit tout d'abord des matières réservées à l'Etat, dont, à la section 5 partie II réserves spécifiques, les matières financières et économiques et le commerce et l'industrie, et partie III,

---

[558] Arrêt n°47, cité par P. Martens, *Le rôle de la Cour d'Arbitrage dans l'édification du fédéralisme en Belgique*, Revue Belge de Droit Constitutionnel, n°1, 2003, p. 3-.

l'aide financière à l'industrie. Il s'agit ensuite des lois ne pouvant être modifiées par une loi écossaise, dont, à la Section 4, partie I, les dispositions protégées concernant le libre échange et la désignation des zones d'entreprise. Nous avons vu l'importance de la *soft law* dans la dévolution au Royaume-Uni. Il existe des concordats en matière économique notamment avec le ministère du commerce et de l'industrie développant le principe de collaboration loyale, la coopération, l'échange d'information. Nous ajouterons aussi à titre informatif les *White Papers* « *Parliament for Scotland* » (chapitre 2 articles 2.4 et 2.11 ; annexe A ; chapitre 3) et « *A voice for Wales* » en tant que sources de *soft law* où sont indiquées les matières réservées, telles qu'on les retrouve dans les lois de dévolution, mais aussi les matières dévolues.

Enfin le droit communautaire s'impose dans tous les Etats (effet direct et primauté du droit communautaire). Or selon la Cour de Justice des Communautés Européennes, les libertés économiques du traité s'appliquent aussi aux échanges interrégionaux. Il faut notamment considérer un élément important qui limite les choix politiques des régions. Il s'agit de la réglementation en matière d'aides d'Etat et de la notion de service public en droit communautaire. Le droit communautaire interdit en principe les aides d'Etat aux entreprises, sauf lorsque l'aide se situe dans un régime notifié et accepté par la Commission européenne ou une exception prévue par le traité, particulièrement concernant une mission de service public[559]. Cette réglementation, assez complexe, limite l'interventionnisme économique des régions au même titre que l'Etat, et peut donner lieu à des litiges[560].

---

559 Articles 86 et 87 du traité CE. Pour plus de détails sur ces aides, voir notamment M. Dony, F. Renard, C. Smits, *Contrôle des aides d'Etat*, Université de Bruxelles, 2007, 529 p.

560 Voir par exemple la Demande de décision préjudicielle présentée par le Tribunale civile di Genova (Italie) le 2 juillet 2007 - Radiotelevisione italiana SpA (RAI) / PTV Programmazioni Televisive SpA (affaire C-305/07) : « D'une manière générale, l'article 86 CE s'oppose-t-il à une réglementation nationale qui, sur les marchés locaux, attribue à chaque région la compétence législative de désigner de nouvelles missions de service public régional subventionnées par des ressources d'État, en prévoyant que ces nouvelles missions sont dévolues exclusivement à la RAI SpA, sans aucune procédure de mise en concurrence ? ». Voir aussi la Demande de décision préjudicielle présentée par le Tribunal Superior de Justicia de la Communauté Autonome du Pays basque (Espagne) le 18 octobre 2006 — Comunidad Autónoma de La Rioja/Juntas Generales del Territorio Histórico de Vizcaya, Diputación Foral de Vizcaya, Cámara de Comercio, Industria y Navegación de Bilbao, Confederación Empresarial Vasca, dont la partie requérante est la Communauté Autonome de La Rioja : « L'article 87, paragraphe 1, CE doit-il être interprété en ce sens que les mesures fiscales adoptées par les Juntas Generales du Territorio Histórico de Vizcaya, modifiant les articles 29, paragraphe 1, sous a), 37 et 39 de la réglementation relative à l'impôt sur les sociétés, doivent être considérées comme sélectives et, partant, constituent, au sens de la disposition susmentionnée, des aides d'État devant être notifiées à la Commission en vertu de l'article 88, paragraphe 3, CE, au motif qu'elles fixent un taux d'imposition inférieur au taux général défini par la législation de l'État espagnol et instaurent des déductions fiscales qui n'existent pas dans l'ordre juridique fiscal étatique et qui sont applicables sur le territoire de cette collectivité infraétatique autonome? ».

Une fois exposé ce que nous entendions et ce que nous délimitons comme la Constitution économique des Etats, nous allons présenter les limites mises en place par la Constitution à l'action économique des régions afin de démontrer que l'unité sous-jacente à cette notion de Constitution économique concerne un modèle économique de l'Etat agissant comme une limite juridique sur les choix politiques régionaux.

Nous distinguerons deux types de limites : le respect de certains principes constitutionnels qui sont le libéralisme économique, la conformité au droit communautaire et la réserve de loi ; à côté de celles-ci, les limites au profit d'une compétence étatique. Ces deux types de limites nous permettent de dessiner à l'échelle européenne une notion de Constitution économique ou d'unité économique avec un contenu commun pour le régionalisme.

Le respect de certaines dispositions constitutionnelles communes se retrouve dans les Etats étudiés. Il s'agit du choix du libéralisme économique tout d'abord, qui se traduit juridiquement par la liberté de circulation, la libre concurrence, la liberté du commerce et de l'industrie, la non discrimination, le respect de la propriété privée.

Il s'agit ensuite de la conformité du droit, régional notamment, au droit communautaire[561], or celui-ci touche des domaines économiques, comme le montrent les politiques de l'Union européenne : politique de la concurrence, politique commune de la pêche, politique agricole commune, fonds structurels, politique de l'emploi, politique du marché intérieur, politique de l'environnement, politique de l'entreprise, politique de la recherche, politique des télécommunications,... Il existe dans les traités une affirmation de ce même libéralisme économique.

Enfin la réserve de loi tient une place dans des matières liées à l'économie (nationalisations, privatisations, etc.). En Espagne l'article 128.2 de la Constitution dispose : « L'initiative publique est reconnue dans l'activité économique. Une loi pourra réserver au secteur public des ressources ou des services essentiels, tout particulièrement en cas de monopole, et décider également le contrôle d'entreprises lorsque l'intérêt général l'exigera. ». En Italie c'est l'article 43 de la Constitution qui dispose que: « A des fins d'utilité générale, la loi peut réserver originairement ou transférer, par expropriation et sous réserve d'indemnisation, à l'Etat, à des collectivités publiques ou à des communautés de travailleurs ou d'usagers,

---

[561] Voir plus particulièrement en Italie où selon l'article 117§1 de la Constitution les obligations communautaires s'imposent au législateur régional, et selon l'article 117§5, si la région n'applique pas le droit communautaire, l'Etat peut s'y substituer, ainsi que si elle ne le respecte pas (article 120§2). Au Royaume-Uni l'article 29 du *Scotland Act* dispose que le droit communautaire constitue une limite à la compétence législative du Parlement écossais. Nous renvoyons par ailleurs aux développements que nous avons faits au début de cette thèse sur l'unité du territoire, où nous avons traité la question de la libre circulation.

certaines entreprises ou catégories d'entreprises ayant trait à des services publics essentiels, ou à des sources d'énergie, ou à des situations de monopole, et qui présentent un caractère d'intérêt général prééminent. »

Nous examinerons à présent les limites constitutionnelles à l'action économique régionale au profit d'une compétence étatique.

Il existe en premier lieu une réserve de compétence législative de l'Etat pour les grandes orientations économiques. Nous présenterons cette réserve sous trois angles différents.

Nous pouvons envisager les compétences réservées à l'Etat sous l'angle de leur nature. Ainsi en va-t-il des compétences transversales, des compétences pour déterminer les principes fondamentaux, ou des compétences de droit commun. La nature de ces compétences permet de réserver à l'Etat une compétence pour les grandes orientations économiques. Nous prendrons deux exemples, celui de l'Italie, où la protection de la concurrence (article 117§2 e de la Constitution) est une matière transversale[562] ; en Belgique, seul l'Etat peut prendre des mesures générales dans les matières marchés publics, droit des assurances, politique des prix et des revenus, droit des sociétés,... mais la politique économique confiée aux régions leur permet de prendre des mesures dans ces matières si elles ne portent pas atteinte au régime général[563].

---

[562] La doctrine italienne est d'accord sur ce point, en se basant sur la jurisprudence de la Cour Constitutionnelle sur les niveaux essentiels des prestations (STC 282/2002) et la protection de l'environnement (STC 407/2002). Voir par exemple dans ce sens B. Caravita, *Gli elementi di unificazione del sistema costituzionale dopo la riforma del titolo V de la Costituzione*, in : *La riforma del Titolo V, parte II della Costituzione*, a cura di C. Bottari, Quaderni della Spisa, Maggioli Editore, 2003, 449 p., p. 155-165 ; voir aussi L. Buffoni, *La "tutela della concorrenza" dopo la riforma del Titolo V : il fondamento costituzionale ed il riparto di competenze legislative*, Le Istituzioni del Federalismo, n°2, mars-avril 2003, p. 345-387. Il démontre notamment que la protection de la concurrence est une matière dont le contenu se détermine en fonction du but et non de l'objet, comme celle de la détermination des niveaux essentiels des prestations en matière de droits civils et sociaux. S'agissant d'une matière transversale, nous avons vu que la législation en cause peut avoir des incidences sur les compétences, même exclusives, des régions.

[563] Voir Cour d'Arbitrage citée par P. Martens, *Le rôle de la Cour d'Arbitrage dans l'édification du fédéralisme en Belgique*, Revue Belge de Droit Constitutionnel, n°1, 2003, p. 3-12. Voir aussi l'article 6 de la loi spéciale du 8 août 1980, sur la compétence en matière économique des Régions : « En matière économique, les Régions exercent leurs compétences dans le respect des principes de la libre circulation des personnes, biens, services et capitaux et de la liberté de commerce et d'industrie, ainsi que dans le respect du cadre normatif général de l'union économique et de l'unité monétaire, tel qu'il est établi par ou en vertu de la loi, et par ou en vertu des traités internationaux. A cette fin, l'autorité fédérale est compétente pour fixer les règles générales en matière : 1° de marchés publics ; 2° de protection des consommateurs ; 3° d'organisation de l'économie ; 4° de plafonds d'aides aux entreprises en matière d'expansion économique, qui ne peuvent être modifiés que de l'accord des Régions. L'autorité fédérale est, en outre, seule compétente pour : 1° la politique monétaire aussi bien interne qu'externe ; 2° la politique financière et la protection de l'épargne, en ce compris la réglementation et le contrôle des établissements de crédit et autres institutions financières et des entreprises d'assurances

Les compétences de l'Etat peuvent être ensuite analysées sous l'angle des matières : il se réserve les matières de planification et programmation, ou encore reliées au principe d'égalité. Pour ce qui est des compétences de planification et programmation, nous prendrons l'exemple de l'Espagne, où selon l'article 149.1.13 de la Constitution il y a compétence exclusive de l'Etat pour « les bases et la coordination de la planification générale de l'activité économique »[564]. En ce qui concerne les compétences liées au principe d'égalité, nous renvoyons aux développements faits en la matière dans ce travail et rappelons les dispositions constitutionnelles très intéressantes de l'Italie (les niveaux essentiels des prestations concernant les droits civils et sociaux) et de l'Espagne (les conditions fondamentales qui garantissent l'égalité de tous les espagnols dans l'exercice de leurs droits et dans l'accomplissement des devoirs constitutionnels, article 149.1.1 de la Constitution).

Les compétences réservées à l'Etat peuvent ensuite être présentées sous l'angle de leur étendue : selon qu'il s'agit d'une compétence visant à fixer les principes ou d'une compétence pour une réglementation de détail, la région n'ayant plus alors qu'une compétence d'exécution. Nous prendrons ici un exemple dans le droit italien. L'Etat italien avait adopté une loi-cadre pour la gestion du système intégré des

---

et assimilées, des sociétés de portefeuille et des fonds communs de placement, le crédit hypothécaire, le crédit à la consommation, le droit bancaire et de l'assurance, ainsi que la constitution et la gestion de ses institutions publiques de crédit ; 3° la politique des prix et des revenus ; 4° le droit de la concurrence et le droit des pratiques du commerce, à l'exception de l'attribution des labels de qualité et des appellations d'origine, de caractère régional ou local ; 5° le droit commercial et le droit des sociétés ; 6° les conditions d'accès à la profession (, à l'exception des compétences régionales pour les conditions d'accès à la profession en matière de tourisme - Loi spéciale du 16 juillet 1993, art. 2, §5) ; 7° la propriété industrielle et intellectuelle ; 8° les contingents et licences à l'exception des licences pour l'importation, l'exportation et le transit d'armes, de munitions, et de matériel devant servir spécialement à un usage militaire ou de maintien de l'ordre et de la technologie y afférente ainsi que des produits et des technologies à double usage, sans préjudice de la compétence fédérale pour celles concernant l'armée et la police ; 9° la métrologie et la normalisation ; 10° le secret statistique ; 11° la Société nationale d'investissement ; 12° le droit du travail et la sécurité sociale ».

[564] Selon le Tribunal constitutionnel espagnol, cette compétence exclusive n'empêche pas le reconnaissance par le statut du Pays-Basque d'une compétence exclusive en matière de planification de l'activité économique du Pays-Basque, si les mesures sont non opposées mais complémentaires (la Cour explique ici le schéma bases/développement), que la législation basque ne provoque pas d'interférence ou de distorsion de la réglementation générale établie par l'Etat, et qu'il y a une sorte de neutralité des deux ordres l'un par rapport à l'autre. Voir STC 1/1982 du 28/01, FJ 5 et STC 177/1990 du 15/11, FJ 4. Cette théorie rappelle la « relevance » de S. Romano ; nous renvoyons à nos développements sur ce point. L'article 149.1.13, s'il réserve une compétence en matière de planification à l'Etat, est en fait utilisé par le Tribunal parfois comme une compétence transversale ou un titre horizontal de compétence, permettant à l'Etat d'adopter une législation de base pouvant avoir une incidence sur des matières de compétence même exclusive de la Communauté Autonome. Prenons l'exemple du commerce intérieur, qui peut être une compétence autonomique exclusive ; voir dans ce sens les STC 225/1993 du 08/07 et STC 284/1993, du 30/09, FJ4a. L'article 149.1.13 est souvent invoqué dans les recours de l'Etat contre les lois autonomiques devant le Tribunal Constitutionnel.

interventions et services sociaux[565] dans laquelle était prévue la transformation des IPAB (*Istituzioni pubbliche di assistenza e benefizia*), publics, en ASP (*aziende pubbliche di servizi alla persona*), personnes privées. Les régions devaient adopter les lois de réforme dans le cadre de cette loi. La réforme du Titre V de la Constitution italienne a cependant attribué une compétence exclusive aux régions en matière d'assistance. Les régions légifèrent donc les unes après les autres sur cette transformation, en s'inspirant d'ailleurs de la loi-cadre, sans cependant qu'elle ne les lie désormais[566].

Dans un second temps, après avoir examiné la réserve de compétence pour l'Etat pour les grandes orientations économiques, nous allons exposer les instruments aux mains de l'Etat, qui, eux aussi, constituent une limite au profit de sa compétence.

Pour agir en cas de violation des limites par les régions, l'Etat dispose parfois d'un pouvoir particulier de substitution et d'un pouvoir général de recours au juge. C'est lui de plus qui manie la péréquation, ou procède à des financements liés à une planification sans compétence. Par exemple, en Espagne, le « plan Habitat » pour 2002-2005 et pour 2005-2008, établi par l'Etat, propose un cadre de financement à des projets de Communautés Autonomes, dans une matière où l'Etat n'a pas et reconnaît ne pas avoir de compétence[567]. Enfin le pouvoir de direction et coordination (*indirizzo e coordinamento*) est un instrument qui agit au profit de la compétence étatique en matière économique. Cette fonction est prévue dans le droit italien et sert notamment à la programmation économique nationale, pour répondre à des exigences unitaires[568].

---

[565] Loi du 8/11/2000, n°328, suivie du décret législatif D.lgs. 207/2001.

[566] Référence sur les IPAB: www.socialinfo.it/approfondimenti/SpecialeIPAB.htm. Nous trouvons toutes les lois régionales sur la matière, de Lombardie, d'Emilie-Romagne, du Frioul-Vénétie-Julienne, de Ligurie, de Toscane, du Trentin-Haut-Adige et de Sardaigne.

[567] Le « *Plan Vivienda* » pour 2005-2008 a notamment pour objectif la concertation et la coopération institutionnelle entre toutes les administrations publiques. Il a été établi en consultation avec les Communautés Autonomes, précaution souvent prise lorsque l'Etat intervient dans des compétences régionales (voir le préambule du Real Decreto 801/2005 du 1er juillet d'approbation du Plan). Il est suivi de normes d'application nationales et régionales. Les Communautés Autonomes sont censées exécuter et gérer ce plan.

[568] Sur ce thème voir l'ouvrage de L. Torchia, *Stato e Regioni, La funzione di indirizzo e coordinamento*, La Nuova Italia Scientifica, 1990, 128 p. Cette fonction apparaît avec une loi du 16/05/1970 n°281, qui, tout en transférant aux régions des compétences en matière financière, conserve à l'Etat cette fonction afin de répondre à des exigences de caractère unitaire et à des objectifs de programmation économique et des obligations internationales. Cette fonction a été utilisée en matière sanitaire, agricole, sociale et pour les transports. L. Torchia expose les différents plans qui en sont le reflet. Pour de nombreux auteurs la réforme constitutionnelle de 2001 ne fait pas disparaître cette fonction qui est basée sur le principe fondamental de la protection de l'unité au sein de l'Etat à l'article 5 de la Constitution. Elle s'exerce par le biais des conférences entre l'Etat et les régions. Voir par exemple dans ce sens L. Laperuta, *Nuovo ordinamento regionale*, Edizione giuridiche Simone, 2002, 352 p., partie IV, chapitre 1, *Les rapports entre l'Etat et les régions*.

• Le droit public économique régional, mesure de l'étendue et de l'avenir des solutions régionales

Nous commencerons par démontrer qu'il existe des compétences sectorielles régionales touchant largement l'économie, donnant aux régions une capacité d'action, que nous tenterons dans un second temps de mesurer en étudiant les politiques publiques des régions.

Les différentes régions ont des compétences dans de nombreux des secteurs de l'activité économique[569]. De plus nous constatons, par le biais des revendications de ces compétences, un lien entre les compétences économiques et l'autonomie ; en effet les régions qui revendiquent plus d'autonomie politique le font en partie par la revendication de plus de compétences ; or l'exercice des compétences, les politiques publiques des régions ont souvent des incidences économiques ; celles-ci

---

[569] Nous donnerons ici quelques exemples qui ne constituent pas une liste exhaustive de ces compétences. Citons l'article 6 de la loi spéciale du 8 août 1980 en Belgique, sur les compétences des Régions : « VI. En ce qui concerne l'économie : 1° La politique économique ; 2° Les aspects régionaux de la politique du crédit, en ce compris la création et la gestion des organismes publics de crédit ; 3° La politique des débouchés et des exportations, sans préjudice de la compétence fédérale : *a)* d'octroyer des garanties contre les risques à l'exportation, à l'importation et à l'investissement ; la représentation des régions sera assurée dans les institutions et les organes fédéraux qui fournissent ces garanties ; *b)* en matière de politique commerciale multilatérale, sans préjudice de la mise en œuvre de l'article 92*bis*, §4*bis* . 4° L'importation, l'exportation et le transit d'armes, de munitions, et de matériel devant servir spécialement à un usage militaire ou de maintien de l'ordre et de la technologie y afférente ainsi que des produits et des technologies à double usage, sans préjudice de la compétence fédérale pour l'importation et l'exportation concernant l'armée et la police et dans le respect des critères définis par le Code de conduite de l'Union européenne en matière d'exportation d'armements-Loi spéciale du 12 août 2003, art. 2; 5° Les richesses naturelles ». En Italie les principaux secteurs de l'économie se trouvent dans les compétences résiduelles des régions. Voir dans ce sens L. Torchia, *La potestà residuale delle Regioni*, Le Regioni, n° 2/3, avril-mai 2002, p. 343-363. Elle insiste cependant sur la compétence de l'Etat en matière de protection de la concurrence mais aussi de droit civil. En Espagne nous prendrons l'exemple du statut de la Catalogne (loi organique n°4/1979 du 18 décembre, modifiée par le loi organique n°6/2006 du 19 juillet, de réforme du Statut d'autonomie de Catalogne) où nous trouvons dans le chapitre II les compétences exclusives et partagées de la Généralité (la recherche, l'aménagement du territoire et du littoral, l'urbanisme, l'habitat, le tourisme, les forêts, certains travaux publics, les routes et transports sur le territoire, l'eau, les ouvrages et l'approvisionnement hydrauliques, la pêche, l'artisanat, les centres d'échange des marchandises et valeurs, les coopératives, les caisses d'épargne, les commerces et foires, la consommation, les chambres de commerce, d'industrie et de navigation, les casinos, le crédit, les banques et assurances, le régime minier et énergétique, ...). Au Royaume-Uni, les lois de dévolution attribuent aussi des compétences à l'assemblée galloise et au Parlement écossais en matière de développement économique, de planification spatiale, de formation professionnelle, d'aides financières à l'industrie, etc. Voir par exemple A. Cole, *Pays de Galles* in : *Les régions entre l'Etat et les collectivités locales, Etude comparative de cinq Etats européens à autonomies régionales ou Constitution fédérale (Allemagne, Belgique, Espagne, Italie, Royaume-Uni)*, Rapport du Groupement de Recherches sur l'Administration Locale en Europe (GRALE) au ministère de l'Intérieur, 219 p., p. 201-218.

vont se retrouver limitées par conséquent par les mêmes éléments développés plus haut. Par exemple, comme nous l'avons vu, en Italie, l'Etat, dans des matières de compétence concurrente avec les régions où il fixe les principes fondamentaux, peut lier la législation de la région au principe concurrentiel qu'il a la compétence de protéger selon l'article 117§2 e) de la Constitution[570]. Le Tribunal Constitutionnel espagnol utilise la notion d'unité économique pour limiter les compétences des Communautés Autonomes dans des matières diverses.

Les politiques économiques publiques des régions sont ainsi nombreuses (mais essentiellement sectorielles) bien que l'expression de solutions économiques régionales soit parfois limitée. Nous étudierons les politiques publiques des régions tout d'abord sous l'angle de l'encadrement public de l'économie par la planification dans le temps et l'espace et la régulation, puis sous celui des opérations publiques régionales.

L'une des façons pour les pouvoirs publics d'agir en matière économique est l'encadrement public de l'économie. Or les régions sont titulaires de compétences leur permettant de procéder à une planification dans l'espace, en matière d'urbanisme et d'aménagement du territoire. Les régions participent aussi à la programmation nationale mais ont recours par ailleurs à leurs instruments propres de planification[571].

Cela nous conduit à analyser plus en détail un point intéressant ; la région, du fait de ses compétences en matière économique, procède à la planification et la régulation sur son territoire, où se trouvent d'autres collectivités locales. Celles-ci sont donc soumises à un certain encadrement économique par la région.

Par exemple, en Italie, le Document de Programmation Economique et Financière (DPEF) de la région Emilie - Romagne pour 2003-2005 prévoit l'intégration et la coopération avec les collectivités locales comprises sur le territoire de la région, se réclamant de l'idée de gouvernance territoriale, les relations avec les territoires de la région n'étant pas fondées sur une vision hiérarchique mais la région agissant

---

[570] Un exemple est pris par L. Buffoni : dans la matière de l'énergie, l'Etat italien pourrait lier la législation régionale au respect des principes fondamentaux de la concurrence et de l'efficacité, les principes d'innovation de l'organisation et de la gestion des services d'utilité publique destinés à leur libéralisation. Voir L. Buffoni, *La « tutela della concorrenza » dopo la riforma del Titolo V : il fondamento costituzionale ed il riparto delle competenze legislative*, Le Instituzioni del Federalismo, n°2/2003, p. 345-387.

[571] A titre d'exemple, le *Plan général pour l'emploi de Catalogne pour 2007-2013*, Generalitat de Catalunya, Departament de Treball, Indústria, Comerç i Turisme, Secretaria d'Afers Laborals i d'Ocupació. Nous pouvons le trouver sur le site Internet de la Généralité (section « treball ») www.gencat.net .

comme représentante et coordinatrice d'une « fédération de territoires », mettant en place une programmation et planification intégrées. Il existe six accords de programme et cinq plans (de zone, social régional, d'e-gouvernement, social de zone, régional intégré des transports) développés dans le DPEF. Les communes sont par exemple responsables de la réalisation des plans sociaux de zone.

Au Royaume-Uni, le Parlement écossais est compétent en matière de collectivités locales, notamment leurs finances et les taxes locales (*White Paper Scotland's Parliament*).

La planification permet donc à la région de considérer son territoire comme économiquement pertinent pour une action juridique qui coordonne tous les niveaux des pouvoirs publics : l'Etat par la participation des régions à sa programmation ou aux éléments qui concernent son territoire, la région du fait de ses compétences, les départements, communes, et leurs établissements par l'intégration de leurs compétences dans la planification spatiale et temporelle, qui induit notamment des financements.

En matière de régulation cependant, les solutions régionales sont parfois plus restreintes. En effet les compétences de l'Etat sont étendues en ce qui concerne le respect de la concurrence et les activités boursières. Nous prendrons ici deux exemples. Le premier concerne la réglementation du transfert des pharmacies en Espagne et donne peu d'avenir à une alternative régionale. Le second concerne la législation régionale en matière d'organismes génétiquement modifiés (OGM) en Europe.

La loi 3/1996 du 25 juin de Prévenance Pharmaceutique de la Communauté Autonome d'Estrémadure et la loi 4/1996 du 26 décembre d'Organisation du Service Pharmaceutique de Castille-la-Manche interdisaient la vente, le transfert, la cession, etc. de pharmacies afin de mettre en place un système où les pharmacies ne seraient plus la propriété des pharmaciens comme c'est traditionnellement le cas en Espagne[572] mais une sorte de concession de service public. Or le Tribunal Constitutionnel a considéré que ces lois violaient l'article 4.1 de la loi 16/1997 du 25 avril de Régulation des Services de Pharmacies. La réglementation de la transmission des pharmacies mise en place par la loi nationale appartient selon le Tribunal Constitutionnel à la législation fondamentale en matière sanitaire de l'article 149.1.16 de la Constitution[573], de la compétence de l'Etat : « Comme nous l'avons vu, la Loi Générale de Santé régule, en plus des activités sanitaires publiques, d'autres, privées, pour les établissements desquelles elle reconnaît tant l'incidence de l'intérêt

[572] Voir G. Ariño, *Liberalización y Autonomías*, Comunidades Autónomas, 2000, p. 700-717.

[573] « L'Etat jouit d'une compétence exclusive dans les matières suivantes : (...) la santé publique ; les bases et la coordination générale de la santé ; la législation sur les produits pharmaceutiques ; (...) ».

public que la liberté d'entreprendre, que cet intérêt peut soumettre à des restrictions diverses. Ainsi les différents modèles d'organisation qui dérivent des différents degrés et formes que peut revêtir la liberté d'entreprendre dans ce domaine ont des conséquences directes sur le mode et la forme dans lesquels les établissements sanitaires privés servent l'intérêt public sanitaire (la distribution de médicaments dans le cas des pharmacies). De sorte que, quand il s'agit d'éléments structurels d'un schéma déterminé de l'entreprise pharmaceutique, nous serons, indubitablement, devant une matière propre aux bases et, par conséquent, une compétence de l'Etat. Et il n'y a pas de doutes que la transmissibilité ou non des officines de pharmacie constitue un de ces éléments structurels. Nous pouvons arriver à la même conclusion à partir de la liberté d'entreprendre, autour du contenu de laquelle il ne semble pas y avoir de doutes : la liberté d'entreprendre, la transmissibilité de l'entreprise en étant une concrétisation, exige que les différentes entreprises d'un même secteur soient soumises au même genre de limitations fondamentales sur l'ensemble du territoire national, car cette liberté, que la Loi Général de Santé reconnaît, existe seulement dans une économie de marché, incompatible avec des positions juridiques fondamentalement distinctes entre les différents opérateurs. »[574]. La loi nationale 16/1997 doit donc être respectée pour son développement par les Communautés Autonomes, or cette loi établit comme principe fondamental la possibilité de transmission en faveur d'autres pharmaciens. C'est pourquoi les lois autonomiques précitées, prévoyant l'interdiction de toute transmission de l'autorisation administrative d'ouverture de la pharmacie (article 1 et disposition transitoire 3 de la loi 3/1996 de la Communauté Autonome d'Estrémadure, article 1 de la loi 4/1996 de la Communauté Autonome de Castille-la-Manche) sont contraires à la loi de base. Celle-ci établit un égal minimum de possibilités de transmission des officines par leurs titulaires, les Communautés Autonomes octroyant ensuite l'autorisation, qu'elles peuvent soumettre à des délais, des conditions et autres éléments qu'elles estiment raisonnables pour satisfaire au mieux sur leur territoire l'intérêt public.

Plus largement en ce qui concerne l'Espagne, nous renvoyons à un article de G. Ariño[575], sur le thème libéralisation et autonomies, qui analyse le rapport entre les compétences de l'Etat et des Communautés Autonomes en matière de libéralisation et arrive au constat que le Tribunal Constitutionnel interprète les éléments d'unité économique de la Constitution dans le sens d'une compétence détaillée de l'Etat, même lorsque celui-ci n'a que la compétence concernant les normes fondamentales (par exemple en matière de transport ou d'énergie et de gaz).

Pour ce qui est de la question de la réglementation des OGM, nous sommes ici face à un exemple positif de l'émergence de solutions, de règles au niveau régional. En

---

574 STC 109/2003 du 5 juin 2003, FJ 8, BOE n°156, Supplément, 01/07/2003, p. 89.

575 G. Ariño, *Liberalización y autonomías*, Informe Comunidades Autónomas, 2000, p. 700-717.

Italie de nombreuses régions ont adopté une législation réglementant la culture des OGM ainsi que la diffusion des produits contenants des OGM ; à celles-ci se joignent par exemple le Pays-Basque, la Catalogne (en cours) et le Pays de Galles[576].

Nous prendrons l'exemple de la loi régionale d'Emilie-Romagne n°25, du 22 novembre 2004. Cette loi se base sur le droit communautaire[577] et fixe une interdiction temporaire de la culture des OGM, contient des dispositions sur la recherche et l'expérimentation, sur le contenu des productions de qualité et réglementées et prévoit une exclusion des marchés de qualité.

Les opérations publiques régionales sont un autre volet du droit public économique régional et consistent dans la gestion d'entreprises publiques et dans le recours aux aides publiques.

La gestion d'entreprises publiques par une région est rendue possible dans l'ensemble des Etats étudiés. Nous prendrons l'exemple du statut de la Catalogne. Il attribue dans les principes directeurs à la Généralité la charge du domaine socio-économique sur son territoire[578]. Il dispose, à l'article 216 : « La Généralité peut constituer des entreprises publiques comme moyen d'exécution des fonctions qui sont de sa compétence (...) »[579] ; de plus l'article 45 du statut prévoit qu'elle pourra soutenir des sociétés coopératives afin de favoriser la modernisation et le développement de tous les secteurs économiques, mission que la Constitution attribue aux pouvoirs publics dans leur ensemble (article 130.1). Le statut attribue à la Généralité la compétence exclusive en matière de coopératives et pour le développement et l'aménagement du secteur de l'économie sociale (article 124).

Le recours aux aides publiques est aussi un instrument permettant aux régions de développer une action en matière économique.

---

[576] Toute la législation en Italie sur les OGM se trouve sur le site Internet : www.ambientediritto.it/Legislazione/OGM/ogm.htm. Pour une information sur les collectivités territoriales européennes qui participent au mouvement pour les zones et régions sans OGM, une liste est fournie sur le site Internet de l'Assemblée des Régions d'Europe, mise à jour régulièrement, qui fait le point sur les normes régionales en la matière : www.are-regions-europe.org/Doc2004/GMO/List-def/F-List-GMFree-Regions-9-11.doc.

[577] Article 1 de la loi, qui dispose que celle-ci est adoptée sur la base du principe de précaution de l'article 174 du traité CE, et d'une directive 2001/18 CE sur les OGM.

[578] Article 45 du nouveau statut de la Catalogne.

[579] Le statut de l'entreprise publique catalane est fixé dans la loi catalane n°4/85 du 29/03. Il en existe deux types : les entités autonomes à caractère commercial, industriel et financier ; les sociétés avec participation majoritaire de la Généralité. Voir *El desplegament autonòmic a Catalunya, Departaments de la Presidència i d'Economia i Finances*, Generalitat de Catalunya, Institut d'Estudis Autonòmics, Barcelone, 1995, 537 p.

Il y a un mouvement en faveur de la participation des régions aux aides publiques européennes, notamment à la programmation, la gestion et le contrôle de ces fonds européens[580]. Un autre point intéressant de la capacité des régions en matière économique est le recours aux aides publiques régionales aux entreprises[581]. Enfin la question des aides publiques peut amener à un problème de répartition des compétences entre l'Etat et la région ; cette question a donné lieu à une abondante jurisprudence du Tribunal Constitutionnel espagnol sur le fait que l'Etat ne peut utiliser les subventions pour effectuer un changement de la répartition des compétences entre l'Etat et les Communautés Autonomes[582]. Il ne s'agit pas d'un titre de compétence général, il n'y a pas de « pouvoir général de subvention de l'Etat » selon le Tribunal. En effet les Communautés Autonomes doivent pouvoir conserver des compétences dans ce domaine, pour l'exercice de leur autonomie ou autogouvernement, toujours selon cette même décision. Cependant l'Etat va tenter d'adopter une réglementation qui pourrait envahir les compétences des Communautés Autonomes notamment en la basant sur l'article 149.1.1 précité. Par exemple dans la décision du Tribunal Constitutionnel 188/2001 du 20/09, en matière de bourses d'études, le Tribunal rejette l'interprétation faite par l'Etat de cet article comme une clause ouverte allant jusqu'à la pleine homogénéisation au détriment des compétences des Communautés Autonomes[583] .

Nous avons un exemple de jurisprudence dans la STC 175/2003 du 30/09 sur un programme de soutien à la technologie industrielle, un programme technologique de recherche et de développement de l'énergie, et un programme sur la qualité et la sécurité industrielle. Dans cet arrêt, le Tribunal Constitutionnel commence par rappeler sa décision 13/1992, selon laquelle il n'y a pas de pouvoir général de sub-

---

[580] En Espagne, la STC 79/1992 du 28/05 décide que la gestion des fonds européens doit appartenir aux Communautés Autonomes, la centralisation étant l'exception. Voir D. Lamarque, G. Miller, *Le contrôle des fonds européens par la Chambre régionale des comptes*, AJDA, n° 1, 2002, p. 25-32. Voir pour un rapport par pays de la distribution et de la gestion des aides communautaires *Les régions entre l'Etat et les collectivités locales, Etude comparative de cinq Etats européens à autonomies régionales ou Constitution fédérale (Allemagne, Belgique, Espagne, Italie, Royaume-Uni)*, Rapport du Groupement de Recherches sur l'Administration Locale en Europe (GRALE) au ministère de l'Intérieur, 219 p. Voir aussi les pages Internet sur la politique régionale du site de l'Union européenne.

[581] Cette possibilité est cependant fortement encadrée et limitée par la règlementation communautaire en matière d'aide d'Etat.

[582] La décision qui fixe cette doctrine est la STC 13/1992, du 06/02, notamment FJ 8, régulièrement citée à l'appui par le Tribunal Constitutionnel dans ses arrêts concernant des conflits entre Etat et Communautés Autonomes sur une éventuelle violation des compétences de ces dernières par la réglementation d'une subvention étatique.

[583] Voir *La Sentència del Tribunal Constitucional en matèria de beques i ajuts a l'estudi universitari i ensenyaments mitjants*, El Clip, Generalitat de Catalunya, Institut d'Estudis Autonòmics, n°15, Barcelone, décembre 2001, 12 p.

vention de l'Etat, ce qui doit permettre le respect des compétences des Communautés Autonomes pour l'exercice de l'autonomie[584]. Il analyse ensuite la réglementation étatique pour chacun des programmes.

En ce qui concerne le programme de soutien à la technologie industrielle, le Tribunal détermine le domaine matériel des aides, en examinant leur objectif, en l'occurrence l'environnement (mais pas à titre principal), l'industrie[585] et le développement et la coordination générale de la recherche scientifique[586]. Le Tribunal analyse les aides, en s'inspirant notamment de l'énoncé des matières et des compétences dont l'Etat se réclame[587], afin de déterminer à quelle matière elles appartiennent et décide qu'elles appartiennent en grande partie à la matière industrie, sauf une liste qui relève de l'article 149.1.15. Une fois cette distinction faite, le Tribunal va examiner si les subventions sont conformes à la répartition des compétences. Pour celles relevant de la matière de l'article 149.1.15 de la Constitution « développement et coordination générale de la recherche scientifique et technique », l'Etat met en place la réglementation des conditions d'obtention des aides, du procédé de concession, de gestion et de paiement des aides, ce qui est conforme à la répartition des compétences. En effet le Tribunal se réfère à son arrêt 190/2000, FJ 8, dans lequel il décrit le contenu des aides basées sur l'article 149.1.15, des actions normatives et d'exécution nécessaires au plein développement des activités de soutien et de promotion de la recherche. En ce qui concerne les aides qui appartiennent à la matière industrielle, l'Etat a la compétence en matière de planification de l'économie, se projetant sur le secteur industriel (article 149.1.13 de la Constitution), alors que la Généralité de Catalogne a une compétence exclusive en matière d'industrie, en accord avec les bases et la planification de l'activité économique générale et la politique monétaire de l'Etat[588]. Les normes étatiques doivent satis-

---

[584] La doctrine du Tribunal en matière de subventions se trouve dans le FJ8 de la décision 13/1992 selon laquelle la gestion des aides n'est pas nécessairement centrale mais doit respecter la répartition des compétences entre l'Etat et les Communautés Autonomes, à quelques exceptions près où l'Etat peut gérer des aides même sans compétence, énumérées aux points b, c et d et à l'exception des aides venant des fonds communautaires (STC 79/1992).

[585] Le Tribunal Constitutionnel espagnol qualifie les mesures d'appui aux entreprises industrielles d'instrument de planification du secteur industriel. Voir la STC 186/1999 du 14/10, fondement juridique 5.

[586] Il ne s'agit selon la jurisprudence du Tribunal Constitutionnel pas seulement d'appui aux activités privées de recherche mais de toutes les mesures de promotion de la recherche, notamment celles de caractère organisatif (par exemple la création d'organismes publics de recherche), à partir du moment où la recherche est l'activité principale (STC 190/2000 du 13/7, fondement juridique 8). L'article 149.1.15 de la Constitution « doit se concevoir en des termes stricts, afin de ne pas (...) vider certains titres de compétence avec lesquels il est en concurrence », STC 242/1999, fondement juridique 14a.

[587] Mais sans être lié par ces éléments, voir les SSTC 144/1985, FJ 1 ; 56/1989, FFJJ 1 et 2 ; 9/2001, FJ 9 ; 152/2003, FJ 7.

[588] Article 139 du Statut de la Généralité de Catalogne.

faire aux exigences formelles (pas de règlements) et matérielles (en cas de subvention, la gestion doit appartenir aux Communautés Autonomes) que la jurisprudence a fixées pour la législation fondamentale[589]. Le Tribunal dresse alors une liste des points qui ne sont pas fondamentaux dans la réglementation : ce sont les éléments selon lui liés à la procédure d'octroi, de gestion, d'attribution et de paiement des aides[590]. Le Tribunal examine la disposition contenant des précisions sur les documents devant accompagner la demande d'aide ; une telle disposition peut être considérée comme fondamentale quand il s'agit de garantir l'homogénéité de la procédure d'octroi des aides sur l'ensemble du territoire, mais le Tribunal estime ici que la réglementation est très détaillée, cas par cas, et ne fait aucune référence à la compétence de développement (*desarollo*) des Communautés Autonomes, et se trouve donc incompatible avec la notion de norme fondamentale. Ainsi les normes étatiques qualifiées par le Tribunal Constitutionnel comme fondamentales sont celles réglementant les conditions d'octroi des aides, alors que les dispositions concernant la procédure administrative d'octroi des subventions appartiennent à la matière de l'industrie de compétence de la Généralité.

En ce qui concerne le programme sur les technologies de recherche et le développement énergétique, le Tribunal Constitutionnel va procéder de la même façon que nous venons de présenter, cherchant tout d'abord à définir la matière à laquelle appartient la réglementation, en l'occurrence la matière énergie[591] ou la matière investigation scientifique et technique de l'article 149.1.15 de la Constitution. Rappelons que le Tribunal considère que la recherche doit être l'élément prépondérant de la réglementation pour que celle-ci soit adoptée sur la base de l'article 149.1.15 de la Constitution, afin d'éviter de vider les autres titres sectoriels de compétence, la recherche devant évidemment s'appliquer à des secteurs matériels concrets. Le Tribunal va ainsi distinguer les projets de recherche industrielle, dont la réglementation revient pleinement à l'Etat, des études de faisabilité technique, activités de développement précompétitives et projets de démonstration industrielle, qui selon lui appartiennent à la matière énergie[592], où l'Etat fixe les bases. Le Tribunal ap-

---

[589] Respectivement STC 98/2001, FJ 7 et STC 13/1992, FJ 8b.

[590] Le Tribunal ajoute que ces éléments ne peuvent figurer dans la loi fondamentale, même si l'Etat passe une convention avec la Généralité, rappelant sa jurisprudence dans ce sens. Voir les SSTC 26/1982, FJ1, 95/1986, FK5, 13/1992, FJ10, 186/1999, FJ11, 190/2000, FJ11a et c.

[591] En matière d'énergie, l'Etat adopte la législation fondamentale selon l'article 149.1.25 de la Constitution et la Généralité a une compétence de développement et d'exécution selon l'article 10.1.5 de son statut.

[592]Les deux derniers ne peuvent selon le Tribunal relever de l'article 149.1.15 car il s'agit d'applications d'innovations déjà existantes.

plique alors à nouveau son raisonnement du FJ8b de la STC 13/92, contrôlant le caractère fondamental ou non des dispositions concernant les aides en la matière[593].

En ce qui concerne enfin le programme de qualité et sécurité industrielle, le Tribunal va déterminer la mesure des compétences de l'Etat et de la Généralité[594], cette dernière pouvant édicter des dispositions complémentaires à celles de l'Etat en matière de sécurité industrielle tant qu'elles ne sont pas contradictoires ni n'empêchent la réalisation des buts poursuivis par la réglementation étatique ; en matière de qualité industrielle, l'Etat peut seulement agir sur la base de l'article 149.1.13 de la Constitution. Le Tribunal procède au même contrôle que précédemment, les normes d'octroi, de concession, de paiement des subventions violent la compétence de la Généralité quand il s'agit d'aides pour l'amélioration de la qualité industrielle, mais aussi quand il s'agit d'améliorer la sécurité industrielle, car l'Etat a attribué tous les pouvoirs de gestion à des organes propres, ne respectant pas ainsi les compétences qui existent au profit de la Généralité en matière industrielle malgré la compétence de l'Etat au titre de l'article 149.1.13 et des normes de sécurité. Ce dernier cas nous montre la nécessité pour le Tribunal de faire une balance entre la concurrence des compétences, l'existence d'une compétence étatique ne pouvant conduire à la négation de la compétence autonomique.

Cet arrêt 175/2003 est caractéristique du poids dans le fonctionnement du système régionaliste à la fois de la détermination matérielle des compétences, mais aussi de la défense de la substance de l'autonomie. Il nous permet de remarquer une fois de plus la place très importante de la jurisprudence constitutionnelle pour la qualification juridique du système constitutionnel.

Nous pouvons dire en conclusion de ce développement sur la capacité d'action des régions en matière économique et sociale tout d'abord que la jurisprudence constitutionnelle joue un rôle important en Espagne et en Italie dans la délimitation de la Constitution économique, la répartition des compétences, la défense d'une certaine autonomie régionale, bien qu'il n'y ait pas de remise en cause régionale possible du modèle économique de l'Etat comme le montre l'avenir de certaines solutions régionales. Nous avons vu qu'il existe des compétences cependant qui permettent à

---

[593] Ainsi les dispositions en matière de demandes, de délai, et les normes d'application doivent être de la compétence de la Généralité. En revanche les dispositions visant à établir un cadre homogène pour l'ensemble du territoire en matière d'octroi des aides appartiennent aux bases, de la compétence de l'Etat.

[594] L'Etat a compétence en matière de bases et coordination de la planification générale de l'activité économique de l'article 149.1.13, pour le secteur industriel, compétence reconnue d'ailleurs par le Tribunal (STC 65/1998, FJ7a) ; la Généralité de Catalogne selon l'article 12.1.2 de son statut a une compétence exclusive dans la matière de l'industrie dans la limite notamment de l'article 149.1.13 de la Constitution et des normes étatiques prises pour des raisons de sécurité.

la région d'organiser économiquement son territoire, notamment vis-à-vis des collectivités locales, ainsi que comme interlocuteur de l'Etat et de l'Union européenne.

L'autodétermination et la réforme de l'ordre constitutionnel

L'autodétermination est une question qui est liée à la problématique de la détermination du modèle régionaliste. La résolution 1514 des Nations Unies « Déclaration sur l'octroi de l'indépendance aux pays et aux peuples coloniaux » permet d'écarter du thème le droit international à l'autodétermination[595]. Nous commencerons par étudier diverses sources théoriques et pratiques qui nous amènerons à définir la problématique et les significations du droit à l'autodétermination afin de dégager ce que pourrait être un éventuel droit régional d'autodétermination.

- Etude des sources

Nous allons présenter ici différents auteurs et jurisprudence, ainsi que le plan Ibarretxe, qui permettront de poser la problématique du rapport entre autodétermination et régionalisme institutionnel.

- G. Héraud, une fédération de nations et de régions

Pour G. Héraud[596] le droit d'autodétermination des peuples contient trois éléments qui constituent la face externe de la démocratie : l'auto-affirmation, l'autodéfinition (autodélimitation territoriale), le droit de sécession, et deux qui constituent la face interne de la démocratie : le principe d'auto-organisation (élaboration de la Constitution) et d'autogestion (gouvernement quotidien de la nation). Il considère que le processus d'autodétermination commence par l'inventaire des

---

[595] L'Assemblée Générale des Nations Unies « Proclame solennellement la nécessité de mettre rapidement et inconditionnellement fin au colonialisme sous toutes ses formes et toutes ses manifestations ; Et à cette fin, Déclare ce qui suit : (...) 2. Tous les peuples ont le droit de libre détermination ; en vertu de ce droit, ils déterminent librement leur statut politique et poursuivent librement leur développement économique social et culturel. (...) 6. Toute tentative visant à détruire partiellement ou totalement l'unité nationale et l'intégrité territoriale d'un pays est incompatible avec les buts et les principes de la Charte des Nations Unies ». L'ensemble des Etats que nous étudions sont des démocraties, prévoient l'égalité des citoyens, des modes parfois d'organisation territoriale de l'Etat tenant compte de l'existence d'identités différenciées sur un territoire, qui se trouvent dotées d'une autonomie de nature politique et d'institutions démocratiques, pouvant même parfois recourir à des référendums locaux et entretenir des relations transfrontalières avec les régions d'un autre Etat dans les matières de leur compétence, parmi lesquelles se trouvent souvent la culture et la langue. Il faut donc exclure l'autodétermination externe, au sens du droit international, pour ces régions.

[596] G. Héraud, *L'Europe des ethnies*, Bruylant LGDJ, collection Axes Savoir, Bruxelles, 1993, 209 p.

territoires allogènes puis la participation aux opérations référendaires (initiative du référendum et référendum). Le droit d'autodétermination peut être exercé au profit d'une solution comme le principe de territorialité linguistique (pas la sécession). Pour l'Europe il envisage tout d'abord une fédération de régions. Dans cette fédération, les minorités ethniques qui le veulent « pourraient recevoir le statut de membre direct », celles qui souhaiteraient être liées à un Etat ayant le statut de membre indirect. Mais l'auteur préfère la solution d'une « fédération de nations et régions » (p. 201), mettant en place des liens directs entre l'Europe et les nations et l'Europe et les régions, nations et régions étant titulaires de compétences différentes (politiques et économiques pour les nations, linguistiques, culturelles, personnalisables pour les régions). C'est une approche qui exclut le rapport hiérarchique et l'unité politique de l'Etat, qui entre donc en contradiction avec la théorie de l'Etat. Cette théorie peut être rapprochée du plan Ibarretxe que nous présenterons par la suite.

- L'autonomie n'est pas l'autodétermination dans la jurisprudence constitutionnelle italienne

Pour la Cour Constitutionnelle italienne[597], autonomie régionale ne signifie pas autodétermination : pour modifier le statut d'une région en Italie il faut réviser la Constitution, c'est-à-dire que le peuple italien dans son ensemble se prononce sur cette éventuelle réforme (article 138 de la Constitution). Un référendum régional sur cette question est possible, mais l'unité et l'indivisibilité de la République empêchent que celui-ci soit considéré comme une expression d'autonomie régionale, du fait qu'il porte sur une question d'ordonnancement constitutionnel de la République. Cette décision de la Cour Constitutionnelle cependant laisse la place à une question de fond ; en effet la Cour s'est basée pour l'ensemble de son raisonnement sur le fait qu'une fraction « autonome » du peuple ne pouvait être appelée à se prononcer sur des décisions concernant l'ordonnancement constitutionnel, étatique, puisque la Constitution prévoit pour cela une procédure de référendum national en cohérence avec les principes d'unité et d'indivisibilité de l'Etat. La décision se limite donc au cas d'un référendum régional sur la proposition de loi constitutionnelle d'attribution d'un statut spécial, et ne concerne pas le cas où la région aurait proposé un même projet de loi constitutionnelle sans passer par la consultation régionale. C'est donc bien le recours au référendum qui est censuré et non le fait d'une initiative régionale à la réforme de la forme de l'Etat. Nous pouvons donc en déduire que celle-ci, conformément à l'article 121 de la Constitution, serait possible, sachant que cependant le peuple dans son entier pourra être appelé à se pro-

[597] Sentence 496/2000, concernant la région de la Vénétie. Voir Giurisprudenza Costituzionale, n°6, novembre-décembre 2000, p. 3798 à 3831 avec des commentaires de F. Cuocolo, S. Bartole, N. Zanon et G. Paganetto.

noncer sur cette réforme, ou qu'elle sera adoptée par le Parlement national, mais qu'en aucun cas il ne peut être envisagé, comme le dit la Cour, de considérer un peuple autonome sur un territoire déterminé se prononçant en tant que tel comme expression d'autonomie politique car celle-ci « ne peut être invoquée pour donner soutien et forme juridique à des demandes référendaires qui investissent des choix fondamentaux de niveau constitutionnel » et les procédures de révision de la Constitution, « liées aux concepts d'unité et indivisibilité de la République de l'article 5 de la Constitution ne laissent pas de place à des consultations populaires régionales qui se prétendraient des manifestations d'autonomie »[598]. Cette décision doit être par ailleurs mise en regard avec l'histoire de la formation des Etats fédéraux[599].

- L'autodétermination dans la jurisprudence canadienne

La jurisprudence de la Cour Suprême du Canada est très intéressante pour notre sujet, dans le Renvoi d'août 1998 relatif à la sécession du Québec. La Cour distingue, justifie et décrit les principes constitutionnels qu'elle doit appliquer à cette affaire : fédéralisme, démocratie, constitutionnalisme et primauté du droit, protection des minorités. Elle examine ensuite s'il existe un droit de sécession unilatéral du Québec au titre du droit constitutionnel[600], puis du droit international[601].

---

[598] Point 5 des considérations en droit.

[599] La souveraineté résidait en premier lieu dans les futurs membres de la fédération, même fictivement. Or si historiquement, l'Etat fédéral s'est construit par association, un fédéralisme de dislocation apparaît, comme c'est le cas en Belgique. Si un Etat unitaire se transforme en fédération dans le cadre de procédures respectant le caractère unitaire de l'Etat, cela ne le définit-il pas automatiquement comme Etat unitaire fortement décentralisé, régional, autonomique, mais auquel il manque la condition nécessaire pour être fédéral ? Cela dépend de la définition que l'on donne de l'Etat fédéral. S'il s'agit d'un Etat dont l'organisation territoriale est très fortement décentralisée, notamment avec attribution de pouvoirs législatifs, et la participation des membres aux décisions nationales assurée, cette transformation est possible. Mais si l'Etat fédéral est formé d'Etats membres à l'origine souverains, cette transformation est théoriquement impossible par une simple révision constitutionnelle.

[600] « Le principe démocratique défini plus haut exigerait d'accorder un poids considérable à l'expression claire par la population du Québec de sa volonté de faire sécession du Canada même si un référendum, de lui-même et sans plus, n'aurait aucun effet juridique direct et ne pourrait à lui seul réaliser une sécession unilatérale. (...) Le principe du fédéralisme, joint au principe démocratique, exige que la répudiation claire de l'ordre constitutionnel existant et l'expression claire par la population d'une province du désir de réaliser la sécession donnent naissance à une obligation réciproque pour toutes les parties formant la Confédération de négocier des modifications constitutionnelles en vue de répondre au désir exprimé ».

[601] La Cour exclut le droit international car celui-ci ne s'adresse pas à un peuple vivant dans un Etat respectant le principe d'égalité et dont le gouvernement représente l'ensemble de la population. Elle se base sur l'analyse des résolutions des Nations Unies et d'autres dispositions du droit international, qui insistent aussi sur le respect de l'intégrité territoriale et de l'unité politique des Etats (points 113 à 122).

En conclusion de cet arrêt, nous pouvons dire que le Québec ne dispose pas d'un droit à l'autodétermination externe au plan du droit international, mais que le peuple québécois possède un droit à l'autodétermination interne, sur la base du droit international et d'un droit, en cas de majorité claire, à la négociation avec les instances de l'Etat au titre du droit constitutionnel, droits qui se situent dans les limites, au niveau du droit international, du respect de l'intégrité territoriale de l'Etat et de son unité politique, et au niveau constitutionnel, des principes de démocratie, de fédéralisme, de protection des minorités, de constitutionnalisme et de primauté du droit. Dans ce cadre, le peuple québécois doit pouvoir procéder à son développement politique, économique et social ; au titre du droit constitutionnel, si une proposition claire de sécession apparaît, les parties doivent négocier mais ne sont pas obligées d'arriver à l'accord sur cette sécession. Il n'existe en aucun cas de droit unilatéral de sécession du Québec. Comme dans le cas italien, la décision est de type constitutionnel et concerne donc l'ensemble de la nation canadienne. En effet le fédéralisme ne consiste pas seulement en des membres additionnés mais aussi dans la création d'une unité politique portée par un peuple étatique. Enfin cette jurisprudence souligne qu'un référendum auprès de la population québécoise ne produirait pas en soi d'effet juridique à même de provoquer la sécession unilatérale du Québec mais obligerait, au nom des principes constitutionnels déjà cités, en cas de résultat clair, l'Etat à la négociation.

- Le plan Ibarretxe : autodétermination et libre association

Le plan Ibarretxe[602] contient diverses dispositions intéressant notre thème, notamment le préambule, qui reconnaît le droit à l'autodétermination des peuples (voir aussi articles 1 et 2 sur l'intégration de nouveaux territoires), décrit le peuple basque (dépassant les limites de la Communauté Autonome), et affirme la volonté de formaliser un nouveau pacte politique basé sur la libre association avec l'Espagne et compatible avec le possible développement de l'Etat vers un Etat composé, plurinational et asymétrique ; l'article 4 qui attribue la nationalité basque à tous les citoyens basques, l'article 5 qui prévoit que les membres de la diaspora peuvent la demander ; le titre 1, article 13 : quand il y a une volonté claire et non équivoque de changement substantiel ou intégral du modèle et du régime des relations politiques avec l'Etat espagnol et des relations avec les sphères internationale et européenne, les institutions basques et étatiques doivent garantir une procédure de négociation pour établir les nouvelles conditions politiques permettant de matérialiser la volonté démocratique de la société basque ; l'article 14 qui contient les principes des relations avec l'Etat : loyauté, coopération, équilibre.

---

[602] Plan Ibarretxe présenté le 27 septembre 2002 devant le Parlement basque, Proposition d'un statut politique pour la Communauté d'Euskadi, Ajuria-Enea, 25 octobre 2003.

Il y a eu de plus une décision du Tribunal Constitutionnel espagnol, STC du 20 avril 2004 concernant le recours du gouvernement contre l'accord du gouvernement basque du 25 octobre 2003 Proposition de statut politique de la Communauté d'Euskadi, transmise au parlement basque et contre *l'Acuerdo de la mesa del parlamento vasco* du 4 novembre 2003 qui admet la proposition pour la discuter dans le cadre du processus législatif ordinaire. Le Tribunal constitutionnel rejette ce recours au motif que les actes attaqués ne sont pas de nature à justifier un contrôle de constitutionnalité ; le recours est jugé irrecevable[603]. Il y a des opinions particulières parmi les juges[604] qui sont intéressantes sur certains points concernant notre question de l'autodétermination régionale. Ces juges défendent l'idée que les deux actes attaqués sont des résolutions, et qu'ils peuvent donc, selon la LOTC, être examinés par le Tribunal Constitutionnel.

L'arrêt rendu à ce jour concernant le plan Ibarretxe, que nous venons de présenter, permet de tirer comme conclusion qu'il existe une possibilité d'engager un processus de discussion politique au sein des institutions autonomiques, qui n'est pas sanctionné tant que le contenu n'en est pas précisé dans un acte normatif du parlement autonomique en l'occurrence.

Dernièrement, le président de la Communauté Autonome basque, dans un discours au Parlement basque du 28 septembre 2007, a proposé une « consultation » populaire pour le 25 octobre 2008 et un référendum pour le second semestre 2010, sur cette question de la négociation du statut, d'un pacte visant à l'autodétermination du peuple basque. Le Parlement basque a adopté une loi dans ce sens le 27 juin 2008. Cette loi a été jugée inconstitutionnelle et annulée par le Tribunal Constitutionnel au motif que cette consultation populaire était en fait un référendum. Or seul l'Etat espagnol peut convoquer un référendum, et une partie du peuple espagnol ne peut être consultée de cette manière pour une décision concernant l'ensemble de la nation (STC 103/2008 du 11 septembre 2008).

---

603 Il faut pour exercer son contrôle, pour le Tribunal, fondement juridique 6 : « des *infractions normatives*, ne pouvant être causées, évidemment, que par des normes, et jamais par des projets ou intentions normatives, qui, en tant que telles, peuvent avoir n'importe quel contenu. La juridiction peut réagir contre la forme juridique qui résulte de ces intentions, mais l'intention même et son débat ou discussion ne sont pas l'objet, dans une société démocratique, de contrôle judiciaire, particulièrement si le débat se tient dans un Parlement, siège privilégié du débat public ».

604 Voto particular que formulan los Magistrados don Guillermo Jiménez Sánchez, don Roberto García-Calvo y Montiel y don Jorge Rodríguez-Zapata Pérez respecto del fallo y de la fundamentación jurídica del Auto dictado en el recurso de impugnación del Título V de la LOTC tramitado con el núm. 6761/2003, 26/04/2004. Les juges se basent notamment sur certaines décisions du Tribunal Constitutionnel sur des cas proches, dans le cadre du processus législatif autonomique.

- Problématique

Il convient tout d'abord de déterminer l'existence ou non d'un droit à l'autodétermination en faveur des régions dans un Etat décentralisé politiquement où les régions disposent d'une autonomie de nature politique, c'est-à-dire un pouvoir législatif et exécutif, et une autonomie financière, pour le choix et l'exécution de leurs propres politiques, dans le cadre de l'unité de l'Etat. Si nous constatons cette existence, quelle est sa manifestation, quel contenu pouvons-nous attribuer à une autodétermination régionale ? Il s'agit alors d'autodétermination interne (représentation au parlement, élections, groupes linguistiques, régionalisation ethnique, référendums et démocratie locale, théories du pacte, notamment pour la révision des droits garantis), l'autodétermination externe étant exclue.

La signification de l'autodétermination en droit constitutionnel doit se trouver dans la théorie du pouvoir constituant. En effet, le pouvoir constituant est le pouvoir d'adopter la Constitution, il est exercé par le souverain et a pour conséquence l'existence d'un Etat. Ce droit à l'autodétermination est parfois désigné sous le qualificatif d'interne et s'étend alors pour certains auteurs au-delà de l'adoption de la Constitution et de l'exercice du pouvoir constituant, jusqu'à l'exercice du pouvoir par les pouvoirs constitués ou le gouvernement de la nation. Dans ce sens G. Héraud parle à la fois de principe d'auto-organisation pour l'élaboration de la Constitution et de principe d'autogestion pour le gouvernement quotidien de la nation[605]. Pour M. Herrero de Miñon il s'agit de l'exercice quotidien de la démocratie par des élections libres et périodiques. J. Vernet i Llovet distingue entre le droit d'autodétermination fort qui concerne le titulaire de la souveraineté, et le droit d'autodétermination faible qui concerne l'exercice de la souveraineté, c'est-à-dire pour lui l'autonomie des corps décentralisés politiquement[606]. Cette théorie nous permet d'aborder une question qui se greffe à notre problème et qui est celle de la distinction ou non entre autonomie et autodétermination. Pour la Cour Constitutionnelle italienne, la réponse est négative, comme nous l'avons vu dans l'étude de nos sources. La Constitution espagnole prévoit un droit à l'autonomie des peuples, etc. qui s'exerce par la création selon l'article 143 de la Constitution d'une Communauté Autonome. C'est bien la Constitution espagnole qui détermine ce processus, son contenu, son fondement, ses limites, et non une autodétermination des Communautés Autonomes ou des provinces, peuples, régions qui la composent, même s'ils en ont l'initiative.

Les différentes théories de ces auteurs rejoignent en fait la partie négative de la définition de l'autodétermination en droit international public. En effet, nous avons

---

[605] G. Héraud, *L'Europe des ethnies*, Bruylant LGDJ, collection Axes Savoir, Bruxelles, 1993, 209 p.

[606] *Encuesta, El derecho de autodeterminación*, Teoría y Realidad Constitucional, n° 10-11, 2ème semestre 2002, 1er semestre 2003, p. 9-137, réponses de M. Herrero de Miñon et J. Vernet i Llovet à la première question, droit à l'autodétermination et ordre constitutionnel.

vu que ce droit ne s'adresse pas à des peuples vivant dans un Etat démocratique, garantissant l'égalité des droits, ce que nous pourrions formuler différemment en disant qu'ils se déterminent librement sur le plan interne par la participation à la formation de la volonté de l'Etat ou l'exercice du pouvoir. Cette perspective ouvre des possibilités de déterminer le contenu d'un éventuel droit régional d'autodétermination, basé sur la participation à la formation de la volonté de l'Etat ou à l'exercice du pouvoir, c'est-à-dire la participation au processus législatif (initiative législative, seconde chambre territoriale au parlement national, procédures de demande d'avis, instances de négociation, participation ou pouvoir constituant dérivé,...), autonomie politique territoriale, etc. Nous verrons que nous nous prononcerons dans le sens de l'existence d'un exercice régional de l'autodétermination mais non dans celui de l'existence d'un droit à l'autodétermination régionale. C'est dans cette mesure que nous parlerons de droit régional d'autodétermination.

- La question d'un droit régional d'autodétermination

Au vu de ce que nous venons d'exposer, il semble difficile de fonder un éventuel droit à l'autodétermination régionale. Par contre il nous semble que le régionalisme institutionnel se base sur l'exercice régional de l'autodétermination, comme nous tenterons de le démontrer dans un second temps.

- Les difficultés de fonder un éventuel droit à l'autodétermination régionale

Nous l'avons vu, un droit à l'autodétermination régionale ne peut se fonder sur le droit international dans les Etats étudiés. Pourrait-il se fonder sur le droit constitutionnel ou sur la théorie du pouvoir constituant, pour laquelle il s'agit de résoudre la question de savoir qui est le souverain ?

La forme de l'Etat doit tout d'abord être déterminée car selon les théories, les jurisprudences, le membre d'un Etat fédéral pourrait disposer d'un droit à l'autodétermination d'origine constitutionnelle. C'est ce qu'affirme F. Caamaño Domínguez en se basant sur la sentence de la Cour Suprême du Canada d'août 1998[607] ; pour lui l'Espagne est un Etat fédéral. Il en conclut que l'autodétermination d'une partie du peuple n'est pas rendue impossible par l'article 1.2 de la Constitution espagnole « la souveraineté nationale réside dans le peuple espagnol ; tous les pouvoirs de l'Etat émanent de lui ». A cela on pourrait opposer la jurisprudence de la Cour Constitutionnelle italienne 496/2000 dans la mesure où celle-ci spécifie bien que, la souveraineté appartenant au peuple italien dans son

---

[607] *Encuesta, El derecho de autodeterminación*, Teoría y Realidad Constitucional, n° 10-11, 2ème semestre 2002, 1er semestre 2003, p. 9-137 - Six questions posées à F. Caamaño Domínguez, F. de Carreras i Serra, M. Herrero de Miñon, J.R. Parada Vázquez, J. Ruipérez Alamillo, J. Vernet i Llovet.

ensemble, les décisions concernant l'ordonnancement constitutionnel doivent être prises par l'ensemble des italiens (en l'occurrence, sur le statut d'une région dans la République) – cette thèse est partagée par F. de Carreras i Serra[608].

Ces deux thèses ne sont en fait pas si contradictoires, on les retrouve plus ou moins synthétisées dans la sentence précitée de la Cour Suprême canadienne : en cas de volonté, prétention d'exercice d'un droit à l'autodétermination de la part des membres de la fédération, il existe une obligation de négocier venant des principes de la Constitution (démocratie, fédéralisme) et donc pas de sécession unilatérale possible dans le cadre du droit constitutionnel (ni international).

De plus ce n'est pas vraiment la question de la forme de l'Etat qu'il est pertinent de déterminer pour résoudre ce problème, mais bien plutôt, si l'on étudie de près toutes ces théories, celle de la nature de la Constitution comme pacte entre des peuples ou non.

Il convient aussi de s'entendre sur ce qu'est le droit à l'autodétermination : nous voyons dans la jurisprudence canadienne qu'il ne s'agit pas d'un droit de sécession unilatérale, droit qui pour la majorité des auteurs n'est pas reconnu dans une fédération mais bien dans une confédération (voir les développements de J. Ruipérez Alamillo[609]) où les membres sont titulaires de la souveraineté (théorie développée par Calhoun et von Seydel) – pour Kelsen, il peut être reconnu dans une fédération ou un Etat unitaire mais de façon expresse.

Ainsi les différentes théories, qu'elles se concentrent sur la forme de l'Etat ou la souveraineté ou le droit de sécession sont en fait concordantes sur le fait de dire qu'il n'existe pas dans l'Etat souverain (démocratique) de droit de sécession unilatérale d'une partie, mais pas sur le fait qu'il n'existerait pas en faveur des parties à un pacte constitutionnel un droit à l'autodétermination qui doit être examiné par l'ensemble du peuple, qui est souverain dans un Etat répondant à l'idée d'unité politique d'un peuple au travers de la décision fondamentale qu'est la Constitution (C. Schmitt). Le principal point d'achoppement est en fait le contenu, le rapport de l'autonomie et de la Constitution : l'autonomie est-elle un régime d'organisation territoriale du pouvoir qui ne peut justifier de son expression par la voie d'une fraction – autonomique – du peuple (versions française et italienne, une partie de la doctrine espagnole) ou est-elle le fruit du pacte de différents peuples (version canadienne sur la base du fédéralisme, et une partie de la doctrine espagnole sur la base de la dignité d'une minorité nationale comme peuple dans un Etat politiquement décentralisé, théorie ouverte de la démocratie) ?

On tourne autour des notions de peuple et de souveraineté, en relation avec les théories de la forme de l'Etat et les théories de l'Etat et constitutionnelle.

---

608 Ibid.

609 Ibid.

Pour E. Alvarez Conde, il existe deux limites établies par le pouvoir constituant contre la reconnaissance d'un droit constitutionnel à l'autodétermination[610] : le rejet du *ius secessionis* et « l'affirmation que le titulaire du pouvoir constituant est uniquement le peuple espagnol et non les possibles peuples ou nations qui peuvent être intégrés dans l'organisation politique dessinée par celui-ci ». C'est pourquoi l'auteur rejette sur le plan juridique le bien-fondé des propositions catalane ou basque allant dans ce sens (notamment la résolution du 12 juillet 2002 du Parlement basque).

Lorsque nous examinons ces différentes théories, nous voyons que même lorsqu'il est admis par des auteurs ou la jurisprudence que la composante de l'Etat, pour nous la région, puisse avoir droit de proposer une modification de son statut au sein de l'Etat, au nom du principe démocratique ou de la théorie selon laquelle la Constitution est un pacte entre les membres de la fédération par exemple ou entre l'Etat et ses composantes non souveraines (le contrat de L. Le Fur), la décision est prise par l'Etat, par le souverain dans son ensemble. Il n'y a donc pas d'autodétermination de la région, elle ne détermine pas elle-même son sort, si elle reste dans le cadre du droit. Les différentes théories exposées ici visent à concilier l'unité politique de l'Etat et l'idée de pacte ou de contrat avec ses composantes (théorie de L. Le Fur, théorie de l'Etat fédéral en Allemagne et au Canada, théories *pactistas* pour les droits historiques basques). Dans la théorie de L. Le Fur, s'il y a un contrat entre l'Etat et une composante non souveraine, son contenu se trouve en fait dans la Constitution par des dispositions prévoyant des droits garantis, dont L. Le Fur lui-même dit qu'ils ont donc pour base la volonté de l'Etat. C'est un contrat qui se matérialise dans un acte unilatéral. Prenons l'exemple de la question des droits historiques[611]. Les droits historiques reconnus dans la Constitution espa-

---

[610] E. Alvarez Conde, *Curso de Derecho constitucional, vol II, Los órganos constitucionales – el Estado autonómico*, 4ème édition, Tecnos, Madrid, 2003, 558 p. , p. 379.

[611] Selon le Tribunal Constitutionnel espagnol, la Constitution n'est pas issue d'un pacte entre les instances territoriales historiques, il n'y a pas de souveraineté basque reconnue de ce fait et les droits historiques tirent leur légitimité juridique de la Constitution (STC 76/1988 du 26/4, FJ 3 : « La Constitution n'est pas le résultat d'un pacte entre les instances territoriales historiques qui conservent des droits antérieurs à la Constitution et supérieurs à celle-ci, mais une norme du pouvoir constituant qui s'impose avec force d'obligation générale dans son domaine, sans que restent exclues des situations 'historiques' antérieures. »). Voir la disposition additionnelle première « la Constitution protège et respecte les droits historiques des territoires foraux ». (*Encuesta, El derecho de autodeterminación*, Teoría y Realidad Constitucional, n° 10-11, 2ème semestre 2002, 1er semestre 2003, p. 9-137, Six questions posées à F. Caamaño Domínguez, F. de Carreras i Serra, M. Herrero de Miñon, J.R. Parada Vázquez, J. Ruipérez Alamillo, J. Vernet i Llovet, notamment les interprétations de F. de Carreras i Serra et J. Ruipérez Alamillo sur la question « droit à l'autodétermination et droits historiques ». Voir aussi les développements faits plus haut sur l'autodétermination ainsi que, dans la première partie de la thèse, sur l'unité de la souveraineté espagnole.) Cependant pour S. Larrazábal Basáñez (S. Larrazábal Basáñez, *Contribución a una Teoría de los Derechos Históricos Vascos*, Instituto Vasco de Administración Pública, Bilbao, 1997, 608 p., en particulier p. 448 à 499.) il est difficile d'identifier

gnole, les droits foraux, posent le problème de leur modification. Ces droits sont à l'origine des pactes. Faut-il l'accord des territoires foraux pour les modifier ? La question se retrouve pour la possibilité pour une région italienne de convoquer un référendum régional sur le point de savoir s'il faut présenter une proposition de révision constitutionnelle afin que la région obtienne un statut spécial : c'est au peuple dans son ensemble de prendre la décision d'ordre constitutionnel[612]. La même idée se retrouve dans l'impossibilité pour l'Ecosse et le Pays de Galles de modifier les lois (constitutionnelles) de dévolution. Mais il reste que c'est une Convention constitutionnelle écossaise qui a adopté le texte ensuite repris sous la forme de la loi de dévolution[613].

En conclusion, nous pouvons dire que les théories du pacte n'ont pas de réalité constitutionnelle dans les Etats étudiés et qu'il n'existe pas, de plus, de droit d'autodétermination régionale.

- L'exercice régional de l'autodétermination

La région n'est pas sujet ou titulaire du droit à l'autodétermination mais participe à son exercice dans certains cas. La notion de participation peut être l'angle permettant de régler cette question, qui se pose à l'occasion de différentes actions des régions (initiatives politiques et juridiques) et de concilier l'ensemble des éléments en jeu, notamment la théorie de l'Etat et du pouvoir constituant, de la souveraineté, avec certaines formes par lesquelles les régions déterminent leur place au sein de l'Etat[614]. L'exercice régional de l'autodétermination serait donc un des modes

---

le contenu de ces droits historiques car ils ont un caractère de mutabilité que contredit cette théorie de garantie institutionnelle offerte à eux par la Constitution. C'est pourquoi cet auteur se range du côté des théories *pactistas*, notamment de *Vereinbarung* et d'acte complexe ; il décrit le contenu actuel du pacte : tout changement doit être le fruit d'un pacte entre les institutions de l'Etat d'une part, et les institutions des territoires historiques basques et de leurs communes d'autre part, les *fueros* (privilèges historiques) ayant été des pactes. L'auteur n'utilise cependant pas ces théories pour fonder une quelconque souveraineté basque. Nous pouvons d'ailleurs reprendre ici une citation que fait l'auteur de J.M. de Azaola dans un article sur l'essence de la foralité, clé pour la détermination des droits historiques en 1988 : « Un pacte foral de droit public qui a toujours été un pacte entre le souverain et la communauté intéressée, ou plutôt, un pacte entre des égaux – dans le sens où il serait erroné de voir un pacte fédératif ou confédéral, étant donné que les autorités représentatives de la communauté arrivent à des accords, au nom de celle-ci, avec le souverain ou avec ses représentants, aujourd'hui avec l'Etat. Les parties contractantes n'étaient pas la communauté forale et le reste de l'Etat, mais celle-là et l'ensemble de l'Etat (dont elle formait partie) ».

612 Sentence 496/2000 de la Cour Constitutionnelle italienne.

613 La *Scottish Constitutional Convention* 30 mars 1989 *Convention's Claim of Right for Scotland* : « *We, gathered as the Scottish Constitutional Convention, do hereby acknowledge the sovereign right of the Scottish people to determine the form of Government best suited to theie needs* ».

614 En effet, si certains éléments dans l'étude du régionalisme, et dans le rapport de certaines régions avec l'Etat dans lequel elles se trouvent, peuvent laisser penser aux théories de pacte entre la région

d'expression du volet interne de l'autodétermination d'un peuple. A côté de l'autodétermination individuelle des citoyens qui doit leur permettre, dans un Etat démocratique qui respecte le principe d'égalité entre les citoyens, de pourvoir à leur développement politique, économique et social, se développe donc un droit collectif d'autodétermination interne, à base régionale, dans les Etats où nous rencontrons le régionalisme institutionnel.

Nous avons déjà énuméré les moyens de cette autodétermination interne. Nous apporterons quelques éléments supplémentaires en ce qui concerne le référendum, qui est une technique de démocratie directe. Lorsqu'il a une base régionale, il permet de dégager une décision de la population régionale sur une affaire de la compétence de celle-ci. Les référendums régionaux ne sont pas l'expression de la souveraineté nationale, par définition, cependant, les questions qui y sont posées peuvent ressortir d'une décision appartenant au souverain dans son ensemble. Un exemple nous a été fourni par l'affaire de la région de la Vénétie déjà commentée, et le rejet par la Cour Constitutionnelle d'une possible expression de l'autonomie par une fraction régionale du peuple.

Le rapport entre autonomie régionale et autodétermination a amené la question de la nature de la Constitution et du pouvoir constituant, qui est au centre de ce thème. Il se place dans la problématique du rapport entre souveraineté de l'Etat et intégration et articulation des collectivités/ordres/institutions[615] territoriaux. Nous avons vu que la souveraineté était une dans l'Etat. Ce que nous appelons l'exercice régional de l'autodétermination dans le régionalisme institutionnel se fait de façon interne par l'autonomie des régions (institutions territoriales, parfois basées sur un caractère identitaire) et par des méthodes d'intégration (aux pouvoirs constitués nationaux) et d'articulation des ordres régionaux et de l'ordre national[616], dans l'exercice commun de la souveraineté.

Les mesures de « préférence régionale »

L'identité caractérise les systèmes régionaux étudiés dans le régionalisme institutionnel.

---

ou le peuple régional et l'Etat, les systèmes étatiques que nous étudions restent cependant, comme nous l'avons développé en première partie de cette thèse, basés sur la souveraineté et plus largement l'unité politique de l'Etat (qu'il s'agisse d'Etats unitaires ou fédéraux). La région exerce une partie du pouvoir public, distribué verticalement, et ainsi, autonomie, intégration et articulation (nous développons ces deux points plus loin) sont l'exercice régional de l'autodétermination.

[615] Pour ce point, voir nos développements sur la théorie de S. Romano.

[616] Ou encore des institutions régionales et nationales ; voir nos développements sur la théorie de S. Romano.

Nous prendrons deux exemples de ce que nous appelons les mesures de « préférence régionale », afin de voir jusqu'où la région peut aller dans la matière, sachant qu'une des limites à son action qui est ici importante est le principe d'égalité des citoyens sur l'ensemble du territoire national.

Le premier exemple est celui de la province de Bolzano, que nous avons déjà évoqué. Les accords de Paris de 1946 prévoyaient d'arriver à une parité entre les minorités germanophone et italienne dans les emplois publics. Le statut de 1972 a mis en place la proportionnalité ethnique comme critère de répartition entre les trois groupes allemand, italien et ladin, qui se fait en fonction du recensement de la population, dans lequel tout citoyen doit déclarer son appartenance à un groupe. Le recours à la proportionnalité ethnique est valable aussi pour les employés de l'administration de l'Etat dans la province et des institutions paraétatiques, ainsi que, depuis 1997, les entreprises privatisées[617]. De plus, il existe une obligation de bilinguisme italien/allemand dans la fonction publique[618].

Le second exemple concerne la Catalogne, plus particulièrement l'usage de la langue dans l'administration de la justice. Selon l'article 6 du statut de la Catalogne, le catalan est une langue officielle de la Généralité, à côté du castillan. Cependant la loi organique d'organisation de la justice (LOPJ – Ley orgánica sobre el Poder Judicial, n° 6/1985, du 1er juillet) rend obligatoire l'usage du castillan pour les juges et autres fonctionnaires de la justice[619], l'usage de la langue autonomique étant possible si aucune des parties ne s'y oppose[620]. La loi catalane n° 1/1998 du 7 janvier de politique linguistique prévoit la validité des actes écrits et oraux dans les deux langues sans obligation de traduction[621] et exige la connaissance du catalan pour les fonctionnaires. L'article 2.2 de la loi dispose que le catalan doit être la langue utilisée de préférence par l'administration de l'Etat en Catalogne, et plus généralement par les institutions et entreprises offrant un service public. L'article 6 du nouveau statut de la Catalogne en fait la langue normalement utilisée dans l'administration, les médias publics, l'enseignement et l'apprentissage – les citoyens de Catalogne ont le droit et le devoir de connaître les deux langues.

Ces deux exemples nous montrent l'institutionnalisation de l'identité ethnique ou linguistique, qui conduit à une discrimination envers les autres citoyens, discrimi-

---

[617] d.P.R n°752 du 26/07/1976, modifié par le d.P.R. 354/1997. Sont exclues l'armée et les forces de l'ordre.

[618] d.P.R n°571 du 31/07/1978.

[619] Voir J. Bayo Delgado, X. Muñoz Puiggròs, *La catalanisación de la Justicia*, in : *Informe Pi i Sunyer sobre la Justicia a Catalunya*, Fundació Carles Pi i Sunyer d'Estudis Autonomics i Locals, Barcelone, 1998, 666 p., p. 483-493.

[620] Article 231 de la loi et STC 56/1990.

[621] Cependant l'article 231.4 de la LOPJ rend obligatoire les traductions lorsque les actes doivent sortir du territoire de la Communauté Autonome.

nation qui est la conséquence de la reconnaissance juridique de la diversité identitaire dans le régionalisme institutionnel.

Il existe des limites communes à l'action des régions : droits de l'homme, économie, démocratie, relations internationales, égalité. Ce sont en définitive les grandes orientations politiques qui appartiennent toujours à l'Etat. Les limites à l'action régionale viennent de la Constitution et au profit des Etats ou quelquefois des collectivités locales inférieures. Ce développement a eu pour but de se faire une idée sur la capacité d'une région à adopter ses propres politiques. Nous devons à présent procéder à la détermination de l'autonomie régionale dans le régionalisme institutionnel.

B. La détermination de l'autonomie régionale dans le régionalisme institutionnel

Nous tenterons de déterminer ce qui fait la substance de l'autonomie politique, marque selon nous du régionalisme institutionnel. La France est ainsi exclue de notre analyse.

1. La substance d'une autonomie politique

La substance d'une autonomie politique passe tout d'abord par l'exercice du pouvoir public par le biais d'une compétence de principe en matière d'affaires régionales. L'étendue de ce pouvoir conduit la région à exercer une domination sur l'organisation territoriale locale du pouvoir. Enfin l'existence de garanties de l'autonomie politique est un élément de sa substance même, de sa définition.

La spécialité des institutions territoriales : les affaires régionales

Il y a un principe de spécialité des collectivités territoriales par rapport au caractère général de la souveraineté et de la compétence de la compétence. Les collectivités territoriales sont limitées à leur sphère de compétence.

Le terme d'affaires régionales est utilisé par le projet de Charte européenne de l'autonomie régionale du Conseil de l'Europe. Ce projet met en rapport les affaires régionales avec l'intérêt public (que nous appelons intérêt général) et le principe de subsidiarité[622], l'intérêt régional[623] et de façon indirecte (article 6-2) les exigences unitaires qui conduisent parfois à la prééminence de ce qui est considéré comme un intérêt de niveau national ou la nécessité d'une intervention étatique du fait de la capacité de l'Etat à assurer une certaine uniformité sur le territoire face à l'asymétrie qui résulte du polycentrisme normatif[624]. Dans ce projet, le concept d'affaires régionales recoupe le principe de compétence résiduelle : tout ce qui n'est pas exclu des compétences des régions ou attribué à d'autres autorités et qui représente un intérêt régional est de compétence de la région, même si cela ne lui a pas été attribué expressément. Cette définition, qui nous paraît très intéressante et assez claire, correspond à notre analyse des systèmes constitutionnels que nous étudions. Les dispositions des différents droits sont cependant peu harmonieuses à première vue.

L'article 137 de la Constitution espagnole dispose que « L'Etat distribue son territoire entre les communes, les provinces et les communautés autonomes qui se constituent. Toutes ces entités jouissent d'une autonomie pour la gestion de leurs intérêts respectifs. »[625]. Selon la décision 32/1981 du 28/07 du Tribunal Constitutionnel : « L'autonomie locale doit être comprise comme un droit de la communauté locale à participer, au travers de ses organes propres, au gouvernement et à l'administration des affaires qui les concernent, l'intensité de cette participation se graduant en fonction du lien entre intérêts locaux et supra-locaux à l'intérieur de ces affaires ou matières. (...) L'article 137 de la Constitution exige que chaque entité soit dotée de toutes les compétences propres et exclusives qui sont nécessaires pour garantir l'intérêt respectif ». Par ailleurs, l'intérêt de la Communauté Autonome est évoqué dans des dispositions précises de son statut. Nous prendrons l'exemple de la Catalogne. L'article 9 de son statut attribue une compétence exclusive à la Généralité sur les conservatoires de musique et les services de beaux-arts

---

622 Article 3 : « 1. Par autonomie régionale, on entend le droit et la capacité effective (...) de prendre en charge (...) une part importante des affaires d'intérêt public conformément au principe de subsidiarité ».

623 Article 6 - Affaires régionales : « 1. Outre les compétences qui conformément au principe de l'article 3 sont reconnues ou attribuées aux régions par la Constitution, le statut de la région, la loi ou le droit international, les affaires régionales couvrent également toute question d'intérêt régional qui n'est pas exclue de leurs compétences ou attribuée à une autre autorité (...) ».

624 Article 6-2 : « 2. Dans l'exercice de leurs compétences les régions doivent, dans le respect du droit, être guidées par l'intérêt des citoyens, s'inspirer du principe de subsidiarité et prendre en compte les exigences raisonnables de la solidarité nationale et européenne ».

625 La loi fixant les bases du régime local réaffirme d'ailleurs ce principe au profit des collectivités locales, face à la législation de l'Etat et des Communautés Autonomes qui doit leur permettre de régler les affaires les concernant directement, conformément aux principes de décentralisation et de proximité maximale de la gestion administrative des citoyens. Loi 7/1985 du 2 avril, articles 1 (qui parle d'intérêts propres et d'intérêts respectifs) et 2 (principes de décentralisation et de subsidiarité).

« d'intérêt pour la Communauté Autonome » et les statistiques « d'intérêt de la Généralité ».

En Ecosse, la loi de dévolution utilise une formulation négative. Ce qui n'est pas de la compétence du Parlement écossais est une loi sur un Etat ou un territoire autre que l'Ecosse ou qui confère ou retire des fonctions pouvant être exercées ailleurs qu'en Ecosse ou au sujet de l'Ecosse (article 29(2) (a) *Scotland Act*). Par ailleurs il dispose d'une compétence résiduelle, en dehors des matières réservées à l'Etat et dans certaines limites. En Italie, le concept d'affaires régionales n'existe pas en tant que tel ; nous pouvons seulement remarquer que la région se voit reconnaître une compétence législative résiduelle. Par contre nous rencontrons la notion d'intérêt régional à titre ponctuel pour justifier une compétence de la région ou de la province autonome ; c'est souvent le cas des travaux publics d'intérêt régional[626] ou autre[627]. Enfin le statut de la Sicile met en place une clause de compétence de droit commun en matière d'intérêt régional[628]. Nous pouvons aussi mettre en relation l'intérêt national avec l'autonomie régionale, la reconnaissance du premier n'étant pas, selon la Cour Constitutionnelle, nécessairement contraire à celle-ci[629]. En Belgique ce concept n'existe pas ; l'utilisation d'un tel concept dans le système belge des Communautés et des Régions se complique du fait de la répartition fonctionnelle entre ces entités situées sur de mêmes territoires.

Ainsi le concept d'affaires régionales ne semble pas s'imposer de façon claire dans les droits étudiés. Cependant en interprétant l'ensemble des dispositions constitutionnelles concernant les régions, nous pouvons remarquer divers éléments qui

---

626 Article 3 e) du statut de la Sardaigne ; article 4 n° 9 du statut du Frioul-Vénétie-Julienne (travaux publics d'intérêt local et régional) ; article 8 n° 17 du statut du Trentin-Haut-Adige (travaux publics d'intérêt provincial de la compétence de la province) ; article 2 f) du statut du Val d'Aoste (rues et travaux publics d'intérêt régional) ; article 14 g) du statut de la Sicile (travaux publics sauf ceux d'intérêt national).

627 Par exemple l'article 5 n° 7 du statut du Frioul-Vénétie-Julienne (service public d'intérêt régional) ; article 8 n° 18 du statut du Trentin-Haut-Adige (communication et transport d'intérêt provincial de la compétence de la province), n° 4 (institutions culturelles à caractère provincial), article 109 (exclusion de compétence sur le patrimoine historique et artistique d'intérêt national), article 5 n° 3 (normes d'application sur les établissements de crédit d'intérêt régional).

628 Article 17 du statut de la Sicile : « Dans les limites des principes et intérêts généraux de l'Etat, l'assemblée régionale peut, afin de satisfaire aux conditions particulières et aux intérêts propres de la région, adopter des lois, même sur l'organisation des services, sur les matières suivantes concernant les régions : (...) i) toutes les autres matières qui impliquent des services d'intérêt régional dominant ». A noter la limite des intérêts généraux de l'Etat et la redondance de l'intérêt régional « intérêt propre », « concernant les régions », « intérêt régional ».

629 Voir la sentence 59/2000 où la Cour rejette le recours de la région de la Vénétie contre l'approbation des statuts de la société de culture La Biennale de Venise et la nomination de son président par le ministre des biens culturels et environnementaux au motif qu'elles avaient été basées sur un « intérêt national prééminent ».

vont dans ce sens : le caractère résiduel des compétences, la notion de compétences propres, le concept très utilisé d'intérêt régional, et enfin le principe de subsidiarité[630]. Celui-ci suppose que reviennent à la région les compétences qu'elle peut mieux mettre en œuvre que les collectivités inférieures et qui ne nécessitent pas une intervention de l'Etat quand il n'est pas lui-même apte à mieux les mettre en œuvre. La notion d'affaires régionales représente la sphère de compétence des régions. Celles-ci n'ont ni la souveraineté, ni la compétence de la compétence, mais une autonomie qui a pour objet les affaires régionales. Les compétences sont attribuées par le souverain aux régions en fonction de cette idée d'affaires régionales, qui permet aussi de présenter l'articulation de l'ordre juridique complexe mis en place par le régionalisme institutionnel.

Le rapport aux collectivités locales présentes sur le territoire régional : autonomie politique et autonomie locale

Le rapport des régions aux collectivités locales inférieures entre aussi dans la définition de leur autonomie politique. L'autonomie locale est protégée dans le droit constitutionnel[631]. Cependant, les régions ont une capacité à faire des choix politiques et à désigner les instruments pour les réaliser que n'ont pas les collectivités locales. Même quand aucune différence n'est affirmée dans la Constitution[632], les régions exercent un certain pouvoir sur les collectivités locales se trouvant sur leur territoire du fait de toute une série d'éléments, compétence régionale d'organisation des collectivités locales[633], centralisation au niveau régional de nombreuses actions ou politiques publiques[634], etc.

---

[630] Ajoutons la limite territoriale, que nous étudions plus loin à la suite de l'analyse de l'intérêt national et général comme limite aux compétences régionales.

[631] Les cours constitutionnelles défendent aussi l'autonomie locale face à la région. Voir par exemple les sentences 83/1997, 478/2002 et 48/2003 de la Cour Constitutionnelle italienne, ou encore en Espagne, où le Tribunal Constitutionnel assure la garantie institutionnelle aux collectivités locales (STC 32/1981).

[632] C'est le cas en Espagne (article 137 de la Constitution : les communes, provinces et communautés autonomes jouissent d'une autonomie pour la gestion de leurs intérêts respectifs) et en Italie (la *pariordinazione* du nouvel article 114 de la Constitution).

[633] C'est le cas en Ecosse et au Pays de Galles depuis la dévolution, en Belgique pour les Régions depuis l'adoption de la loi spéciale du 13 juillet 2001, en Italie dans les régions à statut spécial (pour le Val d'Aoste article 2 du statut, le Trentin-Haut-Adige/Südtirol, article 4 du statut, le Frioul Vénétie-Julienne, article 4 du statut, la Sardaigne, article 3 du statut) et en Espagne en partie (article 148-2° de la Constitution).

[634] Nous renvoyons particulièrement à l'étude qui a été faite dans la première partie de cette thèse de la place des régions italiennes par rapport aux collectivités locales, bien qu'aucune supériorité ni compétence ne leur soient reconnues dans la Constitution.

Les garanties de l'autonomie politique

Les garanties de l'autonomie politique font aussi partie de la détermination de celle-ci. Il s'agit du degré d'ouverture du système et de l'existence d'un concept constitutionnel d'autonomie.

Le degré d'ouverture du système, qui est aussi ce que nous avons appelé la flexibilité et la différenciation dans les divers Etats étudiés, est une garantie juridique du caractère politique de l'autonomie. Il s'agit selon nous de la traduction sur le plan juridique du concept que nous avons déjà présenté de capacité d'action politique des régions qui existe en sciences politiques.

L'existence d'un concept juridique d'autonomie dans le droit constitutionnel se traduit dans ce qui est appelé la garantie institutionnelle. Nous nous inspirerons de la définition qu'en donne le Tribunal Constitutionnel espagnol dans sa STC 32/1981 : « La garantie institutionnelle n'assure pas un contenu concret ou un domaine de compétence déterminé une fois pour toutes, mais la préfiguration d'une institution en termes reconnaissables pour l'image que la conscience sociale a de celle-ci en tout temps et lieu. Cette garantie est méconnue quand l'institution est limitée de telle sorte qu'elle soit privée de ses possibilités d'existence réelle comme institution pour se convertir en un simple nom ». La région est une institution, qui se définit territorialement, elle est donc protégée en tant que telle. Cet élément nous servira plus tard lorsque nous appliquerons la théorie institutionnelle de S. Romano au régionalisme. De plus, dans le cadre du régionalisme institutionnel, la région est une institution dotée d'autonomie politique. Cela nous conduit donc à la garantie du sens de l'autonomie, afin qu'elle ne devienne pas qu'un mot. Les cours amenées à régler les conflits de compétence entre Etat et régions vont interpréter la répartition des pouvoirs par rapport au système constitutionnel dans son ensemble, ce qui limite parfois l'action de l'Etat, qui doit respecter l'autonomie des régions et ne pas prendre de mesure qui la viderait indirectement de sens. En Espagne, nous avons vu dans la STC 13/1992 qu'il n'existait pas de pouvoir général de subvention de l'Etat afin de respecter l'autonomie des Communautés Autonomes ; selon la STC 175/2003, l'article 149.1.15 de la Constitution[635] ne peut être invoqué par l'Etat comme titre de compétence que si la recherche est l'objectif principal de la réglementation en question, à moins de vider de sens les autres titres sectoriels de compétence, aux dépens des Communautés Autonomes ; en matière de sécurité sociale et d'aides sociales, l'autonomie de l'article 2 de la Constitution justifie la possibilité pour les Communautés Autonomes d'exercer des choix politiques. La décision

[635] Compétence exclusive de l'Etat en matière de développement et coordination générale de la recherche scientifique et technique.

196/2004 de la Cour Constitutionnelle italienne va dans le même sens[636], ainsi que la Cour d'Arbitrage belge[637].

Le fait de pouvoir choisir d'adopter des politiques différentes en exerçant ses compétences est donc l'essence de l'autonomie des régions.

2. Définition de l'autonomie dans le régionalisme institutionnel

De la substance de l'autonomie politique que nous venons de décrire, nous pouvons tirer diverses conséquences déjà soulignées à maintes reprises : l'existence de principes et mécanismes d'équilibre entre unité et diversité et la flexibilité, la souplesse des rapports entre l'Etat et les régions.

Nous pouvons donc donner une définition institutionnelle de l'autonomie politique dans le régionalisme qui est celle d'un système polycentrique à dominante d'autonomie régionale[638], mais aussi une définition procédurale de cette autonomie politique, un système d'équilibre et de souplesse entre unité et diversité[639].

Nous allons à présent aborder le deuxième critère du régionalisme institutionnel, la répartition des pouvoirs.

II. LA REPARTITION DES POUVOIRS

La répartition des pouvoirs dans le régionalisme institutionnel concerne en réalité la répartition des compétences entre l'Etat et les régions. L'existence d'une répartition des compétences en faveur des régions est une caractéristique importante du régionalisme institutionnel. Nous trouvons dans l'ensemble des Etats étudiés des

---

636 Décision 196/2004, point 21 des considérations juridiques : la norme étatique en cause « comprime l'autonomie législative des régions, leur empêchant de faire des choix différents de ceux du législateur national, bien que dans le domaine des principes législatifs déterminés par celui-ci ». Sont annulées diverses dispositions de la loi qui ne prévoient pas la possibilité pour le législateur régional de déterminer certains éléments ou d'opérer des choix différents pour certains éléments.

637 Arrêt 25/1991, B4 : l'autonomie conférée aux Communautés implique que des politiques différentes puissent être conduites par les différents législateurs, ce qui n'aurait pas de sens si la différence de traitement qui en résulte pouvait en soi constituer une violation du principe d'égalité ; la comparaison entre les normes venant des deux Communautés, en l'occurrence en matière de radios locales, n'est ainsi selon la Cour pas juridiquement pertinente. Voir aussi l'arrêt 33/1991.

638 Autonomie statutaire, pouvoir législatif régional, rapport aux collectivités locales inférieures, différenciation, etc.

639 Compétences de l'Etat, place de la jurisprudence constitutionnelle, principe de subsidiarité, articulation des compétences, participation des régions aux décisions nationales, pouvoir de contrainte et de substitution de l'Etat, etc.

similitudes quant aux sources de répartition des compétences (A), des systèmes par contre très divers et parfois confus pour cette répartition (B). Cette étude sera l'occasion d'examiner de façon plus ou moins détaillée les compétences des régions et de l'Etat en Belgique, en Espagne et en Italie, ainsi qu'au Royaume-Uni et en France (C).

A. Similitudes dans les sources de la répartition des compétences

Les similitudes dans les sources de la répartition des compétences entre l'Etat central et les régions tiennent à la place du droit constitutionnel (1), ainsi qu'au principe de compétence de la compétence et à la participation des régions à la détermination de leurs compétences (2).

1. La place du droit constitutionnel

Le droit constitutionnel est la clé de la répartition des compétences dans les Etats où se développe le régionalisme institutionnel.

Le cas particulier du Royaume-Uni a déjà été présenté. La répartition des compétences s'effectue bien dans la Constitution : les lois de dévolution sont considérées comme des réformes constitutionnelles[640]. Le Parlement, souverain, peut cependant parfaitement adopter des lois dans les matières constitutionnelles, ce qui offre moins de garantie aux régions qu'une Constitution rigide ne le fait. C'est pourquoi le Royaume-Uni ne peut encore être considéré comme adoptant pleinement le régionalisme institutionnel dans son ordre juridique.

La Constitution

La Constitution procède dans l'ensemble des Etats étudiés à la répartition des compétences entre l'Etat et les régions, soit en faisant une attribution matérielle de compétences, soit en posant les principes de répartition des compétences, soit un mélange des deux. L'attribution matérielle de compétences peut se faire par nature, elle concerne alors le type de norme que l'autorité nationale ou régionale peut adopter (un accord international, une loi, un acte réglementaire) et son degré de précision (norme secondaire d'exécution, d'application, de développement d'une autre norme, norme primaire de principe ou de détail). Elle peut aussi se faire par matières (affaires étrangères, culture, etc.) désignées avec plus ou moins de précision. Nous trouvons souvent un mélange des deux. Par exemple dans la Constitution espagnole nous trouvons à l'article 149.1 de la Constitution la combinaison de tous ces éléments.

---

[640] Le Royaume-Uni n'a pas de Constitution au sens formel mais bien au sens matériel.

Les principes de répartition des compétences sont les principes qui guident la répartition matérielle des compétences quand celle-ci n'est pas faite dans la Constitution ou pas dans sa totalité. Il peut s'agir d'un principe de compétence de droit commun de la région, l'Etat se voyant réserver certaines compétences dans le texte constitutionnel ; il peut s'agir du principe de subsidiarité et d'un principe de compétence pour ses affaires propres, que nous retrouvons à différents niveaux et sous différentes formulations dans les droits constitutionnels des Etats étudiés, et qui sont souvent mis en œuvre au travers de la législation nationale.

Le fait que la source de la répartition des compétences soit dans la Constitution signifie que les Etats gardent la compétence de la compétence. La Constitution n'est cependant pas la source exclusive de la répartition des compétences.

Le droit constitutionnel dérivé

Il s'agit d'une part des statuts ou du droit constitutionnel régional, et d'autre part de la jurisprudence constitutionnelle.

Les statuts viennent parfois compléter la Constitution concernant la répartition des compétences. En Espagne et en Italie, les régions ont des statuts dénommés comme tels. Il s'agit de plus d'une loi spécifique par sa nature et sa procédure d'élaboration. En Espagne les statuts sont des lois organiques adoptées par les *Cortes Generales*, en Italie une loi à la majorité absolue des membres du Conseil régional adoptée en deux délibérations distantes de deux mois et éventuellement ensuite par référendum[641]. Pour ce qui est de l'élaboration du statut, les régions sont compétentes[642].

En Belgique et au Royaume-Uni, il n'existe pas de statut à proprement parler. En Belgique l'organisation et le fonctionnement des institutions sont réglés dans la Constitution au chapitre IV[643]. Au Royaume-Uni, ces dispositions se trouvent dans les lois de dévolution, qui interviennent dans une matière constitutionnelle. Il y a une loi pour le Pays de Galles et une pour l'Ecosse, chacune traitant de l'organisation et du fonctionnement des institutions et de la question des compétences. Il s'agit donc bien du statut de la région, même s'il n'est pas présenté

---

641 Articles 146 et 147 de la Constitution espagnole et 123 de la Constitution italienne.

642 Article 146 de la Constitution espagnole : « Le projet de statut est élaboré par une assemblée composée des membres du conseil provincial ou de l'organe interinsulaire des provinces concernées et par les députés et les sénateurs élus dans leur ressort, et il sera transmis aux *Cortès Generales* pour être examiné comme une loi. ». Article 123 de la Constitution italienne.

643 Cependant les conseils des Communautés et des Régions fixent certaines règles relatives à l'élection des conseils et à la composition et au fonctionnement des conseils et gouvernements, et ce « à la majorité des deux tiers des suffrages exprimés, à condition que la majorité des membres du conseil concerné soit présente. » (Articles 118 et 123 de la Constitution belge).

comme tel. Si les régions ont participé à leur élaboration, aucun mécanisme n'est prévu dans les lois de dévolution pour leur participation à la révision éventuelle de cette loi qui est une loi britannique.

Ainsi au Royaume-Uni les statuts effectuent pleinement la répartition des compétences entre l'Etat et les régions et en Espagne les statuts complètent la répartition des compétences mise en place par la Constitution (ainsi qu'en Italie dans les régions à statut spécial). Cela vient du mode d'organisation territoriale de l'Etat qui autorise une asymétrie de compétences entre les régions. Il faut donc lire le statut d'une Communauté Autonome espagnole et des régions à statut spécial en Italie ou la loi de dévolution pour l'Ecosse ou le Pays de Galles pour connaître leurs compétences.

Nous parlons de droit constitutionnel régional pour décrire la partie du droit constitutionnel consacrée aux régions. Les statuts en font partie s'ils sont formellement des sources de droit constitutionnel. C'est le cas en Belgique puisque les dispositions sur l'organisation, le fonctionnement et les compétences des Communautés et des Régions se trouvent dans la Constitution, ce qui n'est pas intéressant ici puisque nous traitons des sources autres que la Constitution. C'est le cas en Italie pour les régions à statut spécial dont les statuts avaient été adoptés par des lois constitutionnelles[644]. Au Royaume-Uni les lois de dévolutions appartiennent à la matière constitutionnelle. Enfin en Espagne les statuts sont des lois organiques : il ne s'agit pas de lois constitutionnelles, cependant ces mesures d'application de la Constitution sont supérieures à la loi. Ils ont donc une place particulière dans la hiérarchie des normes, soit loi constitutionnelle, soit loi organique, sauf en Italie où il s'agit d'une loi régionale.

Nous avons déjà eu l'occasion d'apprécier la place de la jurisprudence constitutionnelle ou des instances chargées de résoudre les conflits de compétence entre régions et Etat. La jurisprudence constitutionnelle a un rôle déterminant en matière de répartition des compétences, car c'est là qu'apparaissent les conflits et qu'elle fournit des solutions et interprétations authentiques des dispositions constitutionnelles parfois peu claires, incomplètes ou contradictoires. Ainsi le Tribunal constitutionnel espagnol a une jurisprudence abondante concernant le fonctionnement de l'Etat autonomique, et a même contribué à sa définition.

La jurisprudence constitutionnelle en matière de répartition des compétences a souvent participé à cette recherche de l'équilibre entre les principes de l'unité politique de l'Etat et la différenciation, conséquence et caractéristique du régionalisme institutionnel, tentant de concilier ces deux éléments. Ainsi, la jurisprudence constitutionnelle, en étant une source de la répartition des compétences du fait de la nécessaire interprétation et application des textes constitutionnels, a participé au

[644] A présent cependant les statuts sont adoptés par le Conseil Régional.

développement du régionalisme institutionnel, tout en mettant en avant le fait que la répartition des compétences en est l'un des éléments de définition les plus emplis d'enjeux juridiques.

2. La compétence de la compétence et la participation des régions à la détermination de leurs compétences

Le régionalisme ne permet pas à une région d'avoir la compétence de la compétence, car nous avons vu qu'il n'y a qu'un pouvoir souverain au sein de l'Etat, qui est l'Etat lui-même. Cependant la région participe dans certains cas et de deux façons à la détermination de ses compétences, c'est-à-dire soit par la coopération[645], soit par l'intégration aux pouvoirs constitués[646]. Il s'agit d'une approche territoriale de la répartition des compétences au sein de l'Etat.

Après avoir constaté les similitudes dans les sources de la répartition des compétences, nous allons en présenter les différents systèmes.

B. Les systèmes de répartition des compétences

Il n'y a pas d'uniformité dans les systèmes de répartition des compétences entre l'Etat et les régions. Chaque Etat a sa structure propre (1), cependant il existe des tendances générales communes aux divers systèmes (2).

1. Une grande diversité des systèmes

Il existe diverses techniques d'attribution des compétences. Dans la plupart des cas les compétences sont distribuées par matières. Le plan Ibarretxe propose une répartition par politiques publiques[647]. Nous retrouvons cette présentation dans le nou-

---

645 Nous pensons par exemple aux statuts des Communautés Autonomes, qui leur attribuent les compétences, bien qu'ensuite ce soient les institutions de l'Etat espagnol qui adoptent la norme. Nous avons vu aussi que la plupart des statuts ou réformes constitutionnelles sont négociés politiquement avec les régions, même si l'Etat garde le dernier mot. De plus un principe tel que le principe de subsidiarité permet de concilier une approche par le bas de la répartition des compétences avec ce cadre juridique. En effet, selon le principe de subsidiarité, les compétences sont exercées par l'entité la plus proche du citoyen, sauf lorsque certaines exigences d'unité et d'efficacité justifient l'intervention de l'autorité « supérieure ». Dans ce cas la collaboration pour déterminer le niveau adéquat et lui attribuer la compétence est parfois nécessaire, comme l'exige le droit constitutionnel italien par exemple (article 118 de la Constitution).

646 Voir plus loin nos développements sur l'intégration.

647 « Article 42.- Les Politiques Publiques dans la répartition des compétences. 1. Pour l'attribution et la répartition du Pouvoir Public dans la Communauté d'Euskadi. On utilisera prioritairement le critère

veau statut de la Région Emilie-Romagne qui fait en partie la liste de ses compétences par politiques : politique de l'environnement, du travail, économique, sociale[648]. En Espagne et en Italie, il arrive que les compétences soient transversales, donnant un titre horizontal pour agir dans diverses matières, au-delà de la répartition matérielle des compétences[649]. La répartition des compétences ne se fait plus alors selon l'objet mais selon le but de la norme.

Il existe des compétences exclusives, concurrentes et résiduelles. Parmi les compétences concurrentes, divers systèmes ont été développés : les lois-cadres, les législations de base, les principes directeurs ou fondamentaux.

Le principe de subsidiarité doit servir à la répartition des compétences, mais il est toujours soumis à l'interprétation des autorités nationales. La capacité des régions à se saisir de compétences n'existe que dans des cas restreints et bien encadrés[650].

Enfin au Royaume-Uni la répartition des compétences est soumise à la *soft law*.

2. Les tendances communes

La flexibilité

La flexibilité dans le système de répartition des compétences est une caractéristique du régionalisme et une tendance qui augmente avec les évolutions institutionnelles et constitutionnelles qui favorisent la différenciation entre les régions[651]. Il s'agit des conventions pour le Royaume-Uni et de la *soft law* en général pour tous les

---

d'attribution de politiques publiques, le critère de la répartition par matières s'appliquant de façon subsidiaire et comme conséquence de son incorporation dans une politique publique déterminée. 2. Une politique publique est constituée, selon le présent Statut, de l'ensemble des matières de compétence et des activités administratives sur lesquelles les Institutions exercent des pouvoirs législatifs et d'exécution précis pour son entière adaptation et son plein développement, dans le but de délivrer un service intégral aux citoyens et citoyennes basques ».

[648] Loi régionale du 31 mars 2005, n°13. Voir les articles 3 à 6.

[649] C'est la jurisprudence qui applique ces compétences de façon transversale. En Italie par exemple l'environnement, la concurrence, le niveau essentiel des prestations, en Espagne la culture ou la planification de l'activité économique.

[650] En Espagne, lors de l'adoption et de la révision des statuts, dans les limites des matières énumérées dans la Constitution ; en Italie, depuis la réforme de la dévolution italienne, pour les matières ajoutées à l'article 117 de la Constitution.

[651] Voir sur la flexibilité ou encore la « mobilité » des compétences C. Barbati, *La mobilité des compétences*, Revue française d'administration publique, n°121-122, Ecole nationale d'administration, Strasbourg, 2007, p. 49-60.

Etats[652], ou de l'intervention d'une cour constitutionnelle pour délimiter les matières en dernier ressort. La flexibilité se trouve aussi dans la possibilité pour une région qui en a la volonté d'étendre ses compétences, par la révision de son statut. Le principe de subsidiarité suppose aussi une flexibilité suivant les capacités d'action politique des différents acteurs. Le système des lois-cadres, des lois posant les principes fondamentaux, etc., offre aussi une souplesse d'application d'une région à une autre.

L'asymétrie des pouvoirs et de leur exercice va de pair avec la flexibilité dans les systèmes de répartition des compétences, avec chacun des éléments de cette flexibilité.

La protection de la sphère régionale des compétences par le système de répartition

Le système de répartition des compétences délimite dans la Constitution ou la loi une sphère de compétences de nature régionale qui est protégée par les textes en tant que telle. Nous faisons ici allusion aux compétences, affaires ou intérêts dits propres, ainsi qu'à la définition du principe de subsidiarité. Il s'agit aussi d'une lecture globale des règles de répartition qui doit conduire à la protection de cette sphère régionale des compétences, le contenu dont l'autonomie ne peut être vidée pour garder un sens ; ainsi les cours constitutionnelles procèdent-elles à une qualification du système constitutionnel mis en place et elles en déduisent que les règles précises de répartition des compétences doivent respecter, ne doivent pas dénaturer le schéma global qui est un équilibre entre unité politique de l'Etat et autonomie et diversité régionale. Nous citerons à nouveau une décision du Tribunal Constitutionnel espagnol. Celle-ci concerne la compétence de l'Etat en matière économique de l'article 149.1.13 de la Constitution espagnole : « principes et coordination de la planification générale de l'activité économique ». Elle ne peut selon le Tribunal « inclure n'importe quelle action de nature économique, si elle ne possède pas une incidence directe et significative sur l'activité économique générale », sinon « on viderait de contenu une matière et un titre de compétence plus spécifique »[653]. Le Tribunal entend ainsi protéger les compétences des Communautés Autonomes dans divers domaines, comme ici le commerce intérieur et l'aménagement du territoire et l'urbanisme (la décision porte sur l'installation des grandes surfaces). Cependant la jurisprudence constitutionnelle n'est pas toujours favorable à l'autonomie régionale.

---

[652] Par le biais de la coopération intergouvernementale il arrive que la répartition des compétences soit modifiée, notamment au profit de l'Etat.

[653] STC 112/1995 et STC 21/1999 FJ 5, citées par la STC 124/2003 du 19 juin.

La division et l'intégration des matières

Les matières sont divisées parfois, du fait des systèmes de répartition des compétences[654], par exemple par l'utilisation de techniques comme les politiques publiques ou les bases. Certains éléments d'une matière vont être adoptés par une législation de détail de la région, d'autres en développement des bases fixées par la législation étatique.

Les matières transversales en Italie[655] ou en Espagne[656] posent le problème de la recentralisation éventuelle par ces compétences transversales, qui donnent toujours la possibilité d'agir à l'Etat, même s'il doit respecter les compétences régionales, notamment car cela comprend parfois une activité de coordination. La nature de ces compétences répond à l'idée d'unité sur l'ensemble du territoire.

C. Les compétences des régions et de l'Etat

Nous allons rendre compte des matières de compétence des régions et de l'Etat (1), de la nature des compétences régionales (2) et mettre en relation ces deux catégories (3).

1. Les matières de compétence des régions et de l'Etat

Le tableau suivant nous permet de présenter de façon synthétique les compétences d'un côté des régions et de l'autre de l'Etat. Il ne s'agit pas d'une liste complète des compétences mais de la présentation des plus significatives (soit car leur domaine d'action est large, leur budget important, ou leur valeur symbolique). Nous ne pouvons décrire dans ce tableau l'étendue des compétences, notamment lorsque l'Etat et la région se partagent la compétence sur une matière, celle-ci figurera dans les deux colonnes du tableau et nous renvoyons soit à nos développements précédents, soit aux textes dans lesquels nous trouvons la répartition des compétences. Il convient de garder à l'esprit la limite territoriale dans l'exercice de leurs compétences par les régions. Enfin nous soulignons une fois de plus que la caractéristique du régionalisme institutionnel est d'avoir fondé l'asymétrie ou la différenciation.

---

[654] Ou regroupées : c'est le cas des matières transversales.

[655] Par exemple l'environnement, les niveaux essentiels des prestations en matière de droits civils et sociaux, à l'article 117 de la Constitution, consacrés comme des matières transversales par la Cour Constitutionnelle, comme nous l'avons déjà exposé.

[656] Par exemple l'article 149.1.1 déjà commenté ou encore l'article 149-2 de la Constitution : « Sans préjudice des compétences que pourront assumer les Communautés Autonomes, l'Etat considérera le service de la culture comme un devoir et une attribution essentielle et facilitera la communication culturelle entre les communautés autonomes, en accord avec elles ».

C'est pourquoi les compétences ne sont pas les mêmes d'une région à l'autre, même dans le même Etat.

Nous pouvons dire que l'Etat conserve la compétence dans des matières substantielles : les compétences dites régaliennes (monnaie, défense, affaires étrangères, sécurité publique, immigration, nationalité, poids et mesures, etc.)[657], et plus largement celles qui déterminent les grandes orientations politiques de l'Etat (économie, énergie, sécurité sociale, égalité, instruction, juridictions, etc.). Dans les compétences des régions, nous retrouvons la culture, le développement économique, les langues, l'urbanisme et l'aménagement du territoire, les transports, l'environnement, l'énergie, et pour les régions ayant davantage de pouvoirs, la police, les collectivités locales, les relations internationales dans leurs matières de compétence.

Parallèlement à un autre mouvement, celui du développement de l'Union européenne, l'Etat avec le régionalisme institutionnel trouve ses compétences réduites.

Nous pouvons aussi remarquer l'enchevêtrement des compétences et la difficulté à identifier les matières, notamment quand elles ne sont pas comprises dans une liste, d'où le rôle des cours constitutionnelles.

Matières de compétence de l'Etat	
Compétences étatiques de base	Affaires étrangères, défense nationale Monnaie, finances, douanes Justice, affaires intérieures, immigration Sécurité sociale, santé publique Economie, Energie Instruction Egalité

[657] M. Hauriou, *Précis de droit constitutionnel*, 2ème édition, Sirey, 1929, p. 116.

Matières de compétence de la région	
Compétences régionales de base (France)	Education et formation Transport Aménagement, tourisme, cadre de vie, coopération Action économique Culture, sport Recherche, innovation, nouvelles technologies Environnement
Belgique	+ social, santé, langues (Communautés) + collectivités locales, relations internationales, commerce extérieur, agriculture et pêche (Régions)
Espagne	+ collectivités locales, agriculture, élevage, pêche, social, santé
Catalogne	+ droit civil, procédure administrative, associations, chambre de commerce, casinos et jeux, régime économique de la sécurité sociale, police, administration de la justice, crédits, banques et assurance, droit du travail, propriété intellectuelle et industrielle
Ecosse	+ santé, social, collectivités locales, droit, justice, police, agriculture
Pays de Galles	+ santé, collectivités locales, agriculture, industrie, social, langue
Régions en Italie	+ agriculture, police, collectivités locales, pêche, chasse
Régions à statut spécial d'Italie	+ agriculture et forêts, police, collectivités locales, industrie, commerce, crédit, santé, sécurité sociale, travail, finances locales
Emilie-Romagne	+ travail, social, collectivités locales, relations internationales

2. La nature des compétences régionales

Les compétences des régions sont législatives, réglementaires et d'exécution, ainsi que dans des cas rares internationales. La France, contrairement à nos modèles de régionalisme institutionnel, ne prévoit pas de pouvoir législatif pour la région. Le Pays de Galles est aussi exclu du véritable régionalisme institutionnel du fait de la nature seulement réglementaire de ses pouvoirs.

En Italie, les compétences des régions sont législatives et réglementaires ; certaines compétences législatives peuvent être d'intégration et d'application de la législation nationale, le plus souvent avec une faculté d'adaptation aux conditions régionales[658]. Il existe aussi des compétences internationales à la marge. En Espagne, les compétences des régions sont législatives, réglementaires et d'exécution. En Belgique les compétences sont législatives, réglementaires et internationales. Au Royaume-Uni les compétences sont législatives et réglementaires pour l'Ecosse et simplement réglementaires pour le Pays de Galles, avec la nuance des lois d'application de la législation nationale.

3. Le rapport entre matière et nature des compétences

Pas de division des matières par nature de compétence dans le régionalisme institutionnel

Nous avons fait un travail d'analyse du rapport entre matière et nature des compétences. Il n'y a pas, à l'inverse de la France, de division des matières par nature de compétences dans le régionalisme institutionnel. Ainsi, il n'y a qu'en France que certaines matières sont réservées à la loi, d'autres au règlement.

L'Italie et l'Espagne, le Royaume-Uni, la Belgique, recourent donc à la division des compétences par matière, pour lesquelles le pouvoir législatif va cependant connaître différentes intensités, des gradations dans son étendue matérielle. Ainsi, il existe des compétences législatives où le législateur régional est seulement soumis à la Constitution, d'autres où il va agir en exécution de la législation étatique ; entre les deux il existe des cas d'adaptation, comme nous l'avons souligné en Italie dans les régions à statut spécial et au Pays de Galles ou encore, avec une marge de manœuvre plus grande, en Espagne lorsque les Communautés Autonomes légifèrent dans le cadre de la législation de base de l'Etat et en Italie pour les matières de législation concurrente où l'Etat détermine les principes fondamentaux.

Comment rendre compte par des instruments d'analyse juridique de ces constats ?

La hiérarchie des normes comme clé pour identifier le régionalisme institutionnel

Nous pouvons nous placer dans l'étude de la hiérarchie des normes et de l'ordre juridique, pour dire qu'il existe une subordination plus ou moins grande de l'ordre juridique régional à l'ordre juridique national, subordination qui se traduit par la hiérarchie des normes qui existe dans ces Etats.

Ainsi en France le règlement tire sa validité d'une norme supérieure, la loi, dans le cas du pouvoir réglementaire local, bien qu'il soit prévu dans la Constitution dans le nouvel article 72. En effet celui-ci dispose que : « Dans les conditions prévues

[658] Article 3 du statut du Val d'Aoste, article 6 du statut du Trentin-Haut-Adige/Südtirol, article 6 du statut du Frioul Vénétie-Julienne et article 5 du statut de la Sardaigne.

par la loi, ces collectivités s'administrent librement par des conseils élus et disposent d'un pouvoir réglementaire pour l'exercice de leurs compétences ». Même lorsqu'on étend l'analyse aux possibilités de dérogation à des dispositions législatives à titre expérimental, celle-ci est selon l'article 72 de la Constitution prévue par la loi.

Dans les quatre autres Etats étudiés, la loi régionale tire sa validité soit directement de la Constitution ou des textes tenant lieu de statut des régions, soit, et c'est là qu'entre en jeu la gradation, d'une autre loi, nationale, qui sera une loi-cadre (en cas de compétence législative régionale dans le cadre des bases posées par la législation nationale comme en Espagne et en Italie).

Ainsi par le biais de la hiérarchie des normes pouvons-nous rapprocher pour partie l'analyse du système français et des quatre autres systèmes pour dire qu'il existe dans les cinq Etats des normes régionales (règlement en France, loi sinon) subordonnées dans la hiérarchie des normes aux lois nationales. La différence réside alors dans l'existence d'un pouvoir normatif (législatif) qui tire sa validité de la seule Constitution ; un tel pouvoir normatif n'existe pas en France[659], alors qu'il existe en Espagne, en Italie, en Belgique, et au Royaume-Uni pour l'Ecosse. La place des normes régionales dans la hiérarchie des normes permet donc de distinguer deux groupes d'Etats, deux modèles, dont l'un est celui du régionalisme institutionnel.

Nature et matière des compétences : un rapport caractérisant le régionalisme institutionnel

Cette analyse nous amène à la conclusion que la marque du régionalisme se trouve à la fois dans la création d'un ordre juridique régional subordonné par le biais de la hiérarchie de normes à l'ordre juridique national, celui-ci entendu comme résultat de l'action normative des pouvoirs constitués, et donc essentiellement pour notre propos la loi nationale, mais aussi dans la mise en place par la Constitution d'un pouvoir normatif régional non subordonné aux normes prises par les autorités nationales. Dans cette perspective la France ne répond pas aux critères que nous posons du régionalisme institutionnel puisqu'elle ne prévoit pas de possibilité d'un pouvoir normatif régional non subordonné.

Nous allons à présent examiner le dernier critère du régionalisme institutionnel.

---

[659] A l'exception de l'outre-mer que nous avons exclue de notre propos. En effet il existe un principe de spécialité législative.

III. REFERENCE A L'IDENTITE

La référence à l'identité est aussi caractéristique du régionalisme institutionnel, à côté de l'existence d'une autonomie et des questions de répartition des pouvoirs. Parfois les normes historiques sont respectées, reconnues, mais ne sont pas créatrices de droit, comme les droits historiques en Espagne. Cette référence à l'identité se fait de deux façons, la reconnaissance juridique d'identités différenciées au sein de l'Etat (A) et l'attribution de compétences contribuant au maintien, au développement et à la promotion de l'identité régionale (B).

A. La reconnaissance juridique d'identités différenciées au sein de l'Etat

Y a-t-il une reconnaissance juridique dans les Etats étudiés d'identités culturelles différenciées? L'intérêt de cette question est mis en avant par J.-M. Pontier[660] qui évoque un projet de l'UNESCO de définir les communautés culturelles, afin de leur faire bénéficier du droit des minorités ou d'un statut spécifique.

La reconnaissance juridique d'identités différenciées au sein de l'Etat se déduit de l'observation des dispositions juridiques nationales concernant la référence à des nations ou peuples (1), à des particularismes régionaux (2), aux langues et emblèmes régionaux (3), enfin aux territoires (4).

1. La référence juridique aux nations, nationalités, peuples, populations

Cette question a déjà été traitée en partie à propos de l'unité du peuple étatique. La reconnaissance de nations, peuples, nationalités et populations autres que le peuple étatique au sein de l'Etat ne peut avoir la valeur normative accordée au peuple étatique, élément constitutif de l'Etat qui se caractérise par son unité.

La référence à d'autres peuples et à l'identification de leurs membres

La référence à divers peuples se trouve parfois dans la Constitution mais aussi dans les statuts des régions concernées (c'est le cas de l'Espagne[661]) ou dans diffé-

---

[660] J.M.Pontier, *Les données juridiques de l'identité culturelle*, Revue du droit Public, n°5, octobre 2000, p. 1271-1289, p. 1288-1289.

[661] Préambule de la Constitution espagnole « les peuples d'Espagne » et article 2 « autonomie des nationalités ». Plusieurs références dans le préambule du statut de la Catalogne (« le peuple de Catalogne »), ainsi qu'à l'article 2.4 (« Les pouvoirs de la Généralité émanent du peuple de la Catalogne) et les articles 5 et 55 ; préambule du statut de la Galice (nationalité historique, peuple galicien) et articles 7 et 32 (culture, identité du peuple galicien) ; articles 1 et 6 du statut du Pays-Basque (peuple basque, nationalité).

rents textes, par exemple les textes à la base des lois de dévolution au Royaume-Uni[662].

Il existe aussi dans les différents statuts régionaux des références à l'identification des membres de ces peuples, populations, nationalités, etc. et notamment par le biais des relations avec les régions où ils se trouvent[663]. L'identification des membres de ces peuples reconnus au sein de l'Etat se fait ainsi par la résidence ou la déclaration.

Cette référence à des nations ou peuples concourt bien à la reconnaissance juridique d'identités différenciées au sein de l'Etat. Nous utilisons le terme d'identités car les différents mots utilisés ont tous en commun de traduire l'idée de peuple au sens sociologique et non politique qui se traduit par l'expression de peuple étatique ou de nation. Or ces identités, desquelles sont exclues les conséquences juridiques et politiques attachées au seul peuple étatique, sont cependant reconnues dans des textes juridiques notamment constitutionnels. Il convient donc à présent d'examiner la force juridique de ces références.

La force juridique de la référence aux autres peuples

Différentes identités présentes sur le territoire de l'Etat se voient donc reconnaître une existence juridique. Peut-il y avoir une référence juridique sans conséquences normatives, autrement dit, est-il possible de concevoir que des instruments juridiques tels que la Constitution puissent matériellement être composés de normes juridiques et de normes non juridiques ? Ou doit-on considérer que ces instruments ne contiennent que des dispositions juridiques normatives et ainsi attribuer à la reconnaissance d'identités différenciées au sein de l'Etat des conséquences normatives qu'il convient de déterminer ? Nous nous déciderons pour cette seconde position qui nous semble plus cohérente avec l'angle adopté pour notre étude dans le respect de la théorie de l'Etat, de la théorie et du droit constitutionnels.

---

[662] *Scottish Constitutional Convention* 30 mars 1989 *Convention's Claim of Right for Scotland*: « le droit souverain du people écossais de déterminer la forme de gouvernement la plus adaptée à ses besoins » qui a rédigé en 1995 un rapport final qui constituera plus ou moins l'ensemble du texte du *Scotland Act*.

[663] Voir par exemple la convention entre la Généralité de Catalogne et les Iles Baléares sur la création de l'Institut Ramon Llull pour la protection extérieure de la langue et culture catalane, signée en 2002. En Galice (article 7 du statut d'autonomie), les communautés galiciennes situées hors de la Galice peuvent demander la reconnaissance de leur *galleguidad* (galicité) c'est-à-dire le droit de partager la vie culturelle et sociale du peuple galicien. Dans le Plan Ibarretxe pour le Pays-Basque, le préambule reconnaît le droit à l'autodétermination des peuples et décrit le peuple basque (qui dépasse les limites de la Communauté Autonome) ; l'article 4 porte sur la nationalité basque, pour tous les citoyens basques, que les membres de la diaspora peuvent demander (article 5). Dans la province de Bolzano, l'appartenance au groupe linguistique allemand, italien ou ladin se déclare au moment du recensement de la population.

La jurisprudence de la Cour Constitutionnelle italienne sur les nouveaux statuts de régions, adoptés par une loi régionale, va pourtant dans le sens contraire. Elle reconnaît la possibilité que ces statuts contiennent des références à l'identité non normatives[664]. Les statuts ont donc un contenu juridique et un contenu de nature politique ou culturelle, ce qui conduit à l'incertitude sur la normativité d'une disposition ou non[665]. Cependant il ne s'agit pas ici du droit constitutionnel et cette jurisprudence se justifie sans doute par la nécessité de concilier l'autonomie constitutive des régions en leur laissant la possibilité d'introduire dans leur statut leurs volontés politiques, culturelles, etc. dans le respect de la Constitution.

Les conséquences normatives à attacher à cette référence juridique aux peuples, nationalités, etc. sont d'après nous de l'ordre de la garantie juridique. Ainsi la plupart des formules utilisées dans les textes constitutionnels font référence à la reconnaissance et la protection de ces peuples, une garantie qui se rapproche du droit des minorités.

Ces références peuvent aussi être une base pour l'exercice régional de l'autodétermination interne. Nous avons déjà développé la thèse selon laquelle l'autodétermination interne s'exprime avec le régionalisme d'une façon plus complexe que par la simple participation des citoyens égaux, de façon uniforme, dans l'Etat démocratique, mais aussi par le biais d'un droit collectif : l'exercice régional de la souveraineté nationale, qui se traduit dans l'autonomie, l'intégration et l'articulation des niveaux (institutions, ordres) régionaux et national. La reconnaissance juridique des peuples doit être envisagée comme la base d'un mode d'exercice du droit à l'autodétermination interne. Ce droit s'exerce si les groupes présents sur le territoire peuvent s'exprimer librement, c'est-à-dire par un système politique démocratique qui garantit l'égalité entre les citoyens. Les peuples, nations, nationalités au sein de l'Etat, par le biais d'une reconnaissance juridique, constituent l'une des bases de l'expression libre sur le territoire de l'Etat des citoyens, et justifient ainsi par exemple la prise en compte par le système des institutions territoriales régionales ou par celui de la représentation territoriale ou par groupes linguistiques au sein des institutions nationales de ceux-ci, afin de respecter au plan interne les prescriptions du droit international et empêcher ainsi la reconnaissance d'un droit à l'autodétermination externe d'un peuple sur le territoire de l'Etat. Ainsi la reconnaissance juridique des peuples, nationalités, nations a pour conséquence, lorsqu'elle est interprétée conjointement à d'autres dispositions constitutionnelles sur l'autonomie, l'organisation territoriale du pouvoir, l'attribution de droits collectifs à un groupe, et non, comme le fait le droit des minorités, l'attribution de droits individuels pouvant éventuellement être exercés en groupe.

---

[664] Sentences 372/2004, 378/2004, 379/2004.

[665] Dans ce sens, T. Groppi, *I nuovi statuti delle regioni dopo le setnenze 372, 378 e 379/2004 della Corte Costituzionale*, sur le site Internet www.associazionedeicostituzionalisti.it, 7 janvier 2005.

2. La référence aux particularismes

Nous donnerons deux exemples, l'un négatif, celui de l'évolution du statut de la Corse en France, comme contre-exemple au régionalisme institutionnel et celui des droits historiques des territoires foraux en Espagne.

La référence au particularisme n'est admise dans la jurisprudence constitutionnelle française qu'en application du principe d'égalité, qui permet de traiter de façon différente des situations différentes. Or le contrôle par le juge constitutionnel limite le particularisme corse à la seule donnée objective justifiant un traitement différent, qui est une spécificité territoriale, géographique, mais non une identité ethnique ou culturelle[666].

Une référence aux particularismes existe dans la Constitution espagnole, concernant la reconnaissance de situations de droit antérieures à l'adoption de celle-ci et traitées par elle comme un fait. C'est le cas des droits civils, foraux ou spéciaux dont l'existence est cristallisée par la Constitution, qui offre non pas une compétence par exemple en matière de droit civil aux Communautés Autonomes, mais l'opposabilité juridique du droit civil déjà existant (avec certaines possibilités de développement dont l'étendue est d'ailleurs très discutée en doctrine[667]), ce qui est un élément d'introduction d'une identité différenciée au niveau juridique par référence à des particularismes historiques. Ainsi s'est d'ailleurs prononcé le Tribunal Constitutionnel espagnol, STC 76/88 du 26 avril, FJ 3 concernant les dispositions constitutionnelles sur les droits historiques basques. Selon le Tribunal les droits historiques tirent leur légitimité juridique de la Constitution[668], qui dispose dans la disposition additionnelle première « la Constitution protège et respecte les droits historiques des territoires foraux »[669].

---

[666] Voir notamment le rejet de la notion de « peuple corse » déjà commenté.

[667] Voir les développements faits plus bas sur le droit local ainsi que L. Puig Ferriol, *Derecho civil catalán*, in : J. L. Carro Fernández-Valmayor (dir.), *Comentarios al Estatuto de Autonomía de la Comunidad Autónoma de Galicia*, Ministerio para la administraciones públicas, Madrid, 1991, 985 p., p. 415-429.

[668] STC 76/1988 du 26/4, FJ 3.

[669] *Encuesta, El derecho de autodeterminación*, Teoría y Realidad Constitucional, n° 10-11, 2ème semestre 2002, 1er semestre 2003, p. 9-137, Six questions posées à F. Caamaño Domínguez, F. de Carreras i Serra, M. Herrero de Miñon, J.R. Parada Vázquez, J. Ruipérez Alamillo, J. Vernet i Llovet, notamment les interprétations de F. de Carreras i Serra et J. Ruipérez Alamillo sur la question droit à l'autodétermination et droits historiques. Voir aussi les développements faits plus haut sur l'autodétermination ainsi que, dans la première partie, sur l'unité de la souveraineté espagnole.

3. La langue et les emblèmes

Les références à la langue et éventuellement aux emblèmes se trouvent dans la Constitution, la loi et les statuts[670]. Ces références à la langue et aux emblèmes doivent être distinguées de la compétence linguistique.

4. Le territoire

« L'espace peut se solidifier en territoire, à partir de la représentation qu'un groupe social s'en fait, selon la variable identitaire qui le mobilise – l'ethnie, l'économie, la politique… Le territoire conséquent est ‘‘à l'œuvre'' dans le sens où il travaille et où il est travaillé par la perception identitaire dominante »[671]. Le Parlement européen dans une résolution du 18 novembre 1988 donnait comme l'une des fins de la régionalisation celle de valoriser les spécificités culturelles des régions, ce qui implique que leur délimitation territoriale prenne en compte des éléments comme la langue, la culture, les traditions, l'histoire, l'économie et les transports.

C'est le cas lorsque l'on observe le processus et les critères pour la délimitation des territoires des Communautés Autonomes en Espagne prévu dans l' article 143 de la Constitution[672]. Elle se fait à partir des provinces, elles-mêmes délimitées par les décrets royaux de 1833 et 1927. Le territoire maritime par contre n'appartient pas au territoire de la région du fait de son lien avec la souveraineté Etat[673]. R. Riu i Fortuny étudie les compétences des Communautés Autonomes sur les espaces maritimes et arrive à la conclusion que l'exercice des compétences doit répondre à la distribution matérielle faite par la Constitution et les statuts entre l'Etat et les Communautés Autonomes, bien que la création de celles-ci se soit seulement basée

[670] En Espagne, la Constitution prévoit que les statuts contiennent « le nom de la communauté qui correspondra le mieux à son identité historique » (article 147-2) ; dans diverses Communautés Autonomes, les statuts prévoient une seconde langue officielle, par exemple l'article 6 du statut de la Catalogne, qui dispose que la langue propre de la Catalogne est le catalan (§1) et que cette langue est officielle dans la Généralité à côté du castillan ; l'article 8 du statut décrit le drapeau de la Généralité. En Italie, la réforme constitutionnelle de 2001 a introduit à l'article 116 de la Constitution le bilinguisme de deux noms de régions à statut spécial, le Trentino-Alto Adige/Südtirol et la Valle d'Aosta/Vallée d'Aoste.

[671] J-D Chaussier, *Quel territoire pour le Pays Basque ? Les cartes de l'identité*, L'Harmattan, Logiques Politiques, 1996, 295 p., p. 108.

[672] Article 143 de la Constitution espagnole : « Dans l'exercice du droit à l'autonomie reconnu à l'article 2 de la Constitution, les provinces limitrophes présentant des caractéristiques historiques, culturelles et économiques communes, les territoires insulaires et les provinces constituant une entité régionale historique pourront accéder à l'autogouvernement et se constituer en Communautés Autonomes conformément aux dispositions du présent titre et de leurs statuts respectifs ».

[673] Voir les débats sur l'adoption du statut de l'Andalousie rapportés par R. Riu i Fortuny, *Las competencias de las Comunidades Autónomas sobre espacios marítimos*, Informe Comunidades Autónomas, 2001, p.697-724.

sur une délimitation du territoire terrestre (les provinces). Son raisonnement tient aussi pour l'espace aérien. Pour la Belgique, nous renvoyons à notre étude de son organisation territoriale, qui a mis en avant le fait que les quatre régions linguistiques prévues à l'article 4 de la Constitution, auxquelles appartiennent toutes les communes, sont à la base de l'Etat fédéral belge, qui a par ailleurs une tendance bipolaire.

Ailleurs, il n'est pas fait référence au territoire différencié. En Italie les régions à statut spécial sont créées sur la base de territoires historiques, où se situent des minorités nationales ou bien suite à des mouvements séparatistes après la deuxième guerre mondiale[674]. Au Royaume-Uni, les traités d'Union avec l'Ecosse et le Pays de Galles n'ont pas conduit à un redécoupage des territoires.

B. L'attribution de compétences contribuant au maintien, au développement, à la promotion de l'identité régionale

Ces compétences ont trait pour tous les Etats à la culture et bien entendu à la langue, la revendication d'une compétence dans cette matière étant un élément majeur de la défense et la promotion des identités régionales[675], notamment les règles de son enseignement et de son utilisation (1). Elle ont aussi trait – moins souvent – au droit local (2) et concernent aussi les rapports aux collectivités locales inférieures (3).

1. Compétences larges en matière de culture et de langue régionales

Nous avons choisi de regrouper les compétences en matière de culture et de langue régionale car elles sont souvent liées dans les textes opérant la répartition des compétences, la langue appartenant dans une certaine mesure à la matière culturelle. La matière culturelle n'est pas par elle-même la marque de l'identité régionale mais peut être aussi utilisée dans ce sens. Nous appliquerons ici le concept de *Kulturhoheit* (compétence, souveraineté culturelle). Nous l'utiliserons sous le sens de l'attribution d'une compétence culturelle à un groupe déterminé territorialement

---

[674] Voir E.Weibel, *La création des régions autonomes à statut spécial en Italie*, Libairie Droz, Genève, n° 87, 1971, 467 p., qui fait état des mouvements particularistes dans ces régions au niveau historique et développe en particulier la mise en place de régimes d'autonomie à la fin de la guerre.

[675] Voir par exemple J.M. Pontier, *Les données juridiques de l'identité culturelle*, Revue du droit Public, n°5, octobre 2000, p. 1271-1289, p. 1275 où il explique l'importance des données linguistiques dans l'Etat belge. Voir aussi J-D Chaussier, *Quel territoire pour le Pays Basque ? Les cartes de l'identité*, L'Harmattan, Logiques Politiques, 1996, 295 p., p. 37.Voir aussi G. Hermet, *Histoire des Nations et du nationalisme en Europe*, Points, Inédit Histoire, 1996, 309 p., notamment p. 243-248 pour le Pays Basque et la Catalogne, p. 249 sur les flamands.

(ou non[676]), et entretenant un lien étroit avec le principe de pluralisme qui en est la base.

L'article 127 de la Constitution belge dispose que les matières culturelles sont de la compétence des Communautés, ainsi que l'enseignement. De plus celles-ci peuvent mettre en place une coopération avec les autres Communautés et une coopération internationale, notamment par l'adoption de traités (article 127-3°). Les matières culturelles sont précisées dans la loi spéciale du 8 août 1980[677]. La première loi linguistique est adoptée le 17 août 1873 et concerne l'emploi des langues en matière judiciaire, puis le 2 mai 1978 en matière administrative, le 13 juin 1983 en matière scolaire[678]. Enfin l'Etat fédéral belge repose comme nous l'avons vu plus haut sur la division en régions linguistiques. Les Communautés sont les entités fédérées ayant compétence dans cette matière (article 129 de la Constitution belge[679]).

En Espagne, l'article 148.1.17 de la Constitution permet aux Communautés Autonomes d'exercer une compétence en matière d'aide à la culture, à la recherche et à

---

676 Nous pensons aux Communautés belges.

677 Article 4 : « 1° La défense et l'illustration de la langue ; 2° L'encouragement à la formation des chercheurs ; 3° Les beaux-arts ; 4° Le patrimoine culturel, les musées et les autres institutions scientifiques culturelles *(à l'exception des monuments et des sites* - loi du 8 août 1988, art. 1er, §1er*)* ; 5° Les bibliothèques, discothèques et services similaires ; 6° La radiodiffusion et la télévision, à l'exception de l'émission de communications du Gouvernement fédéral (Loi du 8 août 1988, art. 1er, §2) ; (6°*bis* Le soutien à la presse écrite - Loi du 8 août 1988, art. 1er, §3) ; 7° La politique de la jeunesse ; 8° L'éducation permanente et l'animation culturelle ; 9° L'éducation physique, les sports et la vie en plein air ; 10° Les loisirs et le tourisme ; 11° La formation préscolaire dans les prégardiennats ; 12° La formation postscolaire et parascolaire ; 13° La formation artistique ; 14° La formation intellectuelle, morale et sociale ; 15° La promotion sociale ; 16° La reconversion et le recyclage professionnels, à l'exception des règles relatives à l'intervention dans les dépenses inhérentes à la sélection, la formation professionnelle et la réinstallation du personnel recruté par un employeur en vue de la création d'une entreprise, de l'extension ou de la reconversion de son entreprise ».

678 A. Leton, A. Miroir, *Les conflits communautaires en Belgique*, PUF, Perspectives internationales, 1999, 366 p., notamment p. 30.

679 « § 1er. Les Conseils de la Communauté française et de la Communauté flamande, chacun pour ce qui le concerne, règlent par décret, à l'exclusion du législateur fédéral, l'emploi des langues pour : 1° les matières administratives ; 2° l'enseignement dans les établissements créés, subventionnés ou reconnus par les pouvoirs publics ; 3° les relations sociales entre les employeurs et leur personnel, ainsi que les actes et documents des entreprises imposés par la loi et les règlements. § 2. Ces décrets ont force de loi respectivement dans la région de langue française et dans la région de langue néerlandaise, excepté en ce qui concerne : - les communes ou groupes de communes contigus à une autre région linguistique et où la loi prescrit ou permet l'emploi d'une autre langue que celle de la région dans laquelle ils sont situés. Pour ces communes, une modification aux règles sur l'emploi des langues dans les matières visées au § 1er ne peut être apportée que par une loi adoptée à la majorité prévue à l'article 4, dernier alinéa ; - les services dont l'activité s'étend au-delà de la région linguistique dans laquelle ils sont établis ; - les institutions fédérales et internationales désignées par la loi dont l'activité est commune à plus d'une communauté ».

l'enseignement de la langue si elle existe. Le statut de la Catalogne contient ces diverses compétences[680]. En matière linguistique[681], il convient de noter que les langues régionales peuvent obtenir le statut de langue officielle à côté du castillan dans les Communautés Autonomes. C'est le cas par exemple au Pays Basque[682], en Galice[683], en Catalogne[684]. L'article 7-1 du statut de la Communauté Autonome de Galice permet d'intégrer les communautés galiciennes hors du territoire à la vie sociale et culturelle galicienne.

En Italie, l'Etat a la compétence législative exclusive en matière de protection des biens culturels[685] et partage la compétence législative concurrente avec les régions en matière de mise en valeur des biens culturels, de promotion et d'organisation d'activités culturelles[686]. Les compétences et le statut des langues régionales se trouvent notamment dans les statuts spéciaux[687].

---

680 Article 127 du statut : la Généralité est compétente en matière de culture, de patrimoine, d'archives, de bibliothèques, de musées, de fondations et associations culturelles développant leur action en Catalogne. L'article 197 du statut lui permet de promouvoir la coopération avec les régions européennes notamment sur le plan culturel et les articles 12 et 13 de signer ou soumettre au gouvernement des traités établissant des relations culturelles avec des Etats où se trouvent des territoires ou des communautés dont le catalan est un patrimoine.

681 Voir par exemple J. Vernet (coord.), *Dret lingüístic*, Cossetània Edicions, Valls, 2003, 303 p. ; J. Bayo Delgado, X. Muñoz Puiggròs, *La catalanisación de la Justicia*, in : *Informe Pi i Sunyer sobre la Justicia a Catalunya*, Fundaciò Carles Pi i Sunyer d'Estudis Autonomics i Locals, Barcelone, 1998, 666 p., p. 483-493.

682 Article 6-1 du statut : « Le basque, langue propre du Peuple Basque, aura, comme le castillan, caractère de langue officielle au Pays-Basque ». Une institution consultative officielle de référence pour la langue est prévue, ainsi que la possibilité pour la Communauté Autonome de demander au gouvernement de signer des traités établissant des relations culturelles avec d'autres Etats en vue de conserver et soutenir la langue basque, celle-ci concernant d'après le statut d'autres territoires et communautés. (Article 6-5 du statut).

683 Article 5-2 du statut de la Galice : les deux langues sont officielles, tous ont le droit de les connaître et de les utiliser.

684 L'article 6 du statut de la Catalogne fait du catalan la langue officielle au même titre que le castillan.

685 Article 117 de la Constitution ; voir aussi l'article 118 qui prévoit qu'une loi étatique réglemente les formes d'accord et de coordination dans cette matière de la protection des biens culturels. Cette réglementation se trouve à l'article 5 du d.lgs n°42 du 22 janvier 2004, Code des biens culturels et du paysage.

686 Article 117 de la Constitution. Toute la législation nationale, régionale et européenne en matière de biens culturelles se trouve sur le site Internet : www.ambientediritto.it/.

687 Articles 99 à 102 du statut du Trentin-Haut Adige et article 38 du statut du Val d'Aoste par exemple. Ils mettent au même niveau les langues allemande pour l'un et française pour l'autre que la langue italienne et règlent les questions de rédaction des actes et d'utilisation de la langue dans les rapports avec la justice, l'administration et les personnes chargées de services publics.

La question de la langue est sensible car elle s'insère une fois de plus dans la problématique de la confrontation entre diversité régionale et principe d'égalité. Par exemple dans la fonction publique, lorsqu'il y a une obligation de connaissance de la langue régionale pour accéder à un emploi, cela joue comme une discrimination pour les citoyens ne parlant pas cette langue régionale. La langue étatique est toujours protégée, dans le sens où en tant que langue officielle, elle peut et parfois doit être utilisée par les citoyens ou les pouvoirs publics. La compétence linguistique dont vont disposer les régions concerne la réglementation de son usage, sa protection ainsi que son enseignement. Au sens plus large, la culture est bien une compétence des régions, elle s'étend notamment aux monuments historiques, mais aussi à la coopération avec d'autres Etats ou régions.

2. Droit régional

Le Moyen-Age se caractérisait du fait notamment de la diversité des coutumes par une pluralité juridique qui a disparu peu à peu avec tout d'abord la mise par écrit des coutumes, en 1454 en France l'ordonnance royale de Montils-les-Tours, qui se transforment en droit étatique au cours de codifications, commencées en France par Louis XIV et essentiellement réalisées par Napoléon[688]. Lors de l'adoption du traité d'Union entre l'Ecosse et l'Angleterre en 1707, les institutions écossaises liées à son identité sont conservées : l'enseignement, l'Eglise, le droit et les institutions judiciaires[689].

Différentes régions étudiées possèdent leur propre droit civil. Le droit civil peut être envisagé comme une matière objet de compétence. La répartition matérielle des compétences peut cependant l'ignorer et il faut alors reconstituer la matière droit civil et les différentes compétences qui y sont reliées point par point.

L'article 149.1.8 de la Constitution espagnole donne compétence exclusive à l'Etat en matière de « Législation civile sans préjudice de la conservation, modification et développement des droits civils, foraux ou spéciaux par les Communautés Autonomes, là où ils existent. »[690].

L'article 9.2 de l'ancien statut de la Généralité de Catalogne lui attribuait une compétence exclusive pour la conservation, la modification et le développement du

[688] N. Rouland, *La tradition juridique française et la diversité culturelle*, Droit et Société, n°27, 1994, p. 381-419., p. 387.

[689] J. Leruez, *L'Ecosse, Vieille Nation, Jeune Etat*, Editions Armeline, Crozon, 2000, 344 p., p. 33.

[690] L'article 149.1.8 réserve cependant dans tous les cas à l'Etat « les règles relatives à l'application et à l'efficacité des normes juridiques, les rapports de droit civil relatifs aux formes du mariage, l'organisation des registres et des documents publics, les principes des obligations contractuelles, les normes pour résoudre les conflits de lois et la détermination des sources du droit, en respectant, dans ce dernier cas, les normes du droit ''foral'' ou particulier ».

droit civil catalan. Cette compétence en matière de droit civil est nouvelle en Espagne car face au mouvement de codification du droit, seule la conservation des droits civils locaux avait été concédée, mais pas de compétence en la matière, c'est-à-dire pas de possibilité de développer ou d'adapter ce droit. Cette disposition constitutionnelle correspond pour L. Puig Ferriol à la traduction au niveau du régime du droit civil de la nouvelle forme de l'Etat espagnol, une unité garantissant les autonomies, ce qu'on appelle ici l'Etat autonomique[691].

La même compétence se retrouve dans la Communauté Autonome de Galice[692].

La nouvelle rédaction du statut de la Catalogne, issue de la loi organique n°6/2006 est la suivante : « La Généralité a une compétence exclusive en matière de droit civil, à l'exception des matières attribuées, par l'article 148.1.8, dans tous les cas, à l'Etat. Cette compétence comprend la détermination du système des sources du droit civil de la Catalogne[693] ».

Le Parlement écossais est lui aussi compétent en matière de droit civil, un droit civil propre existant depuis le début du 18ème siècle[694]. La dévolution a permis à l'Ecosse d'être compétente en matière de justice et droits pénal et civil[695].

L'approche est différente pour le droit local alsacien-mosellan en France, qui, s'il existe toujours des dispositions ponctuelles applicables, ne fait pas l'objet d'une compétence locale mais bien nationale, les autorités nationales ayant la compétence d'adopter les lois ou décrets modifiant ce droit[696].

---

691 L. Puig Ferriol, *Derecho civil catalán*, in : J. L. Carro Fernández-Valmayor (dir.), *Comentarios al Estatuto de Autonomía de la Comunidad Autónoma de Galicia*, Ministerio para la administraciones públicas, Madrid, 1991, 985 p., p. 415-429, notamment p. 420-421. Il donne de nombreuses références bibliographiques sur le sujet. Voir aussi pour plus de détails G.M. de Brocà, *Historia del derecho de Cataluña, especialmente del civil y exposición de las instituciones del derecho civil del mismo territorio en relación con el código civil de España y la jurisprudencia*, Generalitat de Catalunya, Departament de Justicia, Barcelone, 1985, 955 p., qui donne un bon aperçu historique de la question du droit civil catalan ; ainsi que *El desplegament autonòmic a Catalunya*, Generalitat de Catalunya, Institut d'Estudis Autonòmics, cinq tomes, Barcelone, 1991 à 1995, qui s'intéresse à la législation autonomique en la matière.

692 Voir par exemple J. L. Carro Fernández-Valmayor (dir.), *Comentarios al Estatuto de Autonomía de la Comunidad Autónoma de Galicia*, Ministerio para la administraciones públicas, Madrid, 1991, 975 p.

693 Rédaction issue de la version française du statut, mise à disposition sur le site Internet de la Généralité, www.gencat.net.

694 Il ne peut cependant modifier la législation de procédure civile, the Private Legislation Procedure (Scotland) Act 1936. Voir le *Scotland Act*, 1998, Schedule 4.

695 J.Leruez, *L'Ecosse, Vieille Nation, Jeune Etat*, Editions Armeline, 2000, 344 p., p. 279.

696 Voir sur le site Internet de l'Institut du Droit Local, www.idl-am.org/dl_sommaire.asp, Document *Le Droit Local Alsacien-Mosellan.*

Les droits foraux[697] sont reconnus par la Constitution espagnole au profit du Pays Basque et de Navarre[698]. La même limite existe ici dans la réserve de compétence de l'Etat de l'article 149.1.8 que nous avons évoquée plus haut en matière de droit civil. Ces droits foraux permettent aux Communautés Autonomes d'avoir leur propre système fiscal. Une loi nationale, la loi de *concierto económico*, en règle les détails. La première loi de *concierto económico* a été adoptée le 13 mai 1981. Une nouvelle loi a été adoptée, la loi 12/2002 du 23 mai, traitant au chapitre I des impôts, au chapitre II des relations financières avec l'Etat et au chapitre III de l'arbitrage.

3. Rapport aux collectivités locales inférieures

Quand le rapport aux collectivités locales inférieures, c'est-à-dire dont le territoire est compris dans celui de la région, démontre-t-il l'attribution de compétences contribuant au maintien, au développement ou à la promotion de l'identité ?

Quand la région dispose de compétences vis-à-vis des collectivités locales, celles-ci lui permettent d'organiser son territoire. Il peut s'agir de compétences de planification territoriale ou économique, ou encore de compétences directes quant au régime des collectivités locales présentes sur leur territoire. La conséquence de l'exercice de ces compétences est la différenciation qui peut intervenir, entre les régions, quant à l'organisation et au fonctionnement des collectivités locales, ce qui pose notamment la question de la conciliation de compétences régionales dans cette matière avec l'autonomie locale dont bénéficient ces collectivités.

L'autonomie locale agit comme une limite pour le régionalisme institutionnel, dans la mesure où celui-ci tend à favoriser l'influence de la région sur son territoire, par le biais de compétences concernant les collectivités locales. Le principe d'égalité entre les collectivités territoriales, que nous avons déjà présenté, permet de concilier en partie les autonomies régionale et locale.

Les frontières des collectivités locales ne sont pas toujours protégées de l'action des régions. En Italie, les régions ont un pouvoir de modifications du territoire des

---

[697] La définition des droits foraux de J.P. Fusi est la suivante : « Initialement, loi ou code en vigueur dans une commune au Moyen-Age. De façon plus générale, les *fueros* désignent l'ensemble des droits, privilèges, exemptions et libertés accordés à une ville, une province, une région ou une personne, par un monarque. » J.P. Fusi, *Espagne, Nations, nationalités et nationalismes des Rois Catholiques à la Monarchie Constitutionnelle*, Presses Universitaires de Rennes, 2002, 221 p.

[698] Voir la STC 76/1988 du 26/04, FJ 3 ; les lois de *concierto económico* de l'Etat avec le Pays-Basque pour 2002-2006 n°12 et 13/02 du 23 mai 2002 ; J. Corcuera Atienza, *Consecuensias y límites de la constitucionalización de los derechos históricos de los territorios forales*, Revista española de derecho constitucional, n°69, 2003, p. 237-269 ; S. Larrazábal Basáñez, *Contribución a una Teoría de los Derechos Históricos Vascos*, Instituto Vasco de Administración Pública, Bilbao, 1997, 608 p. Voir aussi nos développements sur l'autodétermination, où nous exposons la nature des droits foraux.

communes[699]. En Espagne, la modification des limites des provinces se fait par loi organique (article 141 de la Constitution) mais les Communautés Autonomes peuvent assumer la compétence en matière de modification des limites des communes présentes sur leur territoire (article 148-2° de la Constitution).

Les régions ont parfois des compétences en matière de collectivité locale[700] et ont tendance à les dominer du fait de leur autonomie politique et de l'étendue de leurs compétences. Il nous semble que l'ensemble de ces compétences confère à la région une place particulière qui renforce son identité, pour l'Ecosse et le Pays de Galles, les Communautés Autonomes espagnoles, les régions italiennes et les Régions et Communautés belges sur la base des régions linguistiques et compte-tenu de certaines fusions des institutions régionales et communautaires.

Nous proposons maintenant un tableau rendant compte des compétences dans les matières que nous avons déterminées précédemment comme concernant l'identité régionale, la culture, le droit régional, les collectivités locales et la langue. Pour chaque catégorie de compétences nous apporterons par région un descriptif rapide. Nous avons choisi de présenter les compétences de la plupart des régions étudiées, avec notamment en Italie la province de Bolzano, qui suite aux accords de Gasperi-Gruber bénéficie de la plupart des compétences de la région à statut spécial du Trentin-Haut-Adige/Südtirol, au même titre que la province du Trentin, avec la spécificité de la prise en compte de la présence de la minorité allemande sur ce territoire. Nous avons ajouté les compétences d'une région à statut ordinaire mais particulièrement dynamique et qui revendique des compétences plus larges, l'Emilie-Romagne, pour offrir un point de comparaison. En Espagne à côté de la Catalogne et du Pays Basque, nous avons décidé, plutôt que d'exposer les compétences de la Galice au risque de répétition, de montrer l'étendue de celles de la Communauté Autonome d'Andalousie, dont les revendications culturelles sont importantes. Pour le Royaume-Uni nous mettons face-à-face les compétences de l'Ecosse et du Pays de Galles. Enfin nous avons décidé d'adopter pour la Belgique une division qui ne correspond pas aux entités fédérées telles que la Constitution les désigne, mais d'une part les Flamands et d'autre part les Wallons, afin de prendre la mesure des fusions institutionnelles dont nous avons déjà expliqué le mécanisme, laissant de côté les compétences de la Communauté germanophone et en partie de Bruxelles-Capitale.

---

[699] Article 133 de la Constitution italienne : « La modification des circonscriptions provinciales et la création de nouvelles provinces dans le cadre d'une région sont fixées par les lois de la République, sur l'initiative des communes, après consultation de la région. La région, après consultation des populations intéressées, peut par ses propres lois, créer sur son territoire de nouvelles communes et modifier leurs circonscriptions et leurs dénominations ».

[700] C'est le cas en Belgique, Italie, Ecosse et Pays de Galles, Espagne dans une certaine mesure.

Ce tableau nous permet de tirer les conclusions suivantes : il y a une difficulté à étendre la comparaison au-delà de la constatation d'une compétence plus ou moins large dans les domaines avancés ici pour donner un élément objectif clair du statut des régions étudiées ici sous l'angle du régionalisme institutionnel. Si l'attribution et l'exercice de compétences liées à l'identité est une caractéristique du régionalisme institutionnel, cela n'est donc pas la marque exclusive.

Région	**Culture**	**Droit**	**Coll. locales**	**Langue**
Région Emilie-Romagne	Mise en valeur des biens culturels, promotion et organisation d'activités culturelles	non	règle les rapports	non
Province de Bolzano	Protection et conservation du patrimoine, institutions et manifestations culturelles, éducation, radio et télévision	non	Oui à la région Trentin Haut-Adige/ Südtirol	Allemand et italien langues officielles
Pays Basque	Culture, institutions culturelles, proposition de traités relations culturelles	foral	oui	Langue officielle Proposition à l'Etat de signer des traités
Catalogne	Culture, patrimoine, proposition à l'Etat de signer des traités culturels	civil	oui	Langue officielle
Andalousie	Promotion de la culture, institutions culturelles, patrimoine, proposition de traités relations culturelles	non	oui	non
Ecosse	Patrimoine, art, sport, culture	civil pénal	oui	-
Pays de Galles	Patrimoine, culture, bâtiments historiques	non	oui	Oui égalité des langues

Flandre	Beaux-arts, patrimoine, radio-télévision, sport, formation	non	oui	Oui enseignement, emploi, défense
Wallonie	Beaux-arts, patrimoine, radio-télévision, sport, formation	non	oui	Oui enseignement, emploi, défense

Conclusion du chapitre 1

Dans ce premier chapitre, nous avons procédé à l'étude matérielle des régionalismes institutionnels à partir de trois rubriques convergentes.

L'existence d'une autonomie, que nous avons décrite par rubrique puis analysée au travers de cas pratiques, a été constatée dans tous les Etats. Elle est de nature politique dans le régionalisme institutionnel, et sa substance se trouve dans la notion d'affaires régionales. Elle est assurée par un système de garanties de divers ordres et met en évidence un pouvoir de la région sur les collectivités locales inférieures.

La répartition des compétences offre ensuite un point de comparaison : s'il y a similitude des sources, les systèmes de répartition des compétences entre l'Etat et la région varient d'Etat à Etat. Des tendances communes se dessinent, comme la flexibilité et l'asymétrie, la division et l'intégration des matières, la protection de la sphère régionale des compétences. Nous avons jugé utile de produire des tableaux de détail des compétences par Etat, qui permettent de mettre en avant le fait que la hiérarchie des normes permet la conciliation du rapport, caractéristique du régionalisme institutionnel, entre nature et matière de compétence.

Enfin notre dernière rubrique convergente était la référence à l'identité que nous retrouvons dans l'ensemble des Etats sélectionnés, et qui se fait par la reconnaissance juridique d'identités différenciées et l'attribution systématique aux régions de compétences liées à l'identité.

Tous ces éléments nous permettent dans un second chapitre de déterminer le régionalisme institutionnel européen.

CHAPITRE 2

DETERMINATION DU REGIONALISME INSTITUTIONNEL EUROPEEN A PARTIR DE LA DIVERSITE DES MODELES

Le travail fait jusqu'ici permet de déterminer les critères communs du régionalisme institutionnel observables dans les divers modèles européens (I) afin de répondre à la question posée de la définition du régionalisme institutionnel (II).

I. LES CRITERES COMMUNS DU REGIONALISME INSTITUTIONNEL A PARTIR DES MODELES ESPAGNOL, ITALIEN ET BELGE ET DE CERTAINES DIPOSITIONS JURIDIQUES BRITANNIQUES

Les critères communs qui se dégagent à l'étude des régionalismes sont ceux de compétences entourées de limites et garanties, mais aussi d'une cohésion du territoire régional qui en est en partie la conséquence.

L'étendue des compétences des régions peut se définir par leur nature et par leurs matières. Pour ce qui est de leur nature, différents éléments sont caractéristiques du régionalisme institutionnel. L'attribution de compétences législatives, sous différentes formes et avec une étendue plus ou moins large, est l'une des marques du régionalisme. Ainsi la France est exclue par ce critère car les régions françaises, notamment la Corse, ne disposent pas d'un pouvoir législatif. La différence se situe dans la place des dispositions réglementaires dans la hiérarchie des normes : elles tirent leur validité de la loi ou de la Constitution, quand les lois tirent leur validité de la Constitution seule. Nous avons pu observer au cours de ce travail que se développe un ordre régional qui n'est pas forcément dans un rapport hiérarchique avec l'ordre national mais que les normes s'organisent plutôt en fonction du principe de compétence. Ainsi les critères de répartition des compétences sont aussi importants pour définir le régionalisme institutionnel que l'attribution d'un pouvoir législatif. Mais la simple attribution d'un pouvoir législatif est déjà un élément important du modèle européen qui se profile, une tendance du régionalisme institutionnel, qui offre beaucoup plus de garantie à son activité normative du fait du rapport direct à la Constitution et de la mise en place d'instances constitutionnelles de règlement des conflits, ainsi que de la souplesse ou flexibilité qu'offre le polycentrisme législatif aux régions bénéficiaires de ce pouvoir. Les relations internationales des régions, quand elles existent, sont limitées à leurs compétences ou à certaines matières et encadrées par les autorités étatiques. Cependant les régions émergent sur le plan européen.

Les matières dans lesquelles les régions ont une compétence peuvent être regroupées pour les principales en trois catégories : les matières de l'identité régionale, l'économique et social et la relation au territoire. Le régionalisme institutionnel se caractérise aussi par la tendance à la cohésion d'un territoire, qui se traduit par la place particulière des régions entre l'Etat et les collectivités locales, par l'existence du principe de subsidiarité et par la pertinence du niveau régional qui apparaît comme conséquence des diverses dispositions encadrant le régionalisme institutionnel : les mesures de préférence régionale, l'action économique et sociale, l'attribution de compétences en matière de collectivités locales, enfin la coordination de l'action économique et sociale sur leur territoire ou dans l'intérêt régional, par le biais de la planification, de la programmation, de l'investissement, de l'organisation de projets.

Nous allons à présent insister sur deux éléments qui nous semblent déterminants pour esquisser un modèle européen de base du régionalisme institutionnel, et que nous n'avons pas encore développés. Il s'agit d'une part de l'insertion dans l'institution ou l'ordre juridique étatique, qui agit comme une limite aux compétences régionales (A) et d'autre part du rapport entre la souveraineté de l'Etat et la garantie des compétences régionales (B).

A. L'insertion dans l'institution ou l'ordre étatique, limite aux compétences régionales

Trois types de limites agissent sur les compétences régionales afin de garantir l'insertion des régions dans l'institution ou l'ordre étatique. Il s'agit tout d'abord du cadre juridique que constituent l'Etat et la Constitution au régionalisme institutionnel (1). Une deuxième limite se trouve dans une notion qui émerge des divers schémas constitutionnels et étatiques, celle d'intérêt national (2). Enfin il existe une limite territoriale à l'action des régions (3).

1. <u>Les limites venant du cadre juridique du régionalisme : théorie de l'Etat et principes constitutionnels</u>

Nous avons vu tout au long de ce travail que le régionalisme s'inscrit dans le cadre juridique de l'Etat et que ce cadre est restrictif des possibilités juridiques offertes aux régions, malgré une certaine souplesse des règles, mécanismes et institutions juridiques les concernant. Ces limites sont issues du fait de l'unité politique de l'Etat et par suite, de l'unité de ses trois éléments, dont les conséquences sont parfois différentes selon les Etats, enfin des principes et règles d'organisation des Etats étudiés, qui connaissent des divergences selon leur forme, leur texte constitutionnel, etc. mais aussi des points communs au-delà des divergences formelles. Cela renvoie à toute l'étude de la première partie de la thèse sur le cadre juridique du régionalisme et donc à l'Etat et à la Constitution dans la perspective de notre sujet.

2. L'intérêt national: un schéma de parité des ordres juridiques

L'évocation de cet intérêt sert à limiter l'action ou les compétences des régions, reconnues par les textes constitutionnels, statutaires ou législatifs. C'est ce que nous avons décrit comme un élément fermé du cadre juridique du régionalisme, dû à l'opposition et la conciliation de celui-ci avec l'unité politique de l'Etat. Nous allons exposer ici pourquoi nous pensons pouvoir dire que l'intérêt général et l'intérêt national constituent une limite aux compétences des régions dans le modèle européen du régionalisme institutionnel qui se dessine actuellement, et en quoi ces notions nous semblent importantes pour notre analyse.

En Espagne, comme en Italie, l'intérêt général peut servir à garantir une certaine uniformité sur le territoire en permettant à l'Etat d'exercer des compétences qui au départ ne lui appartiennent pas.

Ainsi selon l'article 150§3 de la Constitution espagnole, l'Etat peut prendre « des lois établissant les principes nécessaires à l'harmonisation des dispositions normatives des Communautés Autonomes, même pour des matières relevant de la compétence de celles-ci » pour des raisons d'intérêt général. Dans le même sens, l'intérêt général a été utilisé par le Tribunal Constitutionnel pour nuancer les compétences des Communautés Autonomes[701].

En Italie c'est la notion d'intérêt national, *l'interesse nazionale*, qui est importante[702]. Elle a été supprimée de la Constitution par la réforme de 2001, mais la plupart des auteurs estiment que cette limite existe toujours, dans la mesure où elle est traduite par d'autres dispositions constitutionnelles assurant cet intérêt national face au polycentrisme normatif[703]. La Cour Constitutionnelle fait toujours une référence implicite à cette notion ; à titre d'exemple, l'intérêt général a pu justifier la compétence de l'Etat italien dans une matière de compétence d'une région à statut

[701] Voir par exemple la STC 206/2001 dans laquelle le Tribunal reconnaît la compétence de la Communauté Autonome en matière de direction et contrôle des chambres de commerce même dans le domaine extérieur, et non la compétence de l'Etat en matière de relations internationales ou de commerce extérieur, mais apporte une nuance avec l'intérêt général que l'activité de promotion extérieure peut avoir, qui justifierait l'intervention de l'Etat.

[702] La Cour Constitutionnelle reconnaissait la compétence de l'Etat dans toute matière quand était présent un intérêt national, même indirectement, une exigence unitaire non susceptible de fractionnement. Voir la décision 43/1960.

[703] Selon les auteurs il s'agit du principe de subsidiarité, du pouvoir de substitution, de la détermination des niveaux essentiels des prestations. Pour A. Barbera, *l'interesse nazionale* perdure après la réforme du titre V comme « expression de l'unité même de la République », sur la base de l'article 5 de la Constitution ainsi que de l'article 120 (pouvoir de substitution pour protéger l'unité juridique et économique). A. Barbera, *Scompare l'interesse nazionale ?*, Forum Quaderni Costituzionali, 09/04/2001, www.forumcostituzionale.it/contributi/ab. Dans le même sens, R. Tosi, *A proposito dell'interesse nazionale*, Forum Quaderni Costituzionali, www.forumcostituzionale.it/contributi/rt .

spécial[704], ou encore a servi à limiter le recours au référendum régional sur une question considérée d'intérêt national car concernant l'ordre constitutionnel[705]. Il était enfin question de réintroduire *l'interesse nazionale* avec la réforme, finalement rejetée par référendum, qui visait à la mise en place d'un Etat fédéral en Italie[706].

Il existe un véritable problème de définition de l'intérêt général ou national. Ces deux termes se confondent parfois, or il nous semble intéressant de les distinguer, l'intérêt national revenant à l'Etat central, l'intérêt régional à la région et l'intérêt général à l'ensemble des pouvoirs publics dans le respect de la répartition des compétences. Le problème de définition s'étend à la question de savoir quel est le contenu de l'intérêt général et de l'intérêt national, ainsi que de l'un par rapport à l'autre. Nous pouvons remarquer que dans tous les cas que nous avons évoqués, qu'il s'agisse de disposition constitutionnelle ou législative ou de jurisprudence, le contenu est laissé aux mains de l'Etat, sous le contrôle restreint du juge. L'intérêt national et l'intérêt général donnent ainsi lieu à une interprétation très politique, favorisée par le flou des concepts, le peu de précision dans les textes juridiques et le caractère restreint du contrôle du juge.

Nous pouvons donc livrer une définition commune qui se limite à dire que l'intérêt général et l'intérêt national sont des instruments qui visent à conserver un équilibre entre unité et diversité dans l'Etat. C'est un élément qui verrouille le système en

---

[704] En Italie, la sentence 88/2003 précise de plus que l'Etat peut agir au titre de cette compétence même vis-à-vis d'une région à statut spécial (ici la province de Trente), alors que l'article 10 de la loi constitutionnelle de 2001, qui par ailleurs introduit l'article 117 m) dans la Constitution, dispose que cette loi constitutionnelle ne s'applique aux régions à statut spécial que dans la mesure où elle leur fournit une plus large autonomie, ce qui n'est pas le cas ici où la région était compétente en matière de santé et d'assistance sociale ; la Cour justifie cette restriction à l'autonomie des régions à statut spécial par la présence d'un intérêt général des intérêts sanitaires et sociaux de la toxicodépendance, restriction à l'autonomie compensée s'il était prévu de prendre l'avis de la Conférence permanente pour les rapports Etat/régions/provinces autonomes. Nous soulignons dés à présent l'utilisation ici du terme de *rilevanza generale*, qui intéressera notre analyse de l'organisation de l'ordre juridique entre polycentrisme normatif et unité politique de l'Etat.

[705] Voir la décision 496/2000, commentée dans la première partie de cette thèse, sur le référendum que souhaitait organiser la Vénétie sur la question de savoir si elle proposerait une réforme de la Constitution afin de la doter d'un statut spécial.

[706] Dans le projet de loi constitutionnelle rejeté par référendum des 25 et 26 juin 2006, le gouvernement, lorsqu'il aurait estimé qu'une loi régionale portait atteinte à un intérêt national aurait dû s'adresser au Sénat, qui en aurait fait part au Conseil régional qui aurait soit adopté une nouvelle loi, soit vu sa loi annulée par le Sénat. Cette réintroduction de *l'interesse nazionale* était critiquée par certains auteurs favorables au régionalisme pour deux raisons : c'est une limite floue et large à l'autonomie des régions, même dans des matières de compétence exclusive de la région ; d'autre part l'intervention, nouvelle, du Sénat, n'était pas satisfaisante du fait que sa composition était elle aussi critiquée comme pas assez représentative des régions. Voir dans ce sens L. Vandelli, *Osservazioni su Schema di ddl cost. Su Senato federale, composizione della Corte costituzionale, forma di governo*, 08/09/2003.

intégrant les compétences et les intérêts régionaux dans un schéma d'unité politique, mais c'est aussi un élément ouvert dans la mesure où la détermination de son contenu relève de l'appréciation des représentants de la nation.

Il convient d'évaluer la portée pour le régionalisme de la limite de l'intérêt général ou national. Nous présenterons cette idée en deux temps, exposant tout d'abord la question des différents niveaux d'intérêts, qui permet une mise en rapport avec le principe de subsidiarité et une évocation du contrôle du juge sur la répartition constitutionnelle des compétences. Cela nous permettra d'analyser ce que nous considérons comme la prééminence du rapport paritaire sur le rapport hiérarchique du ou des ordres juridiques.

Les différents niveaux d'intérêts dans le régionalisme

L'analyse que nous allons conduire a pour objet les notions d'intérêts respectifs, c'est-à-dire régional ou national.

L. Le Fur nous présente la notion de but comme limite à l'action de l'Etat. L'Etat a un but universel et suprême, et non exclusif et illimité. De ce fait la souveraineté peut être limitée, notamment par des restrictions volontaires de l'Etat au profit des collectivités territoriales, qui se retrouvent titulaires de droits garantis pour assurer des intérêts qui sont alors particuliers ; or ceux-ci tombent lorsque l'intérêt général l'exige, car selon L. Le Fur le devoir suprême de l'Etat est sa conservation[707].

Nous retiendrons aussi la similitude de cette distinction entre les différents niveaux d'intérêts dans le principe de subsidiarité. En effet, le principe de subsidiarité est l'une des méthodes de classement des intérêts respectifs existant dans l'Etat. Ainsi pour certains auteurs italiens, la subsidiarité est une des nouvelles formes de défense de *l'interesse nazionale*[708]. En effet le principe de subsidiarité peut être inter-

---

[707] L. Le Fur, *Etat fédéral et confédération d'Etats*, Thèse pour le doctorat, 5 juin 1896, Paris, Imprimerie et librairie générale de jurisprudence Marchal et Billard, 1896, 839 p., p. 366 et s. Il se réfère aux ouvrages suivants : Brie, *Theorie der Staatenverbindungen*, Rosin, *Souveränität, Staat, Gemeinde, Selbsverwaltung*.

[708] Dans ce sens, en plus des auteurs déjà cités, E. Carloni, *Le tre trasfigurazioni delle competenze concorrenti delle Regioni tra esigenze di uniformità ed interesse nazionale. Brevi note a margine delle sentenze n.303, 307 e 308/2003 della Corte costituzionale*, document ASTRID. D'après l'auteur, au nom du principe de subsidiarité, l'Etat italien s'est vu reconnaître la possibilité de prendre des mesures de détail dans des matières de législation concurrente au motif que l'Etat satisfait ainsi des exigences unitaires. La Cour n'utilise pas le critère constitutionnel de la distinction entre législation de principe et de détail mais un critère téléologique, cherchant à savoir l'intérêt poursuivi par la norme. Nous avons déjà présenté notre analyse de la décision 303/2003, il ne nous semble pas qu'elle puisse être interprétée comme donnant à l'Etat un tel pouvoir, car celui-ci se limite à régler en détail l'attribution des compétences administratives en vertu du principe de subsidiarité. Cependant l'analyse de la méthode d'interprétation de la Cour Constitutionnelle nous semble juste. Nous renvoyons à nos développements antérieurs.

prété comme favorable aux collectivités territoriales du fait de la reconnaissance de leur compétence de principe, ou selon un autre point de vue, qui nous paraît plus réaliste et considère la pratique juridique du principe de subsidiarité, il est favorable à l'Etat qui en définit l'application. En introduisant dans les droits constitutionnels le principe de subsidiarité comme principe de répartition des compétences, à côté d'autres éléments, comme le système des listes (compétences exclusives et concurrentes par exemple), le constituant a ouvert la Constitution, et introduit un certain degré de contradiction dans celle-ci, courant le risque que le juge chargé de régler les conflits de compétence, dont le contrôle est restreint, entérine la modification de la répartition constitutionnelle des compétences que peut réaliser l'Etat, maître en dernier lieu de tels outils.

Il convient à présent de s'intéresser à l'articulation de ces différents niveaux d'intérêts.

Prééminence du rapport paritaire sur le rapport hiérarchique entre les différents niveaux d'intérêts

Que nous utilisions les notions d'intérêt général ou national ou de subsidiarité, il existe une hiérarchie entre les différents niveaux d'intérêts, qui correspond à la division verticale du pouvoir et à l'utilisation et au fonctionnement, que nous avons décrits, de ces principes, que nous analysons d'ailleurs ici comme des limites aux compétences régionales. Ainsi l'intérêt général et national supplante l'intérêt régional. Cependant, il nous semble intéressant d'examiner les thèses selon lesquelles un rapport paritaire entre les différents niveaux d'intérêts est mis en place, dans une interprétation de l'intérêt général et de l'intérêt national qui s'inscrit dans l'ensemble du modèle constitutionnel régionaliste (répartition du pouvoir et des compétences).

La thèse de la substitution du rapport paritaire au rapport hiérarchique en Italie est soutenue par R. Bin[709]. Il interprète la limite de l'intérêt national par rapport au système constitutionnel dans son ensemble. Ainsi pour lui la réforme du Titre V de la Constitution italienne a supprimé l'ordre hiérarchique des intérêts qui existait auparavant, lui substituant une logique de type paritaire[710] par le recours aux principes de subsidiarité et de collaboration loyale. Le principe de subsidiarité représente la reconnaissance de niveaux variables d'intérêts dans cette nouvelle logique. Il ajoute que « la protection des intérêts nationaux et des exigences unitaires de la 'République' ne fait pas partie des caractéristiques de suprématie de l'Etat, mais

---

[709] R. Bin, *L'interesse nazionale dopo la riforma : continuità dei problemi, discontinuità della giurisprudenzia costituzionale*, Forum Quaderni Costituzionali, 02/12/2001, www.forumcostituzionale.it/contributi/rb.

[710] Comme le montre la nouvelle rédaction de l'article 114 de la Constitution sur la *pari-ordinazione*.

doit être le fruit de l'unique manière selon laquelle des sujets de même grade peuvent décider, à travers l'accord, la collaboration loyale ».

Dans le même sens que R. Bin, nous trouvons en Espagne la doctrine du *Consell Consultiu de la Generalitat de Catalunya*, qui s'exprime par le biais de ses avis[711]. Il distingue deux notions d'Etat : l'Etat-institution et l'Etat-ordre, qui comprend aussi les Communautés Autonomes et les collectivités locales, l'ensemble des pouvoirs publics[712]. Cet Etat-ordre ne représente pas un ordre vertical hiérarchique mais un ordre horizontal organisé selon le principe de compétence. La Constitution effectue une distribution pluraliste du pouvoir d'Etat sur une base territoriale[713]. Cette vision conduit à des revendications de participation des Communautés Autonomes, en tant que pouvoir public, à la définition des éléments de l'Etat que nous trouvons dans la Constitution, l' « Etat social et démocratique de droit »[714]. Le *Consell Consultiu* recourt aussi au concept d'intérêt général, la Constitution chargeant selon lui tous les pouvoirs publics de l'intérêt général ; les différents acteurs (Etat et Communautés Autonomes) se chargent de celui-ci en fonction et dans la mesure de la distribution des compétences mise en place par la Constitution[715]. Le territoire reste par ailleurs un élément déterminant pour délimiter les pouvoirs issus de ces compétences autonomiques[716]. Cette doctrine va bien ainsi dans le même sens que celle de R. Bin : d'un ordre juridique hiérarchique, le régionalisme institutionnel fait passer à un ordre paritaire ou organisé selon le principe de compétence. L'intérêt général est assumé par l'ensemble des pouvoirs publics et assuré par l'Etat ou les régions selon l'attribution constitutionnelle des compétences, qui comporte aussi un volet de coopération ou encore de participation inspiré de cette logique.

---

[711] Voir *Doctrina del Consell Consultiu de la Generalitat de Catalunya 1981-1996*, éditée par le Consell Consultiu, Barcelone, 1996, 178 p.

[712] Le Consell Consultiu se revendique de la STC32/1981 : Le Tribunal Constitutionnel part de l'article 137 de la Constitution (autonomie pour la gestion des intérêts respectifs des collectivités territoriales) et constate que rien n'est dit en l'occurrence sur les intérêts ni les compétences provinciales. Il considère alors que la Constitution a mis en place une division verticale du pouvoir public entre l'Etat souverain, les Communautés Autonomes ayant une autonomie politique et les autres collectivités territoriales une autonomie administrative, qui doit conduire à une « redistribution des compétences en fonction de l'intérêt respectif entre les différentes entités, pour que le modèle d'Etat configuré dans la Constitution trouve une effectivité pratique ».

[713] Les Communautés Autonomes y ont une autonomie politique et une garantie institutionnelle d'autonomie dans les affaires de leur intérêt. Voir Dictamen du Consell Consultiu n°10 du 12/01/1982.

[714] Dictamen n°37 du 14/01/1983, sur une loi du Parlement catalan sur les services sociaux.

[715] Dictamen n°43 du 17/05/1983. Le Consell Consultiu estime que la Constitution espagnole « décentralise le concept d'intérêt général » ; voir *Doctrina del Consell Consultiu de la Generalitat de Catalunya 1981-1996*, éditée par le Consell Consultiu, Barcelone, 1996, 178 p., p. 16.

[716] Voir le paragraphe suivant sur la limite territoriale ; voir aussi le dictamen n°45 du 21/06/1983.

Dans le même sens, dans les schémas constitutionnels des Etats que nous étudions, nous avons déjà souligné l'existence d'un polycentrisme normatif, mais aussi, en Italie, la *pari-ordinazione*, à savoir la mise sur le même niveau de l'Etat et des autres collectivités territoriales comme éléments constitutifs de la République dans le nouvel article 114 de la Constitution. La théorie institutionnelle de S. Romano, qui sera présentée plus loin, est aussi intéressante à ce titre[717].

Le glissement vers la collaboration est présenté par R. Bin comme une conséquence du changement de logique de l'organisation de l'ordre juridique dans l'Etat. Nous citerons deux exemples allant dans ce sens. Le premier a déjà été présenté plus haut, concernant les intérêts sanitaires[718], justifiant une compétence de l'Etat dans une matière régionale en échange d'une collaboration avec les régions. Un autre exemple se trouve dans la décision 308/2003 où la Cour Constitutionnelle italienne juge que la délocalisation et l'assainissement des implantations radio et télévision appartiennent à la compétence qu'exerce l'Etat dans la loi-cadre sur la protection des expositions aux champs électriques, magnétiques et électromagnétiques, « en considération de l'intérêt national prééminent pour la définition de critères unitaires et de réglementations homogènes en rapport avec les buts de l'article 1 de la loi ». Il y a donc une compétence étatique mais celle-ci à des incidences sur de nombreuses compétences de la requérante, la province de Trente ; il n'y a pas de séparation possible de l'exercice des compétences, il convient donc de recourir à la collaboration loyale[719]. En l'occurrence la Cour estime que c'est bien le cas dans la législation en cause. Nous avions déjà constaté ce glissement vers la collaboration pour ce qui est de l'assouplissement de la répartition des compétences ; nous voyons ici qu'elle est utilisée pour parvenir à l'équilibre entre unité et diversité que les schémas constitutionnels ont mis en place. La collaboration est à la fois un moyen d'atténuer le rapport hiérarchique des intérêts en trouvant un accord, une interprétation commune, mais aussi de permettre à l'Etat d'agir là où il n'avait pas de compétence ou plus en détail que ce que ne lui permettaient ses compétences. La logique paritaire de l'ordre juridique n'est donc pas forcément favorable aux régions.

---

[717] S. Romano, *L'ordre juridique*, Bibliothèque Dalloz, 2002 (1918), 174 p. Lorsqu'il examine les relations entre les divers ordres juridiques, il s'intéresse à la distinction entre les institutions à fins particulières et celles à fins générales, l'Etat appartenant à cette dernière catégorie. Il entend par fins générales des fins qui ne sont « pas chacune positivement déterminées, mais abstraitement et virtuellement toujours extensibles » (p. 103-104). Son analyse qui suit sur la notion, le titre et l'étendue de la relevance est particulièrement importante pour notre analyse.

[718] Décision 88/2003 de la Cour Constitutionnelle italienne.

[719] Conformément à la décision 21/1991 sur les communications radios où la Cour avait précisé qu'il fallait une participation régionale avec un pouvoir de codécision pour le plan d'assignation des fréquences radio, notamment pour la localisation sur le territoire.

Il nous semble que de tous ces éléments divers et ne répondant pas toujours à un même vocabulaire, nous pouvons retirer une analyse de l'intérêt national et général correspondant à celle des doctrines présentées plus haut et selon nous basée sur le droit positif : l'intérêt général est défendu par tous les pouvoirs publics selon une logique paritaire de l'organisation de l'ordre juridique, la prise en charge de cet intérêt étant distribuée de façon horizontale selon le principe de compétence entre les divers ordres publics. L'intérêt national est celui de l'Etat, ce qui le rend difficile à distinguer dans son contenu. Ainsi nous ne chercherons pas à établir cette distinction, qui ne nous semble pas pertinente, car selon notre schéma intérêt national ou régional se fondent dans l'intérêt général. Nous dirons donc que l'intérêt national est celui qui est laissé à l'appréciation des organes de l'Etat, et constitue donc une limite à l'exercice par les régions de leurs compétences quelles qu'elles soient. Cette limite est à nuancer par l'intervention des mécanismes de collaboration comme conséquence logique de cette organisation horizontale, paritaire, des pouvoirs publics.

Nous pouvons à présent nous intéresser à la dernière limite commune que nous identifions dans le modèle européen de régionalisme institutionnel, la limite territoriale, qui est liée à la problématique des différents niveaux d'intérêts car elle représente la limite d'appréciation de l'intérêt régional. L'intérêt général, pris en charge par la région, se limite à son territoire.

3. La limite territoriale

Elle est commune à l'ensemble des régions étudiées. Elle s'applique à l'effet des règles adoptées par les régions. Elle est nuancée par les compétences extérieures des régions : la coopération interrégionale, les règles dirigées vers les « régionaux » comme en Espagne, la capacité à conclure des traités dans des cas très limités.

La limite territoriale est un élément de la spécialité des institutions régionales. Par exemple le statut de la Communauté Autonome de Catalogne lui attribue des compétences exclusives pour le régime juridique des associations exerçant leurs fonctions principalement en Catalogne (article 118) ou encore les statistiques d'intérêt de la Généralité (article 135). La Communauté Autonome de Catalogne n'a plus la compétence en matière des travaux publics quand leur réalisation affecte d'autres Communautés Autonomes[720]. En Italie, nous trouvons cette expression dans les statuts spéciaux, par exemple à l'article 3 e) du statut de la Sardaigne qui attribue à la région une compétence en matière de travaux publics d'intérêt exclusivement régional.

---

[720] Article 148 du statut de la Catalogne et article 149.1.24 de la Constitution espagnole.

La conséquence de la limite territoriale peut être l'obligation de coopération avec l'Etat ou les autres régions concernées[721]. La limite territoriale peut aussi être envisagée dans un sens positif, dans la mesure où ce qui se passe sur le territoire de la région est alors de sa compétence (ce qui n'est pas un principe général cependant). Cette question est intéressante dans le rapport aux collectivités locales situées sur le territoire de la région[722].

Il est difficile de déterminer précisément la limite territoriale de l'action ou de l'intérêt. Cela peut être parfois un moyen de garantir l'unité lorsque l'Etat invoque un intérêt supérieur à celui du territoire régional pour agir. Il peut alors se servir de la notion d'intérêt national.

L'insertion dans l'ordre ou l'institution étatique des compétences régionales est une limite qui vient de la nature même du régionalisme institutionnel. Il en va de même pour les garanties des compétences régionales, mettant encore une fois en avant le rapport entre régionalisme institutionnel et souveraineté de l'Etat.

B. Les garanties des compétences régionales et la souveraineté de l'Etat

Nous distinguerons deux garanties plus ou moins abouties des compétences des régions étudiées sous l'angle du régionalisme institutionnel : l'une d'elle est constitutionnelle, la seconde institutionnelle.

1. Garantie constitutionnelle

Elle consiste à introduire l'autonomie ou les compétences dans le texte constitutionnel.

---

[721] Voir par exemple en Belgique la loi spéciale du 8 août 1980, article 6 pour les nappes d'eaux et forêts, article 92 bis où des accords de coopération doivent être signés entre les régions pour les questions concernant les tronçons de routes et voies hydrauliques, ainsi que les ports, les transports en commun, taxis, cimetières dépassant les limites d'une région, mais aussi, et ce en coopération de plus avec les autorités fédérales, les églises dont l'activité dépasse une région, l'entretien, l'exploitation et le développement des réseaux de télécommunications et de télécontrôle qui sont en rapport avec les transports et la sécurité dépassant les limites d'une région. En Italie, le statut du Trentin-Haut Adige prévoit l'obligation de prendre l'avis de la province pour les travaux hydrauliques et les concessions en matière de communication et de transport pour les lignes traversant le territoire provincial. L'article 64 prévoit que l'Etat réglemente l'organisation et le fonctionnement des établissements publics dont l'activité dépasse le territoire de la région.

[722] Nous pouvons prendre ici l'exemple du statut du Trentin-Haut Adige, où l'article 4 dispose que parmi les fonctions des régions se trouvent les contributions à l'amélioration des travaux publics exécutés par les autres collectivités publiques qui sont sur le territoire de la région.

Fondement de la garantie : une décision politique fondamentale

Il est important de déterminer le fondement de la garantie constitutionnelle dans la mesure où celui-ci nous renseignera sur les rapports entre Constitution, régionalisme et autonomie, nous permettant d'analyser plus tard les conséquences ou enjeux du régionalisme sur le droit et la théorie constitutionnelle. Deux théories de la garantie présentent à nos yeux un intérêt dans ce cadre.

Celle de C. Schmitt des garanties institutionnelles semble la plus simple en rapport avec le droit positif[723]. Ces garanties concernent les institutions de droit public, notamment les collectivités territoriales. Il s'agit d'offrir une protection aux collectivités territoriales de l'Etat en insérant leur autonomie dans la Constitution afin de rendre plus difficile sa suppression ou modification et de la mettre en haut de la hiérarchie de normes.

La théorie de L. Le Fur des droits garantis[724] nous invitera à réfléchir sur la question d'un éventuel contrat en droit positif entre les régions et l'Etat assurant la garantie de droits qui sont des restrictions à l'exercice de la souveraineté par les organes de l'Etat, contrat particulier dans la mesure où l'intérêt général en constitue un motif de rupture[725]. Cette théorie nous paraît particulièrement intéressante ici car elle traite la question du fondement de ces droits garantis par la Constitution et de leur rapport à la souveraineté.

Pour L. Le Fur, les droits garantis sont issus d'un contrat avec les collectivités non souveraines qui composent l'Etat (il étudie particulièrement l'Etat fédéral) mais comme il s'agit de droit public interne (les droits garantis sont fondés sur la Constitution de l'Etat, c'est-à-dire sa volonté), il y a deux conséquences qui varient par rapport à un traité international : l'Etat est seul juge en cas de difficulté venant de

---

[723] C. Schmitt, *Verfassungslehre*, Duncker et Humboldt, Berlin, 1954 (1928), 404 p. Il aurait été influencé par les théories institutionnalistes de M. Hauriou dans son ouvrage *La théorie de l'institution et de la fondation: essai de vitalisme social*, 1925, et de Santi Romano, *L'ordinamento giuridico*, 1918. Voir G. Bercovici, *Entre institutionnalisme et décisionnisme*, Commentaire du livre de Porto Macedo Ronaldo Jr, *Carl Schmitt e a fundamentação do direito*, São Paulo, Max Limonad, 2001, 228 p., Droit et Société, n°54, 2003, édition sur le site Internet suivant : www.reds.msh-paris.fr/publications/revue/biblio/ds054-c.htm. C. Schmitt développera ensuite les garanties concernant les institutions privées, qu'il appellera *Institutsgarantien*. G. Bercovici souligne que les garanties de C. Schmitt étaient d'inspiration antilibérale et anti-individualiste, dans la mesure où elles protégeaient l'individu au travers de l'institution à laquelle il appartient et non par le biais des droits et libertés fondamentaux, subjectifs.

[724] L. Le Fur, *Etat fédéral et confédération d'Etats*, Thèse pour le doctorat, 5 juin 1896, Paris, Imprimerie et librairie générale de jurisprudence Marchal et Billard, 1896, 839 p., p. 445 et s.

[725] Ce que l'auteur appelle les droits garantis consiste notamment dans les procédures de participation à l'élaboration de la volonté de l'Etat, par exemple par une seconde chambre au parlement national. Les droits garantis confèrent aux collectivités non souveraines qui composent, dans l'analyse de L. Le Fur sur l'Etat fédéral, la qualité d'organes du pouvoir fédéral pour la formation de la volonté de l'Etat.

l'obligation contractée et la collectivité non souveraine ne dispose pas du moyen suprême de régler les différends, le droit de guerre. Ainsi pour l'auteur, s'il faut bien à nouveau un contrat pour supprimer les droits garantis (p. 455), l'intérêt général l'emporte sur l'intérêt particulier en cas de conflit, et il est un motif de rupture du contrat. L. Le Fur évoque la possibilité que ces droits garantis soient au départ prévus dans un traité entre différents Etats, le traité créant l'Etat fédéral ; dans ce cas le traité est bien le fondement historique de ces droits mais pas son fondement juridique, car en créant un Etat fédéral, les Etats perdent leur souveraineté et deviennent les membres non souverains de l'Etat fédéral, ne possédant plus la capacité à conclure des traités. Cette analyse correspond à ce que nous avons pu voir en droit positif, par exemple lorsqu'il s'est agi pour le Tribunal Constitutionnel espagnol de déterminer le fondement juridique des droits historiques basques reconnus dans la Constitution.

L. Le Fur s'intéresse dans sa démonstration à l'Etat fédéral et à ses membres. Cependant il la présente sous le titre « restrictions volontaires à la souveraineté provenant d'une source autre que les traités internationaux : les droits garantis » et désigne ceux-ci comme issus du contrat entre l'Etat et un particulier ou une collectivité non souveraine qui le compose. Les régions que nous étudions ici, qu'elles soient celles d'un Etat unitaire ou fédéral comme en Belgique, entrent donc dans l'analyse de L. Le Fur dans la mesure où nous les avons définies comme les institutions territoriales de l'Etat et qu'elles sont, selon notre analyse, dénuées de souveraineté.

Cette analyse de L. Le Fur rappelle des débats qui ont lieu, particulièrement en Espagne, concernant les droits historiques. De plus nous avons souligné la présence de négociations puis d'accords politiques entre les Etats et des collectivités non souveraines qui les composent, qui donnèrent lieu, après une introduction formelle dans le droit national par l'adoption d'une loi ordinaire ou constitutionnelle, à des statuts d'autonomie mais aussi, pour reprendre l'expression de L. Le Fur, des droits garantis constitutionnellement.

Il nous semble intéressant de vérifier si nous pouvons appliquer l'analyse de L. Le Fur aux régions que nous étudions.

Le premier point, la question d'un traité comme base historique mais non juridique des droits garantis, ne s'applique qu'au cas du Royaume-Uni (les traités d'Union) ; cependant par extension, il intéresse aussi le raisonnement tenu pour traiter la question des droits historiques en Espagne. Selon le Tribunal Constitutionnel espagnol la Constitution n'est pas issue d'un pacte entre les instances territoriales historiques, il n'y a pas de souveraineté basque reconnue de ce fait et les droits historiques tirent leur légitimité juridique de la Constitution[726], qui dispose dans la disposition additionnelle première « la Constitution protège et respecte les droits historiques des territoires foraux ». Il y a bien une interprétation commune avec celle de L. Le Fur de ce que les droits en question ne peuvent trouver leur fondement que dans le texte constitutionnel, qui représente la volonté de l'Etat, du souverain, s'il en dispose ainsi.

Cette question nous permet d'aborder le deuxième point d'intérêt de la théorie de L. Le Fur, celui de la modification du contrat entre l'Etat et les collectivités non souveraines qui le composent, qui suppose un nouvel accord entre les parties. Nous avons rejeté l'idée que les théories *pactistas* déjà étudiées soient à la base des droits de régions par rapport à l'Etat. En effet selon ces théories, un pacte intervient entre l'Etat et une région qui donne son accord pour toute modification du pacte et a en conséquence un droit à l'autodétermination. La théorie de L. Le Fur, si elle se base sur un contrat entre l'Etat et la collectivité non souveraine, suppose cependant que les droits garantis qui en sont la conséquence soient de nature constitutionnelle. Au cours de notre étude du régionalisme institutionnel, nous avons démontré qu'il existe des dispositions sur l'accord éventuel des régions à la modification des droits garantis. Nous distinguerons deux niveaux pour présenter cet accord. Les droits garantis par la Constitution peuvent trouver leur application dans les statuts des régions. Dans ce cadre les régions exercent un pouvoir de modification d'étendue diverse[727]. Pour ce qui est de ce que nous avons décrit comme le droit constitutionnel régional, c'est-à-dire la partie du droit constitutionnel qui concerne les régions, celles-ci, dans les modèles étudiés, n'ont pas de pouvoir en ce qui concerne sa modification[728], et donc la modification des droits garantis de L. Le Fur.

Nous opérons alors ici une distinction entre deux groupes d'Etats. En effet la théorie des droits garantis de L. Le Fur ne peut s'appliquer que si l'on considère que la Constitution, œuvre du pouvoir constituant, intègre des droits garantis par l'Etat envers des collectivités non souveraines, ici les régions[729]. Nous distinguons donc

---

[726] STC 76/1988 du 26/4, FJ 3 : « La Constitution n'est pas le résultat d'un pacte entre les instances territoriales historiques qui conservent des droits antérieurs à la Constitution et supérieurs à celle-ci, mais une norme du pouvoir constituant qui s'impose avec force d'obligation générale dans son domaine, sans que restent exclues des situations 'historiques' antérieures. »

[727] Les régions italiennes sont titulaires du pouvoir statutaire. En Espagne, les Communautés Autonomes proposent les révisions de statut. En Belgique les lois spéciales qui contiennent la répartition des compétences sont adoptées à la majorité de l'article 4 de la Constitution qui prévoit l'accord des groupes linguistiques français et néerlandais. Au Royaume-Uni, les institutions dévolues peuvent proposer aussi des modifications, mais sur la seule base de la *soft law* et de la notion de *good governance*.

[728] Nous renvoyons à nos développements sur la question de la représentativité territoriale de la seconde chambre des parlements nationaux des Etats étudiés.

[729] Mais la Constitution n'est pas un contrat.

d'un côté, l'Espagne, l'Italie et la Belgique, pour qui le régionalisme institutionnel est une décision politique fondamentale[730], qui fait partie de la Constitution au sens absolu, et de l'autre le Royaume-Uni et la France où le régionalisme institutionnel n'appartient pas aux décisions politiques fondamentales. Nous pouvons ainsi dégager l'application suivante de la théorie de L. Le Fur au régionalisme institutionnel : les Etats où celui-ci fait partie des décisions politiques fondamentales, l'Espagne, la Belgique et l'Italie, ont donc une Constitution qui comprend des droits garantis et l'accord des régions doit être recherché pour leur éventuelle modification. Il y a donc une incohérence entre le système constitutionnel de ces Etats et les dispositions encore embryonnaires de la participation des régions à la révision constitutionnelle.

Quant au dernier point abordé par L. Le Fur, celui de l'intérêt général, nous avons vu que cette notion fait partie, comme une limite et une condition de validité, du régionalisme institutionnel dans les Etats étudiés.

De ces deux théories et de leurs applications, nous pouvons déduire que la Constitution est le lien essentiel entre régionalisme institutionnel et Etat. Elle contient les garanties (garantie institutionnelle de C. Schmitt, droits garantis de L. Le Fur) du régionalisme institutionnel mais reste l'instrument du souverain, l'Etat.

Etendue matérielle de la garantie

La garantie s'étend à l'existence des régions, à l'autonomie dans toutes ses rubriques, par exemple l'autonomie financière et l'énumération des compétences des régions ou du critère de répartition des compétences, comme le principe de subsidiarité.

Etendue procédurale de la garantie

Les dispositions constitutionnelles se trouvent tout en haut de la hiérarchie des normes ; ainsi l'ensemble des pouvoirs publics y est soumis.

L'Italie, l'Espagne et la Belgique ont une cour constitutionnelle ou une cour habilitée à régler les conflits de compétence selon les règles posées dans la Constitution. Le contrôle est limité aux lois écossaises, au Royaume-Uni, du fait de la souveraineté du Parlement britannique, ce qui permet là encore de vérifier qu'on n'est pas en présence d'une décision politique fondamentale du souverain. Nous avons déjà souligné l'importance de ce point dans la description du régionalisme institutionnel.

---

[730] Celle de mettre en place un ordre juridique complexe et plural entre l'Etat et les régions.

Un problème essentiel rencontré par les régions pour l'effectivité de la garantie juridictionnelle est la durée des procédures. Les décisions rendues par les cours constitutionnelles mettent un certain temps à l'être. La durée des affaires est particulièrement importante en Espagne, ce qui pose un problème pratique à la garantie constitutionnelle de l'autonomie et des compétences. En effet des situations de fait peuvent se créer dans l'attente de la décision, soit paralysant l'action d'une Communauté Autonome, soit laissant perdurer l'exercice d'une compétence dont la Communauté Autonome ou l'Etat n'est en fait pas titulaire[731]. La solution envisagée est la création d'une cour ou chambre particulière du Tribunal constitutionnel chargée uniquement des affaires régionales. Le fait que le juge constitutionnel soit souvent appelé à décider du fait du flou ou du caractère ouvert de certaines dispositions constitutionnelles, notamment dans le cas espagnol où il a contribué à la définition de l'Etat des autonomies, augmente l'intérêt d'arriver à des décisions rapides, d'autant plus que le modèle régionaliste est en train de se développer et qu'il faut le définir et l'appliquer, il est un objet récent du droit constitutionnel.

Il arrive de plus que soient mises en œuvre des contre-attaques de l'Etat. Elles viennent de deux éléments : la complexité de la question de la répartition matérielle des compétences ; la lenteur des décisions du juge et leur effet relatif. Ainsi l'Etat peut prendre une même mesure en invoquant une autre compétence, comme l'exemple déjà cité de l'Etat espagnol qui se base sur sa compétence en matière de sécurité sociale pour prendre une loi qui inclut les aides sociales complémentaires dans la matière sécurité sociale alors que le Tribunal Constitutionnel avait décidé que les aides complémentaires sont de la compétence en matière sociale de la Communauté Autonome.

La procédure de révision constitutionnelle fait aussi partie de l'aspect procédural de la garantie constitutionnelle. Les procédures de révision de la Constitution sont consignées dans celle-ci sauf pour le cas de la Constitution britannique qui est une Constitution souple, ce qui n'offre pas de garantie, nous l'avons déjà démontré, aux institutions dévolues.

2. La garantie institutionnelle

Nous appelons garantie institutionnelle la garantie qui passe par le biais des institutions, essentiellement exécutives et législatives.

---

[731] Par exemple la STC 212/2005, du 21 juillet. La Catalogne avait agi contre un décret du ministère espagnol de l'éducation et de la culture qui mettait en place des aides spéciales d'éducation pour l'année 1996-1997. Près de 10 ans plus tard, le Tribunal, en faisant la balance entre les compétences en matière d'éducation et d'égalité entre les espagnols, reconnaît que plusieurs articles du décret violent les compétences de la Communauté Autonome.

Il s'agit des institutions de participation à la détermination des normes étatiques, Sénat et autres institutions nationales où est assurée une représentation régionale, ainsi que des conférences de collaboration entre les exécutifs de l'Etat et des régions, et au sens large la négociation institutionnalisée, notamment en rapport avec l'Union européenne.

La tendance est à remplacer le système de garantie des compétences par la collaboration loyale, et par les garanties procédurales ou de consultation comme pour la subsidiarité. Nous avons rencontré divers cas allant dans ce sens, par exemple le point 2 des considérations en droit de la sentence 88/2003 de la Cour Constitutionnelle italienne qui autorise la restriction à l'autonomie des régions et provinces autonomes par l'adoption de normes étatiques dans des matières de leur compétence, afin de fixer les niveaux essentiels des prestations en matière de droits civils et sociaux, lorsqu'un intérêt général est en jeu et qu'est prévu le recours à un avis de la Conférence permanente pour les rapports entre l'Etat, les régions et les provinces autonomes.

Le régionalisme institutionnel européen est un modèle de compétences, garanties dans la limite de leur insertion dans l'ordre juridique étatique. Ce modèle correspond aux Etats italien, espagnol et belge selon des modalités d'application diverses, ainsi que britannique en partie, mais il manque des garanties par rapport aux autres systèmes, ce qui affaiblit la portée de la dévolution.

L'esquisse de ce modèle contribue à développer la définition du régionalisme institutionnel.

II. UNE DEFINITION DU REGIONALISME INSTITUTIONNEL

Le régionalisme institutionnel consiste en un ensemble de principes, de mécanismes et de garanties constitutionnels assurant l'autonomie, la répartition des pouvoirs et l'identité de régions institutions territoriales pôles, dans le modèle de l'Etat qui en constitue le cadre. Le régionalisme institutionnel concerne l'organisation des trois éléments de l'Etat et constitue une interprétation ou un aménagement de l'unité politique de l'Etat. Nous tenterons de justifier l'utilisation de la notion de régionalisme institutionnel dans le droit et sa mesure (A) avant de considérer le régionalisme dans la dynamique institutionnelle territoriale européenne (B).

A. Comment et pourquoi utiliser la notion de régionalisme institutionnel dans le droit ?

Le régionalisme est au départ un concept politique. La notion juridique du régionalisme défendue dans ce travail est celle d'un concept de droit constitutionnel et de théorie de l'Etat pour l'étude et la définition duquel le droit comparé nous paraît nécessaire. Nous fournirons ici les outils de l'analyse juridique qui nous conduira à notre définition à la fin de ce chapitre.

Le régionalisme institutionnel affecte l'organisation des trois éléments de l'Etat décrits dans la première partie. En effet, il propose un modèle territorial, d'organisation de la population et du pouvoir qui trouve dans la région une mesure à l'action juridique et politique au sein de l'Etat. Il transforme la notion juridique d'Etat en offrant une lecture de la théorie de l'Etat et de la théorie constitutionnelle qui assouplit les principes tels que l'égalité, l'Etat de droit, et plus globalement, nous l'avons maintes fois évoquée, l'unité politique, pour y introduire la diversité régionale qui prend juridiquement la forme de la légitimation de l'action politique des institutions régionales.

La notion de régionalisme institutionnel permet de rendre compte à la fois du caractère institutionnel, des garanties, des mécanismes de flexibilité et d'ouverture, de l'équilibre entre unité et diversité, de la différenciation, etc., et de ne pas se limiter à l'organisation du pouvoir au sein de l'Etat. Il n'y a pas de notion actuellement dans le droit qui rende compte de ce phénomène. La notion d'autonomie signifie uniquement la faculté d'édicter ses propres normes, or le régionalisme institutionnel va au-delà. L'intérêt de l'utilisation du terme de régionalisme tient à la référence au politique, la traduction du politique dans l'institutionnel[732], qui a notamment pour conséquence une asymétrie entre les régions d'un même Etat. Le terme d'institutionnel permet de renvoyer à la théorie de l'institution ; trois éléments essentiels doivent être mis en avant : l'identité de l'institution[733], la garantie institutionnelle[734] et le rapport avec l'ordre juridique[735].

L'intérêt de l'introduction de la notion de régionalisme institutionnel dans le droit constitutionnel est de rendre compte d'un phénomène juridique qui affecte la notion juridique d'Etat.

Diverses dispositions entraînent la justification de l'identification de la région comme niveau d'action politique : la notion d'affaires régionales, la référence à l'identité, le pouvoir législatif, l'autonomie financière, le rapport aux institutions européennes, etc. La région représente une partie de l'Etat déterminée territorialement et qui se définit politiquement, assouplissant l'unité politique de l'Etat par

---

[732] Voir par exemple le contenu politique non normatif des nouveaux statuts adoptés par les régions italiennes, selon les sentences 372/2004, 378/2004 et 379/2004 de la Cour Constitutionnelle italienne. Voir aussi nos développements sur le rapport entre droit et politique dans l'analyse du régionalisme institutionnel comme notion de droit constitutionnel.

[733] Le contenu de son autonomie, notamment du sens dont ne peut être vidée l'autonomie protégé par les cours constitutionnelles, et la notion d'affaires régionales font l'identité de l'institution régionale.

[734] Personnalité juridique, théories de C. Schmitt de la garantie institutionnelle, théorie de L. Le Fur des droits garantis.

[735] Théorie institutionnelle de S. Romano.

l'introduction du pluralisme politique et du polycentrisme normatif. La région est une institution politique par le caractère de son autonomie, par ses compétences et par la place de l'identité dans sa définition. L'originalité du régionalisme institutionnel est de présenter un exercice par l'institution régionale de la souveraineté de l'Etat et de limiter celui-ci à la notion de but ou d'intérêt[736].

B. Le régionalisme dans la dynamique institutionnelle territoriale européenne

Nous allons ici donner la définition du régionalisme institutionnel à laquelle notre étude nous mène. Rappelons le sujet exact de cette thèse : « régionalisme et institutions territoriales dans l'Union Européenne ». Lorsque nous parlons de régionalisme ici, nous nous plaçons à la fois dans la perspective institutionnelle territoriale et dans la perspective européenne.

Nous allons présenter le cadre de la définition (1) avant d'exposer celle-ci (2).

1. Le cadre de la définition

La perspective institutionnelle territoriale

La perspective institutionnelle territoriale renvoie à nos développements sur l'institution territoriale du début de notre travail. Rappelons-en quelques points : personnalité juridique, garantie institutionnelle, spécialité territoriale.

La perspective européenne

Nous l'avons adoptée car elle présente l'intérêt de la comparaison entre les Etats ainsi que la soumission à des mouvements communs : développement de l'Union européenne, et notamment des politiques s'adressant aux régions, d'un partage des compétences, de l'application du droit communautaire par les régions, de la défense de principes d'organisation du pouvoir comme le principe de subsidiarité, développement des normes européennes du Conseil de l'Europe notamment en matière d'autonomie locale et régionale ou de minorités, développement de la coopération interrégionale transfrontalière ou fonctionnelle, regroupement et représentation des régions au niveau européen (institutions comme ARE, CPLRE, Comité des régions ; régions à pouvoirs législatifs, etc. ; bureaux de représentation des régions à Bruxelles).

---

[736] Qui peut être aussi l'intérêt général permettant à l'Etat d'agir dans des domaines de compétence des régions. Voir aussi la théorie institutionnelle de S. Romano.

Le cadre européen ici choisi pour l'analyse nous invite à présenter des points de vue permettant une vision d'ensemble, cohérente et utile des systèmes présents dans les cinq Etats objets de notre étude, la Belgique, l'Espagne, la France, le Royaume-Uni et l'Italie. Nous avons dégagé deux points permettant de dessiner ce cadre européen de la définition et de l'analyse du régionalisme. Il s'agit tout d'abord de l'application que nous proposons des mécanismes théoriques de la *Dreigliederungslehre* à l'analyse du régionalisme dans le cadre européen, puis du thème de la norme fondamentale dans cette analyse de droit comparé.

- Application des mécanismes théoriques de la *Dreigliederungslehre* à l'analyse du régionalisme institutionnel dans le cadre européen

Une conception constitutionnelle de l'unité politique de l'Etat qui accepte le régionalisme institutionnel peut s'inspirer de la *Dreigliederungslehre*. En effet, cette théorie, issue de la doctrine allemande, avait pour but de présenter la question du pouvoir, et surtout de la souveraineté, dans l'Etat fédéral, en considérant qu'il existait un Etat global, détenteur de la souveraineté, un Etat central, exerçant certaines tâches au niveau national, et des Etats membres exerçant leur pouvoir dans la limite de leur territoire et de leurs attributions. Nous avons déjà souligné les parallèles multiples qui existent entre fédéralisme et régionalisme : la notion et les méthodes de répartition des pouvoirs, l'existence de différents ordres juridiques intégrés, notamment l'existence de différents pouvoirs législatifs, etc.

Nous ne proposerons pas ici d'établir une fiction d'Etat global, d'Etat central et d'Etats membres. Il ne nous semble pas en effet nécessaire ni justifié de recourir à une fiction d'Etat (l'Etat global) dont le fondement en droit positif est douteux[737].

Il nous semble cependant intéressant de s'inspirer de cette théorie pour expliquer le régionalisme dans son cadre juridique, l'Etat, unité politique composée de trois éléments, une population, un territoire et un pouvoir. En effet, cette théorie permet de présenter les membres et l'Etat central, entre lesquels les tâches sont réparties, et l'Etat global, détenteur de la souveraineté indivisible, et, par conséquent, de la compétence de la compétence, qui procède à l'intégration des deux autres types de membres[738]. Or dans notre étude du régionalisme institutionnel, nous avons pu constater différents éléments qui rappellent cette présentation théorique. Les tâches sont réparties entre l'Etat central et les régions, par matière ou par pouvoir.

---

737 Rien ne laisse dans les Constitutions étudiées sous-entendre l'existence de trois éléments, moins encore que dans la Constitution allemande, qui a été interprétée par la Cour Constitutionnelle fédérale comme intéressant deux membres seulement, en dépit d'analyses sémantiques tendant à prouver le contraire.

738 Voir H. Kelsen et R. Smend.

L'Etat central assume les tâches d'envergure nationale (recherche de l'équilibre entre unité et diversité, notamment par l'utilisation du principe d'égalité, des droits de l'homme, de l'économie, de l'intérêt national, de l'unité du territoire). Les régions assument les tâches d'envergure régionale (voir les cas pratiques sur l'autonomie des régions, les compétences culturelles, le principe de subsidiarité et la notion d'affaires régionales ou d'affaires propres et d'intérêt régional).

Le détenteur de la souveraineté a toujours la compétence de la compétence. Le souverain s'exprime par le pouvoir constituant en adoptant une Constitution (rigide pour l'Espagne, l'Italie et la Belgique ; c'est le Parlement qui est souverain pour le Royaume-Uni, la Constitution est souple, les normes constitutionnelles sont donc contenues dans des lois de Westminster, et sont constitutionnelles par leur matière). Les normes constitutionnelles contiennent les dispositions matérielles ou de principe de répartition des compétences et des pouvoirs. Des principes comme la subsidiarité sont contenus en premier lieu dans les textes constitutionnels.

Qu'elle soit considérée sous l'angle de la souveraineté de l'Etat, du peuple, du Parlement, la souveraineté dans les cinq Etats étudiés est indivisible, conséquence de l'unité politique de l'Etat.

Le détenteur de la souveraineté procède à l'intégration de l'Etat central et des régions par quatre moyens, que nous avons décrits à différentes reprises et qui feront l'objet d'une synthèse dans la dernière partie de cette thèse sur l'autonomie intégrée et articulée dans la recherche de l'équilibre entre unité et diversité : le principe de loyauté ; le principe de solidarité ; le principe de participation, par exemple par une seconde chambre territoriale au parlement national, par des mécanismes concernant l'Union européenne, par la représentation spéciale dans les institutions nationales, notamment le Parlement et la Cour qui règle les différends en matière de compétence, ou par des instances de négociation qui ont déjà été évoquées à diverses reprises ; l'articulation des pouvoirs notamment législatifs (lois-cadres, législation de principe ou de base et de détail, législation d'adaptation, d'exécution, etc.) et administratifs (principe de subsidiarité), la hiérarchie, la flexibilité et le contrôle des normes.

L'intérêt que peut représenter le recours aux mécanismes intellectuels de la *Dreigliederungslehre* pour l'étude du régionalisme institutionnel est de deux ordres. Le régionalisme pose le problème que nous avons évoqué tout au long de ce travail de conciliation avec son cadre juridique, plus particulièrement avec l'unité politique de l'Etat mais aussi avec la théorie des trois éléments constitutifs de l'Etat. Le recours à la *Dreigliederungslehre* pourrait nous permettre de le régler grâce au point de vue qu'il offre.

L'utilisation de cette théorie peut aussi permettre de raisonner en droit comparé sur cinq Etats présentant des différences d'organisation, de traditions juridiques parfois, pour mettre en avant les points convergents des systèmes juridiques et dégager, ce qui est l'un des buts de ce travail, une analyse à l'échelle de l'Union européenne de notre sujet, le régionalisme institutionnel. Pour cela, il convient non d'appliquer cette théorie, ce qui, nous l'avons montré, nous paraîtrait erroné et non nécessaire, mais de s'inspirer des mécanismes de son élaboration, pour présenter le régionalisme institutionnel dans l'Union européenne sous un angle intéressant le regroupement des Etats étudiés, des Etats unitaires, fédéraux, à Constitution rigide ou souple.

L'application de la *Dreigliederungslehre* que nous pensons ainsi pouvoir dégager est la suivante. Il existe un ensemble de règles de l'ordre juridique, qui émanent du souverain (Parlement de Westminster ou texte de la Constitution selon la *Grundnorm*), qui concernent l'exercice du pouvoir par l'Etat central et les régions et l'ordonnancement juridique entre normes nationales et régionales. Ces règles prévoient comme nous l'avons dit une répartition des tâches nationales et régionales et met en rapport les normes qui en sont issues par des mécanismes d'intégration que nous avons évoqués plus haut (principes de loyauté, de solidarité, de participation, articulation normative). Nous insisterons notamment sur deux exemples d'intégration que fournit cette analyse.

Le premier est l'exemple de la participation. Nous reprendrons ici la théorie de L. Le Fur sur les membres de la fédération, qui en qualité d'organes de l'Etat participent à l'élaboration de la volonté de l'Etat[739]. Partant de ce point de vue de L. Le Fur, nous pouvons développer l'idée que la participation des régions, notamment par le biais d'une seconde chambre territoriale au sein du parlement national, qui existe ou est sujet de débats en vue de réformes dans tous les Etats étudiés, les transforme – dans ce cadre seulement – en pouvoir constitué, à côté des pouvoirs constitués de l'Etat central qui sont déjà le Parlement, le gouvernement, le pouvoir judiciaire. Donc la norme fondamentale, expression de la souveraineté, en instituant dans une certaine mesure les régions en pouvoir constitué, qui participe dans le cadre d'une procédure déterminée à l'élaboration de la volonté de l'Etat ou de la nation, en collaboration avec les pouvoirs constitués de type national, procède bien à l'intégration de l'Etat central et des régions. Nous pouvons remarquer que les divers Etats étudiés sont à des stades différents quant à la participation des régions à la formation de la volonté de l'Etat et qu'ils utilisent des méthodes diverses en rapport avec leur organisation[740].

Le second exemple concerne l'articulation des ordres juridiques. A elle seule, nous l'avons vu dans la première partie de cette thèse, l'unité de l'Etat, et donc l'unité

---

[739] L. Le Fur, *Etat fédéral et confédération d'Etats*, Thèse pour le doctorat, 5 juin 1896, Paris, Imprimerie et librairie générale de jurisprudence Marchal et Billard, 1896, 839 p., p. 445 et s.

[740] Par exemple, en Belgique, un des modes de participation des régions est selon nous la disposition constitutionnelle qui prévoit des lois spéciales (article 4 de la Constitution) dans de nombreux domaines déterminant les choix politiques de la nation, faisant intervenir les deux groupes linguistiques français et néerlandais – or l'Etat belge est organisé sur la base des régions linguistiques.

du pouvoir d'Etat, ou la souveraineté, implique l'existence du principe de la hiérarchie des normes. Ce principe permet de concilier la diversité normative qui résulte du régionalisme institutionnel avec l'unité politique de l'Etat. Cependant il existe bien ici trois niveaux : la norme fondamentale, dont toute autre norme sur le territoire de l'Etat va tirer sa validité, les normes de l'Etat central et les normes régionales. Ces normes étatiques et régionales non seulement trouvent indépendamment leur validité dans la norme fondamentale, car la norme fondamentale répartit les pouvoirs et les matières (selon des principes ou en détail), mais sont aussi dans certains cas, assez nombreux, intégrées entre elles du fait de mécanismes mis en place par cette même norme fondamentale : articulation des deux niveaux de législation entre principe et détail, adaptation, exécution, etc., compétences transversales (notamment intérêts publics défendables par tous les niveaux de législation comme l'environnement en Italie ou la culture en Espagne), principe de subsidiarité, etc. Nous renvoyons aux divers développements faits dans ce domaine. La France est exclue d'une telle analyse, restant dans un système hiérarchique.

Nous pouvons constater que l'application inspirée de la *Dreigliederungslehre* permet de rapprocher les différents systèmes, mais aussi de distinguer chaque solution nationale. Elle permet d'exclure l'idée de l'existence en France actuellement d'un véritable régionalisme institutionnel. Elle offre une possibilité d'interpréter le polycentrisme normatif ou encore la territorialisation du pouvoir dans le cadre de l'unité politique de l'Etat.

L'application des mécanismes théoriques de la *Dreigliederungslehre* au régionalisme institutionnel permet de dégager le schéma suivant :

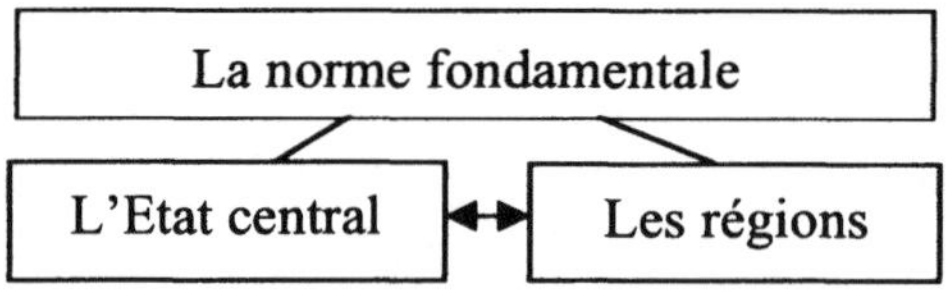

Nous n'utilisons pas la *Dreigliederungslehre* comme modèle normatif, qui soulèverait les mêmes objections que dans le cadre du fédéralisme, mais comme technique d'analyse. Ce schéma s'inspire ainsi du fonctionnement de cette théorie : la souveraineté et la compétence de la compétence au premier niveau, procédant à la répartition des tâches et à l'intégration entre les deux autres niveaux. Il permet d'après nous une vision plus claire du régionalisme institutionnel au niveau des différents Etats de l'Union européenne. Ce schéma inspiré de la *Dreigliederungslehre* nous procure une synthèse d'un point de vue commun entre les Etats. De plus cela va nous permettre d'étendre notre analyse au thème de la norme fondamentale.

- Le thème de la norme fondamentale dans l'analyse de droit comparé du régionalisme institutionnel dans l'Union européenne

Le thème de la norme fondamentale est lui aussi utile à l'analyse de droit comparé au niveau de l'Union européenne entre les Etats choisis pour celle-ci. En effet, ces Etats appartiennent à deux groupes différents : le Royaume-Uni a une Constitution souple, les autres une Constitution rigide. L'utilisation de la notion de norme fondamentale ou *Grundnorm* permet de rassembler ces deux groupes pour une analyse unie du régionalisme institutionnel. Un exemple en est apporté dans le paragraphe précédent lors de l'application que nous avons mise en place des mécanismes théoriques de la *Dreigliederungslehre*.

Enfin d'autres éléments justifient et permettent une perspective européenne dans la définition du régionalisme. Il s'agit du principe de subsidiarité, de l'asymétrie ou différenciation, et de la hiérarchie des normes. Nous les avons déjà présentés à diverses reprises.

La dynamique institutionnelle territoriale européenne

En quoi ces perspectives peuvent-elles être présentées comme une dynamique ?

Nous devons tenir compte du fait que le régionalisme institutionnel n'est pas un concept figé mais que les régions et Etats en question sont soumis actuellement concernant les institutions territoriales à des transformations d'ordre constitutionnel et législatif[741], qui sont désignées sous le terme de réformes, mais aussi des transformations sur une échelle de temps plus longue des pratiques constitutionnelles et législatives (pratique plus intense du pouvoir législatif régional, revendication et parfois obtention de négociations avec l'Etat central, présentation de projets de réforme, recours aux cours constitutionnelles ou de règlement des différends en matière de compétence, intensification du rôle de la jurisprudence de ces dernières, pratique d'un principe de collaboration loyale, etc.). Ces Etats sont de plus exposés à des transformations venant de la construction européenne et de la décentralisation au niveau local, que nous avons déjà évoquées.

Il s'agit maintenant de voir s'il existe bien une dynamique institutionnelle territoriale européenne. Cela signifie chercher à savoir si les réformes se correspondent, les pratiques aussi et si le cadre européen est uniforme pour ces Etats, ces régions et ces systèmes.

A présent que nous avons dressé le cadre de la définition, il convient de développer celle-ci.

---

741 Voir par exemple actuellement la question des nouveaux statuts adoptés par les régions italiennes ou encore du nouveau statut de la Catalogne présenté par celle-ci.

2. <u>Régionalisme et institutions territoriales dans l'Union européenne : le régionalisme dans la dynamique institutionnelle territoriale européenne – définition</u>

Il convient d'être très précis sur les termes que nous utilisons, afin qu'ils ne renvoient pas à un Etat seulement ; il nous paraît nécessaire de donner une définition qui se présente de telle manière qu'elle n'oblige pas à faire des catégories. Il nous semble que le régionalisme, qui à l'origine est une notion politique dont nous souhaitons donner ici une définition juridique, n'est pas isolable du politique, tout comme le droit constitutionnel et la théorie de l'Etat y sont étroitement liés et appliqués. Cela fait du régionalisme un objet difficile à saisir juridiquement. Nous l'avons présenté tout au long de ce travail à travers l'étude de son cadre juridique et de ses enjeux juridiques, non pas comme un modèle d'Etat, à côté de la fédération et de l'Etat unitaire, non plus comme un modèle d'organisation territoriale du pouvoir, mais plutôt comme un faisceau de normes juridiques touchant toute la théorie de l'Etat et la théorie constitutionnelle, concentré sur la région. Il nous semble donc qu'il convient ici, au moment d'aborder la définition que nous souhaitons donner au régionalisme dans la dynamique institutionnelle territoriale européenne, d'utiliser les termes juridiques qui permettent d'appréhender cet objet, le régionalisme, qui se présente, se développe juridiquement à côté de son existence politique, dans l'Union européenne. Partant de ce constat et des analyses que nous avons faites, tant du cadre juridique qui se présente à lui, l'Etat, dans son unité politique, que des enjeux juridiques, il nous semble utile de recourir à des termes propres au régionalisme et non de faire une synthèse de normes et de termes juridiques nationaux. Les termes propres du régionalisme doivent permettre à la fois de rendre compte de l'analyse des différents Etats et de faire abstraction de ceux-ci.

Nous donnerons dans ce contexte la définition suivante du régionalisme institutionnel, après avoir déterminé son cadre, et compte tenu des conséquences de notre approche de droit comparé : un concept de droit constitutionnel rendant compte d'un ordre juridique complexe et plural comprenant l'institution étatique dont la notion juridique se trouve affectée et les régions comme institutions territoriales politiques.

Le terme de régionalisme est la traduction juridique de la région comme niveau d'action politique (d'où l'importance de la subsidiarité et des notions d'affaires propres, des références à l'identité, le développement du pouvoir législatif, etc.).

Cette définition présente ainsi la région comme une partie de l'Etat, déterminée territorialement, et qui se définit politiquement ; cela nous permet de faire le lien entre droit et politique, et de rendre compte du fait que les trois éléments de l'Etat et son unité politique doivent être interprétés dans un sens ouvert, plural, polycentrique. C'est-à-dire que la région détient une capacité d'action politique se déclinant sur trois plans : celui de l'étendue des compétences, celui de l'autonomie, particulièrement du pouvoir législatif, pour de nombreuses politiques publiques ou matières, et celui d'une identité régionale.

L'ordre juridique étatique est transformé. Il est plural, du fait de l'existence de différents centres d'émission normative et de différents niveaux d'intérêt, général, national et régional, et complexe, car ces normes s'ordonnent selon les principes combinés de hiérarchie et de compétence et les niveaux d'intérêt selon la notion de but et les principes et mécanismes de collaboration et d'intégration.

L'Espagne, l'Italie, la Belgique et le Royaume-Uni connaissent les dispositions juridiques du régionalisme institutionnel. Seuls les trois premiers en font un concept constitutionnel dans la mesure où il s'agit de l'une des décisions politiques fondamentales qui font la Constitution au sens absolu[742].

Conclusion du chapitre 2

Dans ce second chapitre notre démarche a été d'arriver à la définition suivante du régionalisme institutionnel : un concept de droit constitutionnel rendant compte d'un ordre juridique complexe et plural comprenant l'institution étatique, dont la notion juridique se trouve affectée, et les régions comme institutions territoriales politiques.

Pour cela nous nous sommes basée sur les caractéristiques communes du régionalisme institutionnel dans différents Etats européens. Celui-ci assure la cohésion du territoire régional et peut être décrit comme un ensemble de compétences, notamment législatives, avec des limites et garanties.

Les notions d'intérêt général, national et régional sont alors déterminantes pour notre description de ce modèle dans un schéma de l'ordre juridique où nous avons mis en avant l'importance du rapport paritaire entre l'Etat et les régions.

Les garanties constitutionnelle et institutionnelle sont elles aussi caractéristiques de ce modèle de régionalisme.

Pour arriver à la définition du régionalisme institutionnel à partir de cette étude, nous avons utilisé une perspective européenne d'analyse qui se traduit par l'application des mécanismes de pensée de la *Dreigliederungslehre* et du thème de la norme fondamentale à notre raisonnement, afin de prendre en compte l'élément politique, l'élément concernant l'ordre juridique ou l'institution, l'articulation et l'intégration à l'Etat d'une institution définie territorialement et par son identité.

---

742 Voir notre développement sur le rapport entre droit et politique dans l'analyse du régionalisme institutionnel comme concept de droit constitutionnel, ainsi que sur la notion de Constitution et C. Schmitt, *Verfassungslehre*, Duncker & Humboldt, Berlin 1954 (1928), 404 p.

Conclusion du titre 1

Nous avons dans le titre 1 mis en avant la diversité européenne des modèles de régionalisme institutionnel et, à partir d'une étude matérielle de l'étendue des possibilités du régionalisme selon les Etats, nous avons pu envisager une définition du régionalisme dans la dynamique institutionnelle territoriale européenne. Cette définition nous montre que le régionalisme institutionnel, dans ses applications actuelles, a nécessairement une influence sur l'avenir de l'Etat. C'est cette question que nous traiterons dans le second titre de cette partie.

TITRE 2

L'AVENIR DE L'ETAT FACE AU REGIONALISME INSTITUTIONNEL

Afin de démontrer quelles sont les conséquences du régionalisme institutionnel sur l'Etat et le droit, il convient d'évaluer la contribution de celui-ci à l'interprétation de la théorie de l'Etat et de la théorie constitutionnelle.

Nous devrons donc confronter le cadre juridique que nous avons établi dans la première partie de cette thèse aux applications faites dans les différents Etats et à la définition que nous avons dégagée dans le premier titre de cette seconde partie.

Le régionalisme institutionnel affecte la notion juridique d'Etat.

Nous présenterons nos résultats dans deux chapitres, le premier partant du régionalisme institutionnel pour arriver au renouvellement de l'ordre constitutionnel – unité politique de l'Etat, le second traitant en conclusion des influences du régionalisme institutionnel sur la théorie et le droit constitutionnel.

CHAPITRE 1

DU REGIONALISME INSTITUTIONNEL AU RENOUVELLEMENT DE L'ORDRE CONSTITUTIONNEL – UNITE POLITIQUE DE L'ETAT

Le renouvellement de l'ordre constitutionnel par le régionalisme institutionnel consiste selon ce travail en ce que G. Rolla décrit comme la « reconfiguration du principe unitaire dans les systèmes constitutionnels à plusieurs niveaux »[743]. Au vu du travail effectué, il apparaît que le régionalisme institutionnel se place dans le cadre du principe d'unité politique de l'Etat, principe qui va se trouver affecté à différents degrés par le régionalisme. Les éléments du renouvellement de l'ordre constitutionnel auquel semble conduire le régionalisme dans l'Union Européenne peuvent être regroupés en quatre catégories de changements concernant l'unité de la Constitution, de l'ordre juridique, de l'Etat et du pouvoir. Ces changements peuvent aussi suivre des tendances suscitées par d'autres thèmes comme le développement de l'Union européenne ou des droits de l'homme. Il s'agit de l'atténuation de la distinction entre Constitutions rigides et souples (I), de l'évolution du système des sources vers le polycentrisme, une nouvelle organisation du système des normes (II), de l'organisation des trois éléments de l'Etat ébranlée dans son unité (III), d'une autonomie intégrée et articulée dans la recherche de l'équilibre entre unité et diversité (IV).

---

[743] G. Rolla, *Il principio unitario nei sistemi costituzionali a più nivelli*, Le Regioni, n°5, octobre 2003, p. 703-726, citation p. 717.

I. ATTENUATION DE LA DISTINCTION ENTRE CONSTITUTIONS RIGIDES ET SOUPLES

Il s'agit ici d'étudier l'unité de la Constitution sous l'angle du régionalisme institutionnel. Nous constatons dans tous les cas la flexibilité du droit, l'importance du politique, l'ouverture de la Constitution, un terme qui vient notamment de la doctrine espagnole, appelée à commenter la Constitution de 1978 en ce qui concerne l'organisation territoriale[744].

Cela se traduit par le fait que la Constitution laisse des choix importants, des éléments décisifs du modèle de la répartition territoriale du pouvoir à la réglementation inférieure ou à l'interprétation tout d'abord politique (application unilatérale des textes dans un sens ou un autre ; coopération, accords entre les acteurs politiques, notamment les autorités centrales et régionales ; application du principe de subsidiarité) puis juridique, en dernier ressort par les cours constitutionnelles dont on a déjà étudié l'importance de la jurisprudence dans la définition des modèles étudiés.

Cette ouverture de la Constitution a été décrite par J. Vernet i Llobet comme la « flexibilité de la proposition constitutionnelle »[745]. Elle consiste soit en l'absence de dispositions, soit en l'absence de caractère précis de celles-ci : on a pu au cours de ce travail apprécier le flou de dispositions constitutionnelles telles que « les niveaux essentiels des prestations ... » ou les « principes de coordination des finances publiques » de la Constitution italienne, de l'article 149.1.1 de la Constitution espagnole sur la notion de base qui est utilisée dans diverses expressions pour attribuer une compétence en matière de législation fondamentale à l'Etat, etc.

Les quatre Etats à Constitution rigide rejoignent alors le Royaume-Uni où, si le droit constitutionnel (lois de dévolution) est à l'origine du régionalisme institution-

---

[744] Voir par exemple E. Alberti, E. Aja, T. Font, X. Padrós, J. Tornos, *Manual de dret públic de Catalunya*, 3ᵉ édition, Generalitat de Catalunya, Institut d'Estudis Autonòmics, Marcial Pons, Barcelone, 2002, 508 p., pour qui la Constitution de 1978 est un modèle ouvert et flexible, p. 32 ; J. Vernet i Llobet, *La apertura del sistema autonómico*, Anuario del Derecho Constitucional y Parlamentario, n°14, 2002, p. 127-169, pour qui les Etats composés évoluent selon des procédures, des dynamiques rendues possibles par le caractère ouvert de la Constitution ainsi que par des facteurs venant de la réalité sociale, p. 132 ; G. Ruiz-Rico Ruiz, *Los límites constitucionales del Estado autonómico*, Centro de Estudios políticos y constitucionales, Madrid, 2001, 239 p., pour qui la Constitution met en place un système ouvert de répartition des compétences, p. 39 ; E. Álvarez Conde, *Curso de derecho constitucional, volume II, Los órganos constitucionales, el Estado Autonómico*, 4ème édition, Tecnos, Madrid, 2003, 558 p., pour qui le système espagnol de répartition des compétences est flexible et ouvert par le principe dispositif que contient la Constitution concernant l'accession à l'autonomie territoriale, p. 443.

[745] J. Vernet i Llobet, *La apertura del sistema autonómico*, Anuario del Derecho Constitucional y Parlamentario, n°14, 2002, p. 127-169, citation p. 141.

nel, les dispositions essentielles se trouvent dans la *soft law* : conventions de la Constitution (*Sewel Convention*, sans autre garantie que politique) et accords entre les exécutifs (MoU et concordats).

Nous pouvons ainsi nous demander s'il peut exister dans les quatre Etats à Constitution rigide une *soft law* qui soit constitutionnelle, ce qui est connu au Royaume-Uni comme des conventions de la Constitution.

C'est l'avis de P. Avril, qui s'intéresse pour sa démonstration à la définition de la Constitution par son contenu[746]. Ainsi dans les cinq Etats étudiés, la matière constitutionnelle, c'est-à-dire l'organisation des pouvoirs publics concernant le régionalisme institutionnel est souvent traitée hors de la Constitution, ce qui pose aussi le problème de la sécurité juridique et de l'Etat de droit, ainsi que celui des garanties de l'autonomie régionale, développées plus haut.

Or nous avons montré au début de ce travail que l'unité de la Constitution est un élément important de la théorie de l'Etat et de la théorie constitutionnelle : est-elle remise en cause ? Il nous semble que la réponse doit être négative, mais elle est l'objet de changements, c'est-à-dire d'une ouverture. Il existe une certaine incertitude, une insécurité juridique sur le contenu de la Constitution sur le régionalisme institutionnel.

Cela se vérifie sans doute dans d'autres domaines comme les droits de l'homme, le fonctionnement des régimes politiques (importance de la jurisprudence constitutionnelle, de la pratique politique), mais là en plus de l'Etat les institutions régionales sont actrices, ce qui conduit à l'importance des mécanismes de coopération, coordination, contractualisation, subsidiarité, rendant possible avec une même Constitution des systèmes différents sous l'influence de l'action concurrente et intégrée de ces acteurs.

Nous pouvons prendre l'exemple de l'Espagne, où la Constitution donne les grandes orientations, notamment procédurales, mais où l'essentiel se trouve dans le processus de création des Communautés Autonomes, qui a finalement concerné tout le territoire espagnol, et la répartition des compétences qu'opèrent les différents statuts, adoptés par les *Cortes* mais élaborés en collaboration avec les Communautés Autonomes[747].

Nous avons vu que la répartition des compétences et l'existence de compétences législatives pour les régions sont des éléments clés de la définition du régionalisme, or la Constitution prévoit certains principes, comme les réserves de compétence, la logique générale de répartition des compétences, mais les interprétations, l'étendue des matières objets de la compétence, leur nature, sont souvent déterminées par la

---

[746] P. Avril, *Les conventions de la Constitution*, Presses Universitaires de France, Paris, 1997, 202 p. Voir la section 2 de cette partie pour les développements.

[747] Exemple de concurrence – coopération et accord – et d'intégration.

pratique, les accords[748], les lois de subsidiarité ou les statuts, la jurisprudence constitutionnelle.

Les Constitutions rigides ne sont pas transformées en Constitutions souples, car il existe toujours des procédures contraignantes pour leur révision. C'est pourquoi on utilise l'expression de Constitution rigide ouverte. L'intérêt d'accoler les termes de rigide et ouvert est de souligner leur influence mutuelle : les Constitutions sont ouvertes mais pas souples ; rigides mais leur interprétation est large, de nombreux éléments de définition et de développement leur sont extérieurs, les évolutions en fonction des orientations politiques, pratiques, des réformes[749] sont possibles. Il y a bien unité de la Constitution mais des éléments à contenu constitutionnel sont en dehors de celle-ci (avec des conséquences en matière de garantie, de stabilité et de sécurité de ce droit). En matière de révision des Constitutions rigides, il est à noter la tendance que nous avons exposée lorsque nous avons traité l'autodétermination régionale à mettre en œuvre une consultation et une négociation avec les régions revendiquant un changement de statut.

Le Royaume-Uni a une Constitution souple et les lois de dévolution peuvent toujours être amendées ou supprimées par le Parlement. Cependant il existe un débat sur le fait d'attribuer une certaine rigidité à ces lois, en permettant au juge d'écarter une loi de Westminster qui ne les respecterait pas[750]. Le Royaume-Uni entrerait alors pour ce qui concerne le régionalisme institutionnel dans le même schéma que les quatre autres Etats : rigide mais ouvert. Pour l'instant cette solution n'a pas de base concrète. La rigidité dans la dévolution vient uniquement de la *soft law*, particulièrement de la *Sewel convention*. Cette convention oblige le Parlement de Westminster à demander l'avis du Parlement écossais lorsqu'il souhaite légiférer dans un domaine dévolu. Or cette convention a très bien fonctionné, elle est bien utilisée par le Parlement de Westminster et les *Sewel motions* sont toujours votées par le Parlement écossais[751]. Cependant si le Parlement britannique venait à légiférer sans respecter cette convention, elle ne pourrait être invoquée en justice par le

---

[748] Nous pouvons prendre l'exemple de la Belgique, où les accords de coopération entre l'Etat et les entités fédérées peuvent déterminer la répartition des compétences. C'est le cas de l'Accord de coopération du 18 juin 2003 entre l'Etat et les régions flamande, wallonne et de Bruxelles-Capitale sur l'exercice des compétences régionalisées en matière d'agriculture et de pêche. Une modification de cet accord du 9 novembre 2006 prévoit une délégation par la Région de Bruxelles-Capitale de la gestion et du contrôle des dossiers dans diverses matières aux deux autres régions.

[749] Ainsi pour G. Rolla des rénovations constitutionnelles sont possibles sans réformes par le biais de conventions ou de coutumes, G. Rolla, *Il principio unitario nei sistemi costituzionali a più nivelli*, Le Regioni, n°5, octobre 2003, p. 703-726, p. 703-704.

[750] Comme c'est le cas pour le *European Act* de 1972 et le *Human Rights Act* de 1998.

[751] Lors de la première législature du Parlement écossais, environ la moitié des lois s'appliquant à l'Ecosse sont adoptées par celui-ci, l'autre moitié par le Parlement britannique.

Parlement écossais, ce qui limite le degré de rigidité de la répartition des compétences contenue dans la réforme de la dévolution.

II. EVOLUTION DU SYSTEME DES SOURCES VERS LE POLYCENTRISME, NOUVELLE ORGANISATION DES NORMES

Le polycentrisme normatif suppose l'existence de plusieurs centres d'émission normative. Les normes sont organisées en fonction des principes chronologique, hiérarchique et de compétence. Elles trouvent leur validité dans une norme supérieure (la hiérarchie des normes de Kelsen, comme nous l'avons vu plus haut) jusqu'à la *Grundnorm.*

Différents auteurs s'intéressent à cette question du polycentrisme généré par le régionalisme institutionnel.

Ainsi en Italie G. Rolla étudie « les systèmes constitutionnels à plusieurs niveaux »[752]. Pour l'auteur il y a un équilibre entre la nature unitaire de l'Etat et la distribution territoriale du pouvoir, ou encore l'« unité d'un système complexe » mis en place par la Constitution qui est d'après lui un double pacte, entre les citoyens et entre les communautés territoriales. Selon lui tous concourent à ce qu'il appelle l'intérêt commun[753], les organes de l'Etat central pouvant intervenir pour garantir une certaine uniformité entre les citoyens (égalité des droits, solidarité)[754]. L'autonomie des collectivités territoriales est caractérisée par le principe dispositif[755] et le principe participatif. Les critères ordonnateurs de l'ordre sont pour lui la hiérarchie et la compétence, et le bon fonctionnement de cette coordination suppose que le système normatif soit ouvert et permette ainsi une communication réciproque entre les niveaux. Cette présentation nous paraît intéressante en ce qui concerne l'intérêt commun, les principes dispositif et participatif, et enfin les critères ordonnateurs, mais pas suffisante pour étudier l'évolution du système des sources vers le polycentrisme. En effet cette théorie n'est pas assez claire sur la notion d'ordre juridique et le rapport que le régionalisme institutionnel entretient avec cette notion.

---

[752] G. Rolla, *Il principio unitario nei sistemi costituzionali a più nivelli*, Le Regioni, n°5, octobre 2003, p. 703-726.

[753] Cela correspond à ce que nous avons décrit comme l'intérêt général.

[754] L'auteur fait ici aussi référence à l'intérêt national, à propos de l'Italie, il partage la thèse selon laquelle, s'il a formellement disparu du texte constitutionnel, il existe toujours, et doit être réinterprété selon les « nouvelles réalités des relations interinstitutionnelles ».

[755] Pour lui, cela signifie que les régions sont assurées d'une disponibilité substantielle sur les caractéristiques et contenus de leur propre ordre notamment. Voir notre définition de l'autonomie comme élément du modèle européen du régionalisme.

Il y a une équivalence pour H. Kelsen entre l'Etat et l'ordre juridique : la relation entre l'Etat global et les Etats partiels se fait par la supériorité et la délégation à des ordres juridiques partiels de l'ordre juridique global[756]. Nous développerons la théorie institutionnelle de S. Romano, qui a été opposée à celle de Kelsen, mais qui est en fait conciliable avec elle, et qui nous semble apporter un éclairage intéressant sur l'analyse de l'ordre juridique polycentrique.

Nous avons remarqué l'importance pour l'organisation des normes de principes tels que le principe de subsidiarité (son caractère fonctionnel et plus garantiste[757]), la différenciation, les intérêts respectifs, l'intérêt général, etc. Ils doivent être intégrés à notre étude.

Nous pensons que le régionalisme institutionnel se caractérise par l'existence de différents ordres juridiques intégrés dans l'ordre juridique étatique, qui concilie indivisibilité de la souveraineté et exercice régional de celle-ci par des institutions territoriales politiques. Pour étayer notre démonstration, nous allons maintenant nous intéresser plus particulièrement à la théorie institutionnelle de S. Romano (A) pour tenter d'appréhender, de dessiner ce schéma de l'ordre juridique étatique (B).

A. La théorie institutionnelle de S. Romano

S. Romano[758] a développé en réponse à H. Kelsen une théorie dite institutionnelle[759] selon laquelle il existe pour tout groupe social un ordre juridique ou encore une institution (ces deux mots sont synonymes pour lui), ce qui conduit au pluralisme des ordres juridiques, par exemple au sein de l'Etat. S. Romano examine alors ce qu'il appelle la pertinence, la relevance (*rilevanza*[760]) d'un ordre juridique

---

[756] W.Schmidt, *Das Verhältnis von Bund und Länder in dem Bundesstaat des Grundgesetzes*, Archiv des Öffentlichen Rechts, n° 87, 1962, p. 253-295, notamment p. 272 et s.

[757] P. Ciarlo, *Governo forte versus Parlamento debole : ovvero del bilanciamento dei poteri*, Studi parlamentari e di politica costituzionale, 2002, p. 22.

[758] S. Romano, *L'ordre juridique*, Bibliothèque Dalloz, 2002 (1918), 174 p.

[759] P. Mayer, dans sa préface à l'édition française de *L'ordre juridique*, expose les trois types de pensée juridique identifiés par C. Schmitt : le normativisme, le décisionnisme, la pensée de l'ordre concret (Romano, Hauriou). P. Mayer expose la vision institutionnelle de S. Romano comme un ordre juridique, être social, par opposition à H. Kelsen pour qui l'Etat est la personnification de l'ordre normatif ; le but de S. Romano serait notamment de dépasser l'impasse que constitue le système de Kelsen où la norme fondamentale ne reçoit pas de signification objective d'une autre norme ; il s'agirait de « l'organisation sociale concrète qui seule donne (ou plutôt 'reconnaît') leur valeur aux normes ». Le pouvoir de l'Etat d'établir son ordre juridique est originaire ; des ordres juridiques peuvent exister, inférieurs à l'Etat et entrant dans un rapport de dépendance et de relevance de différents degrés.

[760] Les auteurs de la traduction en français de l'ouvrage de S.Romano utilisent ce terme de relevance, que nous adopterons aussi. Ils s'en expliquent p. 65-66.

pour un autre (§21, §34 à 36, §38, §42). Cette relevance intervient pour l'existence, le contenu et les effets de l'ordre juridique. Il présente sa définition, les titres de la relevance et sa manifestation[761]. Avec cet instrument d'analyse, il nous semble que nous pouvons déterminer les rapports que suppose le régionalisme institutionnel entre l'Etat et les régions. S. Romano étudie aussi la coordination des ordres juridiques entre eux (§33) ; nous exposerons deux cas nous intéressant : les institutions parfaites et imparfaites, les institutions indépendantes, coordonnées et subordonnées. Puis nous établirons un rapport entre l'autonomie locale et la dépendance d'un ordre par rapport à un autre dans son existence, son contenu ou ses effets.

1. Les rapports de relevance entre Etat et régions : une application de la théorie de S. Romano au régionalisme institutionnel

Un ordre juridique doit être reconnu par un autre ordre juridique, qui détermine aussi la mesure de cette reconnaissance, pour être relevant pour lui. « Pour qu'il y ait relevance juridique, il faut que l'existence, le contenu ou l'efficacité d'un ordre soit conforme aux conditions mises par un autre ordre : cet ordre ne vaut pour cet autre ordre juridique qu'à un titre défini par ce dernier »[762]. L'Etat, souverain, ne doit pas nier nécessairement la valeur juridique d'autres ordres.

Ainsi dans le cas qui nous intéresse, l'ordre juridique régional (ou institution régionale) est relevant pour l'Etat dans la mesure où celui-ci le décide. Le polycentrisme sous-jacent au régionalisme institutionnel est organisé par l'Etat, car c'est la Constitution qui attribue un pouvoir normatif, législatif ou réglementaire, aux régions, avec une étendue plus ou moins grande. Le titre de relevance juridique qui intervient en l'occurrence, parmi les cinq que S. Romano distingue (§35, p. 107-109), peut-être d'après nous « la relation de supériorité et de dépendance corrélative entre deux ordres », l'ordre supérieur pouvant déterminer les conditions d'existence et de validité de l'ordre inférieur, et « la relation dans laquelle plusieurs ordres indépendants entre eux dépendent d'un autre » et peuvent être réciproquement relevant par l'intermédiaire de celui-ci, qui les coordonne. Quand un ordre (une institution) dépend d'un autre, ce qui est là toujours le cas pour la région vis-à-vis de l'Etat, cela se manifeste sur le plan de son existence (§36, p. 109-114), de son contenu (§38, p. 119-122) et de ses effets (§42, p. 135-140).

Pour ce qui est de son existence, soit l'ordre juridique inférieur, régional est complètement subordonné à celui de l'Etat car il le crée ou lui accorde une autonomie

[761] Cet outil de la relevance permet à S. Romano d'exposer les rapports de l'Etat avec les communes, mais aussi avec la communauté internationale et le droit international, enfin par exemple avec la famille, la religion, la Mafia, etc.

[762] S. Romano, *L'ordre juridique*, Bibliothèque Dalloz, 2002 (1918), 174 p., p. 106.

limitée, soit il est indépendant quant à son existence, comme pour certains domaines de l'ordre des Etats membres d'un Etat fédéral.

L'autonomie n'est pas originaire mais accordée par l'Etat dans le premier cas, l'institution dépendante de l'Etat pouvant former son propre ordre sur concession de l'Etat, dans les limites et conditions fixées par lui. L'Etat crée alors l'institution (S. Romano donne l'exemple des communes) ou il « consent à ce que d'autres mettent sur pied une institution » mais l'existence de celle-ci dépend de la volonté de l'Etat qui fixe les limites de validité de l'acte de fondation et règle l'autonomie.

Dans le second cas, l'Etat fédéral est souverain mais l'autonomie des membres est originaire, la subordination est moindre[763].

En ce qui concerne le contenu, l'ordre supérieur est la source immédiate (en le constituant par sa loi) ou médiate (en posant le régime de son autonomie) d'un ordre inférieur.

Pour ce qui concerne les effets, l'Etat dispose de la valeur juridique de ses actes normatifs pour l'ordre inférieur et inversement de ceux de l'ordre inférieur pour lui, selon S. Romano, totalement quand il s'agit par exemple des communes, partiellement pour les membres d'un Etat fédéral.

2. Coordination des ordres juridiques

Les relations entre les divers ordres présents dans le cadre du régionalisme nous conduisent à considérer différentes catégories d'analyse de S. Romano.

La première est la distinction entre les institutions originaires et dérivées (certaines peuvent être mixtes).

La deuxième est la distinction entre institutions parfaites, originaires, et imparfaites, qui s'appuient sur d'autres dans un rapport de présupposition et de coordination ou de subordination ; elles sont souvent dérivées et peuvent être originaires quand l'institution sur laquelle elles s'appuient se charge seulement de la coordination.

La troisième est la distinction entre les institutions indépendantes (réciproquement ou non), coordonnées (sur une base d'égalité) et subordonnées.

S. Romano distingue aussi les institutions à fins particulières ou à fins générales, une « différence dans l'étendue du domaine où chaque ordre juridique exerce son influence » (p. 103-104). Cette distinction a déjà été évoquée dans le cadre de l'analyse des notions d'intérêts dans le régionalisme.

---

[763] La souveraineté des Etats membres disparaît cependant avec la création de la fédération.

Il convient de déterminer ce que cette théorie, après l'application que nous en avons faite aux rapports entre l'Etat, ordre juridique ou institution, et la/les région(s), ordre(s) juridique(s) ou institutions(s) peut apporter à notre analyse du régionalisme concernant l'aspect du polycentrisme normatif. Nous devons pour cela nous intéresser à la question de l'autonomie et à la théorie de l'Etat.

B. Régionalisme et organisation de l'ordre juridique étatique. Exercice régional de la souveraineté et unité politique de l'Etat

Notre développement portera ici sur l'organisation de l'ordre juridique étatique que suppose le régionalisme institutionnel. Nos recherches nous ont permis de constater qu'il existe un exercice régional de la souveraineté, qui s'intègre à l'unité politique de l'Etat.

1. Le schéma paritaire de l'ordre étatique élaboré pour le régionalisme institutionnel

Dans un premier temps, nous examinons donc le schéma paritaire de l'ordre étatique élaboré pour le régionalisme. Après avoir fait la démonstration de la parité entre l'Etat central et les régions, nous nous attacherons aux conséquences de l'exercice régional de la souveraineté qu'elle suppose.

Parité entre Etat central et régions

La nouvelle rédaction de l'article 114 de la Constitution italienne, issue de la réforme constitutionnelle de 2001, a mis sur le même rang, comme éléments constitutifs de la République, l'Etat, les régions et les autres collectivités locales (*pari-ordinazione*), bien que sur un plan qui semble surtout théorique. A partir de cet élément, qui a suscité un grand débat doctrinal en Italie, nous avons cherché à savoir si cette *pari-ordinazione* se vérifiait systématiquement dans les Etats étudiés et de quelle manière. Nous avons pu constater deux choses.

Tout d'abord, la distribution du pouvoir public se fait dans ces Etats en fonction de ce que nous appelons l'intérêt respectif de l'Etat et des régions. Pour cela, nous avons analysé les notions de pouvoir public, d'intérêt général, national et régional, étudié la limite territoriale à l'action des régions, mais aussi le principe de subsidiarité et d'adéquation.

Dans un second temps, nous avons pu observer que la distribution des matières dans lesquelles adopter des normes se fait en fonction du principe de compétence, et non verticalement, entre l'Etat et les régions, avec des nuances que nous apporterons plus loin et que nous avons déjà signalées[764]. La difficulté de la détermination de l'appartenance du contenu d'une norme à une matière rend d'année en année la jurisprudence des cours réglant les conflits de compétence entre l'Etat et les régions plus importante.

De ce premier point nous pouvons retenir que l'Etat se charge des tâches d'envergure nationale[765] et les régions des tâches d'envergure régionale[766], avec des normes de même rang, du fait du polycentrisme législatif. C'est dans ce sens qu'il existe une parité entre l'Etat et les régions.

Conséquences de la parité Etat/régions

Les conséquences de cette parité, du polycentrisme normatif et d'un exercice régional de la souveraineté, sont l'asymétrie et la différenciation issues de la pratique législative des régions. Ces deux questions suscitent aussi de nombreuses études dans tous les Etats, notamment lorsqu'elles sont confrontées au principe d'égalité entre les citoyens sur l'ensemble du territoire.

2. <u>Intégration de l'exercice régional de la souveraineté à l'unité politique de l'Etat</u>

Dans un second temps nous verrons que l'exercice régional de la souveraineté s'intègre à l'unité politique de l'Etat, et ce à la fois en s'intéressant à la définition même de la souveraineté, mais aussi à l'intégration et l'articulation des ordres national et régionaux.

Définition de la souveraineté nationale et participation régionale

La définition de la souveraineté, issue de l'unité politique de l'Etat, suppose la reconnaissance de la hiérarchie des normes, or les normes régionales tirent toujours leur validité de la norme fondamentale[767] et même parfois de normes nationales.

---

[764] Voir par exemple F. Balaguer Callejón, G. Cámara Villar, J.F. López Aguilar, J. Cano Bueso, M.L. Balaguer Callejón, A. Rodríguez, *Derecho constitucional*, volume 1, Tecnos, Madrid, 1999, 368 p. Selon les auteurs, les principes structurant l'ordre juridique sont le principe hiérarchique, et à présent en plus le principe de compétence ; ils ajoutent à ces principes, pour la cohésion de l'ordre juridique, le principe de spécialité et le principe chronologique. Voir p. 81 et 88.

[765] Egalité, droits de l'homme, économie, intérêt national, unité du territoire.

[766] Autonomie, compétences culturelles/*Kulturhoheit*, principe de subsidiarité, affaires propres.

[767] Voir notamment F. Balaguer Callejón, G. Cámara Villar, J.F. López Aguilar, J. Cano Bueso, M.L. Balaguer Callejón, A. Rodríguez, *Derecho constitucional*, volume 1, Tecnos, Madrid, 1999, 368 p. Les auteurs font la synthèse entre les théories de H. Kelsen et S. Romano (p. 76 à 81) ; il y a selon eux un ordre constitutionnel, dont dérive la validité des ordres territoriaux et de l'ordre général de l'Etat, c'est-à-dire qui définit les conditions de validité des droits étatique et autonomiques pour l'Espagne.

Même si nous reconnaissons la participation à l'exercice de la souveraineté par les régions, il s'agit bien de la souveraineté nationale et non d'une souveraineté régionale. Ainsi l'autonomie régionale n'est pas la souveraineté, il n'y a donc pas d'autodétermination régionale possible – cette question est d'actualité face à diverses revendications politiques, ou à des initiatives régionales comme le Plan Ibarretxe pour le Pays-Basque. Nous nous inspirons pour présenter ce rapport entre souveraineté et autonomie des mécanismes de la *Dreigliederungslehre* (théorie des trois éléments constitutifs de l'Etat fédéral allemand), ainsi que de la théorie institutionnelle de S. Romano[768].

L'exercice régional de la souveraineté nationale : des mécanismes d'intégration et d'articulation des ordres juridiques

Les principes et mécanismes d'intégration et d'articulation des ordres national et régionaux, qui permettent l'exercice régional de la souveraineté dans le cadre de l'unité politique de l'Etat, sont au cœur des débats actuels sur les régions, qu'il s'agisse de l'intégration par le biais d'une seconde chambre territoriale, ou dans les institutions européennes, ou encore de la question de la représentation régionale dans les institutions nationales, comme les membres écossais au Parlement britannique[769]. L'articulation se fait elle entre les normes nationales et régionales pour assurer une certaine uniformité territoriale du droit, entre les compétences nationales et régionales dans des instances de collaboration, gouvernementales, qui se multiplient et influencent le modèle vers un régionalisme coopératif au détriment de la rigidité de la Constitution, enfin entre les réalités, actions, politiques nationales et régionales, par les principes de collaboration et de solidarité.

Cette présentation tient donc compte à la fois de l'organisation paritaire de l'ordre entre Etat central et régions et de l'unité politique de l'Etat, c'est-à-dire unité de la souveraineté et de la Constitution, avec comme conséquence la hiérarchie des normes.

[768] Voir le paragraphe précédent. S. Romano, *L'ordre juridique*, Bibliothèque Dalloz, 2002 (1918), 174 p.

[769] Sur ces mécanismes, voir L. Vandelli, *Formes et tendances des rapports entre Etat et collectivités territoriales*, Revue française d'administration publique, n°121-122, Ecole nationale d'administration, Strasbourg, 2007, p.19-34. Sur la place des membres écossais du Parlement de Westminster, la *West Lothian Question*, voir *The Scotland Bill : Some constitutional and representational aspects*, Parliament of the UK, House of Commons, Research Paper 98/3, 7 janvier 1998, 55 p. Cette question concerne la place des députés écossais au Parlement britannique et est symbolique de la problématique unité politique de l'Etat/autonomie politique. En effet, les députés écossais au Parlement britannique votent notamment pour des lois qui ne touchent que le Pays de Galles et l'Angleterre, lorsque ces lois interviennent dans des matières par ailleurs dévolues au Parlement écossais. Deux types de solutions ont été envisagés. Le premier type concerne le statut des députés écossais exclus du vote d'une façon ou d'une autre. Ces solutions ne respectent pas la notion d'unité politique du peuple, le Parlement étant composé de représentants de la nation dans son ensemble. On ne peut alors pas dissocier les députés selon leurs origines. L'autre type de solutions envisagé touche à l'organisation territoriale de l'Etat, des solutions se basant sur une décentralisation symétrique, contrairement au modèle actuel.

Nous conclurons sur la flexibilité de la proposition constitutionnelle que suppose ce système.

III. L'ORGANISATION DES TROIS ELEMENTS CONSTITUTIFS DE L'ETAT : INTEGRATION DU PLURALISME DANS L'UNITE POLITIQUE DE L'ETAT

Il existe des remises en cause de l'unité du peuple au sein de l'Etat, qui sont dues aux problématiques étudiées plus haut de l'autodétermination, de la référence à l'identité, des liens personnalisables et de la notion de *Kulturhoheit*, qui donnent légitimité à des fractions du peuple étatique d'exercer territorialement le pouvoir d'Etat. Ainsi le pouvoir législatif, mais aussi la répartition du pouvoir dans l'Etat, dans les notions d'autonomie, de subsidiarité, de *Kompetenz-Kompetenz* et de souveraineté conduisent au renouvellement de l'ordre constitutionnel sous l'angle de l'unité du pouvoir d'Etat dont l'interprétation se diversifie.

S. Pierré-Caps résume ainsi cette idée lorsqu'il écrit sur la théorie de l'Etat multinational de K. Renner : « Au moment où, partout en Europe, l'identité nationale est en question, la démonstration est ainsi faite que l'unité politique de l'Etat n'est pas fatalement synonyme d'unité nationale, que l'une et l'autre peuvent coexister sous une forme étatique renouvelée, où l'Etat figure l'union des communautés culturelles nationales (*Nationalitätenbundesstaat*) »[770].

IV. AUTONOMIE REGIONALE INTEGREE ET ARTICULEE DANS LA RECHERCHE DE L'EQUILIBRE ENTRE UNITE ET DIVERSITE AU SEIN DE L'ETAT

L'unité du pouvoir de décision se traduit dans le régionalisme institutionnel par une autonomie intégrée, articulée dans la recherche d'un équilibre entre unité et diversité. Ainsi on a étudié tout au long de ce travail de nombreux éléments, pour chaque Etat, constitutifs de cet équilibre entre unité et diversité, sur le plan de la répartition et de l'exercice des compétences, notamment les diverses politiques publiques, sur le plan des limites à l'autonomie régionale, notamment concernant l'égalité, les droits de l'homme, l'unité du territoire ; la recherche de cet équilibre a conduit à deux conséquences différentes.

Le régionalisme institutionnel a pour but de permettre la diversité selon les territoires, diversité des politiques publiques qui se traduit par une autonomie politique. La conséquence en est l'asymétrie ou la différenciation qui a pu être observée dans tous les Etats étudiés, conséquence du polycentrisme normatif.

---

[770] S. Pierré-Caps, *K. Renner et l'Etat multinational. Contribution juridique à la solution d'imbroglios politiques contemporains*, Droit et société, n°27, 1994, p. 421-441, citation p. 438.

Cependant pour conserver l'unité politique de l'Etat, la seconde conséquence est la mise en place et la garantie de principes et mécanismes de participation et de coopération au sein de ces Etats, de façon plus ou moins développée, actuellement au cœur des projets de réformes en Italie, Espagne, Belgique et au Royaume-Uni. La différenciation ou asymétrie est une des caractéristiques principales du régionalisme lorsqu'on l'observe dans une perspective de droit comparé au niveau européen. Nous allons donc décrire ces mécanismes d'autonomie intégrée et articulée – dans la mesure où, s'il existe une asymétrie ou différenciation régionale, celle-ci s'intègre parfois dans des normes générales, dites de base ou de principe, de l'Etat.

Nous verrons donc dans un premier temps les instances et mécanismes d'intégration actuellement en débat (A), puis les principes et mécanismes d'articulation des niveaux national et régional (B), et enfin le schéma discutable qui s'en dégage, un schéma de parité Etat/régions dans un ensemble politiquement unitaire (C).

A. Les instances et mécanismes d'intégration en débat

Nous commencerons par présenter la théorie de l'intégration (1) puis les instances (2) et les mécanismes (3) pour l'intégration des décisions nationales et des pouvoirs publics nationaux par les régions.

1. La théorie de l'intégration

Les mécanismes que nous allons présenter ici procèdent à une intégration des niveaux régionaux au niveau étatique par un pouvoir constitué au sein de l'Etat central. W. Schmidt[771], à partir d'une analyse de la *Zweigliederungslehre* et de la *Dreigliederungslehre* déduit la nécessité de mécanismes d'intégration à l'ensemble car chaque partie, membre, a dans l'Etat fédéral un intérêt au tout ; il en va ainsi pour lui de la *Bundestreue*, mais aussi du *Bundesrat*, qui constitue l'intégration de l'ordre fédéral par le *Bund* et les *Länder*. Il se réfère à la théorie de l'intégration de R. Smend pour qui l'Etat fédéral représente « un système d'intégration unitaire avec les deux pôles politiques de l'Etat global et des Etats individuels »[772].

L'idée d'intégration, que nous retrouvons pour le régionalisme institutionnel, met en rapport l'Etat et l'ordre juridique ou les ordres juridiques, du fait de cet équilibre recherché entre unité et diversité. Le régionalisme institutionnel est donc un moyen de concilier des ordres juridiques divers avec le principe d'unité politique de l'Etat. Nous avons déjà développé certains éléments de l'intégration et de la participation

---

[771] W.Schmidt, *Das Verhältnis von Bund und Länder in dem Bundesstaat des Grundgesetzes*, Archiv des Öffentlichen Rechts, n° 87, 1962, p. 253-295.

[772] R. Smend, *Verfassung und Verfassungsrecht*, cité par W. Schmidt.

dans notre paragraphe sur l'application des mécanismes de la *Dreigliederungslehre* au régionalisme institutionnel.

2. <u>Des instances embryonnaires pour l'intégration des décisions nationales/des pouvoirs publics nationaux par les régions</u>

Il s'agit de la seconde chambre de représentation territoriale au sein du Parlement national et de la représentation au sein des institutions européennes. Dans les deux cas les dispositions existantes sont encore embryonnaires.

Une seconde chambre territoriale absente dans les Etats à autonomies régionales

Au sein du Parlement national, la seconde chambre va avoir pour but de représenter de façon plus ou moins directe les régions, afin de les intégrer au processus législatif[773]. En effet celle-ci aura un poids sur certaines lois adoptées par le Parlement national. C'est une façon pour les régions de participer à la formation de la volonté nationale et donc d'être érigées en pouvoir constitué.

L'exemple d'intégration que représente la seconde chambre dans les Etats fédéraux inspire les réflexions sur d'éventuelles réformes, notamment en Italie et en Espagne[774]. Cependant l'intégration par la seconde chambre de représentation territoriale reste faible dans tous les pays, même en Belgique, Etat fédéral, du fait de la faible représentativité des régions[775].

---

[773] Voir pour l'Espagne P. García-Escuerdo Márquez, *Parlamento y cooperación*, Revista de Estudios Autonómicos, n°2-3, juillet 2002-juin 2003, INAP, Ministerio de Administraciones Públicas, p. 57-100, qui fait une description de la participation des Communautés Autonomes au Parlement national, notamment sur le Sénat, « chambre d'intégration territoriale ». Pour l'Italie, voir U. Allegretti, *Un Senato federale ?*, Quaderni costituzionali, n°4, 2003, p. 816-818 ; L. Vandelli, *Osservazioni su Schema di ddl cost. Su Senato federale, composizione della Corte costituzionale, forma di governo*, 08/09/2003 ; *Il progetto di riforma della seconda parte della Costituzione approvato dal Consiglio dei ministri del 16 settembre 2003*, document Internet ASTRID, commentaire ; De Sanctis, *Camera delle Regioni*, sur le site Internet du gouvernement italien, présidence du conseil des ministres, www.palazzochigi.it ; Comitato di studio sugli istituti delle immunità parlamentari e la configurazione della seconda Camera, *Per una seconda camera federale*, 28/12/2002, Associazione dei Costituzionalisti, www.associazionedeicostituzionalisti.it ; A. Morrone, *Un disegno da completare con il Senato delle Regioni*, Il Sole 24 Ore, 08/10/2003, p. 3.

[774] Pour un historique de la doctrine en matière de seconde chambre de représentation des Etats membres d'une fédération, voir D. Hanf, *Bundesstaat ohne Bundesrat?*, Deutsches Institut für Föderalismusforschung e.V., Föderalismus-Studien, Hrsg. Von H.-P. Schneider, Band 13, Nomos Verlagsgesellschaft, Baden-Baden, 1999, 250 p.

[775] En Belgique, seulement une partie des membres du Sénat sont désignés directement par les institutions territoriales régionales (ici les Communautés), les autres étant élus sur la base des collèges électoraux néerlandais, français et allemand ainsi que par les sénateurs eux-mêmes (article 67 de la Constitution). En Espagne aussi, une partie seule des sénateurs est désignée par les Communautés

Il faudrait aussi se pencher sur la question, en cas de représentation directe des régions dans cette seconde chambre, de la mise en place éventuelle de mécanismes de vote ou de participation aux débats qui tiennent compte de l'asymétrie des compétences ou des statuts des diverses régions[776].

L'intégration des pouvoirs nationaux au niveau des institutions européennes

Il s'agit plus d'une revendication que d'une réalité. Il n'y a dans les quatre Etats qu'en Belgique qu'une région peut engager l'Etat au Conseil[777]. La Catalogne a revendiqué et obtenu un pouvoir important[778]. En Espagne et au Royaume-Uni, les régions peuvent seulement participer aux négociations, dans lesquelles elles obtiennent la parole sous condition[779].

3. <u>Des mécanismes pour l'intégration des décisions nationales/des pouvoirs publics nationaux par les régions</u>

Il s'agit des nominations de membres des institutions nationales sur une base régionale dans les gouvernements, cours constitutionnelles[780], ou d'une représentation spécifique au parlement national, par groupe linguistique ou régional.

Autonomes (article 69-5 de la Constitution), le reste sur la base de circonscriptions électorales provinciales. En France le Sénat « assure la représentation des collectivités territoriales de la République » (article 24 de la Constitution), ses membres sont élus au suffrage indirect. En Italie le projet de révision constitutionnelle rejeté par référendum des 25 et 26 juin 2006 prévoyait la mise en place d'un sénat fédéral. Cependant sa représentativité territoriale n'était pas assurée dans la mesure où les sénateurs devaient être élus au scrutin proportionnel sans aucun lien avec les régions en tant qu'institutions territoriales.

[776] Par exemple, lorsque seule une ou quelques régions disposent d'une compétence, et que c'est l'Etat qui légifère en la matière pour l'ensemble des autres régions, la seconde chambre pourrait avoir un pouvoir particulier en la matière mais dont pourraient être exclus les représentants des régions elles-mêmes compétentes, puisque la législation étatique ne s'appliquera pas à elles, et puisque cette idée de seconde chambre n'est pas basée sur la logique de la représentation de la nation mais de la représentation d'institutions territoriales.

[777] Article 81§6 et 92 bis §4 bis de la loi spéciale du 8 août 1980 et accord de coopération du 8 mars 1994.

[778] Article 187 du projet de nouveau statut de la Catalogne : la Généralité participe aux délégations espagnoles qui traitent de questions de sa compétence législative (au Conseil des Ministres et dans les organes consultatifs et préparatoires du Conseil et de la Commission). Lorsqu'il s'agit de compétences exclusives de la Généralité, elle peut exercer la représentation et la présidence de ces organes sous certaines conditions.

[779] Accord du 9 décembre 2004 en Espagne entre l'Etat et les Communautés Autonomes et *Memorandum of Understanding* pour le Royaume-Uni.

[780] Sur l'éventuelle réforme de la composition de la Cour Constitutionnelle italienne pour y introduire des membres élus par les régions, voir G. Azzariti, *La derivazione "regionale" di una quota di giudi-*

Il s'agit aussi de la participation éventuelle des régions au pouvoir législatif national, par un droit d'initiative législative[781] ou même constitutionnelle[782] ou une procédure d'avis[783].

B. Les principes et mécanismes d'articulation des niveaux national et régionaux

Afin de permettre de sauvegarder une certaine unité malgré la différenciation, le régionalisme institutionnel se traduit par des principes et mécanismes d'articulation tout d'abord des normes, puis des compétences, enfin des faits, actions et politiques.

Nous avons déjà souligné par ailleurs la tendance à remplacer les dispositions et garanties de la répartition des compétences par des mécanismes, des institutions et des principes de collaboration.

1. L'articulation des ordres juridiques : normes nationales et régionales

Nous avons présenté cette articulation et renvoyons à nos développements sur la question. Cette articulation est complexe. Nous avons déjà décrit les articulations entre les normes de base ou de principe, celles de détail et celles d'exécution. Par ailleurs certaines fonctions de coordination sont aussi un moyen d'articuler les normes nationales et régionales[784]. Rappelons que les conflits éventuels entre une

---

ci della Corte costituzionale: corsi e ricorsi storici, 05/09/2003, sur le site Internet www.constituzionalismo.it.

[781] Article 87-2 de la Constitution espagnole : « Les assemblées des Communautés Autonomes pourront demander au gouvernement d'adopter un projet de loi ou transmettre au bureau du Congrès une proposition de loi, en délégant, pour la défendre devant cette chambre, trois membres au maximum de l'assemblée » ; article 121 de la Constitution italienne : le conseil régional « peut présenter des propositions de loi aux chambres ».

[782] Prenons l'exemple du statut du Trentin-Haut-Adige qui dans l'article 103 dispose que l'initiative pour la modification du statut, qui est une loi constitutionnelle comme il s'agit d'une région à statut spécial, appartient aussi au conseil régional (en l'occurrence sur proposition des conseils des provinces autonomes).

[783] Par exemple l'article 103 du statut du Trentin-Haut-Adige précité : si l'initiative de la modification de la loi constitutionnelle portant statut de la région est parlementaire ou gouvernementale, elle doit lui être communiquée afin qu'il puisse donner un avis dans les deux mois ; l'article 132 de la Constitution italienne dispose par ailleurs qu'une loi constitutionnelle peut décider la fusion ou la création de régions, après notamment un avis des conseils régionaux ; un référendum ou une loi de la République peut aussi autoriser les provinces et communes qui le demandent à changer de région, après avis des conseils régionaux ; l'article 133 prévoit les modifications des circonscriptions provinciales ou la création de nouvelles provinces dans le cadre d'une région par un loi de la République après avis de la région.

[784] Nous pensons aux fonctions d'*indirizzo e coordinamento* déjà décrites, mais aussi à la fonction de coordination de la législation nationale en Espagne (articles 149.1.13, 149.1.15, 149.1.16, 156.1,

norme étatique et une norme régionale sont réglés selon le principe de compétence et de hiérarchie, ce qui suppose ensuite une articulation de l'exercice des compétences.

2. L'articulation des compétences : les instances de collaboration

Ce sont des institutions consultatives, leur avis étant plus ou moins contraignant[785]. On les trouve en Italie[786], en Espagne[787], au Royaume-Uni (le *Joint Ministerial*

157.3, 103 de la Constitution, mais aussi implicitement, selon le Tribunal Constitutionnel, STC 104/1988). Selon le Tribunal Constitutionnel espagnol (STC 32/1983, du 28/04, FJ 2) « la coordination vise à l'intégration de la diversité des parties ou sous-systèmes de l'ensemble ou système, en évitant les contradictions et en réduisant les dysfonctionnements qui, s'ils subsistaient, empêcheraient ou rendraient difficile (...) la réalité même du système ». Dans l'affaire en question il s'agissait de coordination générale de la santé : l'Etat devait fixer des moyens et systèmes de relations rendant possibles l'information réciproque, l'homogénéité des techniques dans des aspects déterminants et l'action conjointe des autorités sanitaires étatiques et communautaires dans l'exercice de leurs compétences respectives.

[785] Voir notamment sur le Comité de concertation belge et les conférences en Italie et en Espagne L. Vandelli, *Formes et tendances des rapports entre Etat et collectivités territoriales*, Revue française d'administration publique, n°121-122, Ecole nationale d'administration, Strasbourg, 2007, p.19-34.

[786] L. Laperuta, *Nuovo ordinamento regionale*, Edizione giuridiche Simone, 2002, 352 p., notamment le chapitre 1 de la partie IV. Ces conférences sont la conférence Etat/Régions/Provinces autonomes, la conférence Etat/Villes et autonomies locales et la conférence unifiée. La première a pour fonction la consultation, l'information, la concertation sur les matières et l'activité politique et administrative des régions et provinces autonomes, et depuis la loi 59/1997, article 8, l'émission d'un avis obligatoire dans le cadre de l'exercice par l'Etat de ses fonctions d'orientation et de coordination. La deuxième est une instance de coordination, d'étude, d'information et de discussion sur les orientations de politique générale pouvant avoir des incidences sur les fonctions des collectivités locales. La dernière est constituée de membres des deux autres conférences et est consultée quand celles-ci doivent être consultées. Elles émettent aussi des avis propres pour le projet de loi de finances et les projets de loi qui y sont liés, pour le DPEF (document de programmation économique et financière) et les projets de décrets législatifs conférant des fonctions aux régions et collectivités locales sur la base de l'article 1 de la loi 59/1997 (principe de subsidiarité).

[787] Pour une vision d'ensemble de la question, F. Balaguer Callejón, G. Cámara Villar, J.F. López Aguilar, J. Cano Bueso, M.L. Balaguer Callejón, A. Rodríguez, *Derecho constitucional*, volume 1, Tecnos, Madrid, 1999, 368 p., p. 283-294. Ils soulignent la prédominance du modèle des conférences sectorielles, pour la première fois mises en place par l'article 3 de la loi organique de financement des Communautés Autonomes, la LOFCA (le Conseil de Politique Fiscale et Financière), puis généralisées par l'article 4 de la loi n°12/1983 du 14/10 sur le processus autonomique, et réunissant le ministre et ses homologues au niveau du conseil régional, par secteur, qui parviennent à des accords et résolutions. Il existe notamment une conférence pour les Affaires liées aux Communautés Européennes instituée par la loi n°2/1997. Sur cette dernière, voir A. Calonge Velázquez, *La conferencia para los Asuntos en Relación con las C.E.*, Revista de Estudios Autonómicos, n°2-3, juillet 2002-juin 2003, INAP, Ministerio de Administraciones Públicas, p. 199-265.

Committee), en Belgique[788]. La collaboration s'exerce le plus souvent entre l'Etat et la région ou les régions, mais aussi parfois entre les régions.

Le caractère gouvernemental de la collaboration

La collaboration se fait entre les exécutifs nationaux et régionaux. Elle est soit centralisée et unifiée, comme en Italie[789] ou au Royaume-Uni[790], soit fragmentée et sectorielle, comme en Espagne[791].

I. Ruggiu mène une analyse de la représentation territoriale et de ses évolutions, notamment à partir des exemples d'Etats fédéraux, et constate une transformation du modèle de représentation territoriale classique par le Sénat, qui n'en a plus l'exclusivité, au profit de ces rapports entre exécutifs. Cette évolution se fait selon elle « en marge du cadre constitutionnel formel, altérant les équilibres prévus »[792].

Elle souligne cependant que d'autres mouvements, qui n'affectent pas directement le régionalisme, comme en Italie les pratiques de la *delegificazione*[793] et de la délégation parlementaire en blanc, qui confèrent au gouvernement des pouvoirs très étendus, rend importante la possibilité de cette collaboration au niveau des exécutifs, à côté du rôle du Sénat, afin que ces domaines n'échappent pas aux régions.

---

[788] Elles peuvent être mises en place par les accords de coopération, par exemple la Conférence Interministérielle de Politique Agricole.

[789] La conférence permanente pour les rapports Etat/régions/provinces autonomes et la conférence unifiée.

[790] *Joint Ministerial Committee* et ses sous-comités.

[791] Dans ce sens voir l'analyse d'I. Ruggiu, qui compare les modèles italien et espagnol. I. Ruggiu, *Órganos y dinámicas de representación en los Estados compuestos. Italia y España a debate*, Revista española de derecho constitucional, n°67, janvier-avril 2003, p. 181-214.

[792] Mais elle affirme par ailleurs que la « culture constitutionnelle moderne perçoit les mutations constitutionnelles de façon différente que ne le faisait le positivisme juridique », soulignant qu'avec les travaux de R. Smend l'idée de mouvement, de dynamique et de transformation constitutionnelle appartient au concept de Constitution. Nous approfondirons cette question plus loin lors de nos conclusions sur les influences du régionalisme sur la théorie de l'Etat et constitutionnelle.

[793] Il s'agit d'une pratique visant à simplifier le droit, et ce par des actes réglementaires du gouvernement qui mettent de l'ordre entre les lois.

La tendance à l'expansion des accords

Cette tendance se fait dans le nombre[794], les domaines[795], les auteurs[796].

Il existe aussi la question des accords bilatéraux ou multilatéraux : les accords bilatéraux seraient pour certains une façon de traiter l'asymétrie ou la différenciation[797]. En Espagne la plupart des conventions sont bilatérales, mais avec un même texte de l'une à l'autre[798].

Enfin les accords s'étendent à une garantie remplaçant la reconnaissance directe de compétences régionales ; comme nous l'avons déjà exposé concernant l'Italie, soit ils doivent être recherchés pour l'application du principe de subsidiarité, soit même ils sont utilisés pour justifier l'invasion par l'Etat de domaines de compétence régionale.

3. L'articulation des faits, actions et politiques : le principe de collaboration loyale et la solidarité financière

Le principe de la collaboration loyale se trouve expressément dans la Constitution belge[799], dans la Constitution italienne ainsi que plus largement dans sa jurispru-

---

[794] En Espagne, environ 5000 conventions entre Etat et Communautés Autonomes, 12 entre Communautés Autonomes en 15 ans ; voir M. J. García Morales, *La cooperación en los fondos europeos : significado de la experiencia comparada para el Estado Autonómico*, Revista de Estudios Autonómicos, n°1, janvier-juin 2002, INAP, Ministerio de Administraciones Públicas, p.103-124.

[795] Il peut s'agir d'exécution des programmes et normes européens, d'application de plans, d'aides et subventions pour la plupart. Voir notamment M. J. García Morales, *Relaciones de colaboración con las Comunidades Autónomas*, Informe Comunidades Autónomas, 2002, p. 50-68. Il énumère les secteurs de l'activité conventionnelle en Espagne en 2002 : services sociaux, santé, agriculture, statistiques, éducation, habitat, environnement, culture, administrations publiques, commerce, tourisme, travail. Les services sociaux donnent lieu au plus de conventions, 223 en 2002, puis viennent la santé, 71, l'agriculture, 68, les statistiques, 59, l'éducation, 56, et par exemple seulement 2 accords pour l'industrie ou 8 pour le travail (p. 64). Ce travail de synthèse est consultable tous les ans dans l'Informe Comunidades Autónomas.

[796] Il ne s'agit pas seulement de l'Etat et des régions mais aussi des régions entre elles ; par exemple, la convention entre la Généralité de Catalogne et les Iles Baléares sur la création de l'Institut Ramon Llull pour la protection extérieure de la langue et culture catalane, signée en 2002.

[797] Voir T. Font i Llovet, *Cooperación bilateral y cooperación multilateral : el papel de los hechos diferenciales en la cooperación*, Revista de Estudios Autonómicos, n°1, janvier-juin 2002, INAP, Ministerio de Administraciones Públicas, p. 37-55.

[798] M. J. García Morales, *Relaciones de colaboración con las Comunidades Autónomas*, Informe Comunidades Autónomas, 2002, p. 50-68. Il souligne pour 2002 que 85% des accords sont bilatéraux, que 713 conventions ont été adoptées et distingue 75 modèles de conventions.

[799] Article 143§1 de la Constitution belge.

dence constitutionnelle[800], comme c'est le cas en Espagne[801]. Nous le trouvons enfin au Royaume-Uni[802]. Ce principe permet d'articuler un minimum les actions régionales avec les actions nationales.

La solidarité financière est un moyen de correction des disparités économiques entre les régions par une coopération centralisée. Nous renvoyons à ce qui a déjà été dit sur cette question[803]. Ce principe a pour but de garantir une unité malgré les différences existant dans les situations économiques, sociales, politiques régionales.

C. Un schéma de parité Etat/régions dans un ensemble où le caractère politiquement unitaire de l'Etat devient discutable

Les descriptions que nous avons faites des mécanismes et principes correspondent aux outils d'analyse du régionalisme institutionnel que nous avons déjà développés, à savoir un rapport horizontal entre l'Etat et les régions en tant qu'ordres ou institutions, qui se détermine par le principe de compétence, chapeauté par la notion d'unité politique de l'Etat qui suppose des mécanismes articulant et intégrant les ordres entre eux. Ces mécanismes ont la caractéristique d'être flexibles, parfois même politiques, ce qui est un trait du régionalisme que nous avons déjà souligné[804]. Ils viennent parfois remplacer l'exercice direct de l'une de ses compétences par la région au profit de l'Etat, lorsque des éléments destinés à maintenir une certaine unité justifient son action (comme l'intérêt général dans la mesure où celui-ci est mieux mis en œuvre au niveau national), au nom d'une lecture globale des systèmes constitutionnels, affirmée avec force par les cours traitant des conflits de compétence.

---

[800] Articles 118 et 120 de la Constitution italienne. Pour la jurisprudence, voir nos développements dans la première partie de la thèse.

[801] La « lealtad constitucional » ; voir les STC 18/1982, 95/1984, 80/1985, 96/1986, 112/1995, citées par F. Balaguer Callejón, G. Cámara Villar, J.F. López Aguilar, J. Cano Bueso, M.L. Balaguer Callejón, A. Rodríguez, *Derecho constitucional*, volume 1, Tecnos, Madrid, 1999, 368 p., p. 284-285. Voir aussi nos développements dans la première partie de la thèse. Voir enfin l'article 4.1 de la loi n°30/1992.

[802] Dans le MoU et les concordats. Voir nos développements dans la première partie de la thèse.

[803] Voir aussi C. Vidal Prado, *Nuevo modelo de financiación y perspectivas actuales del principio de solidaridad*, Revista de Estudios Autonómicos, n°1, janvier-juin 2002, INAP, Ministerio de Administraciones Públicas, p. 243-250

[804] Soulignant la flexibilité de cet outil, l'étude de M. J. García Morales, *Relaciones de colaboración con las Comunidades Autónomas*, Informe Comunidades Autónomas, 2002, p. 50-68. I . Ruggiu parle de mutations constitutionnelles acceptées. Voir I. Ruggiu, *Órganos y dinámicas de representación en los Estados compuestos. Italia y España a debate*, Revista española de derecho constitucional, n°67, janvier-avril 2003, p. 181-214, p. 209-210.

Ainsi l'unité politique de l'Etat est préservée mais réduite.

Conclusion du chapitre 1

Ce chapitre 1 nous a permis de montrer les transformations que le régionalisme institutionnel a apportées aux ordres constitutionnels nationaux basés sur l'unité politique de l'Etat : ouverture des Constitutions, organisation polycentrique des normes, confrontation du pluralisme aux éléments constitutifs de l'Etat, développement encore embryonnaire de mécanismes et principes d'intégration et d'articulation des niveaux juridiques pour un équilibre entre unité et diversité.

Ces transformations sont la conséquence de la flexibilité, qualité intrinsèque du régionalisme institutionnel, qui a pour but d'assurer la capacité d'action politique des régions et l'asymétrie entre ces dernières selon les pouvoirs qu'elles peuvent ou souhaitent exercer. Conséquence de cette flexibilité, les régions prennent une place importante dans l'ordre juridique étatique en tant qu'institutions. Nous présenterons dans un second chapitre l'influence générale du régionalisme institutionnel sur la théorie et le droit constitutionnel. Nous présenterons les régions comme l'embryon d'un pouvoir constitué de l'Etat, mais surtout comme l'institution d'un droit collectif territorial d'exercice de la souveraineté.

CHAPITRE 2

INFLUENCES DU REGIONALISME INSTITUTIONNEL SUR LA THEORIE ET LE DROIT CONSTITUTIONNELS

Nous avons remarqué en introduction que le régionalisme est fait aussi de revendications politiques. Il convient de se poser une question préliminaire mais importante ici qui est : sortons-nous de la discipline juridique avec l'analyse du régionalisme institutionnel? (I). Enfin il nous revient de déterminer quelles conclusions tirer de cette étude pour le droit (II).

I. SOMMES-NOUS SORTIS DE LA DISCIPLINE JURIDIQUE ?

Pour répondre à cette question, nous allons tout d'abord déterminer la place des disciplines autres que juridiques que nous avons rencontrées dans l'analyse du régionalisme (A) puis développerons le rapport étroit entre droit et politique en matière constitutionnelle, matière à laquelle nous avons rattaché notre étude du régionalisme (B).

A. La place des disciplines autres que juridiques dans l'analyse du régionalisme

Les racines historiques, sociales, politiques, économiques, etc. du régionalisme ne font pas, comme nous l'avons dit en introduction, partie de cette étude de droit. Ainsi des interprétations ethniques des compromis politiques conduisant à la détermination de la forme de l'Etat : on en trouve un exemple pour la Belgique concernant la force des ordonnances de la région de Bruxelles Capitale, la fusion ou le démantèlement de Communautés et Régions (fusion de la Communauté flamande et de la Région flamande ; démantèlement de la Communauté française) chez W. Pas et J. Van Nieuwenhove[805].

Les références juridiques à l'identité, que nous avons examinées plus haut comme l'un des éléments du régionalisme, sont aussi le point délicat du rapport entre le droit et d'autres sciences humaines. Le droit traite des situations politiques, économiques, géographiques, etc.

B. Le rapport étroit entre droit et politique dans l'analyse du régionalisme institutionnel comme notion de droit constitutionnel

Nous nous servirons ici d'un ouvrage de P. Avril déjà cité sur les conventions de la Constitution[806], qui considère le droit constitutionnel comme un droit politique[807].

L'analyse du régionalisme institutionnel menée nous conduit à adhérer à cette théorie dans ses divers éléments. Selon P. Avril, le droit constitutionnel est un droit politique constitué en partie de normes sanctionnables juridictionnellement, et en partie de normes sanctionnables non pas juridictionnellement mais sur le plan de la responsabilité politique (certaines sont écrites, d'autres sont des conventions de la Constitution)[808].

---

805 W. Pas, J. Van Nieuwenhove, *La estructura asimétrica del federalismo belga*, in : E. Fossas, F. Requejo (Eds.), *Asimetría federal y Estado plurinacional, El debate sobre la acomodación de la diversidad en Canadá, Bélgica y España*, Editorial Trotta, 1999, 351 p., p. 251-273.

806 P. Avril, *Les conventions de la Constitution*, Presses Universitaires de France, Paris, 1997, 202 p.

807 Voir aussi l'article de G. Bercovici, *Constituição e política : uma relação difícil*, Luanova, n°61, 2004, p. 5-24, consultable sur Internet à la page www.scielo.br/pdf/ln/n61/a02n61.pdf. Il décrit le rapport entre Constitution et politique sous trois angles : la politique dirigée par la Constitution, la politique exclue de la Constitution, la nécessité de la politique pour la Constitution. L'article est très complet sur la doctrine en la matière (théorie de l'Etat et théorie constitutionnelle).

808 « S'il est incontestablement du droit comme le démontre le développement de la justice constitutionnelle, il n'est pas seulement du droit comme le rappellent les conventions de la Constitution », op. cit., p. 155. Ces normes sont « inscrites dans la légitimité démocratique, laquelle englobe et domine le

Deux points établissent particulièrement le lien étroit entre politique et Constitution, celui de la Constitution comme décision politique fondamentale, dans le sens utilisé par C. Schmitt[809], et la théorie de l'interprétation, qui nous permet de traiter de la place de la région comme acteur politique et de la jurisprudence constitutionnelle due au régionalisme institutionnel.

Nous pouvons mettre le premier point en relation avec l'organisation de l'ordre juridique étatique que nous avons précédemment dégagée, qui comprend un exercice territorial régional de la souveraineté. C. Schmitt cite les décisions fondamentales de la Constitution de Weimar (forme républicaine de l'Etat, fédéralisme).

Le régionalisme institutionnel est-il une de ces décisions fondamentales ? La Constitution avec le régionalisme reste la loi suprême (répartition des compétences et juge constitutionnel) en plus de la loi fondamentale (décision politique). La décision politique est-elle celle de fonder un ordre juridique complexe ou plural ?

Nous pouvons soutenir que cette décision politique fondamentale a été prise en Espagne et en Belgique à l'adoption de la Constitution. Ces deux Etats ont adopté une Constitution qui construit un ordre juridique complexe et plural, posé dès le début de la Constitution dans les principes généraux[810] et organisé ensuite dans le corps de la Constitution[811].

En Italie, la Constitution en 1947 met en place un ordre plural, mais seulement à la marge pour les régions à statut spécial. La décision de transformer l'Etat en un ordre plural et complexe vient de la révision constitutionnelle de 2001. Cependant

---

droit de la Constitution, qui est un droit politique du triple point de vue de son origine, de son domaine et de son application. », op. cit., p. 163.

809 C. Schmitt, *Verfassungslehre*, Duncker & Humboldt, Berlin 1954 (1928), 404 p. Dans le même sens F. Balaguer Callejón, G. Cámara Villar, J.F. López Aguilar, J. Cano Bueso, M.L. Balaguer Callejón, A. Rodríguez, *Derecho constitucional*, volume 1, Tecnos, Madrid, 1999, 368 p. De l'ordre constitutionnel dérivent les ordres territoriaux et l'ordre général de l'Etat ; l'ordre constitutionnel tire sa validité de la légitimité politique, une question de fait, et non d'une légitimité juridique, une question de droit. Les auteurs définissent les conditions de validité des droits étatique et autonomiques. (p. 76-81).

810 En Espagne, le préambule proclame la volonté de la nation espagnole de « protéger tous les Espagnols et tous les peuples d'Espagne dans l'exercice des droits de l'homme, de leurs cultures et de leurs traditions, de leurs langues et de leurs institutions » et l'article 2, dans le Titre préliminaire, dispose que la Constitution « reconnaît et garantit le droit à l'autonomie des nationalités et des régions qui la composent et la solidarité entre elles ». En Belgique, la Constitution de 1994, qui la transforme en Etat fédéral, comporte un titre premier, De la Belgique fédérale, de ses composantes et de son territoire.

811 Les deux Constitutions décrivent d'ailleurs les procédures de constitution pour l'Espagne, des Communautés Autonomes (articles 143 à 151) et pour la Belgique, de l'éventuelle fusion des institutions des Communautés et Régions (articles 137 à 139). Dans les deux cas cela a été réalisé.

il existe des contradictions entre le texte de 1947 et la partie révisée (titre V de la partie II de la Constitution)[812].

Nous avons ensuite deux contre-exemples. La France n'a pas pris la décision politique fondamentale de créer un ordre juridique complexe, elle reste, comme nous l'avons démontré tout au long de ce travail, un ordre juridique basé sur l'unité et la hiérarchie.

Le Royaume-Uni n'a pas non plus pris cette décision fondamentale, bien qu'il accepte le polycentrisme normatif, tant que le Parlement de Westminster ne sera pas soumis à la loi de dévolution. Le Parlement garde pour l'instant sa capacité à légiférer dans les matières dévolues[813] ou à modifier ou supprimer les lois de dévolution.

Ce critère nous permet donc d'affiner la distinction entre les régions objets de notre étude, l'Italie, l'Espagne et la Belgique ayant pris la décision politique fondamentale du régionalisme institutionnel, alors que le Royaume-Uni, s'il s'organise de façon similaire, ne compte pas la dévolution parmi ses décisions politiques fondamentales au sens défini par C. Schmitt. Le système britannique reste précaire pour la dévolution. La France ne connaît même pas le régionalisme institutionnel.

Dans un second temps la théorie de l'interprétation fournit un élément intéressant du rapport entre droit et politique que nous observons dans le régionalisme institutionnel. P. Avril distingue les interprètes authentiques (les cours) ou non (les pouvoirs publics en général). L'interprétation par ces différents acteurs souligne la frontière fine entre droit constitutionnel et politique[814].

Les considérations politiques ne sont pas ignorées par le droit. Nous pouvons observer dans le droit constitutionnel des Etats étudiés des mécanismes et institutions flexibles, permettant de prendre en compte les aspirations politiques des régions. L'étude des systèmes concernant l'ensemble de l'organisation de l'Etat donne une base générale au régionalisme institutionnel. Les régions étudiées ici se définissent aussi par rapport au droit commun des entités territoriales de leur Etat. La pratique constitutionnelle prend en compte l'acceptation d'une autonomie différenciée. Nous avons qualifié de politique l'autonomie qui caractérise les régions étudiées, et déjà évoqué le terme de sciences politiques de capacité d'action politique.

---

[812] Nous renvoyons aux développements qui suivront sur la cohérence souhaitable du texte constitutionnel italien.

[813] La seule limite étant la *Sewel convention* qui n'est pas invocable en justice.

[814] Dans le même sens, voir l'Entretien avec A. Rodriguez Bereijo, Président du Tribunal Constitutionnel espagnol, Cahiers du Conseil Constitutionnel, n°2 : « La Constitution étant une norme ouverte qui limite mais qui ne remplace pas la capacité de décision de l'Etat démocratique et des partis politiques ».

Se pose aussi la question de la justice constitutionnelle : la jurisprudence constitutionnelle a une place importante pour le régionalisme institutionnel, car elle a défini les modèles d'Etat, les compétences, et plus généralement le cadre dans lequel le régionalisme devait s'inscrire ; or nous avons constaté des jurisprudences sur des sujets similaires, qui sur de mêmes bases juridiques tiraient des conséquences différentes (voir par exemple les affaires concernant les appellations de parlement, député et peuple). L'interprétation dite authentique du droit constitutionnel par les cours tient donc une place très large ici, particulièrement en Espagne et Italie où le Tribunal et la Cour constitutionnels ont participé très concrètement à la définition de l'ensemble du système constitutionnel, en Italie en conciliant la première partie de la Constitution, datant de 1947 et basée sur l'unité politique de l'Etat, et la seconde partie, issue de la révision de 2001 et introduisant la pluralité, l'asymétrie, le polycentrisme. Ainsi les systèmes constitutionnels, souples, permettent aux acteurs politiques ou pouvoirs publics que sont l'Etat et les régions d'interpréter politiquement le droit, et leurs conflits sont réglés par des cours constitutionnelles.

La mise en évidence de ce rapport entre droit constitutionnel ou plus largement droit public et politique dans le régionalisme doit nous conduire à présent à donner les conclusions que cette analyse nous permet de tirer pour le droit.

II. QUELLES CONCLUSIONS TIRER POUR LE DROIT COMME DISCIPLINE ?

Notre travail nous a amenée à étudier divers systèmes juridiques nationaux sous l'angle théorie et pratique. Il nous semble qu'un travail de droit comparé entretient un rapport étroit avec la théorie du droit[815], et particulièrement ici la théorie de l'Etat et la théorie constitutionnelle. En effet l'approche théorique permet de comprendre, d'expliquer et de tirer les conclusions d'une analyse comparatiste d'une institution, ici l'institution régionale. Nous développerons donc nos conclusions en deux étapes : celles à tirer en matière de théorie de l'Etat et de droit constitutionnel (A) et celles en matière de droit comparé (B).

[815] Dans ce sens voir M.C. Ponthoreau, *Le droit comparé en questions*, Revue internationale de droit comparé, n°1, 2005, p.7-27, particulièrement p.27.

A. En matière de théorie de l'Etat et de théorie et droit constitutionnels

1. L'Etat

Pour ce qui concerne l'Etat, le régionalisme institutionnel influence la souveraineté et la loi.

La souveraineté

La souveraineté de l'Etat est à mettre en rapport avec le régionalisme institutionnel. La souveraineté est indivisible mais pas son exercice.

Nous avons mis en avant l'exercice régional de la souveraineté, qui commande une nouvelle présentation de l'ordre juridique étatique.

Le régionalisme institutionnel a deux conséquences par rapport à la souveraineté dans l'Etat. La souveraineté devient institutionnelle territoriale ; la région est un pouvoir constitué et uniquement un pouvoir constitué : il n'y a pas de souveraineté de la région. Deuxième conséquence, la Constitution traduit l'attribution parfois négociée de droits garantis pour les régions. La Constitution est la norme suprême, adoptée par le peuple étatique, souverain, mais elle contient du droit constitutionnel régional, garanti, et devrait contenir des dispositions faisaient participer les régions à sa révision.

La loi

A partir du moment où la Constitution répartit les compétences et met en place une hiérarchie des normes, le polycentrisme normatif, notamment législatif, est possible. Cependant, selon l'article 6 de la Déclaration des droits de l'homme et du citoyen de 1789, la loi est l'expression de la volonté générale, et elle doit être la même pour tous. S'il existe des lois régionales, s'appliquant dans les limites de la région et de ses compétences, la loi n'est plus la même pour tous[816].

- La relativisation de la loi comme expression de la volonté générale

Il n'y a pas de contradiction avec les droits constitutionnels des Etats espagnol, italien, belge et britannique puisqu'ils n'énoncent pas, contrairement à la France, cette définition de la loi. Il n'y a donc qu'en France que la reconnaissance d'un

---

[816] En Italie, en Espagne et en Ecosse il existe un pouvoir législatif régional. Seule la Belgique ne pose pas le problème en ces termes car la loi est toujours nationale, les normes régionales, bien qu'elles aient le même rang que les lois, n'en sont pas formellement.

pouvoir législatif régional serait contraire à la Constitution[817]. Dans les autres Etats, la conséquence du régionalisme institutionnel est de se rattacher à une notion de loi qui n'est pas l'expression de la volonté générale et n'est pas la même pour tous. Le pouvoir législatif des régions procède d'ailleurs dans ces Etats de dispositions expresses de la Constitution.

- Polycentrisme législatif et droits et libertés constitutionnels : problématique de la coordination/coopération des pouvoirs publics nationaux et régionaux

La loi n'est pas la même pour tous à partir du moment où il existe différents centres territoriaux d'émission de la loi[818].

Cela ne semble dans un premier temps, comme nous l'avons dit, pas entrer en contradiction avec le droit des Etats où nous constatons le développement d'un régionalisme institutionnel, c'est-à-dire la Belgique, l'Espagne, l'Italie et le Royaume-Uni.

Cependant, dans ces Etats, la Constitution garantit des droits et libertés, notamment économiques et sociaux[819]. Or les régions ont des compétences législatives étendues, parfois de droit commun (en Italie), et, si l'Etat conserve souvent des compétences en matière de droits et libertés, notamment dans le souci d'assurer l'égalité entre les citoyens, les régions ont, nous l'avons vu, des compétences importantes en matière économique et sociale, mais aussi dans d'autres domaines qui peuvent toucher directement ou indirectement à ces droits et libertés.

Cela a pour conséquence la nécessité de prévoir soit des mécanismes de coordination des diverses compétences, notamment de coopération entre les pouvoirs publics nationaux et régionaux, soit des techniques d'harmonisation. Il peut s'agir d'harmonisation *a posteriori* ou de réserves de compétence pour l'Etat central. Nous prendrons l'exemple de l'article 23 de la Constitution belge, qui prévoit le libre choix d'une activité professionnelle « dans le cadre d'une politique générale de l'emploi ». Pour assurer l'unité de cette politique, le droit belge choisit la solu-

---

817 En effet la Déclaration des droits de l'homme et du citoyen du 26 août 1789 fait partie du bloc de constitutionnalité qui sert de référence au Conseil Constitutionnel pour vérifier la constitutionnalité des lois depuis sa décision du 16 juillet 1971.

818 Ce à quoi s'ajoute d'ailleurs l'asymétrie entre les compétences législatives des différentes régions.

819 En Espagne, articles 14 à 55 de la Constitution, notamment les articles 39 à 52 « les principes directeurs de la politique sociale et économique », qui engagent l'action des pouvoirs publics ; en Belgique, les articles 8 à 32, notamment l'article 23 sur les droits économiques, sociaux et culturels ; en Italie les articles 13 à 54, notamment les articles 35 à 47 sur les rapports économiques ; au Royaume-Uni, Convention européenne des droits de l'homme.

tion d'en réserver la compétence à l'Etat fédéral[820]. La collaboration entre les niveaux national et régional pose quant à elle des problèmes que nous avons déjà exposés. C'est pourquoi nous pouvons douter, en l'état actuel de la répartition des compétences et de la coopération existante entre l'Etat et les régions, de l'assurance du respect de la Constitution en matière d'organisation et de garantie des droits et libertés des citoyens sur l'ensemble du territoire national[821].

2. La Constitution

Pour ce qui touche la Constitution, le régionalisme institutionnel influe sur le pouvoir constituant ainsi que sur la définition même de la Constitution.

Le pouvoir constituant

Le pouvoir constituant évolue-t-il ? Le peuple étatique est détenteur du pouvoir constituant dans les Etats étudiés, or des réformes constitutionnelles sont à l'ordre du jour, inspirées par des régions[822]. Nous devons envisager la question de la transformation possible de la révision de la Constitution en acte unilatéral négocié où le pouvoir constituant dérivé « ratifie » un texte issu de négociations avec une/des régions. Nous avons déjà exposé des exemples de ces négociations. Cependant, s'il est possible d'imaginer un pouvoir de proposition de la région, nous ne pouvons parler d'acte unilatéral négocié, car dans ce cas, l'Etat s'engage, une fois arrivé à un accord avec l'autre partie, à adopter l'acte. Cela n'est pas le cas ici, le pouvoir constituant restant souverain.

Nous pouvons par contre nous interroger sur l'existence d'une obligation de négociation (loyale), même sur des thèmes d'ordre constitutionnel, lorsque se dégage une volonté claire dans une région. C'est la théorie de la Cour Suprême du Canada en 1998 sur le Québec[823], que l'on retrouve dans le plan Ibarretxe[824]. Sur la base du

---

820 Article 6 – IX de la loi spéciale du 8 août 1980. Pour l'ensemble des Etats, nous renvoyons à nos développements sur les compétences de l'Etat visant à assurer une certaine uniformité du droit sur l'ensemble du territoire (loi-cadre, compétence exclusive, intérêt général, contrainte ou substitution, etc.)

821 Voir par exemple les discriminations qui sont la conséquence des exigences de connaissance du catalan pour les fonctionnaires dans la Généralité de Catalogne.

822 Par exemple le nouveau statut de la Catalogne de 2006, adopté le 30 septembre 2005 par le Parlement de la Généralité.

823 Elle dégage cette obligation de négociation en cas de volonté claire de la région des principes de la Constitution, fédéralisme et démocratie. Voir notre développement sur l'autodétermination.

824 Propuesta de Estatuto político de la Comunidad de Euskadi, Gouvernement basque, Ajuria-Enea, 25 octobre 2003 titre 1 article 13 : quand il y a une volonté claire et non équivoque de changement substantiel ou intégral du modèle et régime des relations politiques avec l'Etat espagnol et des rela-

raisonnement de la Cour Suprême du Canada, cette obligation de négociation nous paraît envisageable dans le cas des Etats où le régionalisme institutionnel est une décision politique fondamentale, c'est-à-dire, comme nous l'avons dit, l'Espagne, l'Italie et la Belgique, du fait que la Constitution comporte les droits garantis pour ces régions[825]. A noter que le Tribunal Constitutionnel espagnol s'est prononcé le 11 septembre 2008 (STC 103/2008) dans le même sens que la Cour Constitutionnelle italienne (sentence 496/2000 sur la Vénétie). Il a annulé la loi prévoyant la consultation populaire du 25 octobre 2008 concernant le Plan Ibarretxe, au motif que cette consultation serait en fait un référendum, et que seul l'Etat pouvait convoquer un référendum, la nation dans son ensemble devant s'exprimer sur une telle question, et non une partie du peuple. Le peuple basque n'a pas de pouvoir souverain. Il ne peut donc proposer de telles évolutions institutionnelles par le biais d'une consultation populaire qui est en fait un référendum.

Définition de la Constitution : droit constitutionnel non écrit et mutabilité constitutionnelle

Le régionalisme institutionnel a-t-il une influence sur la définition de la Constitution ?

Il existe un débat doctrinal sur cette question[826]. Nous distinguerons deux catégories de droit constitutionnel non écrit dont l'existence est défendue par la doctrine. La première est la coutume constitutionnelle. La seconde, les conventions de la Constitution, tirées du droit anglais, est appliquée par P. Avril aux Etats à Constitution écrite et rigide[827].

La différence de celles-ci avec la coutume est que le juge ne peut les appliquer. Il s'agit selon P. Avril bien de normes, mais qui ne sont pas juridiquement valides (qui ne sont pas du droit) dans la mesure où la validité d'une norme tient selon lui à la conformité de la procédure de son adoption aux prescriptions de la norme supérieure.

Pour identifier une convention de la Constitution, P. Avril recourt aux trois questions de Jennings qui ont été utilisées par la Cour Suprême du Canada dans l'avis

---

tions avec les domaines international et européen, les institutions basques et étatiques doivent garantir une procédure de négociation pour établir les nouvelles conditions politiques permettant de matérialiser la volonté démocratique de la société basque.

[825] Voir la théorie de L. Le Fur précédemment exposée.

[826] Voir pour une bonne description à la fois historique et de l'ensemble des auteurs s'étant intéressés à cette question F. Elkaïm, *Le droit constitutionnel non écrit : une vraie fausse modernité ?*, article sur le site Internet du Centre d'Etudes Constitutionnelles et Politiques de l'Université des Sciences Sociales de Toulouse, www.univ-tlse1.fr/CERCP/At2Elkaim.html.

[827] P. Avril, *Les conventions de la Constitution*, Presses Universitaires de France, Paris, 1997, 202 p.

sur le rapatriement de la Constitution : « quels sont les précédents ? ; dans ces précédents, les acteurs se croyaient-ils liés par une règle ? ; y a-t-il une raison à la règle ? »[828]. L'auteur distingue trois fonctions pour les conventions de la Constitution : une fonction technique (distinction entre attribution du pouvoir et son exercice effectif), une fonction politique (répondre à une morale constitutionnelle dans l'exercice du pouvoir, inspirée du principe de représentation démocratique et donc de responsabilité) et une fonction pratique (une collaboration organisée, une application que l'auteur décrit comme « quasi-contractuelle » des règles constitutionnelles[829]).

Nous suivrons l'analyse de F. Elkaïm selon laquelle la tendance dans la doctrine est à considérer les règles écrites en matière constitutionnelle comme le contenant et les règles non écrites comme le contenu, dans le sens aussi de R. Capitant[830] pour qui le droit positif est le droit appliqué, en l'occurrence pour lui une bonne partie de droit coutumier. Selon F. Elkaïm, le constitutionnalisme moderne est basé sur le pragmatisme, la pratique conditionnant l'application de la Constitution, et établit un « relativisme constitutionnel »[831].

La tendance dans les normes du régionalisme confirme cette conception pragmatique du droit constitutionnel. Nous avons en effet déjà souligné la déconstitutionnalisation du contenu du régionalisme institutionnel. Deux éléments participent particulièrement à cette tendance. Il s'agit tout d'abord du développement de la collaboration entre les institutions nationales et régionales, qui parfois conduit à la détermination concrète de la répartition des compétences[832]. Il s'agit aussi du rôle des cours réglant les conflits de compétence entre l'Etat et les régions, dont nous avons déjà souligné l'importance. De plus l'étendue du contrôle du juge peut laisser au législateur national une marge de manœuvre lui permettant de donner le contenu de certaines notions constitutionnelles concernant la répartition des compétences[833].

---

[828] Voir P. Avril, op.cit., p. 110.

[829] Cela évoque par exemple la *Sewel convention* selon laquelle le Parlement britannique s'engage à ne pas légiférer dans les domaines dévolus au Parlement écossais sans son accord, donné dans les *Sewel motions*.

[830] R. Capitant, *La coutume constitutionnelle*, RDP 1979 (1929), p. 959 et s.

[831] F. Elkaïm, op. cit., p. 21.

[832] Nous renvoyons à ce qui a été dit par exemple sur le glissement de la répartition des compétences vers le législateur national, en contrepartie d'une collaboration loyale, en Italie, sentences 303/2003, 363/2003, 376/2003 et 6/2004 du 28 octobre 2003 de la Cour Constitutionnelle italienne.

[833] C'est le cas pour les compétences de l'Etat lui permettant de garantir l'égalité des citoyens (niveaux essentiels des prestations en Italie, conditions fondamentales d'exercice des droits et libertés en Espagne, etc.), où le contrôle du juge est restreint, il se limite à l'erreur manifeste d'appréciation.

S'il peut exister un droit constitutionnel non écrit, celui-ci pourrait éventuellement modifier le droit constitutionnel écrit. Cette théorie a été développée dans la doctrine allemande par l'utilisation du concept de *Verfassungswandlung* (transformation, mutation constitutionnelle), qui doit être différencié de celui de *Verfassungsänderung* (révision constitutionnelle selon la procédure décrite dans la Constitution)[834]. Cette question est traitée par I. Ruggiu en rapport avec le régionalisme institutionnel, plus particulièrement concernant le développement de la coopération entre les exécutifs étatique et régionaux en parallèle à la participation des régions par le biais d'une seconde chambre au Parlement national[835]. Dans le même sens, A. Pizzorusso envisage l'application de la théorie des mutations constitutionnelles au cas italien, notamment actuellement concernant ce qu'il appelle la revendication fédéraliste[836].

Il convient maintenant que nous avons présenté nos conclusions en matière de théorie de l'Etat et de théorie constitutionnelle de développer les résultats de ce travail pour ce qui est du droit comparé.

B. En matière de droit comparé

1. Inspiration de l'Etat unitaire par le fédéralisme pour une adaptation au régionalisme institutionnel

L'Etat fédéral est une forme adaptée au régionalisme institutionnel car il répond à la problématique de la diversité dans l'unité politique de l'Etat, c'est pourquoi les mécanismes et institutions de l'Etat fédéral inspirent le fonctionnement des autres Etats. Les solutions inspirées du fédéralisme sont celles ayant trait à la participation des régions aux décisions nationales par le Sénat, à l'existence d'une instance de règlement des conflits de compétence, aux institutions de collaboration, à la notion de collaboration loyale, à la répartition des compétences législatives. L'Allemagne

---

[834] Voir G. Jellinek, *Verfassungsänderung und Verfassungswandlung, Berlin, 1906 ;* P. Laband, *Die Wandlungen der deutschen Reichsverfassung*, 1895 ; R. Smend, *Ungeschriebenes Verfassungsrecht im monarchischen Bundesstaat*, in : Festgabe für O. Mayer, 1916, p. 245 et s.

[835] I. Ruggiu, *Órganos y dinámicas de representación en los Estados compuestos. Italia y España a debate*, Revista española de derecho constitucional, n°67, janvier-avril 2003, p. 181-214, p. 209-210.

[836] A. Pizzorusso, *Modificazioni tacite di una Costituzione rigida. Il caso italiano*, sur le site Internet des Editions Giuffrè, www.giuffre.it/age_files/dir_tutti/archivio/pizzorusso_0102.html. Il distingue trois domaines où selon lui il est possible de parler de mutations constitutionnelles actuellement en Italie, la revendication fédéraliste, la revendication présidentialiste et la revendication libérale.

sert aussi d'exemple pour la participation des régions aux affaires de l'Union européenne[837].

2. Cohérence des textes constitutionnels dans leur ensemble

Un problème se pose, pratique, qui est celui de la nécessité de recourir à une vaste réécriture des textes constitutionnels actuels afin de leur rendre une cohérence que les solutions régionalistes, traitées dans des parties particulières, ont pu bousculer.

Ainsi en France, où il n'y a pas actuellement de régionalisme institutionnel par définition, des réformes plus poussées, de l'autonomie régionale corse notamment, rendraient nécessaire une révision constitutionnelle ample. Ainsi pour R. Debbasch[838] « Si un consensus se dégageait en faveur d'une conciliation entre indivisibilité de la République et autonomies régionales, il impliquerait une redéfinition de l'égalité républicaine et de la fonction législative. On n'échapperait pas, alors, à une réécriture des trois premiers articles de la Constitution et de ceux définissant les compétences des principales institutions de la République (articles 20, 34, 72 et suivants...). Autant reconnaître que l'on ne peut refonder la République sans en changer la Constitution ». Une révision constitutionnelle est possible car la Constitution peut contenir des principes et des exceptions[839]. Cependant, ce que R. Debbasch appelle la conciliation entre indivisibilité de la République et autonomies régionales, et que nous étendons dans notre étude à cette caractéristique du régionalisme institutionnel qui est sa conciliation avec l'unité politique de l'Etat peut effectivement appeler une réforme constitutionnelle plus ample qui n'aurait pas pour seul but d'introduire des exceptions au modèle général de l'organisation de l'Etat, notamment de l'organisation territoriale du pouvoir, mais aussi des définitions du cadre juridique constitutionnel, une lecture possible de la théorie de l'Etat et du droit constitutionnel qui soit cohérente.

En Italie, la Constitution se divise en deux parties, la première est issue de la rédaction originaire de 1947 quand la seconde a été refondée avec la révision du titre V souvent évoquée dans ce travail : quelle lecture faut-il faire de ces deux parties combinées, l'une d'un Etat unitaire, garantissant une certaine uniformité sur l'ensemble du territoire, l'égalité entre les citoyens, l'autre d'un Etat en voie de fédéralisation, instaurant la différenciation ? Ce point a déjà été soulevé par les auteurs italiens.

---

837 Article 23 de la Loi Fondamentale allemande.

838 R. Debbasch, *L'avenir institutionnel de la Corse et la Constitution*, in : *Dossier Corse, une région autonome dans la République*, Pouvoirs locaux, Les cahiers de la décentralisation, n°47, décembre 2000, 136 p., p. 92-96, citation p. 95 –96.

839 Dans ce sens voir la décision du Conseil Constitutionnel n° 2003-478 DC du 30 juillet 2003, Loi organique relative à l'expérimentation par les collectivités territoriales.

Enfin en Espagne une révision semble nécessaire et elle est d'ailleurs fortement discutée, pour mettre au clair le régime des Communautés Autonomes et mettre à jour le système autonomique, qui dans la Constitution de 1978 est davantage traité sous l'angle du processus d'accès à l'autonomie et non du fonctionnement réel de l'Etat autonomique, qui s'est découvert depuis sa formation (d'où le rôle important qu'a joué le Tribunal Constitutionnel de détermination du modèle de fonctionnement de l'Etat espagnol).

Au Royaume-Uni règne une certaine cohérence, car il suffit de traiter avec les lois de dévolution et la souveraineté du Parlement, ainsi que la *soft law*.

Enfin en Espagne, Belgique et Italie, nous avons dit que le régionalisme institutionnel fait partie des décisions politiques fondamentales qui sont la Constitution au sens absolu et qu'il conviendrait donc, en application de la théorie de L. Le Fur des droits garantis, que des dispositions prévoient la recherche de l'accord des régions en cas de modification de ces droits, par exemple par le biais d'une seconde chambre de représentation territoriale au sein du Parlement national.

3. Il existe un mouvement net de constitutionnalisation du régionalisme institutionnel, parallèle à la déconstitutionnalisation de son contenu

C'est lui qui a pu conduire aussi à certaines incohérences dans le texte constitutionnel, car le modèle étatique en vigueur ne permettait pas tout ce que le régionalisme institutionnel suppose, et la question a été traitée par l'introduction de nouvelles dispositions constitutionnelles traitant de ce phénomène. S'il convient de préférer l'exception au principe au moment d'appliquer les règles constitutionnelles, il serait intéressant de parvenir à trouver un accord entre les dispositions de principes qui régissent les Etats et l'introduction du régionalisme institutionnel dans les Constitutions. Pour cela il pourrait être judicieux de définir constitutionnellement la recherche de l'équilibre entre unité et diversité que nous avons décrite comme une caractéristique importante du régionalisme institutionnel.

En parallèle à ce mouvement de constitutionnalisation du régionalisme, rappelons cependant que la plupart des solutions d'application sont issues de la pratique constitutionnelle, de la législation étatique et de la jurisprudence, et qu'on assiste donc à une déconstitutionnalisation du contenu des règles du régionalisme institutionnel.

CONCLUSION

Nous avons traité dans ce travail le sujet « régionalisme et institutions territoriales dans l'Union européenne : Belgique, Espagne, France, Italie, Royaume-Uni ». Le but de ce travail a été de construire la notion juridique de régionalisme institutionnel. En effet celle-ci, à l'étude des modèles nationaux, nous semble nécessaire pour rendre compte d'un phénomène actuel qui touche plus ou moins intensément ces Etats européens. Nous en avons dégagé la notion suivante : un concept de droit constitutionnel rendant compte d'un ordre juridique complexe et plural comprenant l'institution étatique, dont la notion juridique se trouve affectée, et les régions comme institutions territoriales politiques exerçant une souveraineté qui se définit alors sur une base institutionnelle et territoriale et à laquelle les régions accèdent sur la base d'un droit de nature collective qui s'ajoute au droit individuel de participation des citoyens. Nous avons cherché à déterminer les conditions, les modalités et les conséquences du développement du régionalisme institutionnel.

Démonstration

Notre démonstration a eu lieu en deux temps.

Nous avons tout d'abord étudié le cadre juridique dans lequel peut se développer le régionalisme institutionnel, l'Etat. Celui-ci, composé d'un territoire, d'un peuple et d'un pouvoir, se caractérise par son unité politique. L'organisation de l'Etat offre des possibilités plus ou moins grandes de développement du régionalisme institutionnel. Ainsi la France ne peut connaître en l'état actuel de son ordre constitutionnel le régionalisme institutionnel.

La Belgique a adopté la forme d'un Etat fédéral, basé sur quatre régions linguistiques et à tendance bipolaire entre les flamands et les wallons, qui présente des caractéristiques favorables à l'application du concept constitutionnel de régionalisme institutionnel. L'Espagne, l'Italie et le Royaume-Uni optent pour un modèle d'organisation territoriale de l'Etat flou et différencié[840], dans le but de développer le régionalisme institutionnel. Celui-ci se trouve dans tous les Etats confronté au principe d'égalité entre les citoyens, qui, s'il constitue un cadre étatique à leur action, cède le pas devant le mode d'organisation territoriale du pouvoir. En effet l'une des caractéristiques du régionalisme institutionnel est le polycentrisme normatif mis en place au bénéfice des régions et l'asymétrie entre elles, qui conduit nécessairement à des différences de traitement entre les citoyens. Nous constatons que le régionalisme institutionnel suppose une certaine souplesse des normes afin de parvenir à un équilibre entre unité et diversité, une flexibilité qui entre parfois en contradiction avec la notion d'Etat de droit.

---

[840] Etat autonomique en Espagne, Etat régional en Italie et dévolution au Royaume-Uni.

Dans un second temps, nous présentons les enjeux politiques et institutionnels du régionalisme. Il existe une diversité de modèles nationaux, qui cependant présentent des caractéristiques communes concernant l'existence d'une autonomie, la répartition des pouvoirs et la référence à l'identité.

L'autonomie législative caractérise l'ensemble des Etats où se développe le régionalisme institutionnel, car elle offre aux régions les moyens de leur action politique, supportée grâce à une autonomie financière. Les régions émergent sur le plan international, particulièrement européen, mais de façon embryonnaire. Nous avons cherché sur le plan juridique à rendre compte de la capacité d'action politique des régions, de la substance d'une autonomie politique, notamment au travers de cas pratiques. Ceux-ci nous enseignent que les grandes orientations politiques restent de la responsabilité de l'Etat mais qu'il reste pour la région de nombreuses options politiques[841].

Pour ce qui est de la répartition des pouvoirs, les sources sont constitutionnelles, les systèmes divers, avec une tendance à la flexibilité, l'asymétrie, la protection de la sphère régionale des compétences et la division et l'intégration, l'imbrication des matières de compétence de l'Etat et des régions.

Enfin le régionalisme institutionnel se caractérise par la reconnaissance juridique d'identités différenciées au sein de l'Etat et l'attribution de compétences en la matière.

Les caractéristiques européennes du régionalisme institutionnel qui sont mises en avant tiennent compte de ces points convergents et soulignent la nécessité de l'insertion des compétences régionales dans l'ordre ou institution juridique nationale, ce qui met en valeur l'existence des différents niveaux d'intérêt[842] qui structurent un Etat qui a fait le choix du régionalisme institutionnel. La garantie des droits des régions est aussi un élément essentiel à la détermination de ce modèle, garantie que nous basons sur la théorie de L. Le Fur[843]. L'ensemble de ces éléments nous permet de présenter une définition du régionalisme dans la dynamique institutionnelle territoriale européenne et de montrer en quoi le régionalisme institutionnel affecte la notion juridique d'Etat.

Résultats

Ce travail sur le régionalisme institutionnel donne lieu à diverses conclusions.

---

[841] En matière économique et sociale, en matière de préférence régionale, parfois de droits de l'homme.

[842] Intérêt général, national et régional.

[843] L. Le Fur, *Etat fédéral et confédération d'Etats*, Thèse pour le doctorat, 5 juin 1896, Paris, Imprimerie et librairie générale de jurisprudence Marchal et Billard, 1896, 839 p.

La première concerne la souveraineté. Seule la nation au sens politique exerce la souveraineté au sein de l'Etat. Selon L. Le Fur, « La souveraineté est la qualité de l'Etat de n'être obligé ou déterminé que par sa propre volonté, dans les limites du principe supérieur du droit, et conformément au but collectif qu'il est appelé à réaliser »[844]. Or dans certains Etats la souveraineté devient institutionnelle et territoriale dans son exercice, avec le régionalisme[845]. Il s'agit des Etats où le régionalisme institutionnel est une décision politique fondamentale du souverain[846], celle de mettre en place un ordre juridique complexe et plural. Nous avons vu qu'il s'agissait de l'Espagne, de la Belgique et de l'Italie. Le concept constitutionnel de régionalisme institutionnel rend compte de l'évolution de la structure de l'Etat selon la notion de but. L'institution étatique et les institutions régionales doivent agir en fonction de cette notion de but. Cela se traduit par l'existence de compétences transversales au profit de l'Etat, par la distinction de différents niveaux d'intérêts dans l'Etat, l'intérêt général, l'intérêt national et le concept d'affaires régionales, enfin par la limite territoriale à l'action des régions.

Le régionalisme institutionnel est un concept juridique qui se traduit par des principes et règles de procédure plutôt que par un contenu déterminé, conclusion à laquelle nous arrivons suite au constat de la diversité des modèles européens. Ces principes et règles de procédure sont la compétence de la compétence et l'organisation de l'ordre juridique en fonction des principes de compétence et de hiérarchie, par le biais de mécanismes et principes d'articulation et d'intégration des institutions étatique et régionales. Les instances de coopération et de participation des régions à la détermination de la volonté nationale sont d'ailleurs le point faible des Etats où se développe le régionalisme institutionnel. Ce concept constitutionnel nécessite, particulièrement dans les trois Etats où il fait l'objet d'une décision politique fondamentale, la mise en place de ces procédures pour la garantie de l'identité de la région comme pouvoir constitué.

La référence à l'identité qui caractérise le régionalisme institutionnel lui offre une base pour l'exercice régional de l'autodétermination, un droit collectif territorial d'exercice de la souveraineté. Le modèle belge en est un bon exemple, qui, bien qu'organisé en deux types d'entités fédérées, les Communautés et les Régions, se base sur les régions linguistiques et tend à un Etat bipolaire entre wallons et flamands.

---

[844] L. Le Fur, *Etat fédéral et confédération d'Etats*, Thèse pour le doctorat, 5 juin 1896, Paris, Imprimerie et librairie générale de jurisprudence Marchal et Billard, 1896, 839 p., p. 443, déjà cité.

[845] Les régions sont des pouvoirs constitués de l'Etat. Il y a un exercice régional de la souveraineté ou de l'autodétermination.

[846] Il s'agit de la définition de la Constitution au sens absolu d'après C. Schmitt, *Verfassungslehre*, Duncker und Humboldt, Berlin, 1954 (1928), 404 p.

Enfin ce travail démontre aussi parfois la difficulté de comparer divers systèmes et cultures juridiques ainsi que les impasses du droit constitutionnel, qui peuvent être résolues lorsque l'on en admet le rapport au politique. Cette étude nous a amenée à construire une notion juridique de régionalisme institutionnel à partir de l'observation de modèles nationaux différents, qui permet de rendre compte d'un concept constitutionnel naissant, qui connaît déjà une réelle application en Espagne, Italie et Belgique, où il appartient aux décisions politiques fondamentales de ces Etats. Au Royaume-Uni de nombreuses dispositions s'inspirent du régionalisme institutionnel mais le principe de la souveraineté du Parlement de Westminster empêche l'épanouissement de ce concept constitutionnel pour l'instant[847]. L'Etat français ne peut connaître le régionalisme institutionnel, l'interprétation de l'unité politique de l'Etat en vigueur empêchant celui-ci de s'y développer, bien que quelques éléments, isolés, aillent dans le sens des méthodes du régionalisme institutionnel. La France a donc servi de contre-exemple pour la construction de la notion juridique de régionalisme institutionnel.

L'état embryonnaire de certaines dispositions et la diversité des modèles nationaux laissent ouvertes des questions pour lesquelles l'étude comparée du régionalisme institutionnel pourra être utile. Ces questions concernent essentiellement l'interprétation, souvent confiée soit à l'Etat, soit au juge constitutionnel, des dispositions constitutionnelles. Il serait bien que les solutions de la pratique s'inspirent d'une vision large, de système. Ce choix se découvrira à l'analyse de l'utilisation du principe de subsidiarité ou des notions d'intérêt national et d'affaires régionales. Elles pourraient en effet se révéler des notions clé pour comprendre la place de l'Etat entre l'Union européenne et les régions. Elles peuvent avoir deux effets contraires, celui de permettre à l'Etat d'agir au-delà de ses compétences attribuées, ou celui de ne laisser à l'Etat, dans de nombreuses matières, que la possibilité d'agir au nom de l'intérêt national. L'interprétation du principe d'égalité est aussi cruciale pour l'avenir du modèle de l'Etat. Nous avons montré que cet élément permet de déterminer les Etats, comme la France, restés attachés au principe d'égalité, et les Etats y renonçant, celui-ci cédant le pas devant l'organisation territoriale du pouvoir dans l'Etat. La notion d'Etat se trouve affectée par le polycentrisme législatif. Cette remise en cause de l'Etat, rapprochée de sa remise en cause par rapport à l'Union européenne, pose la question de la complexité de l'ordre juridique étatique au-delà de son propre territoire et celle de l'avenir d'un Etat restreint à une notion de but d'intérêt national, et ouvre sur les problèmes de la multiplication des niveaux d'action politique, notamment législative, pour les citoyens.

---

[847] Ce concept constitutionnel est fait pour des Constitutions rigides. Il faudrait que le Royaume-Uni reconnaisse une certaine rigidité aux lois de dévolution ou au principe de ces lois, comme pour le *European Act* ou le *Human Rights Act*.

Nous entendons dans ce dernier paragraphe ouvrir notre travail au thème de la coopération interrégionale au niveau de l'Union européenne. La question est de savoir s'il sera possible de parler d'institutions territoriales et de comparer ce modèle à celui du régionalisme institutionnel que nous avons dégagé, avec comme cadre l'Etat, dans cette analyse. Les travaux concernant la coopération transfrontalière, notamment les accords comme la Convention de Karlsruhe en 1996 et la pratique de la création de structures transfrontalières, s'intéressent notamment à la question du statut juridique de celles-ci. En s'inspirant de la théorie de S. Romano pour qui l'institution est équivalente à un ordre juridique, et de son analyse de la relevance entre les ordres juridiques, nous pouvons dire que le développement actuel de la coopération transfrontalière au sein de l'Union européenne va dans ce sens de l'institutionnalisation territoriale de ces structures[848]. Il pourra être intéressant de déterminer l'existence possible d'institutions territoriales européennes et les implications et développements possibles ou envisageables de telles structures.

---

[848] Voir la possibilité de créer des GECT (groupements européens de coopération territoriale), dotés de la personnalité juridique, pour la mise en œuvre de projets de coopération territoriale bénéficiant notamment de fonds structurels européens. Règlement (CE) n° 1082/2006 du Parlement européen et du Conseil, du 5 juillet 2006, relatif à un groupement européen de coopération territoriale.

BIBLIOGRAPHIE

Ouvrages

R. Agranoff (Hrsg.), *Accommodating Diversity : Asymmetry in Federal States*, Schriftenreihe des europäischen Zentrums für Föderalismus-Forschung, Nomos Verlag Baden-Baden, 1999, 195 p.

J. Alshut, *Der Staat in der Rechtssprechung des Bundesverfassungsgerichts*, Schriften zum Öffentlichen Recht, Band 798, Duncker et Humboldt , Berlin, 1999, 162 p.

P. Avril, *Les conventions de la Constitution*, Presses Universitaires de France, Paris, 1997, 202 p.

P. Avril, M. Verpeaux (dir.), *Les règles et principes non écrits en droit public*, Editions Panthéon Assas, Droit public, LGDJ Diffuseur, Paris, 2000, 260 p.

D. Blumenwitz, G. Zieger (Hrsg), *Das deutsche Volk und seine staatliche Gestalt*, Staats- und völkerrechtliche Abhandlungen der Studiengruppe für Politik und Völkerrecht, Band 6, Verlag Wissenschaft und Politik, Oranienbaum, 1988, 142 p.

E.-W. Böckenförde, *Die Verfassungsgebende Gewalt des Volkes. Ein Grenzbegriff des Verfassungsrechts*, Würzburger zur Rechtsphilosophie, Rechtstheorie und Rechtssoziologie, Heft 4, Alfred Metzner Verlag, Francfort, 1986, 32 p.

E.-W. Böckenförde, *Demokratie als Verfassungsprinzip*, in: *Demokratie und Grundgesetz, Eine Auseinandersetzung mit der Verfassungsrechtlichen Rechtsprechung,* Nomos Verlagsgesellschaft, Baden-Baden, 2000, 203 p., p. 8-31.

J. Bodin, *Les six livres de la République*, Librairie générale française, Livre I, chapitre XI, 1576, Paris, 1993.

B.-O. Bryde, *Das Demokratieprinzip des Grundgesetzes als Optimierungsaufgabe*, in: *Demokratie und Grundgesetz, Eine Auseinandersetzung mit der Verfassungsrechtlichen Rechtsprechung*, Nomos Verlagsgesellschaft, Baden-Baden, 2000, 203 p., p. 59-70.

G.Burdeau, *Traité de science politique, Tome 3, vol. 1, Les forces politiques*, Librairie générale de droit et de jurisprudence, 3ème édition, Paris, 1982, 464 p.

G. Burdeau, *Droit constitutionnel et Institutions politiques*, LGCJ, Paris, 1957

P.Cabanel, *La question nationale au XIXe siècle*, La découverte, collection Repères n° 214, Paris, 1997, 121 p.

P.Cabanel, *Nation, nationalités et nationalismes en Europe*, 1850-1920, Ophrys, Documents et Histoire, Paris, 1996, 262 p.

R. Carré de Malberg, *Contribution à la théorie générale de l'Etat*, Sirey, Paris, 1920-22, rééd. CNRS 1962, 2 tomes

D.Chagnollaud, *Science politique*, Cours, Dalloz, 2ème édition, Paris, 1999, 293 p.

J.Chevallier, *L'Etat*, Dalloz, Connaissance du droit, Paris, 1999, 125 p.

R. David, C. Jauffret-Spinosi, *Les grands systèmes de droit contemporains*, Dalloz, 11ème édition, Paris, 2002, 553 p

J. Donnedieu de Vabres, *L'Etat*, Que sais-je ?, Presses Universitaires de France, Paris, 1994 (1ère édition 1954), 127 p.

M. Dony, F. Renard, C. Smits, *Contrôle des aides d'Etat*, Université de Bruxelles, 2007, 529 p.

L. Duguit, *Traité de droit constitutionnel*, tome 1, La règle de droit – Le problème de l'Etat, Boccard, Paris, 1923.

Encyclopédie politique de la France et du monde, Le monde et les problèmes internationaux, tome 4, Edition de l'Union Française, Paris, 1951, 400 p.

F. Esterbauer, *Regionalismus, Bayerische Landeszentrale für politische Bildungsarbeit*, München, 1978, 284 p.

F. Esterbauer, G. Héraud, P. Pernthaler (Hrsg.), *Föderalismus als Mittel permanenter Konfliktsregelung*, Schriftenreihe des Institutes für Föderalismus Forschung, Band 6, Vienne, 1977, 285 p.

L'Etat souverain à l'aube du XXIe siècle, Colloque de Nancy, Société française pour le droit international, Editions A.Pedone, Paris, 1994, 315p.

T. Evers (Hrsg.) , *Chancen des Föderalismus in Deutschland und Europa*, Föderalismus-Studien, Nomos Verlag Baden-Baden, 1994, 227 p.

T. Fleiner-Gerster, *Théorie générale de l'Etat*, Presses Universitaires de France, Paris, 1986, 515 p.

J. G. Fichte, *Reden an die deutsche Nation*,1807-1808.

A. Fisahn, Demokratie: *Aufhebung der Besonderung des Staates*, in: *Demokratie und Grundgesetz, Eine Auseinandersetzung mit der Verfassungsrechtlichen Rechtsprechung*, Nomos Verlagsgesellschaft, Baden-Baden, 2000, 203 p., p. 71-93.

S. Fisch, *Von der Föderation der Fürsten zum Bundesrat des Grundgesetzes in Föderalismus, Hält er noch, was er verspricht?*, Schriftenreihe der Hochschule Speyer, Band 137, Duncker et Humblodt, Berlin, 2000, 344 p., p. 29-40.

S. Goyard-Fabre, *L'Etat*, Cursus, A. Colin, Paris, 1999, 181 p.

S. Goyard-Fabre (études réunies par), *L'Etat moderne 1715-1848*, Librairie philosophique J. Vrin, Paris, 2000, 318 p.

T. Groß, *Grundlinien einer pluralistischen Interpretation des Demokratieprinzips,* in: *Demokratie und Grundgesetz, Eine Auseinandersetzung mit der Verfassungsrechtlichen Rechtsprechung,* Nomos Verlagsgesellschaft, Baden-Baden, 2000, 203 p., p. 93-101.

A.Guillaume, J.C.Lescure, S.Michonneau, *L'Europe des Nationalismes aux Nations. Italie, Espagne, Irlande*, SEDES, Paris, 1996, 543 p.

P. Häberle, *Kulturverfassungsrecht im Bundesstaat*, Schriftenreihe des Instituts für Föderalismusforschung, tome 16, Wilhelm Braumüller, Vienne, 1980, 84 p.

D. Hanf, *Bundesstaat ohne Bundesrat?*, Deutsches Institut für Föderalismusforschung e.V., Föderalismus-Studien, Hrsg. Von H.-P. Schneider, Band 13, Nomos Verlagsgesellschaft, Baden-Baden, 1999, 250 p.

M. Hauriou, *Précis de droit constitutionnel,* Sirey, Paris, 1923 (2ème édition 1929), 741 p.

G. Héraud, *L'Europe des ethnies*, Bruylant LGDJ, collection Axes Savoir, Paris, 1993, 209 p.

G.Hermet, *Histoire des Nations et du nationalisme en Europe*, Points, Inédit Histoire, Paris,1996, 309 p.

H. Herzog, *Artikel 20*, in: Maunz, Dürig, *Grundgesetz Kommentar*, Verlag C.H. Beck, Munich, 1980, p. 85-134.

K. Hesse, *Grundzüge des Verfassungsrechts der Bundesrepublik Deutschland,* 19. Auflage, C.F. Müller, Karlsruhe, 1993, 319 p.

Hessische Schriften zum Föderalismus und Landesparlamentarismus, Hessischer Landtag, n° 1, *Landesparlamente und Föderalismus. Hat das parlamentarische System in den Bundesländern eine Zukunft?*, Wiesbaden, 1990, 241 p. et n° 7, *Länder und Regionen in Europa, Kooperation für eine gemeinsame Zukunft*, Wiesbaden, 1997, 144 p.

E. Hobsbawn, *Nations et nationalisme depuis 1780*, Folio Histoire, Paris, 2001, 371p.

J. Isensee, P. Kirchhof (Hrsg.), *Handbuch des Staatsrechts der Bundesrepublik Deutschland,* Band I, Grundlagen von Staat und Verfassung, C. F. Müller Juristischer Verlag, Heidelberg, 1987, 1279 p.

J. Isensee, P. Kirchhof (Hrsg.), *Handbuch des Staatsrechts der Bundesrepublik Deutschland, Band II, Demokratische Willensbildung. Die Staatsorgane des Bundes*, 2. Auflage, C. F. Müller Juristischer Verlag, Heidelberg, 1998, 902 p.

Jahrbuch des Föderalismus, Europäisches Zentrum für Föderalismus – Forschung Tübingen, Nomos Verlagsgesellschaft, Baden Baden, 2000, 597 p. et 2001, 543 p.

G. Jellinek, *Allgemeine Staatslehre*, 3. Auflage, Wissenschaftliche Buchgesellschaft Darmstadt, 1960, 837 p.

H. Kelsen, *Allgemeine Staatslehre*, Verlag der Österreichischen Staatsdrückerei, Vienne, 1993 (1925), 433 p.

H.Kelsen, *Théorie générale du droit et de l'Etat*, Bruylant, LGDJ, Paris, 1997, 517 p.

H. Kelsen, *Der soziologische und der juristische Staatsbegriff. Kritische Untersuchung des Verhältnisses von Staat und Recht*, Scienta Verlag Aalen, 1981 (Tübingen 1928), 253 p.

H. Kelsen, *Der Staat als Integration*, in: *Drei kleine Schriften*, Scienta Verlag Aalen, 1994 (Vienne, 1930), 97 p.

F. Knipping (Hrsg.), *Federal Conceptions in EU Member States: Traditions and Perspectives*, Schriftenreiche des europäischen Zentrums für Föderalismus-Forschung, Nomos Verlag Baden-Baden, 1994, p. 25-250.

J. Kramer (Hrsg.), *Föderalismus zwischen Integration und Sezession*, Föderalismus-Studien, Nomos Verlag Baden-Baden, 1993, 296 p.

G. Marcou, *Les régions entre l'Etat et les collectivités locales. Etude comparative de cinq Etats européens à autonomies régionales ou Constitutions fédérales (Allemagne, Belgique, Espagne, Italie, Royaume-Uni)*, Groupement de Recherches sur l'Administration locale en Europe, Ministère de l'Intérieur, Centre d'Etudes et de Prévision, Paris, janvier 2003, partie 1, 117 p., partie 2, 105 p.

B. Mathieu, M. Verpeaux, *Droit constitutionnel*, Presses Universitaires de France, Paris, 2004, 874 p.

T. Maunz (hrsg.),*Vom Bonner Grundgesetz zur gesamtdeutschen Verfassung – Festschrift zum 75. Geburtstag von Hans Nawiasky*, Isar Verlag München, 1956, 446 p.

T. Maunz, R. Zippelius, *Deutsches Staatsrecht*, 30. Auflage, Verlag C.H. Beck, Munich, 1998, 478 p.

H. Meyer, *Der Bundesrat – Instrument der Länder, der Verwaltung, der Opposition?* in : *Bundesstaat, Parlament, Opposition, Symposium aus Anlass des 60. Geburtstages von Prof. Dr. Dr. h.c. H.-P. Schneider*, Nomos Verlag Baden-Baden, 2001, p. 33-38.

J.Moillo, *Les grands penseurs politiques de Machiavel à Tocqueville*, Ellipses, Vade-mecum, Paris, 1996, 191 p.

H. Nawiasky, *Allgemeine Staatslehre*, 3. Teil, Staatsrechtslehre, Zürich/Cologne, 1956

D. Nohlen (Hrsg.), *Lexikon der Politik, 1. Politische Theorien*, Verlag C.H. Beck, Munich, 1995, 746 p.

P.Ory (dir.), *Nouvelle histoire des idées politiques*, Hachette, Pluriel, Paris, 1997, 832 p.

F. Ossenbühl (Hrsg.), *Föderalismus und Regionalismus in Europa*, Nomos Verlag, Baden-Baden, 1990, 336 p.

S.Pierré-Caps, *Nations et peuples dans les Constitutions modernes*, Presses Universitaires de Nancy, 2 tomes , 948 p.

H. Preuss, *Selbstverwaltung, Gemeinde, Staat, Souveränität in Staatsrechtliche Abhanlungen – Festgabe für Paul Laband*, Tübingen, Verlag v. J.C.B. Mohr, 1908, p. 197-246.

Les régions entre l'Etat et les collectivités locales, Etude comparative de cinq Etats européens à autonomies régionales ou Constitution fédérale (Allemagne, Belgique, Espagne, Italie, Royaume-Uni), Rapport du Groupement de Recherches sur l'Administration Locale en Europe (GRALE) au ministère de l'Intérieur, Paris, 219 p.

E.Renan, *Qu'est-ce qu'une Nation ?, et autres essais politiques*, Presses Pocket, Agora, Les Classiques, Paris, 1992, 316 p.

A. Rinken, *Demokratie und Hierarchie. Zum Demokratieverständnis des Zweiten Senats des Bundesverfassungsgerichts*, in: *Demokratie und Grundgesetz, Eine Auseinandersetzung mit der Verfassungsrechtlichen Rechtsprech*ung, Nomos Verlagsgesellschaft, Baden-Baden, 2000, 203 p., p. 125-148.

S. Romano, *L'ordre juridique*, Bibliothèque Dalloz, Paris, 2002 (1918), 174 p.

W.Schmidt, *Das Verhältnis von Bund und Länder in dem Bundesstaat des Grundgesetzes*, Archiv des Öffentlichen Rechts, n° 87, Tübingen, 1962, p. 253-295.

C. Schmitt, *Verfassungslehre*, Duncker et Humboldt , Berlin, 1954 (1928), 404 p.

C.Starck, *Der Gesetzesbegriff des Grundgesetzes. Ein Beitrag zum juristischen Gesetzesbegriff*, Nomos Verlagsgesellschaft, Baden-Baden, 1970, 329 p.

K. Stern, *Das Staatsrecht der Bundesrepublik Deutschland, Band I, Grundbegriffe und Grundlagen des Staatsrechts, Strukturprinzipien der Verfassung*, 2. Auflage, C.H. Beck'sche Verlagsbuchhandlung, Munich, 1984, 1110 p., et Band II, 1980, 1544 p.

D. Sterzel, *Die Einheit von Grundrechtsidee und Demokratieprinzip des Grundgesetzes*, in: *Demokratie und Grundgesetz, Eine Auseinandersetzung mit der Verfas-*

sungsrechtlichen Rechtsprechung, Nomos Verlagsgesellschaft, Baden-Baden, 2000, 203 p., p. 156- 176.

E. Teufel, E. Perlot, *Starke Regionen für ein starkes Europa*, Schriftenreiche des europäischen Zentrums für Föderalismus-Forschung, Nomos Verlag Baden-Baden, 2000, 246 p.

C. Vedder, *Intraföderale Staatsverträge*, Föderalismus-Studien, Nomos Verlag Baden-Baden, 1996, 453 p.

R. Zippelius, *Allgemeine Staatslehre*, Politikwissenschaft, 12. Auflage, Verlag C. H. Beck, Munich, 1994, 442 p.

Revues

X. Arbós, *Notes sur la crise de la régulation étatique*, Universitat de Barcelona, Working Papers n°39, Barcelone, 1991, 17 p.

C. Barbati, *La mobilité des compétences*, Revue française d'administration publique, n°121-122, Ecole nationale d'administration, Strasbourg, 2007, p. 49-60.

G. Bercovici, *Entre institutionnalisme et décisionnisme, Commentaire du livre de Porto Macedo Ronaldo Jr, Carl Schmitt e a fundamentação do direito, São Paulo, Max Limonad, 2001, 228 p.*, Droit et Société, n°54, 2003, édition Internet http://www.reds.msh-paris.fr/publications/revue/biblio/ds054-c.htm

G. Bercovici, *Constituição e política : uma relação difícil*, Luanova, n°61, 2004, p. 5-24, consultable sur Internet à la page www.scielo.br/pdf/ln/n61/a02n61.pdf.

J.P.Brancourt, *Des « estats » à l'Etat : évolution d'un mot in Genèse et déclin de l'Etat*, Archives de la philosophie du droit, Sirey, Paris, 1976 tome 21, p. 39-54.

R. Capitant, *La coutume constitutionnelle*, Revue du Droit Public et de la Science Politique en France et à l'Etranger, Paris, 1979 (1929), p. 959 et s.

L'Etat fédéral et régional, Commission de Venise, Conseil de l'Europe, CDL-INF(1997)005f, Strasbourg, 6 octobre 1997.

Le groupement local de coopération transfrontalière, Enjeux et spécificités d'une nouvelle forme juridique, Séminaire, Euro Institut, Institut pour la coopération transfrontalière, Kehl, 22 juin 2004, 46 p.

P. Häberle, *Grundfragen einer Verfassungstheorie der Regionalismus in vergleichender Sicht, Föderalismus-Studien*, Nomos Verlagsgesellschaft, Baden-Baden, tome 7, 1996, p. 75-128

P. Häberle, *Der Regionalismus als werdendes Strukturprinzip des Verfassungsstaates und als Europarechtspolitische Maxime*, Archiv des Öffentlichen Rechts, 118. Band, Tübingen, 1993, p. 1-45.

W. Hertel, *Kulturföderalismus in Deutschland : Verfassungsfolklore oder Verfassungsrecht ?*, Jahrbuch des Föderalismus, Europäisches Zentrum für Föderalismus-Förschung, Tübingen, Nomos Verlagsgesellschaft, Baden-Baden, 2001, p. 154-167.

R. Herzog, *Bundes- und Landesstaatsgewalt im demokratischen Bundesstaat*, Die Öffentliche Verwaltung, Heft 3, février 1962, p. 81-87.

La justice constitutionnelle, tome II : Belgique, Espagne, Italie, Allemagne, Documents d'Etudes, La Documentation Française, n°1-16, Paris, 1998, 59 p.

H.Klebes, *La convention cadre du Conseil de l'Europe pour la protection des minorités nationales*, Revue Trimestrielle des Droits de l'Homme, n°30, 01.04.97 , Bruxelles, p. 205-227.

N.Levrat, *La protection des minorités dans les systèmes fédéraux*, Revue Trimestrielle des Droits de l'Homme, n°30, 01.04.97 , Bruxelles, p. 229-271.

Nationalismes régionaux en Europe, Hérodote, n°95, La Découverte, Paris, 4ème trimestre 1999, 163 p.

M.C.Ponthoreau, *Le droit comparé en questions*, Revue internationale de droit comparé, n°1, Paris, 2005, p.7-27

Le principe d'égalité, Exposé présenté lors de la visite au Conseil constitutionnel, le 18 septembre 2001, d'un groupe d'universitaires britanniques, www.conseil-constitutionnel.fr.

Les progrès de la démocratie, la décentralisation des processus de décision européens, Etudes du Comité des Régions, septembre 2003

A.Renaut, *Les deux logiques de l'idée de nation in Etat et Nation*, Cahiers de philosophie politique et juridique, Centre de publication de l'Université de Caen, n° 14, 1988, p. 9-21.

G. Rolla, *Il principio unitario nei sistemi costituzionali a più nivelli*, Le Regioni, n°5, Il Mulino, Bologne, octobre 2003, p. 703-726.

M. Sachs, *Das Staatsvolk in den Länder*, Archiv des Öffentlichen Rechts, n° 108, Tübingen, 1983, p. 68-91.

H. P. Schneider, *The regions in Europe from a constitutional perspective*, Föderalismus-Studien, Nomos Verlagsgesellschaft, Baden-Baden, tome VIII, 1996, p. 45-58

H.A. Schwartz-Liebermann von Wahlendorf, *Une notion capitale en droit constitutionnel allemand : la Bundestreue*, Revue du Droit Public et de la Science Politique en France et à l'Etranger, Paris, 1979.

L. Vandelli, *Formes et tendances des rapports entre Etat et collectivités territoriales*, Revue française d'administration publique, n°121-122, Ecole nationale d'administration, Strasbourg, 2007, p.19-34.

L. Vandelli, *La fin de l'Etat-Nation ?*, Revue française d'administration publique, Paris, 2003, n° 105/106, p. 183-192.

J.Verhoeven, *Les principales étapes de la protection internationale des minorités*, Revue Trimestrielle des Droits de l'Homme, n°30, Bruxelles, 01.04.97, p. 177-203.

Textes officiels

Bundesverfassungsgerichtsentscheidungen (BVerfGE, décisions de la Cour Constitutionnelle Fédérale allemande - premier chiffre pour le numéro du tome et deuxième chiffre pour le numéro de la page où commence la décision) : n° 1, 14 ; 1, 299 ; 1, 351 ; n° 2, 266 ; n°4, 178 ; n° 6, 309 ; n° 8, 104 ; n° 9, 268 ; n° 12, 205 ; n° 13, 54 ; n°13, 77 ; n° 34, 9 ; n° 36, 1 ; 36, 342 ; n° 68, 1 ; n° 72, 30 ; n° 75, 223 ; n° 77, 137 ; n° 83, 37 ; n° 93, 37.

Demande de décision préjudicielle présentée par le Tribunal Superior de Justicia de la communauté autonome du Pays basque (Espagne) le 18 octobre 2006 — Comunidad Autónoma de La Rioja/Juntas Generales delTerritorio Histórico de Vizcaya, Diputación Foral de Vizcaya, Cámara de Comercio, Industria y Navegación de Bilbao, Confederación Empresarial Vasca

Demande de décision préjudicielle présentée par le Tribunale civile di Genova (italie) le 2 juillet 2007 - Radiotelevisione italiana SpA (RAI) / PTV Programmazioni Televisive SpA (affaire C-305/07)

Conférence des régions à pouvoirs législatifs, déclaration de Salzburg, 11 et 12 novembre 2003

Déclaration des Présidents des Assemblées électives de l'Arc alpin, Varèse, 30 avril 2004

Déclaration de l'Assemblée des Régions d'Europe sur le régionalisme en Europe, Bâle, 4 décembre 1996

Projet de Charte européenne de l'autonomie régionale du Conseil de l'Europe, annexe de la Recommandation 34 (5 juin 1997)

Convention-cadre européenne sur la coopération transfrontalière des collectivités territoriales, Madrid le 21 mai 1980

Convention-cadre pour la protection des minorités nationales, Strasbourg, 1er février 1995

Charte européenne des langues régionales ou minoritaires, Strasbourg, 29 juin 1992

Charte européenne de l'autonomie locale, Strasbourg, 15 octobre 1985

Convention européenne sur la participation des étrangers à la vie publique au niveau local (1992)

Convention européenne du paysage (2000)

Charte urbaine européenne (1992)

Charte sur la participation des jeunes à la vie municipale et régionale (1992), révisée en 2003

Pacte international relatif aux droits civils et politiques du 16 décembre 1966

Règlement intérieur de la CALRE en vigueur depuis le 28 octobre 2003, http://www.calre.net/

Cour Suprême du Canada, Renvoi d'août 1998 [1998] 2 R.C.S. Renvoi relatif à la sécession du Québec, 217

Avis de la Cour Suprême du Canada, 28 septembre 1981, affaire du rapatriement de la Constitution

Résolution 1514 des Nations Unies, Déclaration sur l'octroi de l'indépendance aux pays et aux peuples coloniaux, 14 décembre 1960

Résolution 2625 des Nations Unies, 24 octobre 1970, Déclaration relative aux principes du droit international touchant les relations amicales et la coopération entre les États conformément à la Charte des Nations Unies

Ouvrages

A. Alen, *Der Föderalstaat Belgien – Nationalismus, Föderalismus, Demokratie*, Schriftenreiche des europäischen Zentrums für Föderalismus-Forschung, Nomos Verlag Baden-Baden, 1995, 86 p.

F. Delpérée, *Le droit constitutionnel de la Belgique*, Bruylant, Bruxelles, LGDJ, Paris, 2000, 1048 p.

A. Dieckhoff (dir.), *Belgique, La force de la désunion*, collection du Centre d'études et de recherches internationales de la Fondation nationale des sciences politiques, Editions Complexe, Bruxelles, 1996, 160 p.

E. Fossas, F. Requejo (Eds.), *Asimetría federal y Estado plurinacional, El debate sobre la acomodación de la diversidad en Canadá, Bélgica y España*, Editorial Trotta, Madrid, 1999, 351 p.

A.Leton, A.Miroir, *Les conflits communautaires en Belgique*, Presses Universitaires de France, Perspectives internationales, Paris, 1999, 366 p.

P. Tourret, Wallonie-Romandie, *Analyse géopolitique comparée, Questions nationales et affirmations régionales des francophones de Belgique et de Suisse*, Thèse de doctorat en géographie, Paris VIII, 1999

Revues

A. Alen, P. Peeters, W. Pas, *Bundestreue im belgischen Verfassungsrecht*, Jahrbuch des Öffentlichen Rechts, Tübingen, Band 42, 1994, p. 439-505.

La Belgique: un fédéralisme créatif, Interview avec le Professeur T. Fleiner, F.Blancquaert, A. De Wilde, Revue Jura Falconis de l'Université de Kuleuven

P. Cattoir, *Fiscal federalism and regional integration. Lessons from Belgium*, Forum des Fédérations, www.forumfed.org, 19/06/2002, 22 p.

F. Delpérée, Bélgica, *El estado del federalismo. Chroniques 2000, 2001, 2002*, Informe Comunidades Autónomas, Instituto de Derecho Público de la Universidad de Barcelona, Barcelone, 2000, 2001, 2002

F. Delpérée, *La Cour d'Arbitrage de Belgique*, Cahiers du Conseil Constitutionnel, n°12, Paris, octobre 2001-février 2002, 52 p.

J. de Meyer, *Communautés et Régions en Belgique, Nouveaux développements*, Jahrbuch des Öffentlichen Rechts, Band 27, Tübingen, 1978, p 1-22

J. Faniel, *Les relations entre syndicats et associations en Belgique : origines et actualité*, sur la page Internet http://histoire-sociale.univ-paris1.fr/Collo/faniel.pdf.

B. Grouwels, *Fédéralisme et groupes nationaux, Forum des Fédérations*, www.forumfed.org, octobre 1999, 6 p.

N. Lagasse, *Le fédéralisme belge, un exemple de fédéralisme de dissociation*, Forum des Fédérations, www.forumfed.org, novembre 2001, 20 p.

N. Lagasse, *Le rôle des régions dans la conduite des relations extérieures belges*, Fédérations, volume 2, n°2, Ottawa, février 2002, 2 p.

P. Lewalle, *Fédéralisme : union ou désunion ?,* in : *La Wallonie, une région en Europe*, Institut Jules Destrée, 1997, www.destree.org.

P. Martens, *Le rôle de la Cour d'Arbitrage dans l'édification du fédéralisme en Belgique*, Revue Belge de Droit Constitutionnel, n°1, Bruylant, Bruxelles, 2003, p. 3-12

H. Tulkens, *Autonomie constitutive*, Administration Publique, Bruylant, Bruxelles, 1994, p. 159-164

G. Van Den Bergh, *Les communautés et régions belges s'approprient les affaires internationales*, Fédérations, volume 3, n°1, Ottawa, février-mars 2003, p. 13-14.

P. Vandernoot, *Normes constitutionnelles et conception du principe d'égalité*, Rapport de la délégation de Belgique au premier congrès de l'ACCPUF, Paris, avril 1997, www.accpuf.org.

Textes officiels

Constitution du 17 février 1994

Loi spéciale de réformes institutionnelles du 8 août 1980, Moniteur Belge du 15 août 1980, p. 9434, telle que modifiée par la loi du 8 août 1988 ; la loi spéciale du 12 janvier 1989 ; la loi spéciale du 16 janvier 1989 ; la loi spéciale du 5 mai 1993 ; la loi spéciale du 16 juillet 1993 ; la loi spéciale du 28 décembre 1994 ; la loi spéciale du 5 avril 1995 ; la loi spéciale du 25 mars 1996 ; la loi spéciale du 4 décembre 1996 ; la loi spéciale du 8 février 1999 ; la loi spéciale du 19 mars 1999 ; la loi spéciale du 4 mai 1999 ; la loi spéciale du 21 mars 2000 ; la loi spéciale du 13 juillet 2001 (1er texte) ; la loi spéciale du 13 juillet 2001 (2e texte) ; le décret spécial du 14 novembre 2001 ; la loi spéciale du 22 janvier 2002 ; la loi spéciale du 12 août 2003 ; la loi spéciale du 16 mars 2004 ; la loi spéciale du 25 avril 2004, le décret spécial du 27 juillet 2004 ; la loi spéciale du 13 septembre 2004.

Loi spéciale du 6 janvier 1989 sur la Cour d'Arbitrage, Moniteur Belge du 7 janvier 1989

Loi spéciale relative au financement des Communautés et des Régions du 16 janvier 1989, Moniteur Belge du 17 janvier 1989, p. 850, et ses modification ultérieures

Décret du 27 mai 2004 relatif à l'exercice, par la Communauté germanophone, de certaines compétences de la Région wallonne en matière de pouvoirs subordonnés, Moniteur Belge, 16 juin 2004, p. 44706

Décret du 28 avril 1994 portant approbation de l'accord de coopération du 29 novembre 1993 mettant fin à l'accord de coopération relatif à l'exercice conjoint de compétences par la Communauté française et la Région wallonne conclu à Namur le 17 novembre 1990 et modifié par l'accord de coopération du 2 avril 1992, Moniteur Belge du 25 mai 1994, p. 14145

Décret du 23 décembre 1993, relatif à l'exercice, par la Communauté germanophone, des compétences de la Région wallonne en matière de Monuments et Sites, Moniteur belge du 12 février 1994, p. 3699

Décret II du 16 et du 22 juillet 1993 attribuant l'exercice de certaines compétences de la Communauté française à la Région wallonne et à la Commission communautaire française, Moniteur Belge du 10 septembre 1993, p. 20000

Décret I du 7 juillet 1993 relatif au transfert de l'exercice de certaines compétences de la Communauté française à la région wallonne, Moniteur Belge du 10 septembre 1993, p. 19988

Cour d'Arbitrage (les arrêts peuvent petre consultés sur le site Internet de la Cour : http://www.arbitrage.be/fr/common/home.html) : Arrêt 32/91 du 14 novembre 1991 ;

Arrêt 25/91 du 10 octobre 1991 ; Arrêt 33/91 du 14 novembre 1991 ; Arrêt 79/94 du 3 novembre 1994.

Conseil d'Etat, n° 22.962/2 du 13 décembre 1993

Accord de coopération du 8 mars 1994 entre l'Etat fédéral, les Communautés et les Régions, relatif à la représentation du Royaume de Belgique au sein du Conseil de Ministres de l'Union européenne, Moniteur Belge du 17 novembre 1994, p. 28209

Accord de coopération du 13 février 2003 entre l'Etat fédéral, les Communautés et les Régions modifiant l'accord de coopération du 8 mars 1994, Moniteur Belge du 25 février 2003, p. 9008

Accord-cadre de coopération du 30 juin 1994 entre l'Etat fédéral, les Communautés et les Régions portant sur la représentation du Royaume de Belgique auprès des organisations internationales poursuivant des activités relevant de compétences mixtes, Moniteur Belge du 19 novembre 1994, p. 28706

Ouvrages

E. Aja, *El Estado Autonómico, Federación y hechos diferenciales*, 2e édition, Alianza ensayo, Madrid, 2003, 357 p.

E. Alberti, E. Aja, T. Font, X. Padrós, J. Tornos, *Manual de dret públic de Catalunya*, 3e édition, Generalitat de Catalunya, Institut d'Estudis Autonòmics, Marcial Pons, Barcelone, 2002, 508 p.

E. Álvarez Conde, *Curso de derecho constitucional, volume II, Los órganos constitucionales, el Estado Autonómico*, 4ème édition, Tecnos, Madrid, 2003, 558 p.

F. Balaguer Callejón, G. Cámara Villar, J.F. López Aguilar, J. Cano Bueso, M.L. Balaguer Callejón, A. Rodríguez, *Derecho constitucional*, volume 1, Tecnos, Madrid, 1999, 368 p.

J. M. Baño León, *Las Autonomías territoriales y el principio de uniformidad de las condiciones de vida*, Instituto Nacional de Administración Pública (INAP), Madrid, 1988, 360 p.

M. Barceló, *Derechos y deberes constitucionales en el Estado autonómico*, Generalitat de Catalunya, Institut d'Estudis Autonòmics, Cuadernos Civitas, Editorial Civitas, Madrid, 1991, 141 p.

G.M. de Brocà, *Historia del derecho de Cataluña, especialmente del civil y exposición de las instituciones del derecho civil del mismo territorio en relación con el código civil de España y la jurisprudencia, Generalitat de Catalunya*, Departament de Justicia, Barcelone, 1985, 955 p.

J. L. Carro Fernández-Valmayor (dir.), *Comentarios al Estatuto de Autonomía de la Comunidad Autónoma de Galicia*, Ministerio para la administraciones públicas, Madrid, 1991, 985 p.

J-D Chaussier, *Quel territoire pour le Pays Basque ? Les cartes de l'identité*, L'Harmattan, Logiques Politiques, Paris, 1996, 295 p.

El desplegament autonòmic a Catalunya, Generalitat de Catalunya, Institut d'Estudis Autonòmics, cinq tomes, Barcelone, 1991 à 1995.

Doctrina del Consell Consultiu de la Generalitat de Catalunya 1981-1996, éditée par le Consell Consultiu, Barcelone, 1996, 178 p.

J. de Esteban, P. J. González-Trevijano, *Curso de derecho constitucional español III*, Textos, Servicio de publicaciones de la facultad de derecho de la Universidad Complutense de Madrid, 1994, 920 p.

J. Ferrando Badía, *El Estado unitario, el federal y el Estado autonómico*, Tecnos, Madrid, 1986, 391 p.

J.Ferreras, *La civilisation espagnole, aujourd'hui*, Nathan Université, coll. 128, Paris, 1997, 128 p.

El funcionamiento del Estado autonómico, Ministerio de Administraciones Públicas, Madrid, 1996, 573 p.

La función del artículo 149.1.1 CE en el sistema de distribución de competencias, Seminario celebrado en Barcelona 07/06/1991, Generalitat de Catalunya, Institut d'Estudis Autonòmics, n°15, Barcelone, 1992, 103 p.

J.P. Fusi, *Espagne, Nations, nationalités et nationalismes des Rois Catholiques à la Monarchie Constitutionnelle*, Presses Universitaires de Rennes, 2002, 221 p.

Informe Pi i Sunyer sobre el desarollo autonómico y la incorporación de los principios de la U.E., Fundació Carles Pi i Sunyer d'Estudis Autonomics i Locals, Barcelone, 2003, 237 p.

Informe Pi i Sunyer sobre l'Administració de la Generalitat de Catalunya, Fundació Carles Pi i Sunyer d'Estudis Autonomics i Locals, Barcelone, 2003, 348 p.

Jurisprudencia constitucional en materia de autonomías territoriales, Ministerio de Administración Territorial, Servicio de publicaciones, Madrid, 1983, 95 p.

J. Kramer (Hrsg.), *Die Entwicklung des Staates der Autonomien in Spanien und der bundesstaatlichen Ordnung in der Bundesrepublik Deutschland*, Föderalismus-Studien, Nomos Verlag Baden-Baden, 1996, 217 p.

S. Larrazábal Basáñez, *Contribución a una Teoría de los Derechos Históricos Vascos*, Instituto Vasco de Administración Pública, Bilbao, 1997, 608 p.

D.G.Lavroff, *Le régime politique en Espagne*, Presses Universitaires de France, coll. Que sais-je ?, Paris, 1995, 127 p.

L. María Cazorla Prieto, E. Arnaldo Alcubilla, F. Román García, *Temas de derecho constitucional*, Aranzadi Editorial, Cizur Menor, 746 p.

I. Molas (ed.), *Francisco Pi y Margall y el federalismo*, Institut de Ciències Polítiques i Socials, Barcelone, 2002, 126 p.

L. Puig Ferriol, *Derecho civil catalán*, in : *Comentarios sobre el Estatuto de Autonomía de Cataluña*, Institut d'Estudis Autonòmics, Barcelone, 1991, 890 p.

Repensar el paper del gestor públic en el segle XXI, Actes del Congrés Català de Gestió Pública, Generalitat de Catalunya, Escola d'Administració Pública de Catalunya, Barcelone, 2003, 759 p.

G. Ruiz-Rico Ruiz, *Los límites constitucionales del Estado autonómico*, Centro de Estudios políticos y constitucionales, Madrid, 2001, 239 p.

C. Starck (Hrsg), *Grundgesetz und die Verfassungsrechtsprechung in Spanien*, Studien und Materien zur Verfassungsgerichtsbarkeit, n° 47, Nomos Verlag, Baden-Baden, 1990, 223 p.

J. Tudela Aranda, *Derechos constitucionales y autonomía política*, IVAP, Herri arduralaritzaren euskal erakundea,Organisación autonómica del gobierno vasco, Editorial Civitas, Madrid, 1994, 471 p.

Uniformidad o diversidad de las Comunidades Autónomas, Generalitat de Catalunya, Institut d'Estudis Autonòmics, n°23, Barcelone, 1995, 159 p.

J. Vernet (coord.), Dret lingüístic, Cossetània Edicions, Valls, 2003, 303 p.

Revues

R. Agranoff, *Intergovernmental Relations and the Management of Asymmetry in Federal Spain*, in : *Accommodating Diversity: Asymmetry in Federal States*, edited by Robert Agranoff, Baden Baden: Nomos, 1999, p. 94 à 117

E. Aja, *Valorisación de 25 años de autonomía*, Revista española de derecho constitucional, Madrid, n°69, 2003, p. 69-114.

E. Aja Ferrández, M. Arbeláez Rudas, *Crónica de derecho autonómico : las Comunidades Autónomas en el 2001*, Anuario del Derecho Constitucional y Parlamentario, n°14, Murcia, 2002, p. 303-331.

E. Alberti, *Le nouveau statut d'autonomie de la Catalogne*, Revue française d'administration publique, n°121-122, Ecole nationale d'administration, Strasbourg, 2007, p. 145-159.

G. Ariño, *Liberalización y autonomías*, Informe Comunidades Autónomas, Barcelone, 2000, p. 700-717.

J. A. Arratibel Arrondon, *La ordenación institucional vasca y su sector público : análisis de su convergencia jurídica*, Revista de Estudios Autonómicos, n°2-3, INAP, Ministerio de Administraciones Públicas, Madrid, juillet 2002-juin 2003, p. 379-425.

F. Balaguer Callejón, *Fuentes del derecho, espacios constitucionales y ordenamientos jurídicos*, Revista española de derecho constitucional, n°69, Madrid, 2003, p. 181-213.

J. Bayo Delgado, X. Muñoz Puiggròs, *La catalanisación de la Justicia*, in : *Informe Pi i Sunyer sobre la Justicia a Catalunya*, Fundaciò Carles Pi i Sunyer d'Estudis Autonomics i Locals, Barcelone, 1998, 666 p., p. 483-493.

M. Belletti, *I « livelli essenziali delle prestazioni concernanti i diritti civili i sociali... » alla prova della giurisprudenza costituzionale. Alla ricerca del parametro plausibile...*, Le istituzioni del federalismo, n°3/4, Maggioli, Santarcangelo di Romagna, 2003, p. 613-646.

W. Boucsein, *Spanischer Regionalismus und der katalonische Nationalismus*, Jahrbuch des Öffentlichen Rechts, Band 27, Tübingen, 1978, p41-73.

A. Calonge Velázquez, *La conferencia para los Asuntos en Relación con las C.E.*, Revista de Estudios Autonómicos, n°2-3, INAP, Ministerio de Administraciones Públicas, Madrid, juillet 2002-juin 2003, p. 199-265.

J. M. Canales Aliende, *Algunas reflexiones sobre gobernabilidad y pacto local*, Revista de Estudios Autonómicos, n°2-3, INAP, Ministerio de Administraciones Públicas, Madrid, juillet 2002-juin 2003, p. 11-32.

Constitucionalitat de les mesures de democràcia paritària en els sistemes electorals autonòmics, El Clip, Generalitat de Catalunya, Institut d'Estudis Autonòmics, n°20, Barcelone, novembre 2002, 17 p.

Contratación pública local : propuestas de reforma, Fundació Carles Pi i Sunyer d'Estudis Autonomics i Locals, Note Technique n°6, Barcelone, mars 1999.

J. Corcuera Atienza, *Consecuensias y límites de la constitucionalización de los derechos históricos de los territorios forales*, Revista española de derecho constitucional, n°69, Madrid, 2003, p. 237-269.

A. Cuesta Martínez, *La autonomía local en el Estado de las Autonomías*, Revista de Estudios Autonómicos, n°2-3, INAP, Ministerio de Administraciones Públicas, Madrid, juillet 2002-juin 2003, p. 33-58.

El desplegament autonòmic a Catalunya, Generalitat de Catalunya, Institut d'Estudis Autonòmics, cinq tomes, Barcelone, 1991 à 1995.

M. J. Domingo Zaballos, *Consideraciones sobre la ley 57/2003 del 16/12 Medidas para la modernización del Gobierno local*, Actualidad Jurídica Aranzadi, n°610, Cizur Menor, 05/02/2004, p. 1-9.

J. Domínguez Serrano, *Coordinació de l'autorització ambiental integrada amb altres instruments d'intervenció ambiental : la llicència d'activitats classificades*, Quaderns de dret local, n°3, Barcelone, octobre 2003, p.126-145.

El nou model de finançament de les comunitats autònoms, El Clip, Generalitat de Catalunya, Institut d'Estudis Autonòmics, n°14, Barcelone, 2002, 9 p.

G. Elorriaga Pisarik, *El impulso gubernamental de la segunda descentralización*, Revista de Estudios Autonómicos, n°2-3, INAP, Ministerio de Administraciones Públicas, Madrid, juillet 2002-juin 2003, p. 59-66.

Encuesta, El derecho de autodeterminación, Teoría y Realidad Constitucional, n° 10-11, Madrid, 2ème semestre 2002, 1er semestre 2003, p. 9-137, Six questions posées à F. Caamaño Domínguez, F. de Carreras i Serra, M. Herrero de Miñon, J.R. Parada Vázquez, J. Ruipérez Alamillo, J. Vernet i Llovet.

Entretien avec A. Rodriguez Bereijo, Président du Tribunal Constitutionnel espagnol, Cahiers du Conseil Constitutionnel, n°2, Paris, 2ème semestre 1996

Estudi sobre l'impacte que per a Catalunya suposa la creació dels seus propis òrgans de defensa de la competència, El Clip, Generalitat de Catalunya, Institut d'Estudis Autonòmics, n°23, Barcelone, 2003, 10 p.

T. Font i Llovet, *Cooperación bilateral y cooperación multilateral : el papel de los hechos diferenciales en la cooperación*, Revista de Estudios Autonómicos, n°1, INAP, Ministerio de Administraciones Públicas, madrid, janvier-juin 2002, p. 37-55.

P. García-Escuerdo Márquez, *Parlamento y cooperación*, Revista de Estudios Autonómicos, n°2-3, INAP, Ministerio de Administraciones Públicas, Madrid, juillet 2002-juin 2003, p. 57-100

J. García Fernández, *Derecho constitucional y entidades locales. Sistema de fuentes y autonomía como fundamentos constitucionales básicos del derecho local*, Parlamentario y Constitución, n°6, 2002, p. 205-240.

M. J. García Morales, *La cooperación en los fondos europeos : significado de la experiencia comparada para el Estado Autonómico*, Revista de Estudios Autonómicos, n°1, INAP, Ministerio de Administraciones Públicas, Madrid, janvier-juin 2002, p.103-124.

M. J. García Morales, *Relaciones de colaboración con las Comunidades Autónomas*, Informe Comunidades Autónomas, Barcelone, 2002, p. 50-68.

M. Garòs Sanagustín, *Reflexiones en torno a la regulación jurídica de las subvenciones y ayudas públicas en España*, Cuadernos de derecho público, n°17, INAP, Ministerio de Administraciones Públicas, Madrid, 2002, p. 69-84.

Informe Comunidades Autónomas, Instituto de Derecho Público de la Universidad de Barcelona, Barcelone, années 1998, 1999, 2000, 2001, 2002, 2003, 2004, rubriques jurisprudence, Union Européenne, finances, coopération, législation étatique et autonomique.

I. Lasagabaster Herrartr, *Los artículos 149.1.1 y 20.4 CE y los derechos lingüísticos*, in : *La función del artículo 149.1.1 CE en el sistema de distribución de competencias*, Seminario celebrado en Barcelona 07/06/1991, Generalitat de Catalunya, Institut d'Estudis Autonòmics, n°15, Barcelone, 1992, 103 p., p. 73-92

F. López Menudo, *El pacto local en la Comunidad Autónoma de Andalucía*, Revista de Estudios Autonómicos, n°2-3, INAP, Ministerio de Administraciones Públicas, Madrid, juillet 2002-juin 2003, p.67-95.

B. López Turado Escribano, *Energía y cooperación en las Administraciones Públicas*, Revista de Estudios Autonómicos, n°1, INAP, Ministerio de Administraciones Públicas, Madrid, janvier-juin 2002, p.133-147.

S. Manzin, *La Catalogna chiede più soldi (ma non solo), La proposta di modifica dello statuto catalano e la nuova stagione del regionalismo spagnolo*, 06/10/2005, www.federalismi.it.

El marc competencial de l'urbanisme, El Clip, Generalitat de Catalunya, Institut d'Estudis Autonòmics, n°17, Barcelone, 2002, 16 p.

J. A. Montilla Martos, *Los elementos formales en el proceso de producción normativa de lo básico*, Revista Española de Derecho Constitucional, n°68, Madrid, mai-août 2003, p. 89-120.

G. Muñoz Álvarez, *La ley de subvenciones públicas*, Actualidad Jurídica Aranzadi, n°606, Cizur Menor, 08/01/2004, p. 6-8.

J. J. Ortiz Blasco, *Règim sancionador dels funcionaris locals*, Quaderns de dret local, n°3, Barcelone, octobre 2003, p.88-98.

J. M. Porras Ramírez, *Unidad juridiccional y autonomía política. La posición constitucional de los Tribunales Superiores de Justicia*, Revista española de derecho constitucional, n°67, janvier-avril 2003, p. 69-87.

L. Puig Ferriol, *Derecho civil catalán*, in : J. L. Carro Fernández-Valmayor (dir.), *Comentarios al Estatuto de Autonomía de la Comunidad Autónoma de Galicia*, Ministerio para la administraciones públicas, Madrid, 1991, 985 p., p. 415-429.

Recopilació normativa, Generalitat de Catalunya, Estat, i altres Comunitats Autònomes, période du 1er au 15 décembre 2003, n°20, Consell Consultiu de la Generalitat de Catalunya, Barcelone, Bibliothèque.

J. L. Requero Ibañez, *Estabilitat pressupostària i serveis públicos locales*, Quaderns de dret local, n°3, Barcelone, octobre 2003, p. 7-19.

R. Riu i Fortuny, *Las competencias de las Comunidades Autónomas sobre espacios marítimos*, Informe Comunidades Autónomas, Barcelone, 2001, p.697-724.

S. Rodríguez-Arana Muñoz, *Sobre la segunda descentralización*, Revista de Estudios Autonómicos, n°2-3, INAP, Ministerio de Administraciones Públicas, Madrid, juillet 2002-juin 2003, p. 97-115.

E. Roig Molés, *La Conferencia para Asuntos relacionados con la Unión europea en el año 2004*, Informe Comunidades Autónomas, Madrid, 2004, p. 602-623

E. Roig Molés, *Autonomía e inmigración : competencias y participación de las Comunidades Autónomas y los entes locales en materia de inmigración*, Anuario de derecho constitucional y parlamentario, n°14, Murcia, 2002, p. 199-272.

I. Ruggiu, *Órganos y dinámicas de representación territorial en los Estados compuestos. Italia y España a debate*, Revista española de derecho constitucional, n°67, Madrid, 2003, p. 181-214.

J. M. Sala Arques, F. Villar Rojas, *La cooperación en la Sanidad Pública*, Revista de Estudios Autonómicos, n°1, INAP, Ministerio de Administraciones Públicas, Madrid, janvier-juin 2002, p.173-200.

La Sentència del Tribunal Constitucional en matèria de beques i ajuts a l'estudi universitari i ensenyaments mitjants, El Clip, Generalitat de Catalunya, Institut d'Estudis Autonòmics, n°15, Barcelone, décembre 2001, 12 p.

A. Serrano Pascual, *El sistema de fonts de les entitats locals II*, Quaderns de dret local, n°3, Barcelone, octobre 2003, p. 27-54.

J. Tornos Mas, *Órganos mixtos de colaboración y reducción de la conflictividad*, Revista de Estudios Autonómicos, n°1, INAP, Ministerio de Administraciones Públicas, Madrid, janvier-juin 2002, p.201-215.

P. Trillo-Figueroa Martínez-Conde, *La segunda descentralización : Comunidades Autónomas y entes locales*, Revista de Estudios Autonómicos, n°2-3, INAP, Ministerio de Administraciones Públicas, Madrid, juillet 2002-juin 2003, p. 117-144.

J. Vernet i Llobet, *La apertura del sistema autonómico*, Anuario del Derecho Constitucional y Parlamentario, n°14, Murcia, 2002, p. 127-169.

C. Vidal Prado, *Nuevo modelo de financiación y perspectivas actuales del principio de solidaridad*, Revista de Estudios Autonómicos, n°1, INAP, Ministerio de Administraciones Públicas, Madrid, janvier-juin 2002, p. 243-250

L. Villacorta Mancebo, Á. L. Sanz Pérez, *Sobre el principio estructural de autonomía en la Constitución española y su desarollo*, Cuadernos constitucionales, n° 36/37, Valencia, 2001, p. 49-88.

I. Villaverde Menéndez, *Protecció de dades personals i padró municipal II*, Quaderns de dret local, n°3, Barcelone, octobre 2003, p.70-87.

J. L. Rodríguez Zapatero promet de décentraliser les organismes régulateurs de l'économie en Espagne, El País, mercredi 21 janvier 2004, p. 20

Textes officiels

Constitution du 27 décembre 1978

Decret 296/2003, de 20 de desembre, de creació, denominació i determinació de l'àmbit de competència dels departaments de l'Administració de la Generalitat de Catalunya, DOGC 4035 du 22 décembre 2003, p. 25183.

Dictàmens del Consell Consultiu de la Generalitat de Catalunya, consultables sur le site Internet de la Généralité :

http://www.cconsultiu.es/db/cconsultiu/cercador.cercap?p_leng=1 :

Dictamen n° 248, 13/01/2004 ; Dictamen n°269 du 1er septembre 2005 ; Dictamen n°45 du 21 juin 1983 ; Dictamen n°37 du 14 janvier 1983 ; Dictamen n°10 du 12 janvier 1982.

Plan général pour l'emploi de Catalogne pour 2004-2006, Generalitat de Catalunya, Departament de Treball, Indústria, Comerç i Turisme, Secretaria d'Afers Laborals i d'Ocupació, 89 p., www.gencat.net

Jurisprudence du Tribunal Constitutionnel espagnol (STC), Bulletin officiel de l'Etat, supplément Tribunal Constitutionnel : 249/2007 ; 248/2007 ; 247/2007 ; 238/2007 ; 58/2007 ; 46/2007 ; 44/2007 ; 13/2007 ; 315/2006 ; 294/2006 ; 270/2006 ; 135/2006 ; 134/2006 ; 133/2006 ; 101/2006 ; 51/2006 ; 32/2006 ; 31/2006 ; 212/2005 ; 16/2004 ; 230/2003 ; 228/2003 ; 202/2003 ; 175/2003 ; 152/2003 ; 124/2003 ; 123/2003 ; 109/2003 ; 239/2002 ; 37/2002 ; 206/2001 ; 188/2001 ; 98/2001 ; 95/2001 ; 45/2001 ; 9/2001 ; 306/2000 ; 190/2000 ; 242/1999 ; 235/1999 ; 186/1999 ; 21/1999 ; 225/1998 ; 201/1998 ; 191/1998 ; 173/1998 ; 65/1998 ; 61/1997 ; 213/1994 ; 165/1994 ; 284/1993 ; 225/1993 ; 79/1992 ; 13/1992 ; 177/1990 ; 56/1990 ; 124/1989 ; 56/1989 ; 13/1989 ; 154/1988 ; 104/1988 ; 76/1988 ; 49/1988 ; 48/1988 ; 137/1986 ; 95/1986 ; 144/1985 ; 75/1983 ; 32/1983 ; 71/1982 ; 26/1982 ; 4/1982 ; 1/1982 ; 37/1981 ; 32/1981 ; 25/1981.

LO n°4/1979 du 18 décembre, Statut d'autonomie de la Catalogne

LO n°6/2006 du 19 juillet, de réforme du Statut d'autonomie de Catalogne

LO n°1/1981 du 06 avril, Statut d'autonomie de la Galice

LO n°3/1979, du 18 décembre, Statut d'autonomie du Pays-Basque

LO n° 8/1980 de financement des Communautés Autonomes (LOFCA) du 12 septembre 1980, modifiée par la loi organique n°7/2001 du 27 décembre 2001, Boletín Oficial del Estado, 31 décembre 2001

Loi fixant les bases du régime local, n°7 du 2 avril 1985, Boletín Oficial del Estado, 3 avril 1985

Ley orgánica de régimen electoral general n°5, du 19 juin 1985, Boletín Oficial del Estado, 20 juin 1985

Lois de concierto económico de l'Etat avec le Pays-Basque pour 2002-2006 n°12 et 13/02 du 23 mai 2002, Boletín Oficial del Estado, 24 mai 2002

Orden ECD/1923/2003 du 8 juillet, por la que se establecen los elementos básicos de los documentos de evaluación, de las enseñanzas escolares de régimen general reguladas por la Ley Orgánica 10/2002, de 23 de diciembre, de Calidad de la Educación, así como los requisitos formales derivados del proceso de evaluación que son precisos para garantizar la movilidad de los alumnos, Boletín Oficial del Estado, 11 juillet 2003

Discours du président de la Communauté Autonome basque devant le Parlement basque, 28 septembre 2007, 65 p.

Propuesta de Estatuto político de la Comunidad de Euskadi, Gouvernement basque, Ajuria-Enea, 25 octobre 2003, Propuesta del gobierno vasco para la convivencia en Euskadi, http://www.nuevoestatutodeeuskadi.net/

Proposición de Ley, 125/000040 Orgánica, por vía del artículo 150.2 de la Constitución, de transferencia a la Generalidad de Cataluña de las competencias en materia de autorización para la convocatoria de referéndum. Presentada por el Parlamento de Cataluña, Boletín oficial de las Cortes Generales, Serie B, Proposiciones de Leyes, n°356-1, 29 juillet 2003, p. 1-3

Declaración institucional del Lehendakari Ibarretxe, du 25 octobre 2003, Gouvernement basque, Secrétariat général de Communication, www.nuevoestatutodeeuskadi.net/

Debate de política general, Intervención del Lehendakari, Vitoria-Gasteiz, 27 semtembre 2002, www.nuevoestatutodeeuskadi.net/

Debate de Investidura, 11 juillet 2001 http://www.nuevoestatutodeeuskadi.net/

Texte du recours constitutionnel décidé en Conseil de ministres le 7 novembre 2003, rédigé par le Ministère de la Justice, www.elmundo.es.

Acuerdo de la Conferencia para Asuntos Relacionados con las Comunidades Europeas sobre la Participación Interna de las Comunidades Autónomas en los Asuntos Comunitarios europeos a través de las Conferencias Sectoriales, du 30 novembre 1994

Ouvrages

S. Bacoyannis, *Le principe constitutionnel de libre administration des collectivités territoriales*, Thèse, Université d'Aix-Marseille, 1993, 377 p. Publiée par les Presses Universitaires d'Aix-Marseille, collection Economica, 1993, 330 p.

C. Bontemps di Sturco, *Les compétences normatives générales des régions dans les systèmes juridiques français et italien*, mémoire pour le DEA Droit public comparé des Etats européens, Université Paris 1 Panthéon-Sorbonne, 2000, 91 p.

R.Debbasch, *Le principe révolutionnaire d'unité et d'indivisibilité de la République*, Essai d'histoire politique, Thèse, Aix-Marseille 3, 1987.

La décentralisation française vue d'Europe, Les colloques du Sénat, Les actes, Colloque organisé par le Sénat et le Congrès des Pouvoirs Locaux et Régionaux du Conseil de l'Europe, Paris, 26 juin 2001, 110 p.

Histoire : la décentralisation de 1789 à 2002, Dossier Décentralisation, Assemblée Nationale et Sénat, sur le site www.assemblee-nat.fr/histoire/decentralisation.asp, 7 novembre 2002.

X.Itcaina, *Catholicisme et identités basques en France et en Espagne, La construction religieuse de la référence et de la compétence identitaires*, Thèse de science politique, Université Montesquieu, Bordeaux IV, dir. J.Palard, novembre 2000, 661 p.

L. Le Fur, *Etat fédéral et confédération d'Etats*, Thèse pour le doctorat, 5 juin 1896, Paris, Imprimerie et librairie générale de jurisprudence Marchal et Billard, 1896, 839 p.

P.Pactet, *Institutions politiques, Droit constitutionnel*, Masson/Armand Colin, 14ème édition, Paris, 1995, 572 p., p. 89-91

R.Pasquier, *La capacité politique des régions. Une comparaison France–Espagne*, Thèse, Centre de recherches administratives et politiques de la Faculté de Droit et de Science politique de l'Université de Rennes I, 25 octobre 2000, 428 p.

J.Rollet, *Tocqueville*, Montchrestien, coll. Clefs, Politique, Paris, 1998, 160p.

Revues

L'administration territoriale : le système général, Documents d'Etudes, n°2, Paris, 2002, p. 3-12.

Les aides des collectivités territoriales aux entreprises, Les documents de travail du Sénat, Série Législation comparée, n°65, Paris, décembre 1999, 23 p.

Analyse des décisions relatives à l'organisation décentralisée de la République, Services du Conseil Constitutionnel, Paris, 2005, 28 p.

J.B. Auby, *La Corse et le pouvoir normatif local*, Droit administratif, n°2, Juris-Classeur, Paris, 2002, p. 3.

P. Avril, M. Verpeaux (dir.), *Les règles et principes non écrits en droit public*, Editions Panthéon Assas, Droit public, LGDJ Diffuseur, Paris, 2000, 260 p.

A. Barilari, *La question de l'autonomie fiscale*, Revue Française de Finances Publiques, n°80, LGDJ, Paris, décembre 2002, p. 77-83.

O. Beaud, *La souveraineté dans la "Contribution générale à la théorie de l'Etat" de Carré de Malberg*, Revue du Droit Public et de la Science Politique en France et à l'Etranger, Paris, 1994, p. 1251-1301.

O. Beaud, *Fédéralisme et fédération en France. Histoire d'un concept impossible?*, Annales de la Faculté de droit de Strasbourg, n° 3, 1999, p. 7 à 82

J.L. Bœuf, *Décentralisation et recomposition des territoires : 1982-2002*, Problèmes Economiques et Sociaux, Documentation française, n°870, Paris, 15/02/2002, 84 p.

J.F. Brisson, *La France est une République indivisible...son organisation est décentralisée*, Revue du Droit Public et de la Science Politique en France et à l'Etranger, n°1, Paris, 2003, p. 111-114.

D. Broussolle, *La régionalisation ferroviaire*, Actualité Juridique de Droit Administratif, n°5, Dalloz, Paris, 2002, p. 435-439.

M. Candela Soriano, *Les exigences linguistiques : une entrave légitime à la libre circulation ?*, Cahiers de droit européen, n°1-2, Bruylant, Bruxelles, 2002, p. 9-44.

M.Castillo, *L'idée de citoyenneté cosmopolitique chez Kant* in : *Etat et Nation*, Cahiers de philosophie politique et juridique, Centre de publication de l'Université de Caen, n° 14, 1988, p. 173-188.

P. Clément, *Rapport n°376 au nom de la Commission des lois constitutionnelles, de la législation et de l'administration générale de la République sur : le projet de loi constitutionnelle (n°369) adopté par le Sénat, relatif à l'organisation décentralisée de la République ; la proposition de loi constitutionnelle (n°249) de M. Hervé Morin et plusieurs de ses collègues, relative à l'exercice des libertés locales*, 13 novembre 2002, en deux parties.

J.L.Clergerie, *L'Union Européenne et les régions*, Les petites affiches, n°8, Paris, 17 /01/97, p. 4-8.

Collectivités publiques et concurrence, Conseil d'Etat, Rapport public, Paris, 2002

R. Debbasch, *L'indivisibilité de la République et l'existence de statuts particuliers en France*, in : *Etat, régions et droits locaux*, Institut de droit alsacien-mosellan, publications de l'IDL, Economica, 1997, 238 p., p. 73-87.

Décision n°2001-454 DC du 17 janvier 2002, Loi relative à la Corse, Dossier documentaire, Conseil Constitutionnel, Paris, 25 p.

Dossier Corse, une région autonome dans la République, Pouvoirs locaux, Les cahiers de la décentralisation, n°47, Institut de la Décentralisation, Boulogne-Billancourt, décembre 2000, 136 p.

Dossier : le nouveau statut de la Corse (I) (Conseil Constitutionnel 17/01/2002), Revue française de droit administratif, n°4, Paris, juillet-août 2002, p. 459-482.

Dossier : le nouveau statut de la Corse (II) (loi du 02 janvier 2002), Revue française de droit administratif, n°4, Paris, juillet-août 2002, p. 685-722.

Dossier : organisation décentralisée de la République, Actualité Juridique de Droit Administratif, n°11, Paris, 2003, p. 522-573.

Le droit constitutionnel des collectivités territoriales, Cahiers du Conseil Constitutionnel, n°12, Paris, octobre 2001-février 2002, p. 86-128.

Le Droit Local Alsacien-Mosellan, Institut du Droit Local, site Internet : www.idl-am.org/dl_sommaire.asp

J.C. Dumoncel, *La doctrine libérale de l'Etat face au problème des nationalités* in *Etat et Nation*, Cahiers de philosophie politique et juridique, Centre de publication de l'Université de Caen, n° 14, 1988, p. 229-240.

F. Elkaïm, *Le droit constitutionnel non écrit : une vraie fausse modernité ?*, site Internet du Centre d'Etudes Constitutionnelles et Politiques de l'Université des Sciences Sociales de Toulouse : www.univ-tlse1.fr/CERCP/At2Elkaim.html.

R. Etien, *Indivisibilité du peuple français. Nouveau statut de la Corse. 91-290 DC du 9 mai 1991*, La Revue administrative, Presses Universitaires de France, Paris, 1991, p. 234-238.

J.Y.Faberon, *Nouvelle Calédonie et Constitution : La révision constitutionnelle du 20 juillet 1998*, Revue du Droit Public et de la Science Politique en France et à l'Etranger, n°1, Paris, 1999, p. 113-130.

B. Faure, *Le rôle du juge constitutionnel dans l'élaboration du droit des collectivités locales*, Pouvoirs, n°99, Paris, 2001, p. 117-134.

L. Favoreu, *Le respect de la répartition des compétences normatives établies par la Constitution*, Revue française de droit constitutionnel, n°50, Paris, avril-juin 2002, p. 410-414.

L. Favoreu, A. Roux, *La libre administration des collectivités territoriales est-elle une liberté fondamentale ?*, Cahiers du Conseil Constitutionnel n°12, Paris, octobre 2001-février 2002, p. 88-92

L. Favoreu, *La décision « statut de la Corse » du 9 mai 1991*, Revue française de droit constitutionnel, Paris, 1991, p. 305-316.

J.F. Flauss, *Le principe d'égalité et l'existence de droits particuliers*, in : *Etat, régions et droits locaux*, Institut de droit alsacien-mosellan, publications de l'IDL, Economica, 1997, 238 p., p. 89-102.

A. Gest, *Rapport n°1733, fait au nom de la Commission des lois constitutionnelles, de la législation et de l'administration générale de la République sur : le projet de loi constitutionnelle adopté avec modifications par le Sénat en deuxième lecture, relatif aux libertés et responsabilités locales*, Paris, 15 juillet 2004.

G.Héraud, *Un anti-étatisme : le fédéralisme intégral* in *Genèse et déclin de l'Etat*, Archives de la philosophie du droit, Sirey, Paris, 1976 tome 21, p. 167-180.

R. Hertzog, *Le système financier local en France : la décentralisation n'est pas le fédéralisme*, Revue Internationale de Droit Comparé, n°2, Paris, avril-juin 2002, p. 613-638.

R. Hertzog, *Réflexions sur le fédéralisme financier : modèle ou méthode pour les systèmes composés ?*, Revue Française de Finances Publiques, n°80, LGDJ, Paris, décembre 2002, p. 85-102.

Les interventions économiques des collectivités locales, Les dossiers du Carrefour Local, Les documents d'étude, Sénat, www.carrefourlocal.org.

C. Klein, *La découverte de la doctrine française du pouvoir constituant en Allemagne: de l'Empire à la République Fédérale*, in: *La science juridique française et la science juridique allemande de 1870 à 1918*, O. Beaud, P. Wachsmann (dir.), Annales de la Faculté de droit de Strasbourg, n° 1, 1997, p. 135-150.

D. Lamarque, G. Miller, *Le contrôle des fonds européens par la Chambre régionale des comptes*, Actualité Juridique de Droit Administratif, n° 1, Paris, 2002, p. 25-32

S. Leclerc, X. Mondésert, *Vers une responsabilité des collectivités territoriales en cas de violation du droit communautaire*, Actualité Juridique de Droit Administratif, n°3, Paris, 2002, p. 201-209.

F. Luchaire, *La Corse et le Conseil Constitutionnel : à propos de la décision du 17 janvier 2002*, Revue du Droit Public et de la Science Politique en France et à l'Etranger, n°3, Paris, 2002, p. 885-906.

F. Luchaire, *Le statut de la collectivité territoriale de Corse (décision du Conseil Constitutionnel du 9 mai 1991)*, Revue du Droit Public et de la Science Politique en France et à l'Etranger, Paris, 1991, p. 943-969.

G. Marcou, *Déléguer un pouvoir législatif à l'Assemblée de Corse ?*, Pouvoirs locaux, Les cahiers de la décentralisation, n°47, décembre 2000, Institut de la Décentralisation, Boulogne-Billancourt, 136 p. Dossier Corse, une région autonome dans la République, p. 50-112, p. 113-118

G.Marcou, *La régionalisation en Europe*, Parlement Européen, Direction Générale des Etudes, Document de travail, Série politique régionale, REG/108 FR rév.1, p. 87-126.

F. Melin-Soucramanien, *Normes constitutionnelles et conception du principe d'égalité*, Rapport de la délégation de France pour le premier congrès de l'ACCPUF, Paris, avril 1997, www.accpuf.org.

L'organisation décentralisée de la République, Les documents de travail du Sénat, Série Collectivités territoriales, n°03-4, Paris, 2003-2004, 67 p.

G. Orsoni, *Autonomie financière et fiscale. Brèves réflexions à partir des exemples espagnol et italien*, Revue Française de Finances Publiques, n°80, LGDJ, Paris, décembre 2002, p. 103-115.

L. Philip, *La place des collectivités locales dans la Constitution de 1958, La Constitution de 1958 a quarante ans*, Question n° 15, Dossier Décentralisation, Assemblée Nationale et Sénat, site Internet www.conseil-constitutionnel.fr/dossier/quarante/index.htm.

L. Philip, *L'autonomie financière des collectivités territoriales*, Cahiers du Conseil Constitutionnel, n° 12, Paris, octobre 2001-février 2002, p. 96-100

S. Pierré-Caps, *Karl Renner et l'Etat multinational. Contribution juridique à la solution d'imbroglios politiques contemporains*, Droit et Société, n°27, LGDJ, Paris, 1994, p. 421-441

J.M. Pontier, *Actualité, continuité et difficulté des transferts de compétences Etat/collectivités territoriales*, Revue Française de Droit Administratif, n°1, Paris, janvier-février 2003, p. 35-46.

J.M. Pontier, *Transferts de compétences et décentralisation dans le domaine du patrimoine. A propos de la loi du 27/02/2002*, Actualité Juridique de Droit Administratif, n°11, Paris, 2002, p. 794-801.

J.M.Pontier, *Les données juridiques de l'identité culturelle*, Revue du Droit Public et de la Science Politique en France et à l'Etranger, n°5, Paris, octobre 2000, p. 1271-1289.

J. M. Pontier, *Libres interrogations sur l'organisation et la libre administration des collectivités territoriales locales*, La revue administrative, Presses Universitaires de France, Paris, 1994, p. 61-70

H. Portelli, *Etat, organisation territoriale, de la « réforme » aux évolutions constitutionnelles*, Les Cahiers de l'Institut de la Décentralisation, n°5, Boulogne-Billancourt, juin 2001, 52 p.

A.Renaut, *Les deux logiques de l'idée de nation* in : *Etat et Nation*, Cahiers de philosophie politique et juridique, Centre de publication de l'Université de Caen, n° 14, 1988, p. 9-21.

La République, Pouvoirs, n°100, Paris, janvier 2002, 218 p.

F.Rigaux, *Mission impossible : la définition de la minorité*, Revue Trimestrielle des Droits de l'Homme, n°30, Bruxelles, 01.04.97, p. 155-175.

H. Rihal, *Le statut constitutionnel des collectivités territoriales issu de la loi constitutionnelle du 28 mars 2003, entre innovation et complexité*, Revue française d'administration publique, n° 105/106, Paris, 2003, p. 219-234.

N.Rouland, *La tradition juridique française et la diversité culturelle*, Droit et Société, n°27, LGDJ, Paris, 1994, p. 381-419.

J.Roy, *Le sentiment national et l'idée de l'Etat* in : *Etat et Nation*, Cahiers de philosophie politique et juridique, Centre de publication de l'Université de Caen, n° 14, 1988, p. 209-225.

J.E. Schoettl, *Conseil Constitutionnel et statut de la Corse*, Actualité Juridique de Droit Administratif, n°2, Paris, 2002, p. 100-105.

M. Verpeaux, *L'examen par le Conseil Constitutionnel des dispositions autres que celles concernant la répartition des compétences normatives (langue corse, libre administration des collectivités territoriales, principe d'égalité,...)*, Revue française de droit constitutionnel, n°50, Paris, avril-juin 2002, p. 414-422.

Textes officiels

Constitution du 4 octobre 1958

Décisions du Conseil Constitutionnel : 79-107 DC du 12 juillet 1979 ; 82-137 DC du 25 février 1982 ; 82-138 DC du 25 février 1982 ; 82-143 DC du 30 juillet 1982 ; 147 DC du 2 novembre 1982 ; 149 DC du 28 décembre 1982 ; 84-185 DC du 18 janvier 1985 ; 88-248 DC du 17 janvier 1989 ; 90-274 DC du 29 mai 1990 ; 91-290 DC du 9 mai 1991 ; 93-324 DC du 3 août 1993 ; 93-329 DC du 13 janvier 1994 ; 96-373 DC du 9 avril 1996 ; 96-380 DC du 23 juillet 1996 ; 97-389 DC du 22 avril 1997 ; 99-412 DC du 15 juin 1999 ; 2000-436 DC du 7 décembre 2000 ; 2001-454 DC du 17 janvier 2002 ; 2001-456 DC du 27 décembre 2001 ; 2003-472

DC du 26 juin 2003 ; 2003-487 DC du 18 décembre 2003 ; 2004-503 DC du 17 juillet 2003 ; 2005-516 DC du 7 juillet 2005.

Conseil d'Etat, 8 février 1873, Bugave

Conseil d'Etat, 7 juin 1902, Commune de Méris-lès-Bains

Conseil d'Etat Assemblée, 26 octobre 1945, Aramu

Conseil d'Etat, Abisset, 14 février 1958

Conseil d'Etat Assemblée, 2 décembre 1994, Commune de Cuers et même date, Préfet de la région Nord Pas-de-Calais, préfet du Nord

Conseil d'Etat Assemblée, 30 octobre 1998, Sarran, Levacher et autres

Conseil d'Etat, Assemblée, 12/12/2003, Département des Landes

Délibération du 13 octobre 1988 de l'Assemblée de Corse

Demandes de transferts ou d'expérimentations exprimées au cours des 26 Assises des libertés locales, Synthèse des Assises qui a eu lieu à Rouen le 28 février 2003 : http://www.interieur.gouv.fr/rubriques/c/c6_collectivites_locales/c611_assises/synthese/demandes_transferts.doc

Loi constitutionnelle n° 2003-276 du 28 mars 2003 relative à l'organisation décentralisée de la République, Journal Officiel du 29 mars 2003

Loi organique n°2004-758 prise en application de l'article 72-2 de la Constitution, relatif à l'autonomie financière des collectivités territoriales, 29 juillet 2004, Journal Officiel du 30 juillet 2005

Loi n° 2004-809 du 13 août 2004 relative aux libertés et responsabilités locales, Journal Officiel du 17 août 2004

Loi n° 2002-92 du 22/01/2002 relative à la Corse, Journal Officiel du 23 janvier 2002

Loi n° 91-428 du 13/05/1991 portant statut de la collectivité de Corse, Journal Officiel du 14 mai 1991

Loi n° 88-13 du 5/01/1988 d'amélioration de la décentralisation, Journal Officiel du 6 janvier 1988

Loi n° 83-8 du 7/01/1983 relative à la répartition de compétences entre les communes, les départements, les régions et l'Etat, Journal Officiel du 9 janvier 1983

Loi n° 82-213 du 2/03/1982 relative au droits et libertés des communes, des départements et des régions, Journal Officiel du 3 mars 1982

Loi n° 72-619 du 5/07/1972 portant création et organisation des régions, Journal Officiel du 9 juillet 1972

Loi n° 76-394 du 6/05/1976 portant création et organisation de la Région Ile-de-France, Journal Officiel du 7 mai 1976

Code Général des Collectivités Territoriales (CGCT)

M. Mercier, Pour une République territoriale, l'unité dans la diversité, Sénat français, Rapport d'information 447 tome 1, 1999-2000, Mission commune d'information chargée de dresser le bilan de la décentralisation, Annexe au procès verbal de la séance du 28 juin 2000, 411 p.

Déclaration consignée dans les pleins pouvoirs remis au Secrétaire Général lors de la signature de la Charte européenne des langues régionales ou minoritaires, le 7 mai 1999

Réserve de la France à l'article 27 du Pacte international relatif aux droits civils et politiques du 16 décembre 1966

Ouvrages

S. Bartole, R. Bin, G. Falcon, R. Tosi, *Diritto regionale. Dopo le riforme*, Il Mulino, Bologne, 2003, 253 p.

C. Calvieri, *Stato regionale in trasformazione : il modello autonomistico italiano*, G. Giappichelli Editore, Turin, 2002, 243 p.

F. Cuocolo, *Diritto regionale italiano*, UTET, Turin, 1991, 367 p.

A. D'Atena, *L'Italia verso il « federalismo »*, Dott. A. Giuffrè Ed., Milan, 2001, 457 p.

A. D'Atena, *Lezioni di diritto costituzionale*, G. Giappichelli Editore, Turin, 2001, 195 p.

I.Diamanti, A.Dieckhoff, M.Lazar, D.Musiedlak, *L'Italie, une nation en suspens*, Editions Complexe, Bruxelles, 1995, 159 p.

A. Ferrara, G. Salerno (a cura di), *Le nuove specialità nella riforma dell'ordinamento regionale*, Milan, A. Giuffrè Editore, 2003, 392 p.

S. Gambino (coord.), *Diritto regionale e degli enti locali*, Giuffrè Editore, Milan, 2003, 475 p.

T. Groppi, M. Olivetti, *La Repubblica delle autonomie. Regioni ed enti locali nel nuovo titolo V*, G. Giappichelli Editore, Turin, 2001, 245 p.

L. Laperuta, *Nuovo ordinamento regionale*, Edizione giuridiche Simone, Milan, 2002, 352 p.

S. Mangiameli, *La riforma del regionalismo italiano*, G. Giappichelli Editore, Turin, 2002, 349 p.

T. Martines, A. Ruggeri, C. Salazar, *Lineamenti di diritto regionale*, Dott. A. Giuffrè Ed., Milan, 2002, 365 p.

G. Mor (a cura di) *Le autonomie speciali alla ricerca di un'identità*, Collana di studi e ricerche dell'Istituto di Studi Giuridici Regionali Udine, 1988, 520 p.

La potestà statutaria regionale nella riforma della Costituzione, Istituto di studi sulle regioni Massimo Severo Giannini, CNR, Dott. A. Giuffrè Ed., Milan, 2001, 378 p.

La riforma del Titolo V, parte II della Costituzione, a cura di C. Bottari, Quaderni della Spisa, Maggioli Editore, Université de Bologne, Santarcangelo di Romagna, 2003, 449 p.

S. Romano, *Diritto costituzionale*, A. Giuffrè ed., Milan, 1950, 405 p.

S. Romano, *Il diritto pubblico italiano*, A. Giuffrè ed., Milan, 1988, 447 p.

A. Ruggeri, *Fonti, norme, criteri ordinatori*; Lezioni, G. Giappichelli Editore, Turin, 2001, 262 p.

L. Torchia, *Stato e Regioni, La funzione di indirizzo e coordinamento*, La Nuova Italia Scientifica, Rome, 1990, 128 p.

E.Weibel, *La création des régions autonomes à statut spécial en Italie*, Libairie Droz, Genève, n° 87, 1971, 467 p.

Revues

R. Alessi, *Intorno alla nozione di ente territoriale*, Rivista Trimestriale di Diritto Pubblico, Giuffrè, Milan, 1960, p. 290-316

U. Allegretti, *Un Senato federale ?*, Quaderni costituzionali, n°4, Il Mulino, Bologne, 2003, p. 816-818

G. Ambrosini, *Un tipo intermedio di Stato tra l'unitario e il federale caratterizzato dall'autonomía regionale*, Rivista di diritto pubblico, Milan, 1933, p. 92-100.

A.Anzon, *Flessibilità dell'ordine delle competenze legislative e collaborazione tra Stato e Regioni*, http://www.forumcostituzionale/giurisprudenza

Attuazione del Titulo V della Costituzione, Documentazione, 2 volumes, publication de la Région d'Emilie-Romagne, Assessorato Innovazione amministrativa e istituzionale, Autonomi locali, Bologne, juillet 2002

L'attuazione del titolo V : aspetti problematici. La localizzazione delle grandi infrastrutture fra Stato e Regioni, document Internet ASTRID, Rome, juin 2002, 26 p.

E. Balboni, *Livelli essenziali/livelli minimi nella prestazione di servizi*, document Internet ASTRID

B. Baldi, *Governo locale e regionale in Baviera e Catalogna, Una comparazione con l'Emilia-Romagna*, Le Istituzioni del Federalismo, n°6, Maggiolo, Santarcangelo di Romagna, 2001, p. 1151-1199

R. Barbagallo, *Note (e interrogativi) sul Ufficio Territoriale di Governo*, Le Istituzioni del Federalismo, n°1, Maggioli, Santarcangelo di Romagna, 2002, p. 109- 117.

A. Barbera, *Scompare l'interesse nazionale ?*, Forum Quaderni Costituzionali, 09/04/2001, www.forumcostituzionale.it/contributi/ab

M. Barbero, *Alle regioni una potestà legislativa « doppiamente » residuale*, Chronique de jurisprudence constitutionnelle, 26 avril 2004, Associazione Italiana dei Costituzionalisti, www.associazionedeicostituzionalisti.it/cronache/giurisprudenza_costituzionale/potesta_regioni/index.html.

S. Bartole, *In tema di rapporti fra legislazione regionale e principio costituzionale di egualianza*, Giurisprudenza costituzionale, Giuffrè, Milan, 1967, p. 670-681.

S.Bartole, *Collaborazione e sussidiarietà nel nuovo ordine regionale,* L.Violini, *I confini della sussidiarietà: potestà legislativa "concorrente", leale collaborazione e strict scrutiny*, Le Regioni, n°1, Il Mulino, Bologne 1/2004

R. Bin, *L'interesse nazionale dopo la riforma : continuità dei problemi, discontinuità della giurisprudenzia costituzionale*, Forum Quaderni Costituzionali, 02/12/2001, www.forumcostituzionale.it/contributi/rb

M. Bordignon, F. Cerniglia, *I nuovi rapporti finanziari fra Stato ed Autonomie Locali alla luce della Riforma del Titolo V della Costituzione*, document Internet ASTRID, juin 2003, 49 p.

A. Brancasi, *L'autonomia finanziaria e fiscale, in : La riforma del Titolo V, parte II della Costituzione*, a cura di C. Bottari, Quaderni della Spisa, Maggioli Editore, Santarcangelo di Romagna, 2003, 449 p., p. 271-326

L. Buffoni, *La "tutela della concorrenza" dopo la riforma del Titolo V : il fondamento costituzionale ed il riparto di competenze legislative*, Le Istituzioni del Federalismo, n°2, Maggioli, Santarcangelo di Romagna, mars-avril 2003, p. 345-387.

G. Caia, *Il problema del limite dell'interesse nazionale nel nuovo ordinamento,* in : *La riforma del Titolo V, parte II della Costituzione*, a cura di C. Bottari, Quaderni della Spisa, Maggioli Editore, Santarcangelo di Romagna, 2003, 449 p., p. 136-153

Q. Camerlengo, *Dall'amministrazione alla legge, seguendo il principio di sussidiarietà. Riflessioni in merito alla sentenza n. 303 del 2003 della Corte costituzionale*, www.forumcostituzionale/giurisprudenza

B. Caravita, *Gli elementi di unificazione del sistema costituzionale dopo la riforma del titolo V de la Costituzione*, in : *La riforma del Titolo V, parte II della Costituzione*, a cura di C. Bottari, Quaderni della Spisa, Maggioli Editore, Santarcangelo di Romagna, 2003, 449 p., p. 155-165

B. Caravita, *Quale regime per l'introduzione delle autonomie differenziate? Spigolature intorno alla proposta di revisione costituzionale presentata dal Ministro Bossi*, Associazione dei constituzionalisti, Dibattiti, http://www.associazionedeicostituzionalisti.it/dibattiti/riforma/caravita.html

M. Carli, *Materie di « competenze regionale » e materie di « interesse regionale »*, Giurisprudenza Costituzionale, n°3, Giuffrè, Milan, 1993, p. 1848-1855.

E. Carloni, *Le tre trasfigurazioni delle competenze concorrenti delle Regioni tra esigenze di uniformità ed interesse nazionale. Brevi note a margine delle sentenze n.303, 307 e 308/2003 della Corte costituzionale*, document ASTRID.

S. Cassese, D. Serrani, *Moderner Regionalismus in Italien*, Jahrbuch des Öffentlichen Rechts, Band 27, Tübingen, 1978, p 23-40.

E. Cavasino, *La Corte Costituzionale ed i « principi generali che regolano l'attività terapeutica »*, Quaderni costituzionali, n°1, Il Mulino, Bologne, 2003, p. 153-155.

V. Cerulli Irelli, *The Italian Regional Experience from a European Perspective*, document Internet ASTRID, Prague, 24-25/02/2003, 12 p.

P. Ciarlo, *Governo forte versus Parlamento debole : ovvero del bilanciamento dei poteri*, Studi parlamentari e di politica costituzionale, Edistudio, Rome, 2002, p. 22

F. Cintioli, *Le forme dell'intesa e il controllo sulla leale collaborazione dopo la sentenza 303 del 2003*, http://www.forumcostituzionale/giurisprudenza

Comitato di studio sugli istituti delle immunità parlamentari e la configurazione della seconda Camera, Per una seconda camera federale, 28/12/2002, Associazione dei Costituzionalisti, www.associazionedeicostituzionalisti.it

Costruiamo insieme le nostre Regioni in Una proposta federalista per l'Italia, Regione e Governo Locale, n°4, 1995, Maggioli, Rimini, p. 579-589

C. Cressati, *Federalism and Regionalism in Italy : Historical and Constitutional Aspects*, tome I, Nomos, Baden-Baden, 1994, p . 95-102

F. Cuocolo, *Parlamento nazionale e "Parlamenti" regionali*, Giurisprudenza Costituzionale, Giuffrè Milan, n°2/2002, p. 873-878.

E. D'Arpe, *La Consulta censura le norme statali "cedevoli" ponendo in crisi il sistema : un nuovo aspetto della sentenza 303/2003*, www.forumcostituzionale/giurisprudenza

A.D'Atena, *L'allocazione delle funzioni amministrative in una sentenza ortopedica della Corte costituzionale*, www.forumcostituzionale/giurisprudenza

G.C. De Martin, *Le autonomie Locali nelle regioni a statuto speciale e nelle province autonome*, document Internet ASTRID, 20/03/2003, 9 p.

G.C. De Martin, *Corte dei conti e sistema delle autonomie (territoriali) dopo la riforma del titolo V*, Rome, 04/12/2002, document Internet ASTRID.

De Sanctis, *Camera delle Regioni*, http://www.palazzochigi.it

G. De Vergottini, *Regioni e Stato nella dimensione istituzionale. Considerazioni comparative*, Quaderni regionali, n°1, Santarcangelo di Romagna, 1985, p. 12-38.

R. Dickmann, *La Corte Costituzionale attua (ed integra) il Titolo V*, www.federalismi.it, n.12/2003

M.P.Elie, *L'Italie, un Etat fédéral? A propos des lois constitutionnelles n°1 du 22/11/99 et n°3 du 18/10/2001*, Revue française de droit constitutionnel, n° 52, Paris, octobre-décembre 2002, p. 749-757.

G. Falcon, *Nuova devoluzione, unità della Repubblica, riforma della riforma del titolo V, realtà effettiva*, Diritto Pubblico, n°3, Milan, 2002, p. 751-765.

T. E. Frosini, *La differenziazione regionale nel regionalismo differenziato*, Associazione dei constituzionalisti, Dibattiti, www.associazionedeicostituzionalisti.it/dibattiti/riforma/frosini.html

S. Gambino, *Cittadinanza e diritti sociali fra neoregionalismo e integrazione europea*, Quaderni costituzionali, Il Mulino, Bologne, n°1, 2003, p. 67-90.

M.S. Giannini, *Autonomia*, Rivista trimestriale di diritto pubblico, Giuffrè, Milan, 1951, p. 851-883.

T. Groppi, *I nuovi statuti delle regioni dopo le setnenze 372, 378 e 379/2004 della Corte Costituzionale*, www.associazionedeicostituzionalisti.it, 7 janvier 2005

T. Groppi, *I rapporti dello Stato e delle Regioni con gli enti locali nel nuovo Titolo V*, document Internet ASTRID, 16/03/2002.

Istruzione e formazione dopo la modifica del titolo V della Costituzione, document Internet ASTRID, Rome, mars 2003, 27 p.

I livelli essenziali delle prestazioni, Questioni preliminari e ipotesi di definizione, Quaderni, n°46, Formez, Rome, juin 2006, 154p.

A. Mangia, *I consigli regionali e la fine della rappresentanza politica*, Giurisprudenza Costituzionale, Giuffrè, Milan, n°2/2002, p. 885-892.

A. Morrone, *Un disegno da completare con il Senato delle Regioni*, Il Sole 24 Ore, 08/10/2003, p. 3.

A. Morrone, *Devoluzione, ma presa sul serio*, Quaderni costotuzionali, n°1, Il Mulino, Bologne, 2003, p. 157-159.

A. Morrone, *La Corte costituzionale riscrive il Titolo V?*, Forum di Quaderni costituzionale, www.forumcostituzionale/giurisprudenza

R. Nania, *La natura giuridica dei nuovi statuti*, in : *La potestà statutaria regionale nella riforma della Costituzione*, Istituto di studi sulle regioni Massimo Severo Giannini, CNR, Dott. A. Giuffrè Editore, Milan, 2001, 378 p., p. 269-273.

A. Natalini, *Livelli essenziali e poteri sostitutivi*, 09/12/2002, document Internet ASTRID.

I nuovi Statuti delle Regioni dopo la modifica del titolo V della Costituzione, document Internet ASTRID, Rome, février 2003, 32 p.

A. Pajno, *Il rispetto dei vincoli derivanti all'ordinamento communitario come limite alla potestà legislativa nel nuovo titolo V della Costituzione*, document Internet ASTRID, 25 p.

C. Pinelli, *Sui nivelli essenziali delle prestazioni concernanti i diritti civili e sociali*, Diritto Pubblico, n°3, Milan, 2002, p. 881-907.

F. Pinto, *Regioni ed Enti Locali nella Costituzione novellata*, document Internet ASTRID, 10-11/04/2003, 8 p.

G. Pitruzzella, *Il regionalismo differenziato nel 'progetto Bossi'*, Associazione dei constituzionalisti, Dibattiti, www.associazionedeicostituzionalisti.it/dibattiti/riforma/pitruzzella.html

F. Pizzetti, *La ricerca del giusto equilibrio tra uniformità e differenza*, document Internet ASTRID, 6 mai 2002.

F. Pizzetti, *La ricerca del nuovo equilibrio tra uniformità e differenza : il problematico rapporto tra il progetto originario della Costituzione del 1948 e il progetto ispiratore della riforma costituzionale del 2001*, in : *La riforma del Titolo V, parte II della Costituzione*, a cura di C. Bottari, Quaderni della Spisa, Maggioli Editore, Santarcangelo di Romagna, 2003, 449 p., p. 73-106

F. Pizzetti, *Le nuove esigenze di governance in un sistema policentrico « esploso »*, document Internet ASTRID

A. Pizzorusso, *Regioni speciali: motivazioni storiche ed esigenze attuali*, Quaderni regionali, n°4, Santarcangelo di Romagna, 1989, p. 1025-1046.

A. Pizzorusso, *La tutela delle minoranze linguistiche in Italia: il caso sudtirolese*, Le Regioni, n°6, Il Mulino, Bologne, 1978, p. 1093-1110

A. Pizzorusso, *Modificazioni tacite di una Costituzione rigida. Il caso italiano*, Editions Giuffrè, www.giuffre.it/age_files/dir_tutti/archivio/pizzorusso_0102.html.

A. Poggi, *Les compétences administratives et réglementaires des régions italiennes*, Revue française d'administration publique, n°121-122, Ecole nationale d'administration, Strasbourg, 2007, p. 99-110.

Il progetto di riforma della seconda parte della Costituzione approvato dal Consiglio dei ministri del 16 settembre 2003, document Internet ASTRID

G.U. Rescigno, *Note per la costruzione di un nuovo sistema delle fonti*, Diritto Pubblico, n°3, Milan, 2002, p. 767-826.

A. Ruggeri, *La ricomposizione delle fonti in sistema, nella Repubblica delle autonomie, e le nuove frontiere della normazione*, Le Regioni, n°4, Il Mulino, Bologne, 2002, p. 699-727.

A. Ruggeri, *La « forza » dello statuto*, in : *La potestà statutaria regionale nella riforma della Costituzione*, Istituto di studi sulle regioni Massimo Severo Giannini, CNR, Milano, Dott. A. Giuffrè Editore, 2001, 378 p., p. 275-285.

A. Ruggeri, *Il parallelismo "redivivo" e la sussidiarietà legislativa (ma non regolamentare...) in una storica (e, però, solo in parte soddisfacente) pronunzia*, www.forumcostituzionale/giurisprudenza

G. Scaccia, *Revisione di maggioranza e « qualità » della Costituzione*, www.associazionedeicostituzionalisti.it/dibattiti/riforma/scaccia.html

G. Sciullo, *Il nuovo modello dei controlli*, in : *La riforma del Titolo V, parte II della Costituzione*, a cura di C. Bottari, Quaderni della Spisa, Maggioli Editore, 2003, 449 p., p. 207-224.

Sentenza 496/2000, Giurisprudenza Costituzionale, n°6, Giuffrè, Milan, novembre-décembre 2000, p. 3798 à 3831 avec des commentaires de F. Cuocolo, S. Bartole, N. Zanon et G. Paganetto

A. Spadaro, *« L'armonia con la Costituzione » delle fonti statutarie*, in : *La potestà statutaria regionale nella riforma della Costituzione*, Istituto di studi sulle regioni Massimo Severo Giannini, CNR, Milano, Dott. A. Giuffrè Editore, 2001, 378 p., p. 235-240.

Studi sui rapporti internazionali e comunitari delle Regioni, Bari, Cacucci, 2004, document SPISA

R. Toniatti, *Un nuovo intervento della Corte in tema di rappresentanza politica preferenziale delle minoranze linguistiche : il consolidamento della democrazia consociativa etnica nel Trentino-Alto Adige*, Le Regioni, n°2, Il Mulino, Bologne, 1999, p. 291-308.

L. Torchia, *Cooperazione e concertazione tra livelli di governo nel nuovo titolo V*, in : *La riforma del Titolo V, parte II della Costituzione*, a cura di C. Bottari, Quaderni della Spisa, Maggioli Editore, 2003, 449 p., p. 333-352.

L. Torchia, *La potestà residuale delle Regioni*, Le Regioni, n° 2/3, Il Mulino, Bologne, avril-mai 2002, p. 343-363

R. Tosi, *Cittadini, Stato e regioni di fronte ai « livelli essenziali delle prestazioni... »*, Quaderni Costituzionali, n°3, Il Mulino, Bologne, 2003, p. 629-631.

R. Tosi, *A proposito dell'interesse nazionale*, Forum Quaderni Costituzionali, www.forumcostituzionale.it/contributi/rt

L. Vandelli, *Osservazioni su Schema di ddl cost. Su Senato federale, composizione della Corte costituzionale, forma di governo*, Bologne, 08/09/2003.

L. Vandelli, *La costruzione del sistema regionale delle autonomie locali secondo le disposizioni del T.U. 267/2000. Il metodo cooperativo come imprescindibile perno per il funzionamento del sistema regionale : governo locale e programmazione*, document Internet ASTRID, 10-11/04/2003.

R. Zanon, *La funzione unitaria del Parlamento nazionale e la revisione del titolo V*, Giurisprudenza Costituzionale, Giuffrè, Milan, n°2/2002, p. 884-885.

Textes officiels

Rapport du 03 mai 1999 soumis au Conseil de l'Europe par l'Italie conformément à l'article 25, paragraphe 1 de la Convention-cadre pour la protection des minorités nationales

Statut de la Région Emilie-Romagne, loi régionale du 31 mars 2005, n°13

Documento di Politica Economico-Finanziaria 2004-2006, Regione Emilia-Romagna, décembre 2003

Document de programmation économique et financière (DPEF) de la région Emilie - Romagne pour 2003-2005 et 2008-2010

Cour Constitutionnelle italienne sentences : 379/2004 ; 378/2004 ; 372/2004 ; 236/2004 ; 228/2004 ; 197/2004 ; 196/2004 ; 172/2004 ; 6/2004 ; 1/2004 ; 376/2003 ; 363/2003 ; 308/2003 ; 303/2003 ; 201/2003 ; 197/2003 ; 196/2003 ; 186/2003 ; 150/2003 ; 124/2003 ; 123/2003 ; 96/2003 ; 94/2003 ; 88/2003 ; 48/2003 ; 536/2002 ; 478/2002 ; 407/2002 ; 306/2002 ; 282/2002 ; 106/2002 ; 496/2000; 83/1997 ; 251/1993 ; 227/1993 ; 343/1991 ; 21/1991 ; 256/1989 ; 43/1960.

Proposition de loi constitutionnelle d'initiative populaire – référendum constituant pour l'institution du Parlement de la Padanie, présentée à la Chambre des Députés le 8 mars 2000.

Référendum des 25 et 26 juin 2006, rejetant la loi constitutionnelle n° 2544 A, approuvée le 16 novembre 2005, de modifications à la partie II de la Constitution, Journal Officiel, n°171, du 25 juillet 2007.

Statuts des régions à statut spécial :

Frioul Vénétie-Julienne, loi constitutionnelle du 31 janvier 1963, n°1 ;

Valle d'Aosta/Vallée d'Aoste, loi constitutionnelle du 26 février 1948, n°4 ;

Trentin-Haut-Adige/Südtirol, loi constitutionnelle du 26 février 1948, n°5 ;

Sardaigne loi constitutionnelle du 26 février 1948 , n°3 ;

Sicile, Regio Decreto Legislativo du 15 mai 1946, n°455, converti en loi constitutionnelle du 26 février 1948, n°2 ;

tous modifiés par la loi constitutionnelle n°2 du 31 janvier 2001.

Testo unificato degli enti locali - texte unifié sur les collectivités locales, décret législatif 267/2000 (TUEL)

D.P.R. 31.7.78 n. 571 Mesures d'application du Statut spécial de la région du Trentin Haut-Adige en matière de répartition équitable dans les services extérieurs de l'Administration situés dans la province de Bolzano et de bilinguisme dans la fonction publique

Traité d'Osimo du 10 novembre 1975 entre l'Italie et la République Socialiste Fédérale de Yougoslavie, ratifié par la loi n°73 du 14 mars 1977

Traité de Zagabria du 5 novembre 1996 entre l'Italie et la Croatie, ratifié par la loi n°129 du 23 avril 1998

Article 7 de la loi n. 277 du 4.8.93: "Nouvelles mesures pour l'élection des députés" ; article 7 de la loi n. 276 du 4.8.93: "Mesures pour l'élection des sénateurs" ; article 12 de la loi n. 18 du 24.1.79: "Election des représentants de l'Italie auprès du Parlement européen" ; article 9, paragraphe 3, de la loi n. 515 du 10.12.93: "Réglementation des campagnes électorales pour l'élection des députés et des sénateurs"

Loi constitutionnelle n°1 du 22 novembre 1999 sur l'élection au suffrage universel direct des présidents des régions et sur l'autonomie statutaire des régions

Loi constitutionnelle n°3 du 18 octobre 2001 sur la réforme du Titre V de la IIe partie de la Constitution sur les collectivités territoriales

Loi n°131 du 5 juin 2003 sur l'adaptation de l'ordre de la République à la loi constitutionnelle n°3 du 18 octobre 2001

Loi du 25 novembre 2002, n°31, réglementation générale de la construction

Loi du 8 novembre 2000, n°328, loi-cadre pour la gestion du système intégré des interventions et services sociaux

Loi n°482 du 15 décembre 1999, Protection des minorités linguistiques historiques

Loi n°59/1997

Loi régionale d'Emilie-Romagne n°25, du 22 novembre 2004

Loi du 8 octobre 1998 la région de la Vénétie

d.P.R n°752 du 26/07/1976, modifié par le d.P.R. 354/1997

d.P.R n°571 du 31/07/1978

D.lgs. 207/2001 d'application de la loi du 8 novembre 2000, n°328

D.lgs 226/2005 du 17 octobre sur les normes générales et niveaux essentiels des prestations du second cycle en application de la loi du 28 mars 2003, n°53, de délégation au gouverment pour la définition des normes générales en matière d'instruction et les niveaux essentiels des prestations en matière d'instruction et de formation professionnelle, approuvé par voie préliminaire par le Conseil des ministres du 27 mai 2005

Ouvrages

J. Adler, *Constitutional and Administrative Law*, Mac Millan education LTD, London, 1989, 398 p.

E. Barendt, *An Introduction to Constitutional Law*, Peter Birks, Clarendon Law Series, Oxford University Press, New York, 1998, 189 p.

A. Birke (Hrsg.), *Föderalismus im deutsch-britischen Meinungsstreit*, K.G. Saur, Munich, 1993, 177 p.

V. Bogdanor (ed.), *The British Constitution in the twentieth century*, The British Academy, Oxford University Press, New York, 2003, 795 p.

V. Bogdanor, *Devolution in the United Kingdom*, Oxford University Press, New York, 1999

C. Civardi, *L'Ecosse depuis 1528*, Ophrys, Paris, 1998, 235 p.

O. Dawn, *Constitutional Reform in the United Kingdom*, Oxford University Press, New York, 2003, 424 p.

A.V. Dicey, *Introduction to the Study of the Law of the Constitution*, MacMillan, London, 1885.

J. Leruez, *L'Ecosse, Vieille Nation, Jeune Etat*, Editions Armeline, Crozon, 2000, 344 p.

P. Lurbe, *Le Royaume-Uni aujourd'hui*, Hachette Supérieur, Paris, 2000, 157 p.

G.Prudhomme, *La renaissance du nationalisme écossais au XXe siècle : 1849-1928*, Thèse, Université Paris 3, 1991.

A.Thiec, *La question constitutionnelle et l'identité nationale en Ecosse de 1979 à 1997*, Thèse, Université Paris 3, 1999.

A. Torre, *Devolution e regionalismo nel Regno Unito: nuove strutture istituzionali ed esperienze di politica estera*, à paraître in : M.Buquicchio (dir.), Université de Trieste, 22 p.

Revues

C. Barthélémy, *Les caractéristiques juridiques et institutionnelles de la dévolution en Ecosse et au Pays de Galles*, Revue E-Crini n°1/2008, Editions du Centre de recherche sur les identités nationales et l'interculturalité, Nantes, 2008, 13 p.

J. Bell, *La révolution constitutionnelle au Royaume-Uni*, Revue du Droit Public et de la Science Politique en France et à l'Etranger, Paris, 2000, p. 413-427

J. Bradbury, O. Gay, R. Hazell, J. Mitchell, *Local Representation in a Devolved Scotland and Wales: Guidance for Constituency and Regional Members*, Economic and Social Research Council, Devolution and Constitutional Change Research Program, 2003, 14 p.

M. Burch, *Devolution and EU policy making in the UK*, 2003, 4 p.

A. Cole, *La territorialisation de l'action publique au Royaume-Uni*, Revue française d'administration publique, n°121-122, Ecole nationale d'administration, Strasbourg, 2007, p. 131-144.

A. Cole, J. Barry Jones, A. Storer, *Consensus Growing for Stronger Assembly*, Institute of Welsh Affairs, Debate, septembre 2001, www.iwa.org.uk.

R. Cornes, *El Reino Unido de la Gran Bretaña e Irlanda del Norte, Revisión de la devolution, 2002*, Informe Comunidades Autónomas, Barcelone, 2002, p. 725-745.

R. Cornes, *El Reino Unido de la Gran Bretaña e Irlanda del Norte, Desarrollando la devolución de poderes*, Informe Comunidades Autónomas, Barcelone, 2001, p. 814-827.

R. Cornes, Reino Unido, *La devolución: de mayo de 1997 a diciembre de 2000*, Informe Comunidades Autónomas, Barcelone, 2000, p.

A. J. Crozier, *Federalism and Anti-Federalism in the United Kingdom*, in: F. Knipping (éd.), *Federal Conceptions in EU Member States: Traditions and Perspectives*, Tübingen, 1994, 355 p., p. 160-172.

Devolution: *What Difference Has It Made?*, Interim Findings from the ESRC Research Programme on Devolution and Constitutional Change, Economic and Social Research Council, Devolution and Constitutional Change Research Program, 2004, 20 p.

M. Goodwin, M. Jones, *Constitutional change and economic governance: territories and institutions*, www.devolution.ac.uk/, 2003, 5 p.

Les institucions d'autogoven a Escòcia: caràcters d'un sistema asimètric, El Clip, Generalitat de Catalunya, Institut d'Estudis Autonòmics n°1, Barcelone, 1999, 8 p.

Les institutions du Royaume-Uni, documents réunis et commentés par J.Leruez, La Documentation Française, Documents d'études, Droit constitutionnel et institutions politiques, n° 1.03, Paris, édition 1994, 37 p.

Les institutions du Royaume-Uni, documents réunis et commentés par J.Leruez, La Documentation Française, Documents d'études, Droit constitutionnel et institutions politiques, n° 1.03, Paris, édition 1999, 51 p.

An introduction to devolution in the UK, Parliament of the UK, House of Commons, Research Paper 3/84, Londres, 17 novembre 2003, 46 p.

M. Keating, *Policy convergence and divergence in Scotland under devolution*, www.devolution.ac.uk/, 2003, 6 p.

M. Keating, *How Distinctive is Holyrood? An Analysis of Legislation in the first Scottish Parliament*, Economic and Social Research Council, Devolution and Constitutional Change Research Program, 2003, 10 p.

M. Keating, *Devolution and Public Policy in the United Kingdom. Divergence or Convergence?*, Seminar on Devolution in Practice, Institute for Public Policy Research, London, 29 October 2001.

N. Lenoir, *La Chambre des Lords, A propos des projets actuels de réforme constitutionnelle*, Cahiers du Conseil Constitutionnel, n°3, Paris, septembre 1997, 12 p.

G. Lodge, *Devolution and the Centre*, Quarterly Report, February 2004, Nations and Regions: the Dynamics of Devolution, Quarterly Monitoring Program, The Constitution Unit, 2004, 28 p.

J. Loughlin, S. Sykes, *Devolution and Policy-making in Wales: Restructuring the System and Reinforcing Identity*, Economic and Social Research Council, Devolution and Constitutional Change Research Program, 2003, 8 p.

P. G. McGregor, J. Kim Swales, *An analysis of national and devolved economic policies the economics of devolution/decentralisation in the UK: some questions and answers*, 2003, www.devolution.ac.uk/, 5 p.

K. Morgan, *The English Question, Regional Perspectives on a Fractured Nation*, Regional Studies, n°7, Seaford, octobre 2002, 37 p.

N. Oliveras, *La Devolution en el Reino Unido: Gales, Escocia e Irlanda del Norte*, Papers de Recerca, n°3, Fundació Carles Pi i Sunyer d'Estudis Autonòmics i Locals, Barcelone, décembre1999, 56 p.

C. O'Neil, *La dévolution au Royaume-Uni. L'évolution de la dévolution régionale au Royaume-Uni*, Annuaire des Collectivités Locales, CNRS Editions, Paris, 2000, p. 197-221.

R. Parry, *The Home Civil Service after Devolution*, The Devolution Policy Papers, Economic and Social Research Council, Devolution and Constitutional Change Research Program, 2002.

A. Paun, E. Lau, E, *Devolution and the Centre*, Monitoring Report, The Constitution Unit, 2007, www.ucl.ac.uk/constitutionunit/research/devolution.

Quick Guide to Scottish Devolution, www.scottish.parliament.uk, 9 p.

Rapport du Parlement écossais sur l'usage de la Sewel convention en 2005, www.scottish.parliament.uk/business/committees/procedures/reports-05/prr05-07-vol01.htm

I. Ruggiu, *Devolution scozzese Quattro anni dopo: the bones... and the flesh*, Le Regioni, n°5, Il Mulino, Bologne, octobre 2003, p. 737-786.

Scotland, Quarterly Report, February 2004, Nations and Regions: the Dynamics of Devolution, Quarterly Monitoring Program, The Constitution Unit, 2004, 47 p.

The Scotland Bill : Some constitutional and representational aspects, Parliament of the UK, House of Commons, Research Paper 98/3, Londres, 7 janvier 1998, 55 p.

A. Scott, *The role of Concordats in the New Governance of Britain: Taking Subsidiarity Seriously?*, Harvard Jean Monnet Working Paper 8/00, Harvard Law School, Cambridge, 2000, 21 p.

The Scottish Parliament (Constituencies) Bill, Bill 4 of 2003-4, Parliament of the UK, House of Commons, Research Paper 04/12, Londres, 3 février 2004, 40 p.

The Sewel Convention, Memorandum by the Scotland Office, Scottish Parliament Procedures Committee Inquiry, Office of the Deputy Prime Minister, novembre 2002, www.scottishsecretary.gov.uk/Publications.

J. Tomaney, P . Hetherington, *The English Regions*, Quarterly Report, February 2004, Nations and Regions: the Dynamics of Devolution, Quarterly Monitoring Program, The Constitution Unit, 2004, 34 p.

Wales, Quarterly Report, February 2004, Nations and Regions: the Dynamics of Devolution, Quarterly Monitoring Program, The Constitution Unit, 2004, 52 p.

R.Wyn Jones, R. Scully, *Devolution monitoring Report, Wales*, The Constitution Unit, septembre 2007, 70 p.

Textes officiels

Arrêt Flynn v Her Majesty's Advocate du 18 mars 2004, www.privy-council.org.uk.

Concordats entre l'exécutif écossais et l'exécutif du Royaume-Uni :

Cabinet Office

Office of the Deputy Prime Minister

Department for Education and Employment

Ministry of Agriculture, Fisheries and Food (Main Concordat)

Ministry of Agriculture, Fisheries and Food (Subject specific concordat on Fisheries)

Ministry of Agriculture, Fisheries and Food (Subject specific concordat on State Veterinary Services and Animal Disease Compensation)

Ministry of Agriculture, Fisheries and Food (British Cattle Movement Service)

General Registers Office (link to external website)

Department of Trade and Industry

HM Treasury and DTI (subject specific concordat on public procurement and related international obligations)

Health and Safety Executive

Department of Culture, Media and Sport

Ministry of Defence

Lord Chancellor's Department

European Structural Funds

HM Treasury

Department of Health

Home Office

Department of Work and Pensions

Department for Transport

Concordats entre l'exécutif gallois et l'exécutif du Royaume-Uni :

Concordat with the Cabinet Office - November 1999

Concordat with HM Treasury December 1999

Concordat with the Department of Health December 1999

Concordat with the Department of Social Security December 1999 (old edition)

Concordat with the Lord Chancellor's Department December 1999

Concordat with the Ministry of Defence December 1999

Concordat with the Department of Trade and Industry March 2000

Concordat with the Department of the Environment, Transport and the Regions March 2000

Concordat with the Department for Culture, Media and Sport June 2000
Concordat with the Health and Safety Executive October 2000

Concordat with the Wales Office, Office of the Secretary of State for Wales - January 2001

Concordat with the Home Office - April 2001

Draft Concordat between Resource - the Council for Museums, Archives and Libraries - and the Welsh Assembly Government - April 2002

Concordat with the Department of Work and Pensions and the Welsh Assembly Government – June 2002.

Devolution, Memorandum of Understanding and Supplementary agreements between the United Kingdom Government Scottish Ministers, the Cabinet of the National Assembly for Wales and the Northern Ireland Executive Committee, SE/2002/54, janvier 2002.

Devolution Guidance Note 9, Post Devolution Primary Legislation affecting Wales.

Devolution Guidance Note 10, Post Devolution Primary Legislation affecting Scotland, Office of the Deputy Prime Minister, octobre 2002.

Décisions du JCPC : n°2/2004, Mitchell John David Moir v. Her Majesty's Advocate

Government of Wales Act 2006

Government of Wales Act 1998 (c. 38)

Scotland Act 1998 (c. 46)

Convention's Claim of Right for Scotland, 30 mars 1989

White Papers « Scotland's Parliament », Cm 3658, Edinburgh, The Stationery Office, 1997.

White Paper (2005) Better Governance For Wales, (London: HMSO), Cm 6582.

White Paper (1997) A VoiceFor Wales, (London: HMSO) Cm 7318.

Welsh Affairs Committee (2007a) Legislative Competence Orders in Council: Second Report of Session 2006-07, (London: The Stationary Office).

Welsh Affairs Committee (2007b) Legislative Competence Orders in Council: Government's Response to the Committee's Second Report of Session 2006-07, (London: The Stationary Office).

Local governance (Scotland) Act 2004

Cymru Yfory (Tomorrow's Wales), Implementation of the Government of Wales Act 2006, Memorandum Submitted to the Welsh Affairs Select Committee, 2006, http://www.publications.parliament.uk/pa/cm200607/cmselect/cmwelaf/ucorders/ucmemo.htm.

Rapport de la Commission Richard :

http://www.richardcommission.gov.uk/content/finalreport/report-e.pdf

Rapport du Parlement écossais sur l'usage de la *Sewel convention*, 2005, http://www.scottish.parliament.uk/business/committees/procedures/reports-05/prr05-07-vol01.htm

Scottish Parliament Fact sheet FS4-06

Sewel Convention

Standing orders of the National Assembly for Wales, made by the Secretary of State for Wales under section 50(3) of the Government of Wales Act 1998, avril 1999 (Règlement de l'Assemblée galloise).

Traités d'Union de 1536-1543 entre l'Angleterre et le Pays de Galles et 1707 entre l'Angleterre et l'Ecosse

TABLE DES MATIERES

L'HARMATTAN, ITALIA
Via Degli Artisti 15 ; 10124 Torino

L'HARMATTAN HONGRIE
Könyvesbolt ; Kossuth L. u. 14-16
1053 Budapest

L'HARMATTAN BURKINA FASO
Rue 15.167 Route du Pô Patte d'oie
12 BP 226
Ouagadougou 12
(00226) 76 59 79 86

ESPACE L'HARMATTAN KINSHASA
Faculté des Sciences Sociales,
Politiques et Administratives
BP243, KIN XI ; Université de Kinshasa

L'HARMATTAN GUINÉE
Almamya Rue KA 028
En face du restaurant le cèdre
OKB agency BP 3470 Conakry
(00224) 60 20 85 08
harmattanguinee@yahoo.fr

L'HARMATTAN CÔTE D'IVOIRE
M. Etien N'dah Ahmon
Résidence Karl / cité des arts
Abidjan-Cocody 03 BP 1588 Abidjan 03
(00225) 05 77 87 31

L'HARMATTAN MAURITANIE
Espace El Kettab du livre francophone
N° 472 avenue Palais des Congrès
BP 316 Nouakchott
(00222) 63 25 980

L'HARMATTAN CAMEROUN
Immeuble Olympia face à la Camair
BP 11486 Yaoundé
(237) 458.67.00/976.61.66
harmattancam@yahoo.fr

23656 - mai 2011
Achevé d'imprimer par
1livre.com
du rêve à la réalité !

Made in United States
Orlando, FL
04 November 2026

90200185R00238